Sushila Gosalia

Indien im südasiatischen Wirtschaftsraum

Chancen der Entwicklung
zu einem regionalen Gravitationszentrum

MITTEILUNGEN
DES INSTITUTS FÜR ASIENKUNDE
HAMBURG

---------- Nummer 203 ----------

Sushila Gosalia

Indien
im südasiatischen Wirtschaftsraum

Chancen der Entwicklung
zu einem regionalen Gravitationszentrum

Hamburg 1992

Gefördert mit Mitteln der Deutschen Forschungsgemeinschaft (DFG) Bonn

Redaktion der Mitteilungsreihe des Instituts für Asienkunde:
Dr. Brunhild Staiger

Textgestaltung: Wiebke Timpe

ISBN 3-88910-098-8
Copyright Institut für Asienkunde
Hamburg 1992

Geographisches Institut
der Universität Kiel
ausgesonderte Dublette

Inv.-Nr. 94/35001

Geographisches Institut
der Universität Kiel

VERBUND STIFTUNG
DEUTSCHES ÜBERSEE-INSTITUT

Das Institut für Asienkunde bildet mit anderen, überwiegend regional ausgerichteten Forschungsinstituten den Verbund der Stiftung Deutsches Übersee-Institut.

Dem Institut für Asienkunde ist die Aufgabe gestellt, die gegenwartsbezogene Asienforschung zu fördern. Es ist dabei bemüht, in seinen Publikationen verschiedene Meinungen zu Wort kommen zu lassen, die jedoch grundsätzlich die Auffassung des jeweiligen Autors und nicht unbedingt des Instituts für Asienkunde darstellen.

Inhalt

Abkürzungsverzeichnis		8
Verzeichnis der Karten, Schaubilder und Tabellen		9
Verzeichnis der Anhangtabellen		10

Vorbemerkung   11

1	**Einleitung, Begriffserklärung, Problemstellung**	**15**
1.1	Die Stellung Indiens in einer multizentrischen Weltwirtschaft	15
1.2	Der Begriff "das regionale Gravitationszentrum" und seine Bestimmungsfaktoren	19
1.2.1	Der Begriff "Gravitationszentrum"	19
1.2.2	Bestimmungsfaktoren des regionalen Gravitationszentrums	22
1.2.2.1	Ein dichtbevölkerter Staatsraum, ein Teilraum des vorgesehenen Wirtschaftsraumes	22
1.2.2.2	Breitenwirksame industrielle Basis mit diversifizierter Industriestruktur	23
1.2.2.3	Die unternehmerischen Pionierleistungen	26
1.2.2.4	Ausreichende Infrastruktur, Transport und Verkehr	27
1.2.2.5	Leistungsfähige Landwirtschaft als Grundlage der wirtschaftlichen Entwicklung	29
1.2.2.6	Die Rolle des Staates und politische und gesellschaftliche Stabilität	30
1.3	Problemstellung	31
1.3.1	Die Bedeutung Indiens für den südasiatischen Wirtschaftsraum	31
2	**Indien - Land eines gewaltigen wirtschaftlichen und politischen Potentials - Performance und Defizite -**	**41**
2.1	Zur ökonomischen und politischen Vormachtstellung Indiens in Südasien und deren Implikationen für handelswirtschaftliche Verflechtungen	41
2.2	Entwicklungspotentiale Indiens - strukturelle und regionalspezifische Eigenschaften	49
2.2.1	Fruchtbares Land und klimatisch günstiger Lebensraum	50
2.2.2	Bevölkerungspotential Indiens	53

2.2.3	Potentiale des Agrarsektors und Leistungsfähigkeit der Landwirtschaft als Rückgrat der indischen Wirtschaftsentwicklung	60
2.2.4	Vorräte an mineralischen Rohstoffen und fossilen sowie anderen Energiequellen	77
2.2.4.1	Mineralische und metallische Rohstoffe	77
2.2.4.2	Potentiale an fossilen Energieträgern	79
2.2.4.3	Nichtkommerzielle Energiepotentiale	82
2.2.4.4	Potential an Atomkraft	83
2.2.5	Vorhandensein einer diversifizierten Industriestruktur und eines traditionsreichen Unternehmenspotentials	86
2.2.5.1	Der industrielle Boom der achtziger Jahre in der differenzierten Industriestruktur Indiens	86
2.2.5.2	Bedeutung einer neuen Industriepolitik zur Aktivierung der Ressourcen- und Unternehmenspotentiale	94
2.2.5.3	Industrielle Dynamik aus der leistungsfähigen Landwirtschaft und dem klein- und mittelständischen Unternehmenspotential	103
2.2.6	Infrastrukturelle Ausstattung	109
2.2.6.1	Transport, Verkehr, Stromversorgung, Kommunikations- und Nachrichtenwesen	110
2.2.6.2	Das Potential an "Humankapital" und soziale Infrastruktureinrichtungen für Bildung, Ausbildung sowie Forschung und Entwicklung	115
2.2.6.3	Institutionen für Finanz- und Bankwesen	119
2.2.7	Verwaltung, politisches System und Pressefreiheit	125
Resümee zu Kapitel 2		131
3	**Die spezifischen Entwicklungsblockaden und die Chancen ihrer Beseitigung bzw. sichtbare Erfolge**	133
3.1	Die Problematik des "kolonialen Erbes" und die "Weltmarktintegration" Indiens (außenwirtschaftliche Hemmnisse)	133
3.2	Die spezifischen internen Entwicklungsblockaden auf dem Weg zur Binnenmarkterschließung	135
3.2.1	Bevölkerungsdruck, niedriger Bildungsstand und unzureichende Gesundheitsversorgung (sozio-kulturelle Blockaden)	136
3.2.2	Subsistenzlandwirtschaft zwischen Agrarbourgeoisie (Farmer's Capitalism) und integrierten ruralen Entwicklungsprogrammen (Rural Keynesianism)	142

Inhalt

3.2.3	Industrielle Entwicklung auf der Basis gemischter Planwirtschaft (Mixed Economy) und überzogener Importsubstitutions-Strategie	151
3.2.4	Engpässe in der Energieversorgung und Mängel an materiellen und infrastrukturellen Leistungen im Transport-, Verkehrs- und Kommunikationswesen	160
3.2.5	Das Fehlen handwerklicher und industrieberuflicher Ausbildung, das Übergewicht der akademischen Bildung sowie unzureichende Forschung und Entwicklung für die "Angepaßte Technologie"	164
3.2.6	Unzureichende Exportorientierung	173
3.2.7	Starke zentrale Intervention mit administrativen Starrheiten, überwuchernde Bürokratie und Korruption	178
3.2.8	Konflikte zwischen Ökonomie und Ökologie, soziokulturelle Spannungen und politischer Regionalismus	183
Resümee zu Kapitel 3		186

4 Resümee - Perspektiven für die Zukunft 187
4.1 Die Entwicklung auf dem Subkontinent - Spürbare Dynamik und günstigere Chancen 187
4.2 Indien im südasiatischen Wirtschaftsraum 189
4.3 Indien und Südasien in der Weltwirtschaft 191

Anmerkungen:
zu Kapitel 1 193
zu Kapitel 2 201
zu Kapitel 3 213
zu Kapitel 4 222

Summary 223
Literaturverzeichnis 229
   Berichte und Zeitschriften 243
Anhang 245

Abkürzungsverzeichnis

a.a.O.	am angegebenen Ort
Absch.	Abschnitt
APZ	*Aus Politik und Zeitgeschichte*, Beilage zur Wochenzeitung *Das Parlament*, Bundeszentrale für Politische Bildung, Bonn
Atlas	Muthia, S. u.a. (Hrsg.) (1987): *A Social and Economic Atlas of India*, Oxford University Press, Delhi
BIP	Bruttoinlandsprodukt
BSP	Bruttosozialprodukt
CMIE	Centre For Monitoring Indian Economy: *Basic Statistics Relating To The Indian Economy*, Vol. 1: *All India*, August 1988
EPW	*Economic & Political Weekly*, Bombay
FAZ	*Frankfurter Allgemeine Zeitung*, Frankfurt
GDP	Gross Domestic Product
HdSW	*Handbuch der Sozialwissenschaften*
HdWW	*Handbuch der Wirtschaftswissenschaften*
IRDP	Integrated Rural Development Programmes
IWF	Internationaler Währungsfond
KFW	Kreditanstalt für Wiederaufbau, Frankfurt
NfA	*Nachrichten für Außenhandel*, Bundesstelle für Außenhandelsinformation, Köln
OECD	Organisation for Economic Cooperation and Development
SAARC	South Asian Association of Regional Cooperation
SMI	small- and medium-scale industries
UNCTAD	United Nations Conference for Trade and Development, Geneva
UNIDO	United Nations Industrial Development Organisation, Wien
i.R.	indische Rupien
1 Crore =	10 Millionen
1 Lakh =	100 000
Bundesländer:	Die Bundesländer, die zur indischen Union gehören, sind abwechselnd als Gliedstaaten, Bundesstaaten oder als Bundesländer bezeichnet
A.P.	Andhra Pradesh
M.P.	Madhya Pradesh
U.P.	Uttar Pradesh

Verzeichnis der Karten, Schaubilder und Tabellen

Karten
Karte 1	Der "indienzentrische" südasiatische Wirtschaftsraum	32
Karte 2	Regionalspezifische Agrarzentren und das Phänomen Agrarbourgeoisie ("Farmers's Capitalism")	74
Karte 3	Regionalspezifische Standorte der Rohstoffvorkommen und potentielle Industriezentren auf dem Subkontinent	85
Karte 4	Wachsende regionalspezifische Industriezentren Indiens	105

Schaubilder
Nr. 1	Wachsende Getreideproduktion nach Saison	70
Nr. 2	Getreide vs Hülsenfrüchte (Pulses) - Anbaufläche und Produktion -	72
Nr. 3	Ansteigende Industrieproduktion	87
Nr. 4	Der Investitionsboom in privaten Industrien und sogenannte Export-Oriented Units (EOUs)	97
Nr. 5	Kontinuierlicher Anstieg staatlicher Investitionen im Industriesektor Indiens	98
Nr. 6	Finanzierungs- und Kreditinstitutionen in Indien	122

Tabellen
Nr. 1	Südasiatischer Wirtschaftsraum - Wichtige Strukturdaten	34
Nr. 2	Interregionale Handelsverflechtungen im südasiatischen Wirtschaftsraum	35
Nr. 3a	Indische Joint Ventures nach Ländergruppen (Anzahl 1988)	37
Nr. 3b	Außenhandel Indiens mit einigen SAARC-Ländern - Der langfristige Trend	38
Nr. 4	Außenhandelsbilanz Indiens mit wichtigen Handelspartnern: 1984/85-1988/89	47
Nr. 5	Anteil der Scheduled Castes und Scheduled Tribes an der Gesamtbevölkerung	54
Nr. 6	Anteil der Bevölkerung unter der Armutsgrenze	55
Nr. 7	Die demographische Struktur und "Belastungsquote", Projektion bis 2001	56
Nr. 8	Bewässerungspotentiale und deren effektive Nutzung in der indischen Landwirtschaft	64

Karten-, Schaubilder- und Tabellenverzeichnis

Nr. 9	Das Potential und die Nutzungsmenge des Grundwassers in ausgewählten Gliedstaaten Indiens	66
Nr. 10	Die Förderung von Erdöl - ONGC Perspective Plan 1984/85 - 2004/05	80
Nr. 11	Verteilung der Wertschöpfung im verarbeitenden Gewerbe	88
Nr. 12	Investitionen von Auslandsindern (NRIs) im Industriesektor Indiens (1984 - 1988)	99
Nr. 13	Steigende Zahl "kranker" Industrien (Sick Industries) und ausstehende Bankkredite	100
Nr. 14	Kapazitätsauslastung in ausgewählten Industrien	102
Nr. 15	Ausgaben der öffentlichen Haushalte für Wissenschaft und Technologie	118
Nr. 16	Auflagen der regionalsprachigen Zeitungen	130
Nr. 17	Investitionsanteile des öffentlichen und privaten Sektors	153
Nr. 18	Großindustrieunternehmen - Export vs Import	177

Verzeichnis der Anhangtabellen

Tabelle I:	Sozio-ökonomische Strukturdaten zu Indien	246
Tabelle II:	Bevölkerungsgröße, -fläche, -dichte und Bildung in den Gliedstaaten	249
Tabelle III:	a) Halbfeudale Bodenbesitzstruktur Indiens - Ungleiche Verteilung b) Anbaufläche, Agrarproduktion und Erträge	251
Tabelle IV:	Potentiale an fossilen Energieträgern, Metallen und Mineralien in Indien	252
Tabelle V:	Trends in der Industrieproduktion Indiens - Branchenspezifische Angaben -	254
Tabelle VI:	Straßen- und Verkehrsverhältnisse, Stromversorgung	255
Tabelle VII:	Indikatoren zur Entwicklung des Bildungswesens in Indien	257

Vorbemerkung

In den letzten Jahren hat man wahrscheinlich zu viel über die erfolgreiche wirtschaftliche und technologische Entwicklung in einzelnen Sektoren der indischen Wirtschaft gesprochen, aber zu wenig über seine handelspolitische Verantwortung im südasiatischen Wirtschaftsraum, in dem es ein "Gravitationszentrum" bilden könnte.

Trotz der guten Voraussetzungen und besonderen Vorteile für die Herausbildung eines regionalen Gravitationszentrums im südasiatischen Wirtschaftsraum, wie z.b. Bevölkerungsgröße und -dichte, Schumpeterianische Unternehmenspotentiale, vor allem in Bereichen der klein- und mittelständischen Industriezweige, reiche Rohstoffe und Energiequellen sowie auch seiner günstigen geographischen Lage und seinem demokratischen politischen System, verläuft der binnenwirtschaftliche und soziale Entwicklungsprozeß in Indien noch zu langsam. Die intra- und interregionalen Unterschiede im sozio-ökonomischen Entwicklungsstand und in der Effizienz staatlicher Planung und Maßnahmen sind so groß, daß sie einem Integrationsprozeß zur Herausbildung einer "ökonomischen Einheit", ohne den kein Gravitationszentrum entstehen kann, entgegenwirken. Die vorliegende Studie hat sich deshalb zur Aufgabe gestellt, die bisher erreichte sozioökonomische Entwicklung in Indien bezüglich seiner Ressourcen und Potentiale - der natürlichen wie menschlichen - kritisch zu analysieren und die Blockaden sowie Perspektiven für die künftige wirtschaftliche Entwicklung im Kontext der Bildung eines südasiatischen Gravitationszentrums aufzuzeigen. Die Untersuchung gliedert sich in folgende vier Kapitel:

1. Im ersten Kapital, das den theoretischen Bestandteil der Studie bildet, werden der Begriff und die Bestimmungsfaktoren für das "Gravitationszentrum" ausgearbeitet und die Stellung Indiens im südasiatischen Wirtschaftsraum diesbezüglich dargestellt.

2. Im zweiten Kapitel werden die besonderen Vorteile und Chancen Indiens bezüglich seiner Vormachtstellung im südasiatischen Wirtschaftsraum hinsichtlich der Herausbildung eines regionalen Gravitationszentrums empirisch-kritisch analysiert.

3. Im dritten Kapitel werden dann die wesentlichen Blockaden und Engpässe, die einem sozio-ökonomischen Integrationsprozeß entgegenwirken, aufgezeigt.

4. Im letzten Kapitel werden schließlich die Perspektiven für die künftige wirtschaftliche Entwicklung im Kontext der Bildung eines südasiatischen Kraftfeldes zusammenfassend resümiert.

Bei der Behandlung des zweiten und dritten Kapitels konnten einige grundsätzliche Unterschiede zwischen den einzelnen Gliedstaaten herausgestellt werden. Dabei wurde festgestellt, daß für die sozio-ökonomische "Performance" nicht nur die Potentiale an Human- und natürlichen Ressourcen entscheidend sind, sondern vor allem auch die staatliche Führung und Steuerung "von oben" sowie die Motivation der Bevölkerung "von unten".

Die Schwierigkeiten einer solchen Analyse liegen nicht nur in der Heterogenität der Potentiale, der Wirtschaftspolitik und der sozio-kulturellen Gegebenheiten in den verschiedenen Bundesländern der indischen Union, sondern auch in der heute vorliegenden unüberschaubaren Vielfalt an statistischen Zahlenmaterialien, die von indischen offiziellen Stellen zusammengestellt werden. Diese Analyse beruht auf gesamtwirtschaftlichen Informations- und statistischen Materialien sowie auf eigenen Beobachtungen und Befragungen während eines vierwöchigen Aufenthaltes (Februar-März 1989) in Delhi, Bombay, Pune und Ahmedabad. Für eine weitergehende differenzierte Untersuchung reichten die Zeit und die finanziellen Mittel jedoch nicht aus. Deshalb bleiben möglicherweise wichtige regionalspezifische Teilaspekte unberücksichtigt.

Diese Untersuchung ist mit finanzieller Unterstützung der Deutschen Forschungsgemeinschaft (DFG) entstanden, die mir auch den vierwöchigen Aufenthalt in Indien ermöglichte. Ich bin der DFG zu höchstem Dank verpflichtet.

Die ersten Anregungen zu dieser Arbeit erhielt ich von Herrn Prof. Dr. Alfons Lemper, Institut für Weltwirtschaft und Internationales Management, Fachbereich Wirtschaftswissenschaften, Universität Bremen. An dieser Stelle möchte ich ihm für sein Interesse, seine Anregungen und für seine Geduld, mit der er den Fortgang der Arbeit wissenschaftlich verfolgte und betreute, sowie für das Durchlesen des Manuskripts besonders danken. Gedankt sei auch Herrn Dipl. Ökonom Gerhard Feldmeier, wissenschaftlicher Assistent von Herrn Prof. Dr. Lemper, für das Durchlesen des Manuskripts und für die vorgeschlagenen Korrekturen. Herzlich danken möchte ich an dieser Stelle Frau Dr. E. Lauschmann, Mannheim, die mir durch ihre kritische Durchsicht der ersten Gliederung dieser Arbeit wertvolle Hinweise und Ergänzungen gab. Schließlich möchte ich Frau Sylvia Gschwilm für ihre Hilfe bei der Literatursuche und beim Schreiben des Manuskripts meinen Dank aussprechen. Ferner gilt mein Dank Frau Brigitte Durst für die Erstellung des Manuskriptes in Reinschrift.

Mein ganz persönlicher Dank gilt meinem Mann Dipl. Ing. Amritlal Gosalia, der mich während der Anfertigung dieser Arbeit in vielfältiger Weise unterstützte und entlastete, und meinem Sohn Apurva Gosalia, der mit großer Sorgfalt die Schaubilder, Graphiken und Landkarten erstellte.

Dank schulde ich auch der Bibliothek des Südasien-Instituts der Universität Heidelberg, dem Wirtschaftsarchiv der Universität Mannheim sowie zahlreichen Institutionen und Behörden, vor allem dem Centre of Policy Research, dem Institute of Economic Growth in New Delhi und Dr. Pendse, Economic Advisor der Tata Industries, Bombay, sowie Frau Dr. Isher Judge Ahluwalia des Centre of Policy Research, New Delhi, und vielen anderen, ohne deren Hilfe und Entgegenkommen bei der Bereitstellung von statistischen Materialien diese Arbeit nicht zustande gekommen wäre.

Viernheim, März 1991   Sushila Gosalia

1 Einleitung, Begriffserklärung, Problemstellung

1.1 Die Stellung Indiens in einer multizentrischen Weltwirtschaft

Die Struktur der Weltwirtschaft hat sich seit den fünfziger Jahren stark verändert. Damals dominierten die drei weltwirtschaftlichen Machtzentren - auch Kraftzentren genannt -, nämlich Europa (einschließlich England), die Sowjetunion und die Vereinigten Staaten von Amerika, und die weltwirtschaftlichen Beziehungen wurden weitgehend durch die Ost-West-Politik und durch das Nord-Süd-Gefälle zwischen Entwicklungs- und Industrieländern beeinflußt. Internationale Diskussionen über den Welthandel und den weltwirtschaftlichen Austausch konzentrierten sich damals meistens auf die Problematik der Entwicklungshilfe, des Kapital- und Technologietransfers aus den Industriestaaten in die sogenannten Entwicklungsländer.

Die vielen Entwicklungsländer wie die arabischen Ölstaaten, die in der OPEC[1] zusammengeschlossen sind, die Gruppe der ASEAN[2]-Staaten die lateinamerikanischen Großstaaten wie Brasilien, Mexiko und Argentinien und die zwei großen, bevölkerungsreichen asiatischen Flächenstaaten Indien und China spielten demgegenüber damals vorwiegend als Rohstofflieferanten eine geringe Rolle. Heute werden die wirtschaftlichen Beziehungen zunehmend über das Phänomen "neuer Machtzentren" diskutiert, das schon seit einigen Jahren in Erscheinung getreten ist und zusehends die Struktur der Weltwirtschaft prägt und weiter prägen wird. Es ist nicht länger möglich, die Tatsache zu übersehen, daß sich inzwischen in einigen sogenannten Entwicklungsländern wie Indien, China, der südostasiatischen ASEAN-Staatengruppe, zu der die rohstoff- und bevölkerungsreichen Staaten Indonesien, Thailand, die Philippinen, Malaysia und Brunei gehören, und bekanntlich auch in den ostasiatischen Schwellenländern,[3] namentlich Süd-Korea, Taiwan, Singapur und Hongkong, die nicht umsonst als die vier kleinen Tiger und Newly Industrialized Countries (NIC) der ersten Generation bezeichnet werden (im weiteren Verlauf wird der Begriff NIC für diese Länder verwendet), ein intensiver Industrialisierungsprozeß vollzogen hat und sich langfristig weiter anhaltend fortsetzt, der konsequenterweise sowohl die Weltwirtschaftsstruktur als auch die Handelsbeziehungen nicht unberührt gelassen hat.

In den sechziger Jahren trat Japan als weltwirtschaftliches Machtzentrum hinzu und stellte sich als japanische Herausforderung dar. Die siebziger und achtziger Jahre waren durch die asiatisch-pazifische Herausforderung gekennzeichnet, indem die vier NICs mit ihren ausgeprägten Exportökonomien auf dem Weltmarkt erschienen, und sie stellten sich als ernstzunehmende Konkurrenten der westlichen Industrienationen dar. Die Marktdynamik der Gruppe der NICs, ausgedrückt in ihrer Exportoffensive,[4] setzt sich heute noch zusehends fort. Die Gruppe der südostasiatischen ASEAN-Staaten besteht seit 1967 und gilt heute schon als vielversprechender Investitions- und Verbrauchermarkt. Er bildet mit Japan und den NICs einen dynamisch funktionierenden Wirtschaftsraum der multizentrischen Weltwirtschaft. Angesichts dieser Tatsachen ist zu erkennen, daß seit Mitte der siebziger Jahre die Problematik der Entstehung neuer Machtzentren an Bedeutung gewonnen hat, nicht nur als Schlagwort im Wahlkampf oder bloße politische Rhetorik, sondern als Ergebnis aller Entwicklungsanstrengungen innerhalb der Entwicklungsländer, die als NICs, Schwellenländer oder Schwerpunktländer bezeichnet worden sind.

Aufgrund ihrer Fläche, ihrer großen Bevölkerung sowie ihrer politischen Machtstellung im asiatischen Erdteil nehmen China und Indien eine paradigmatische Sonderstellung in der Weltwirtschaftsstruktur ein. Auf die Bedeutung beider Länder als zukünftiger "Supermarkt" - mit nahezu 2 Mrd. Menschen - und als weltwirtschaftliches Machtzentrum wird in internationalen politischen und wirtschaftlichen Diskussionen wiederholt hingewiesen.[5] Versucht man, diese globalen, auf den ersten Blick politisch-prognostisch erscheinenden Betrachtungen auf dem Hintergrund der allmählichen Verschiebung der Machtkonstellationen in den internationalen Wirtschaftsbeziehungen zu analysieren, läßt sich feststellen, daß es sich hier um eine differenzierte ökonomische Entwicklung bzw. eine industrielle Entwicklung innerhalb der Entwicklungsländer handelt, die mit dem naiven Modell linearer Aufwärtsbewegung wirtschaftlicher Entwicklungsprozesse ebensowenig zu erklären ist wie mit dem von W.W. Rostow entwickelten Wachstumsstufen-Modell[6] der wirtschaftlichen Entwicklung. Trotz seines für manche Zwecke hilfreichen und ausreichenden Charakters, um das Entwicklungsniveau und entwicklungspolitische Forderungen der Entwicklungsländer zu beschreiben, ist Rostows Ansatz für eine Analyse von Entwicklungsprozessen, die das multizentrische Profil der Weltwirtschaftsstruktur in der Zukunft prägen werden, nicht ausreichend.[7] In diesem Zusammenhang ist es naheliegend, von einer offendynamischen Weltwirtschaftsstruktur auszugehen, in der sich alle Volkswirtschaften der Welt, sowohl die sogenannten Entwicklungsländer, die Schwellenländer als auch die Industrieländer, nach ihrer jeweiligen industriellen Entwicklung und ihrem Leistungspotential mit besonderen handelspolitischen Verflechtungen einordnen. Das Weltwirtschaftssystem wird hier als ein "Netz von wirtschaftlichen Beziehungen" angesehen. Es war wohl zuerst Andreas Predöhl[8], der die Weltwirtschaft als offen-dynamisches System betrachtete und die funktionalen Zusammenhänge zwischen nationaler Entwicklungsdynamik, entwicklungsabhängiger, sich fortwährend verändernder internationaler Arbeitsteilung und der Entstehung neuer Machtzentren in der Weltwirtschaft gleichzeitig mit seinem

Ansatz vom "Gravitationsfeld" analysierte. Seiner Meinung nach "ist Weltwirtschaft ein funktionaler Zusammenhang über die ganze Erde derart, daß die Einzelwirtschaften auch in ihren lebenswichtigen Belangen voneinander abhängig sind".[9] Er bekräftigte die These, daß "es überhaupt nicht auf den Austausch als solchen ankommt, sondern auf den funktionalen Zusammenhang der wirtschaftlichen Größen innerhalb der Staatsräume und über die Staatsgrenzen hinweg".[10] Nach der Meinung von Predöhl "sind Entwicklungsländer alle Länder, die seit der Industriellen Revolution von dieser ergriffen sind. Auch die höchstentwickelten Länder entwickeln sich immer weiter. Gerade diese lassen aus ihren vollentwickelten Industriekörpern immer wieder neue Industrien herauswachsen".[11]

Nach dieser Auffassung ist das Weltwirtschaftssystem also als ein System von Industrie- oder Wirtschaftskomplexen anzusehen. Ihr Verhältnis zueinander ist teils hierarchisch, teils nebeneinander eingeordnet. "Das Konstituierende dieses Systems beruht auf der Tatsache, daß es auf der einen Seite eine hierarchische Ordnung von Industriekomplexen abgestuften Umfangs und unterschiedlicher Vollständigkeit gibt, aber auf der anderen Seite auch horizontale Zuordnungen relativer, gegenseitiger Unabhängigkeiten. "Hierarchisch ist das Verhältnis insofern, als große Komplexe von der Rangordnung der USA, Westeuropas, der UdSSR oder Japans sich aufzubauen pflegen aus einer mehr oder weniger großen Anzahl von Komplexen niederer Rangordnung, d.h., geringeren Potentials und geringerer Vollständigkeit, wobei noch verschiedene Abstufungen möglich sind", so Lemper.[12] Die eigentliche dynamische Zündkraft dieses Systems wird durch die Entstehung von neuen, relativ vollständigen Industriekomplexen bzw. wirtschaftlichen Machtzentren geleitet. Lemper hat schon in den siebziger Jahren in seiner Analyse *Der Handel in einer dynamischen Weltwirtschaft* gezeigt, daß "die Weltwirtschaft die Tendenz aufweist, sich in Form von Zentren, und noch spezifischer, in Form von Industriekomplexen zu entwickeln" und dies "hat weitreichende handelstheoretische, aber auch entwicklungspolitische und integrationspolitische Konsequenzen". Er betont weiter, daß "Annahmen für Prognosen der Handelsströme von der Zentrizität ausgehen müssen und nicht aus Einfachheitsgründen Linearität oder Parallelität der Entwicklung unterstellen können".[13] So gesehen, erzwingt die Entstehung neuer Kraftzentren mit der Zeit ein ganz neues Kräftegleichgewicht, weil der Kampf um Märkte härter wird, und dies führt wiederum zu Freihandelsabkommen und Gruppenverhandlungen, um den Protektionismus zu umgehen.[14] Die in der Öffentlichkeit viel diskutierten jüngsten Beschlüsse über die Einrichtung des europäischen Binnenmarktes bis Dezember 1992 und über das amerikanisch-kanadische Freihandelsabkommen, das im Januar 1989 in Kraft getreten ist, sind eine konkrete Bestätigung für diese These. Solche Überlegungen sind auch im Gange z.B. für einen asiatisch-pazifischen Wirtschaftsraum, in dem der seit längerem kursierende Plan zur Schaffung einer neuen asiatisch-pazifischen Regionalorganisation im Mittelpunkt steht.[15]

Ein weiterer wichtiger Charakter dieses Weltwirtschaftssystems ist die Form der weltwirtschaftlichen Kooperation, die nicht unbedingt aus dem Bestreben nach globaler komplementärer Arbeitsteilung zwischen Entwicklungsländern als überwiegend nur Rohstofflieferanten und Industrieländern als kapital- und technologieintensive Fertigprodukt-, Industriegüter- und Technologielieferanten stattfindet, sondern auf der Basis des erreichten industriellen Entwicklungsniveaus auch in Entwicklungsländern. Durch die erreichte Fähigkeit, jede intern auftretende Nachfrage aus eigenem Leistungspotential zu befriedigen, erreichen auch die sogenannten Entwicklungsländer einen bestimmten Autarkiegrad und Autonomieanspruch[16] und beeinflussen damit die Marktdynamik und die Wettbewerbsfähigkeit auf dem Weltmarkt. Diese Form von internationaler Kooperation wird als "vertikaler Wettbewerb"[17] bezeichnet, wobei eine regionale komplementäre Arbeitsteilung zwischen dem regionalen Machtzentrum und in seine Reichweite einbezogenen Nachbarländern mit relativ niedrigem Potential und niedriger industrieller Entwicklung schon von dem Charakter der hierarchischen Handelsbeziehungen her abgeleitet wird. Hierin kommt zum Ausdruck, wie die Entwicklungsländer durch ihre Strukturwandlung und Industrialisierung, die sich nach ökonomischer Gesetzmäßigkeit nach dem Muster zentrischer Agglomerationsbildung vollziehen, dazu tendieren, sich jeweils an ihre regionalen Machtzentren anzulehnen. Mit anderen Worten, die Weltwirtschaft gestaltet sich mit zur Zeit vier industriellen Kraftzentren - Graviationszentren -, den USA, der UdSSR, Japan und Europa dahingehend, die angelagerten und ihnen zugeordneten - im regionalen Kontext - Volkswirtschaften auf sich auszurichten. Man spricht vom asiatischen Wirtschaftsraum, europäischen Wirtschaftsraum, asiatisch-pazifischen Wirtschaftsraum, amerikanischen Wirtschaftsraum usw. Natürlich spielen hier die Faktoren wie die Größe der Volkswirtschaft, natürliche Ressourcen, Quantität und Qualität der Bevölkerung, Mobilität der Arbeitskräfte, staatliche Wirtschafts- und Handelspolitik, die den Industrialisierungsprozeß entscheidend beschleunigen oder blockieren, eine bedeutende Rolle. Das Machtzentrum-Modell der weltwirtschaftlichen Entwicklung und der internationalen Kooperation scheint heute überzeugender zu sein als je zuvor. Der wachsende industrielle Vollständigkeitsgrad in Ländern wie Indien, China, Brasilien usw. dürfte dazu führen, daß neue Machtzentren auf lange Sicht in der Weltwirtschaft in Erscheinung treten.

Von größerer Bedeutung ist deshalb die Frage, wie weit der indische Subkontinent zu einem weltwirtschaftlichen Gravitationszentrum im südasiatischen Wirtschaftsraum werden dürfte. Es gibt nämlich einige unter anderem entscheidende Faktoren wie seine 820 Millionen Einwohner, seine große Fläche, seine industrielle Entwicklung - Indien stand bis in die achtziger Jahre bekanntlich an zehnter Stelle der Industrienationen (gemessen an der industriellen Produktion); inzwischen ist Indien jedoch auf den 16. Platz zurückgefallen - sowie seine politische Vormachtstellung im südasiatischen Raum, die Indien zu einem "Gravitationszentrum" in diesem Raum prädestinieren.

In den folgenden Abschnitten soll jedoch zuvor der Begriff "Gravitationszentrum" hinsichtlich seiner räumlichen und zeitlichen Dimension und seiner Bestimmungsfaktoren näher analysiert werden.

1.2 Der Begriff "das regionale Gravitationszentrum" und seine Bestimmungsfaktoren

1.2.1 Der Begriff "Gravitationszentrum"

Aus der vorangegangenen Diskussion von der Herausbildung neuer Machtzentren in der multizentrischen Weltwirtschaft und der internationalen Handelsbeziehungen ist zu erkennen, daß es sich hier um einen wirtschaftlichen Entwicklungsprozeß handelt, der gleichzeitig sowohl auf der nationalen als auch auf der internationalen Ebene wirksam ist. Wie bereits erwähnt, war Predöhl der erste, der die entwicklungstheoretische Bedeutung der weltwirtschaftlichen Machtzentren in seinem Ansatz von Gravitationszentren aufgezeigt hat und den Prozeß der Synthese zwischen zwei unabhängigen Theorien, nämlich der Entwicklungstheorie und der Handelstheorie, in einem Ansatz zusammenfaßte.[18]

Unter weltwirtschaftlichen Gravitationsfeldern verstand Predöhl die großräumigen, dichtbevölkerten Wirtschaftsräume mit mehreren Industriekernen, die über eine breite und hochproduktive industrielle Basis verfügten und als deren Kern die Eisen- und Stahlindustrie galt und die in einem System von Zentren zusammengefaßt wurden. Kleine Gravitationsfelder, regionale Gravitationszentren bilden sich seiner Meinung nach abseits der großen; er bezeichnete sie als kleine Kerne oder Randkerne. Sie unterscheiden sich von den weltwirtschaftlichen Gravitationszentren dadurch, daß sie nicht mit der ganzen Weltwirtschaft im engen Austausch stehen, sondern in einem regional beschränkten Wirtschaftsraum Handelsverflechtungen auf sich richten, wie Lauschmann dies verdeutlicht: "Gravitationszentren, in denen sich Angebots- und Nachfragepotentiale konzentrieren, werden grundsätzlich durch die Agglomerationen industrieller Standorte bestimmt, deren bezugs- und absatzwirtschaftliche Verflechtungen mehr oder minder große Gebiete in ihrer wirtschaftlichen Entwicklung beeinflussen... Die Gravitationsfelder werden in ihrer Größe, Produktion und ihren Standortstrukturen durch die von den 'Gravitationszentren' ausgehenden zentripetalen und zentrifugalen Kräfte bestimmt."[19]

Aus dieser Definition des Begriffs "Gravitationszentrum" geht hervor, daß dem Grundgedanken des Begriffs und seiner kausalen Zusammenhänge mehrere Ansätze aus den Standort- und regionalwissenschaftlichen Theorien zugrunde liegen, die vorwiegend mit den Namen A. Weber[20] (Standorttheorie), Isard[21] (Industriekomplexanalysen), Chenery und Watanabe[22] (Kopplungs-Linkage-Effekte), W. Christaller[23] (System zentraler Orte) und Thünen[24] (Ringsystem der absatzwirtschaftsorientierten Stadt und landwirtschaftliche Produktion) sowie dem Entwicklungspolkonzept von Perroux[25] verbunden sind. Der wirtschaftliche Entwicklungsprozeß in einzelnen Volkswirtschaften ist wesentlich mit dem Industrialisierungsprozeß eng verbunden. Diese Tatsache ist in empirischen Untersuchungen zahlreicher Wirtschaftswissenschaftler, wie William Petty,[26] Colin Clark,[27] Jean Fourastié[28] und in neuerer Literatur von Simon Kuznets[29], überzeugend bestätigt worden. Damit verbunden ist aber auch die Bedeutung der produktionstechnischen Arbeitsteilung und Spezialisierung, die bekanntlich von Adam Smith[30] zu seiner Zeit, der Industriellen Revolution, in Großbritannien geprägt worden sind, und die Signifikanz der Agglomerationsvorteile,[31] die bekanntlich aus Massenproduktion (interne Ersparnisse) und aus Transportkostenminimierung (externe Ersparnisse) entstehen.

Infolgedessen zeigt die industrielle Entwicklung zusehends die Tendenz zu räumlicher Konzentration der industriellen Produktionsstandorte auf mehrere Orte und Städte in einer nationalen Volkswirtschaft. So entstanden z.B. Agglomerationsgebilde - mehrere industrielle Ballungszentren - wie München, Hamburg, das Ruhrgebiet usw. in der Bundesrepublik Deutschland, die Ballungsräume wie Amsterdam und Rotterdam in den Niederlanden oder London, Manchester, Birmingham in England[32] usw. Begriffe wie Technologiepark, Industrial-Estates und Industrial Parks deuten auch auf solche industriellen Ballungszentren hin. Genau genommen, handelt es sich hier eigentlich um einen breitgefächerten, konzentrisch eingesetzten Industrialisierungsprozeß, der über die Region hinaus entwicklungsbestimmend wirkt und positive Ausstrahlungskraft auf die übrigen umgebenden Regionen - Predöhl nennt diese die Peripherieregionen - ausbreitet. Hierin kommt zum Ausdruck, daß die wirtschaftliche Entwicklung bzw. das industrielle Wachstum räumlich nicht flächendeckend gleichmäßig erfolgt, sondern in Form von standortgebundenen Gravitationszentren - Ballungszentren -, die mit den sogenannten Entwicklungspolen identisch sind, räumlich konzentriert einhergeht, und von diesen lokalen Industriepolen wiederum gehen die Wachstums- und Entwicklungsimpulse auf das Umland aus, die mehrere solcher regionalen Ballungsräume je nach geographischer Ausdehnung, Existenz sogenannter Kopplungseffekte und über industrielle Komplementaritäten[33] entstehen lassen. Daraus resultiert mehr oder weniger ein vollständiger Industriekomplex - also ein überregionales Ballungszentrum -, das identisch ist mit dem überregionalen Gravitationszentrum. Es kann, wie Lemper verdeutlicht, mit dem "großräumigen Thünensystem" verglichen werden. "Wesentlich für die Bildung eines Thünensystems ist die Existenz eines Zentrums, das gleichzeitig Absatzmarkt für die umliegende Produktion ist. Die für das Thünensystem relevanten Leistungsströme fließen von außen nach innen, die innen stärker verflochten sind, sich nach außen aber emanzipiert haben".[34] Dieser Prozeß schiebt in der Nationalwirtschaft die Grenzen der Agglomerationsbildung immer wieder hinaus, die mit eigenen Wirtschaftskreisläufen den neuen ökonomischen Austausch und Handelsbeziehungen schaffen, die sich in langfristigen, funktionalen Zusammenhängen auf die weltwirtschaftliche Entwicklung auswirken und eigene Dynamik entfalten. Entscheidend ist dabei, die innerwirtschaftlichen Kreisläufe zu einer "Einheit" zu verbinden, zu integrieren. Dann, und nur dann, kann sich ein eigenständiges Gravitationszentrum entwickeln.

Grundsätzlich kann festgehalten werden, daß durch die Bildung solcher industriellen Zentren der Markt durch Kapital, Land und Arbeitskräfte eine Neuorientierung in Abhängigkeit zum städtischen Zentrum erfährt, wodurch sich die Austauschintensität auch verstärkt und die Handelsströme intensiviert werden; wie Lemper dies verdeutlicht, "je höher der Entwicklungsgrad, desto intensiver der interregionale Austausch... Die Austauschintensität pflanzt sich nicht linear vom inner- auf den interregionalen Bereich fort, vielmehr zeigt sie ganz ausgeprägte Tendenzen zur Polarisierung."[35] In Anlehnung an von Thünens für die landwirtschaftliche Produktion abgeleitetes Ringsystem, der "isolierten Stadt", hat Predöhl das System auf die gewerbliche Wirtschaft übertragen und als eine wirtschaftsräumliche Einheit aus der raumbildenden Kraft eines Absatzzentrums interpretiert. Der wichtige Gesichtspunkt in diesem Zusammenhang ist, daß bei dem raumbildenden Prozeß die wirtschaftliche Austauschfunktion des Ringsystems eine sehr entscheidende Rolle spielt. In den neuentstehenden Zentren werden mehr Arbeitsplätze geschaffen, was wiederum durch Erweiterung der Kaufkraft zu einem intensiven interregionalen Austausch führt. "Zentrenbildungen beeinflussen die Strömungsbilder der gehandelten Güter und Leistungen. So bedeutet z.B. die Bildung des Industriekomplexes Japan nicht nur, daß sich Japan rascher als umliegende asiatische Länder industrialisiert hat, sondern daß mit dieser Entwicklung auch eine Änderung der Handelsströme einhergeht. Der ehemals "leere" asiatische Raum, peripheres Handelsgebiet der alten Kerne, erhält ein neues Zentrum, das bedeutende eigene Kreisläufe entwickelt, neuen Handel schafft und Handel auf sich umorientiert."[36]

Diese Vorgänge werden sich wiederholen, wo immer neue Machtzentren, regionale Gravitationszentren oder weltwirtschaftliche Gravitationszentren entstehen, die die Handelsströme, d.h. die gehandelten Güter und Leistungen und die weiteren Handels- und ökonomischen Aktivitäten, auf sich ausrichten. Von großer Bedeutung sind in diesem Zusammenhang die empirischen Analysen[37] der gegenwärtigen Entwicklungen in bestimmten Wirtschaftsräumen, die den bestehenden Gravitationszentren der Weltwirtschaft zugeordnet und untergeordnet sind. Wie Menzel und Senghaas dies in aller Kürze beschreiben: "Die Herausbildung neuer Gravitationszentren war das Ergebnis von Entwicklungsprozessen, die der englischen vergleichbar waren. Eine agro-industrielle Revolution sowie technische und organisatorische Innovationen wurden zur Grundlage neuer weltwirtschaftlich relevanter Leitsektoren..." Sie betonen weiter, daß "neue industrielle Leitsektoren (wie die industrielle Textilproduktion, die eisenverarbeitende Industrie und die Kohleförderung) und ein national und international erfolgreich operierendes Dienstleistungsgewerbe im 19. Jahrhundert der englischen Ökonomie eine einmalige Stellung ermöglicht haben."[38]

In Anbetracht dieses Sachverhaltes und des Begriffs "Gravitationszentrum" erscheint es hier notwendig, nun den konkreten Bedingungen nachzugehen, die für ein Gravitationszentrum maßgebend sind, und zu fragen, wie der räumliche Diffusionsprozeß der agro-industriellen Entwicklung in einer Volkswirtschaft abläuft, die diese Bedingungen erfüllt.

1.2.2   Bestimmungsfaktoren des regionalen Gravitationszentrums

Aus der Betrachtung der industriellen Kernbildung in den bestehenden Gravitationszentren in der Weltwirtschaft können folgende Bestimmungskriterien, die für die Herausbildung des Gravitationszentrums notwendig sind, abgeleitet werden.

1.2.2.1   Ein dichtbevölkerter Staatsraum, ein Teilraum des vorgesehenen Wirtschaftsraumes, dem auch gleichzeitig die folgenden anderen Voraussetzungen zur Verfügung stehen

Eine große und dichte Bevölkerung bedeutet ein enormes Faktorpotential und wird auch als ein Faktor für einen großen Binnenmarkt angesehen, wenn es gelingt, daraus eine effektive Nachfrage zu entwickeln. H. Myint schreibt dazu, daß im Gegensatz zu vielen anderen dünnbesiedelten Entwicklungsländern Indien die reelle Chance hat "to reap the economies of scale from setting up a large and interrelated industrial complex including capital-goods sector oriented towards the domestic market".[39] Dünnbevölkerte unterentwickelte Länder werden dagegen immer peripher bleiben. Umgekehrt kann auch gesagt werden, daß jeder dichtbevölkerte Raum nicht ohne industrielle Breitenbasis einen Kern bilden kann, obwohl er dazu prädestiniert ist, z.B. Indonesien, Ägypten etc. Genauso kann gesagt werden, daß einige Länder mit geringer Bevölkerungsdichte Industrieländer sind, aber diese haben keine Möglichkeit, sich als eigene Gravitationszentren zu entwickeln, weil ihnen ein großer Binnenmarkt fehlt, wie z.B. Australien (mit 18 Millionen Einwohnern), Neuseeland (mit 3,3 Millionen Einwohnern), Südafrika (mit 32,3 Millionen Einwohnern) oder Kanada (mit 25,6 Millionen Einwohnern). Diese werden entwickelte Peripherien bleiben und ihre Handelsverflechtungen auf Kernländer (Gravitationszentren) ausrichten. Das heißt, daß die Bevölkerungszahl und -dichte nicht nur als begünstigender Faktor, sondern auch als "notwendige Bedingung", als quantitatives Phänomen angesehen werden sollte. Die notwendige Mindestzahl aus empirischen Erfahrungen wird um die 100 Millionen (Japan) geschätzt.[40] Diese Zahl soll hier als historische Richtungsgröße und nicht als festgelegte theoretische Mindestzahl betrachtet werden. Hier muß klargestellt werden, daß die "Peripherie" nicht immer gleichbedeutend ist mit wirtschaftlich unterdrückten unterentwickelten Ländern, die durch "Zentren" verdrängt worden sind, sondern Peripheriewirtschaften sind solche Wirtschaftsräume, die stark auf die Randkerne und die Kernzentren ausgerichtet sind und die untereinander nur in sehr schwachem Austausch stehen.[41] In diesem Sinne gibt es auch entwickelte Peripherien, wie bereits erwähnt, wie Neuseeland, Australien etc. So gesehen, wird es nach Predöhls Ansicht immer Zentren, Randkerne und Peripherieländer geben, und neue Zentren wie China, Indien oder andere kommen hinzu, und so wird sich die multizentrische Weltwirtschaft erweitern. "Aber eine Nivellierung der Weltwirtschaftsstruktur, etwa im Sinne einer überall entwickelten industriellen Breitenstruktur, ist nicht zu erwarten."[42]

1.2.2.2 Breitenwirksame industrielle Basis mit diversifizierter Industriestruktur, die sogenannte "ancillarisation"

Aus dem Ablauf der Wirtschaftsgeschichte vieler Länder ist festzuhalten, daß die Industrialisierung ein sehr entscheidender Teil des andauernden Prozesses der wirtschaftlichen Entwicklung ist. Der Weltwirtschaftsbericht 1987 formuliert dies deutlich so: "Wenngleich die Historiker in den Details unterschiedlicher Meinung sind, besteht ein Konsens darüber, daß die Industrialisierung um die Mitte des 18. Jahrhunderts in Großbritannien begann. Innovationen in der Baumwollspinnerei und Weberei führten zu einer bedeutenden Produktivitätssteigerung... Es wird jetzt allgemein die Meinung vertreten, daß diese Erfindungen die Industrielle Revolution ausgelöst haben... Nach den Innovationen in der Baumwollverarbeitung, der Eisenverhüttung und der Erfindung der Dampfmaschine bildeten die Stahlproduktion, das Eisenbahnwesen und die Dampfschiffahrt von etwa 1820 bis 1870 das Zentrum der Industrialisierung".[43] Es folgt aus dieser Beobachtung, daß die Industrie aus dem Handwerk wächst und daß der Prozeß der Industrialisierung zuerst in der agrarnahen arbeitsintensiven Baumwolltextilindustrie und/oder in der rohstofforientierten Eisen- und Stahlindustrie einsetzt. Die Wirtschaftsgeschichte alter Industriezentren zeigt, daß "zunächst Textilien im Mittelpunkt standen, dann Eisen, Stahl und Maschinenbauerzeugnisse auf Stahlbasis. Später verlagerte sich der Schwerpunkt auf die Elektronik und Mikroelektronik".[44] Für unsere Studie ist es wichtig festzuhalten, daß obwohl in England und Japan zuerst die Textilindustrie den Industrialisierungsprozeß in Gang setzte, sie trotzdem ein Vorläufer für echte raumbildende industrielle Entwicklung gewesen war. Insgesamt stellt sich der Industrialisierungsprozeß der Nachkriegszeit in verschiedenen Ländern der neuen Industriezentren, unabhängig von ihrer politischen Ordnung, in drei Phasen dar, indem die Entwicklung mit der arbeitsintensiven Textilindustrie beginnt und sich dann über die Schwerindustrie, hauptsächlich Eisen und Stahl, Maschinenbau, Automobilindustrie, bis zum heutigen Hochtechnologiebereich ausdehnt; wie Prof. Bruce Cumings von der Universität Washington Seattle deutlich zum Ausdruck bringt, "durchliefen Japan, Korea und Taiwan in den vergangenen hundert Jahren mit ihrer Industrieentwicklung den klassischen Produktzyklus, wobei die beiden letzteren Länder in Japans Fußstapfen traten... Taiwan und Korea waren im Verlauf der Geschichte immer wieder das Auffangbecken für japanische Industrien im Niedergang."[45] Die vorangegangenen Betrachtungen zeigen ganz konkret, daß hier Wert auf die Feststellung gelegt wird, daß früher oder später alle Industrienationen ihre industrielle und damit auch gesamtwirtschaftliche Entwicklung mit der Eisen- und Stahlindustrie verstärkt haben. Ein wichtiger Grund dafür ist, daß die Eisen- und Stahlindustrie die höchsten aggregierten Vorwärts- und Rückwärtsverflechtungen besitzt. Chenery und Watanabe[46] haben dies bekanntlich bei 29 untersuchten Industriezweigen in den USA, Italien und Japan festgestellt. Obwohl Voigt[47] auf die abschwächende raumbildende Kraft der Eisen- und Stahlindustrie hingewiesen hat, besteht dennoch eine positive Korrelation zwischen Stahlproduktion und der gesamten wirtschaftlichen Entwicklung. Nicht nur die Weltbankstatistiken bestätigen diese Beziehungen, sondern auch der gegenwärtige Stahlboom in der Bundesrepublik Deutschland.[48]

In diesem Zusammenhang sollen auch die verschiedenen anderen Industrien neben Eisen und Stahl erwähnt werden, wie Erdölprodukte, Petrochemie und synthetische Fasern, NE-Metalle, Kohleprodukte, Gummierzeugnisse, Papier-, Druck- und Verlagerzeugnisse, die starke Verflechtungen nach beiden Seiten - vorgelagerten und nachgelagerten Industriezweigen - aufweisen und die aus der Industriekomplexanalyse von Isard und seinen Mitarbeitern[49] bekannt sind. Hinzu kommt noch die Bedeutung anderer neuer Folgeindustrien, wie Kraftfahrzeugbau und Elektronik, die sich je nach den Standortbedingungen, den technologischen Fähigkeiten der Arbeitskräfte und der Größe der Binnenmarktnachfrage oder des Exportmarktes durchaus entwicklungsfördernd und raumverstärkend auswirken könnten. Diese Auffassung wird auch in einer Untersuchung von Streit[50] über die Problematik räumlicher Verflechtungen (räumliche Assoziations- und Lieferverflechtungskoeffizienten) von 26 Industriezweigen in der Bundesrepublik Deutschland und Frankreich in "Komplexen höherer Ordnung" vertreten. Dabei wurde festgestellt, daß in der Bundesrepublik die metallerzeugenden und -verarbeitenden Industriezweige zu relativ wenigen "Komplexen höherer Ordnung" gehören. Die eisenschaffenden Kaltwalzwerke, Stahlverformung, NE-Metallindustrie gehören zu den "Komplexen höherer Ordnung". In Frankreich hingegen spielen der Fahrzeugbau und die Elektronikindustrie für die räumliche Verflechtung eine entscheidende Rolle. Im Hinblick auf die Arbeitsplätze und die Anregung der Kaufkraft unterstreichen z.B. Iyer und Krüger in ihrer Arbeit *Indien - Wirtschaftsmacht der Zukunft*: "In Industrieländern aller Erdteile hat es sich immer wieder gezeigt, daß Unternehmen zur Herstellung von Automobilen, Personenwagen, Motorrädern, Lastwagen und Traktoren wohl denjenigen Produktionszweig darstellen, der die meisten Arbeitsplätze geschaffen hat, ein Arbeitsplatz in der Automobilindustrie schafft normalerweise 45 neue Arbeitsplätze im sekundären oder tertiären Sektor. Es werden neue Jobs geschaffen im Straßenbau, bei der Straßeninstandhaltung, im Automobilhandel, an Tankstellen und in Reparaturwerkstätten. Dazu kommt eine starke Zunahme an Kaufkraft".[51] Gerade im Hinblick auf "Arbeitsplätze" - hohe "Employment Multiplier" - und Intensität des interindustriellen Verflechtungsgrades - "Ancillarisation" - sind im indischen Kontext die Automobil- und Engineering-Unternehmen zu erwähnen, namentlich TELCO (Tata Engineering and Locomotive Company - Pune) und Bajaj Auto Works Pune in Maharastra. "Among the selected large units, maximum 'own' employment (i.e. employment within the unit) is provided by TELCO followed by Bajaj Auto. The maximum employment in the indirect manufacturing units is also provided by Bajaj Auto and TELCO. The two units in the transport sector thus become most important in providing both direct and indirect manufacturing employment",[52] heißt es in einer Untersuchung, die vom Centre of Studies in Social Sciences, Pune für die Industrial Development Bank of India, Bombay, durchgeführt wurde. Die Crux dieses Sachverhaltes ist jedoch die tatsächliche Durchsetzung potentieller Kopplungseffekte, die für die Schaffung der Arbeitsplätze und damit auch für die Steigerung der Kaufkraft erforderlich ist. Predöhl hat schon in den fünfziger Jahren festgestellt, "... obgleich manche anderen (zusätzlich zur Textilindustrie) Industrien gefolgt sind und in Indien sogar frühzeitig eine Eisen- und Stahlindustrie entstanden ist, ist die Entwicklung doch über kleine Randkerne nicht hinausgelangt. Grund dafür ist hier nicht der Mangel an Raum und Menschen, sondern Mangel an wirksamer Nachfrage."[53] Und diese Aussage ist immer noch - nach fast 27 Jahren - für Indien gültig geblieben.

Rothermund bestätigt, daß die neuen Zentren der staatlichen Stahlindustrie, die in Süd-Bihar und im angrenzenden Orissa und Madhya Pradesh in der Region der großen indischen Eisenerz- und Kohlereserven entstanden, wenig für die Belebung der Wirtschaftsentwicklung des Ostens taten. Sie bildeten Enklaven des industriellen Fortschritts in einer rückständigen Umgebung.[54] Dagegen hat Japan, obwohl es weder Eisenerz noch Kohle als Rohstoffe besitzt, über die Textilindustrie hinaus viele weitere arbeitsorientierte Industriezweige entwickelt und schließlich, wenn auch erst in einer späteren Periode seiner wirtschaftlichen Entwicklung, eine große Eisen- und Stahlindustrie aufgebaut und ist als Gravitationszentrum aufgetreten. Es wäre jedoch eine Fehldeutung, wenn man von einer solchen industriellen Entwicklung ohne den Hinweis auf das Ausmaß der Umweltproblematik, der Urbanisierungsplanung und von dem Bau und Ausbau der Infrastruktur und anderen "social amenities" spricht. Denn die normalen Kriterien des Umweltschutzes und der Urbanisierung müssen bei der Planung von Industriekomplexen und diesbezüglichen Investitionsvorhaben mit berücksichtigt werden. Hier handelt es sich nicht um einen kurzfristigen sektoralen Erfolg einer möglichst dichtindustrialisierten wirtschaftlichen Entwicklung, sondern es ist eine langfristige sozio-ökonomische Entwicklung für die ganze Volkswirtschaft gefragt; das heißt also, die Chancen der industriellen Entwicklung zu nutzen, aber gleichzeitig ihre Gefahren zu meiden.[55]

Zusammenfassend kann festgehalten werden, daß das zentrale Anliegen einer breitenwirksamen industriellen Entwicklung, die nach zentrischem Muster verläuft, letztendlich die binnenwirtschaftliche Integration ist, die über die Erschließung des gesamten Linkage- und Komplementaritätspotentials nicht nur eines, sondern mehrerer Industriekomplexe - die auch regional verteilt sein können - erreicht werden muß. Der Anstoß kommt aus diesen Industriekomplexen, die gleichwohl die Funktion von Entwicklungspolen annehmen und Entwicklungsimpulse auslösen, die für die schrittweise Erschließung des gesamten Binnenmarktpotentials erforderlich sind, indem ein hoher Verflechtungsgrad der einzelnen Sektoren und auch Regionen eine wachsende Kohärenz zum Ausdruck bringt. Eine solche "Integration" setzt natürlich die unternehmerischen Pionierleistungen, die geeigneten Infrastrukturmaßnahmen und eine leistungsfähige landwirtschaftliche Entwicklung voraus, die im folgenden erörtert werden sollen.

1.2.2.3   Die unternehmerischen Pionierleistungen

Unternehmerische Pionierleistungen sind eine ergänzende notwendige Determinante zu den oberen beiden, die sowohl in der Empirie als auch in der Theorie der wirtschaftlichen Entwicklungsgeschichte überhaupt eine bedeutende Rolle gespielt hat.

Joseph Schumpeter[56] ist in diesem Zusammenhang ein vielzitierter Ökonom, der einen Unternehmertypus beschrieben hat, nämlich den Pionierunternehmer, der heute im Zuge des komplexen technischen Fortschritts und der industriellen Entwicklung besonders wichtig ist. In diesem Zusammenhang ist die Analyse Rostows über die Vierte Industrielle Revolution, in der auf die Rolle der neuen Technologien, Forschung und Entwicklung, die Innovationsschübe und damit auch auf die verstärkte Rolle der unternehmerischen Aktivitäten aufmerksam gemacht wird, besonders zu erwähnen.[57] Die unternehmerischen Pionierleistungen umfassen nach Schumpeter, wie Voigt zusammenfassend erklärt, "alle Vorgänge des technischen Fortschritts und außerdem alle Neuerungen in der Unternehmer-Organisation, im Bezug von Vorleistungen und im Absatz".[58] "Selbst die europäische Wirtschaft, deren Industrialisierung sich unter den Bedingungen der liberalen Expansion im 19. Jahrhundert vollzogen hat, bedurfte einer 200jährigen merkantilistischen Vorbereitung, und es ist sehr charakteristisch, daß das einzige Land der östlichen Peripherie, das sich industriell entwickelt hat, Japan gewesen ist, weil die Samurai ihre Schwerter an den Nagel hängten und als Kauf- und Handelsleute auftraten."[59]

1.2.2.4 Ausreichende Infrastruktur, Transport und Verkehr

In der Literatur, die sich mit dem Problem der sozio-ökonomischen Entwicklung im allgemeinen und der innerwirtschaftlichen Integration im besonderen beschäftigt, wird das Thema Infrastruktur und Verkehrsbedingungen zwar häufig erwähnt und diskutiert, aber ihre Funktion zur räumlichen Zentrenbildung kaum diskutiert. Vielmehr wird einerseits "Infrastruktur" als selbstverständliche, grundsätzliche Voraussetzung angesehen und andererseits das "Fehlen von Infrastrukturen" als eine Ursache sozio-ökonomischer Unterentwicklung bezeichnet. Die spezifische Schlüsselbedeutung des Verkehrsmittels für die weiträumigen Verflechtungen ist von Predöhl aus empirischhistorischen Beobachtungen in der europäischen, amerikanischen, russischen und japanischen Entwicklungsgeschichte hervorgehoben worden und findet hier ihren konkreten Ansatz unter dem Aspekt der großen technischen Entwicklungen im Verkehrswesen. Es gibt zahlreiche Indizien dafür, daß ohne den Eisenbahnbau in den USA und der UdSSR sowie ohne die Dampfmaschine für Kontinentaleuropa (Rhein-Ruhr), England und auch für Japan nicht nur der Transport von Menschenmassen,[60] sondern auch der Transport von Gütern über den Ozean nicht möglich gewesen wäre. Bei der Integration der alten Volkswirtschaften ebenso wie bei der Bildung von neuen hat die Eisenbahn eine entscheidende Rolle gespielt. Der Bau der amerikanischen und der russisch-sibirischen sowie der kanadischen und der indischen Eisenbahn hatte die Tiefe der Kontinente erschlossen. Die besondere Bedeutung der "Transportkostenminimierung" bei der Schwerindustrie wie Eisen und Stahl und bei der agrarnahen Textilindustrie ist in ihrer raumbildenden Kraft zu beobachten, wobei die "transportbedingten Absatzradien" eine entscheidende Rolle spielen. Und insofern ist es auch unumstritten - sogar über umweltschutzbedingte Urbanisierungskonflikte hinweg -, daß die großen Industriezentren dort entstanden sind, wo Eisenerz- und Kohlestandorte gegeneinander abgegrenzt werden konnten und viele andere standortgebundene Produktionsindustrien wie Eisen und Stahl, Maschinen-, Eisenbahnbau, Automobilindustrie usw. entstanden sind. Die Lothringische und Luxemburgische Minette, Ruhr- und Rheinschiffahrt, die Seelage Japans und Englands sind die konkreten Beispiele, in denen die verbindende Bedeutung des Verkehrswesens zum Ausdruck kommt.[61] In der neueren Literatur ist die besondere Bedeutung der infrastrukturellen Ausstattung für die gesamtwirtschaftliche Entwickung von Jochimsen[62] überzeugend nachgewiesen worden.

Die vielen Entwicklungsländer, die sonst viele andere Voraussetzungen aufweisen, um die standortbedingte Industrialisierung betreiben zu können, leiden immer noch am Mangel adäquater Verkehrs- und Transportkapazitäten. Hier stellt sich die Aufgabe, bestimmte standortgebundene Industrien, wie Eisen und Stahl, Erz- und Kohlelager, Textilindustrie, Petrochemie, arbeitsintensiver Maschinenbau, Automobilindustrie usw., durch Verkehrs- und Infrastrukturnetze räumlich und produktionswirtschaftlich zu verflechten. Unter dem Begriff "Verflechtung" versteht man sowohl die sektoralen als auch die regionalen wechselseitigen Liefer- und Absatzverflechtungen zwischen verschiedenen Produktionsstätten und geographischen Regionen bis hin zu internationalen Handelsbeziehungen. Mit anderen Worten heißt dies, daß der Verkehr die Aufgabe hat, "Wirtschaftsverflechtungen" sowohl dynamisch zu intensivieren als auch zu expandieren. Bronger betont: "Bereits die interregionale Verflechtung der einzelnen Regionen, so wie in noch stärkerem Maße die inter- und überregionale Verflechtung, ist in den Entwicklungsländern häufig nur mangelhaft und dazu sehr ungleichmäßig ausgebildet. Statt dessen besteht oft ein relativ isoliertes Nebeneinander einzelner, vorwiegend lokaler Kreisläufe. Andererseits gibt es Regionen, die bereits von ihrer Struktur her (Ressourcen und Infrastrukturausstattung etc.) einen deutlich höheren Entwicklungsstand aufweisen und deren Grad der Verflechtung sowohl intra- als auch interregional, bisweilen sogar überregional im Vergleich zu den übrigen Regionen sehr viel weiter fortgeschritten ist".[63] Die mangelhaften räumlichen und sektoralen Verflechtungen werden als die Ursachen der funktionalen und regionalen Ungleichgewichtige betrachtet, die sich in sozio-ökonomischen Dualismen - Disparitäten - widerspiegeln. Dieses Phänomen des "Dualismus" ist in der entwicklungspolitischen Literatur[64] ausführlich behandelt und als Hauptproblem der Entwicklung auch für Indien[65] angesehen worden. Darauf werden wir noch ausführlicher eingehen.

1.2.2.5 Leistungsfähige Landwirtschaft als Grundlage der wirtschaftlichen Entwicklung

Die besonders signifikante Rolle des Agrarsektors im Prozeß des wirtschaftlichen Strukturwandels und für das Beschleunigen der industriellen Entwicklung ist sowohl in der alten als auch in der neuen Literatur der Wirtschaftswissenschaften und Entwicklungspolitik von mehreren Autoren analysiert und in der Tat historisch in allen Ländern, die erfolgreich den wirtschaftlichen Strukturwandel vollzogen haben, bestätigt worden. Die bekanntesten Diskussionen, in denen die landwirtschaftliche Entwicklung sich in Abhängigkeit zur industriellen Entwicklung befindet und zugleich die Industrialisierung unterstützt, wurden von John Mellor, W. Arthur Lewis, H. Myint und später auch von Ragnar Nurkse und vielen anderen ausgelöst.[66]

Karl Schiller[67]- Ex-Finanzminister der Bundesrepublik Deutschland - z.B. sprach in seinen heute noch viel zitierten Kieler Vorträgen von der dualen Strategie der wirtschaftlichen Entwicklung in den Entwickungsländern, wobei landwirtschaftliche und industrielle Entwicklung in jedem Fall Hand in Hand gehen müssen. Diese Tatsache ist, von historisch-empirischen Betrachtungen aus gesehen, ganz unbestreitbar, nämlich daß durch die Erhöhung der landwirtschaftlichen Produktivität ein reiches Reservoir an Arbeitskräften freigesetzt wird, das in industriellen Betrieben wieder eingesetzt werden kann. Auch die benötigten Nahrungsmittel und Rohstoffe könnten dadurch bereitgestellt werden, und das Ziel der wirtschaftlichen Entwicklung könnte überhaupt in einem sehr viel schnelleren Tempo vollzogen werden. Die neuesten empirischen Untersuchungen von Senghaas und Menzel z.B. bestätigen, daß in vielen Ländern Europas die Industrielle Revolution von einer nicht weniger bedeutsamen Agrarrevolution begleitet war.[68]

Obwohl es keine allgemeingültige Strategie der Industrialisierung und landwirtschaftlichen Modernisierung gibt, die aus der Wirtschaftsgeschichte Europas oder auch aus den Erfahrungen der erfolgreichen Exportökonomien des pazifischen Raumes - der sogenannten NICs - als optimal beschrieben werden könnte, folgen aber aus diesen Erfahrungen gewisse Regelmäßigkeiten, die heute auch in Entwicklungsländern als Leitlinien dienen könnten. Der Weltentwicklungsbericht 1987[69] der Weltbank bestätigt, daß von Anfang an die Industrialisierung in einem Zusammenwirken von Technik, Spezialisierung und Handel bestand. Dieses Zusammenspiel führte zum Strukturwandel der Volkswirtschaften. So geht etwa das Frühstadium der Industrialisierung üblicherweise mit einem steigenden Anteil der Industrie am BIP einher. Natürlich gibt es Abweichungen von diesem Muster. Manche Volkswirtschaften blieben landwirtschaftlich geprägt und erzielten dennoch ein hohes Pro-Kopf-Einkommen, beispielsweise Australien und Neuseeland. Andere industrialisierten ohne eine begleitende Steigerung der landwirtschaftlichen Produktivität, indem sie den Export arbeitsintensiver Industrieprodukte ausweiteten, beispielsweise Hongkong, die Republik Korea und Singapur. Dennoch ist es wichtig, nach Senghaas und Menzel folgendes zu erkennen, daß

> Erfolg oder Mißerfolg von Entwicklung auch bei diesen Gesellschaften [bevölkerungsstarken Flächenstaaten], nicht anders als bei Exportökonomien, von einer frühzeitigen breitenwirksamen Agrarmodernisierung und einer entsprechenden Industrialisierung abhängt... Anhaltende Subsistenzlandwirtschaft und Industrialisierung haben sich in der Regel ausgeschlossen. Kam es zu Industrialisierung trotz fortdauernder Subsistenzlandwirtschaft, kam es auch zu typischen Peripheriesymptomen (z.B. Balkan, weite Teile der Dritten Welt)... Wenn ein enger Zusammenhang zwischen Agrar- und Industrieentwicklung besteht, müßte sich eine frühe forcierte Agrarmodernisierung in eine besonders frühe und forcierte Industrialisierung übersetzen... Dieser Zusammenhang zeigt sich vor allem in der Entwicklungsgeschichte Englands, die sich deutlich von der Entwicklungsgeschichte anderer größerer Gesellschaften abhebt. [70]

Festzuhalten ist, wie auch Predöhl bestätigt, daß raumwirtschaftlich alle erfolgreiche Industrialisierung an der agrarischen Basis angesetzt hat, "echte Industrialisierung geht mit Verbesserung der landwirtschaftlichen Produktion einher und wächst allmählich in die höheren Stufen der Industrie hinein."[71] Die Wirtschaftsentwicklung in der UdSSR, Japan, England, Westeuropa und auch in den USA bestätigt dies.

1.2.2.6 Die Rolle des Staates und politische und gesellschaftliche Stabilität

Die Rolle des Staates in dem gegebenen politischen System bei der Schaffung von Finanz- und Kreditsystemen, Infrastrukturmaßnahmen, Energieversorgung usw., Aufgaben also, die die einzelnen Unternehmen oft nicht in Angriff nehmen können, wird heute in den meisten Volkswirtschaften im wesentlichen positiv, sogar als notwendig bewertet. Gleichzeitig wird aber vor allzu interventionistischen Eingriffen des Staatsapparates, die zu bürokratischen 'Staatsklassen'[72] - wie es von Elsenhans genannt wird - führen könnten, gewarnt, da diese als hemmender Faktor für die Entwicklungsaktivitäten der Unternehmen und ihrer Initiativen angesehen werden. Besonders im Hinblick auf die Förderung des klein- und mittelständischen Unternehmertums als einer eigenständigen sozialen

Problemstellung 31

und ökonomischen Kraft, die eine der Grundlagen einer sich selbst tragenden wirtschaftlichen Entwicklung ist, wird "die Rolle von Staatsapparaten bei der Schaffung von vereinheitlichtem Rechtssystem und von Rechtssicherheit und bei der Durchführung von Infrastrukturmaßnahmen, die Einzelunternehmen nicht in Angriff genommen hätten, im wesentlichen positiv bewertet".[73]

Hinzu kommt die Frage, ob die politischen und gesellschaftlichen Rahmenbedingungen, die die Stabilität und Kontinuität der Entwicklung mitbestimmen, sich in einem günstigen Zustand befinden und dann auch auf die Märkte und auf die gesamtwirtschaftliche Entwicklung Vertrauen ausstrahlen.

Abschließend kann gesagt werden, daß nur unter den genannten Bestimmungsfaktoren im allgemeinen die wirtschaftliche Entwicklung stattfinden und sich im besonderen eine Volkswirtschaft entfalten kann, die als Gravitationszentrum prädestiniert ist. Je weniger diese Bedingungen erfüllt sind, desto mehr gerät der Wirtschaftsraum, der diesem Zentrum zugeordnet ist, in ein entwicklungspolitisches Vakuum.

1.3 Problemstellung

1.3.1 Die Bedeutung Indiens für den südasiatischen Wirtschaftsraum

In der gegenwärtigen internationalen Diskussion über die politischen und wirtschaftlichen Konstellationen in verschiedenen Teilen der Welt gewinnt der asiatische Raum (natürlich neben Europa 1992) immer mehr Aufmerksamkeit, denn zum asiatischen Machtgefüge gehören offensichtlich mehrere potentiell eigenständige, nicht nur politische, sondern gleichzeitig auch wirtschaftliche Machtzentren, die sowohl in ihrem regionalen Bezugssystem als auch in ihrer internationalen Tragweite eine entscheidende Rolle spielen. Zum asiatischen Erdteil gehören die zwei bevölkerungsreichsten (ca. 2 Mrd. Menschen) und territorial ausgedehnten Flächenstaaten wie Indien und China. Man kann nicht oft genug hervorheben, daß in diesen großen Nachbarländern fast 40 Prozent der Weltbevölkerung lebt. Der amerikanische Ökonom W.W. Rostow[74] z.B. hatte den Eintritt Indiens und Chinas in die Liga der politischen und wirtschaftlichen Machtzentren als das wichtigste Ereignis der neunziger Jahre prophezeit.

In der internationalen Presse wurde sogar ein gigantisches Dreieck, China, Sowjetunion und Indien, mit einer neuen politischen und wirtschaftlichen Dimension für möglich gehalten, wenn sich diese Länder über ihre Grenz- und Territorialstreitigkeiten einigen und ihre Handelsbeziehungen von überregionalen Markterweiterungen geprägt sein würden.

Karte 1

Der "indienzentrische" südasiatische Wirtschaftsraum

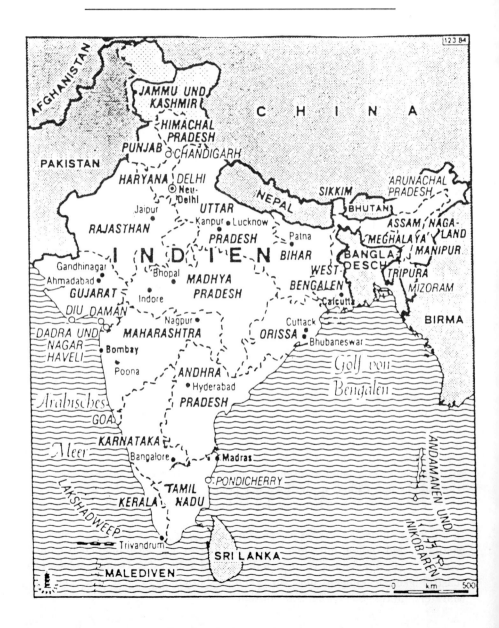

Problemstellung 33

Vor diesem Hintergrund wird die Stellung des südasiatischen Wirtschaftsraums (South Asian Association of Regional Cooperation, SAARC[75]) mit Indien als Kern im wirtschaftlichen Machtgefüge gut vorstellbar. Ein Blick auf die Landkarte (vgl. Karte 1) verdeutlicht, daß im Grunde genommen der südasiatische Erdteil ein einziges Industriezentrum, nämlich Indien, hat, das über die zwei vorgegebenen quantitativen Bestimmungsfaktoren - Bevölkerung und diversifizierte Industriestruktur - zur Herausbildung eines Gravitationszentrums verfügt. Die indische Union stellt 77% der Gesamtbevölkerung der Region dar und ist um ein Vielfaches größer als der zweitgrößte Staat, Pakistan; sie verfügt über fast 80% der mineralischen und metallischen Ressourcen der Region.[76] Ein weiterer wichtiger Aspekt, der Indien von anderen Ländern im gesamtasiatischen Wirtschaftsraum unterscheidet, ist, daß weder die ASEAN-Staaten noch China ein vergleichbares Potential an gut ausgebildeten Arbeitskräften und an einer breiten Industriestruktur aufweisen. Der ehemalige deutsche Botschafter in Neu-Delhi, Konrad Seitz, z.B. sieht Indien als Teil des "aufsteigenden Asien". Seiner Meinung nach "ist es nach Wirtschaftskraft und Pro-Kopf-Einkommen China ebenbürtig, aber nach der Zahl seiner Wissenschaftler und Ingenieure und gemessen an seiner industriellen Infrastruktur dem großen Nachbar weit überlegen."[77] Ulrich Cartellieri[78], das zuständige Vorstandsmitglied der Deutschen Bank in Neu-Delhi, räumt Indien mit dem besten "talent-pool", den besten "Gehirnen" in Asien die Rolle des Brückenkopfes der europäischen Unternehmen in Richtung Fernost und Südostasien ein. So gesehen, ist der südasiatische Erdteil als regionaler Wirtschaftsraum praktisch ohne Indiens Präsenz überhaupt nicht denkbar. Gegenüber dem indischen Subkontinent sind fast alle anderen SAARC-Länder sowie Birma und Afghanistan als "unterentwickelt" zu bezeichnen. Das ist schon einmal ein Ansatzpunkt für eine komplementäre regionale Arbeitsteilung, die eine positive Basis für Handelsverflechtungen zwischen dem südasiatischen Wirtschaftsraum bilden könnte, vor allem als Folge einer intensiven Interdependenz zwischen diesen Ländern (vgl. Tabelle 1).

Der spezielle Charakter des südasiatischen Raumes, der sich auch von den anderen Wirtschaftsräumen in Asien stark unterscheidet, liegt darin, daß diese Region "indienzentrisch" ist, wie Emajuddin Ahamed aus Bangladesh es treffend darstellt,

> as a region South Asia has certain special traits. First South Asia is basically an Indocentric region. India is central to it both geographically and culturally. While no two other South Asian nations share a common border, four of them have land borders with India and two, maritime borders. The South Asian nations are related to India individually in terms of socialcultural bonds and historical experiences... the dominant position of India

(rests) not only in terms of population and size but also in terms of resource base and potential for economic growth, military strengh and technological development. Some of the complexities of regional co-operation originate from these characteristics; it is however expected that if the co-operative framework starts getting a momentum, this Indo-centric pull may turn to be its most precious capital in time.[79]

Tabelle 1: Südasiatischer Wirtschaftsraum - Wichtige Strukturdaten

Land	Fläche (in 1.000 qkm)	Bevölkerungsgröße Mitte 1988 (in Mio.)	BSP pro Kopf 1988 (in US$)	BSP pro Kopf durchschnittliche Wachstumsrate (1965-88) (in %)	Alphabetenquote (1985) (in %)	Bevölkerung unter der Armutsgrenze (1988) (in %)
SAARC-Staaten:						
Bangladesh	144	108,9	170	0,4	33	75
Bhutan	47	1,4	180	..	10	..
Indien	3.288	815,06	340	1,8	43	36
Malediven	0,3	0,2	..	1,9	..	..
Nepal	141	18,0	180	0,5	26	40
Pakistan	804	106,3	350	2,5	30	34
Sri Lanka	66	16,6	420	3,0	87	22
zum Vergleich:						
Afghanistan	652	18,6	..	..	20	..
Burma	677	39,9	..	2,3	66	..
VR China	9.561	1.088,4	330	4,9	69	..

Quellen: 1) Weltbank, Washington (Hrsg.), *Weltentwicklungsbericht 1989*, S.194; *Weltentwicklungsbericht 1990*, S.210.
2) Bhatia, V.G.: "Asian and Pacific Developing Economies: Performance and Issues", in: *Asian Development Review. Studies of Asian and Pacific Economic Issues*, Vol.6, No.1, Manila, 1988.
3) Research and Information System for the Non-Aligned and Other Developing Countries (Hrsg.) *South-South Economic Cooperation*, New Delhi 1987.

Tabelle 2:
Interregionale Handelsverflechtungen im südasiatischen Wirtschaftsraum

Exporte in Millionen US$, 1989:

Land	Bangladesh	Indien	Nepal	Pakistan	Sri Lanka	Welt
Bangladesh	-	10,7	10,3	23,5	6,5	1.304,9
India	110	-	181	11	141	16.003,0
Nepal	0,93	55,14	-	0,85	0,03	231,3
Pakistan	65,7	30,4	1,1	-	66,5	4.660,1
Sri Lanka	22,9	9,9	2,6	44,9	-	1.540,0

Importe in Millionen US$, 1989:

Land	Bangladesh	Indien	Nepal	Pakistan	Sri Lanka	Welt
Bangladesh	-	120,7	1,0	26,0	14,4	3.609,0
India	18	-	61	90	63	21.165,0
Nepal	11,37	199,2	-	1,21	2,9	613,2
Pakistan	44,6	30,54	0,9	-	48,6	7.107,0
Sri Lanka	16,2	87,3	3,0 (87)	66,9	-	2.278,8

Erläuterung:
In internationalen Statistiken gibt es keine gesonderten Angaben über die Außenhandelsverflechtungen der SAARC-Staaten. Sogar in indischen Quellen werden diese gebündelt mit Asien und Ozeanien angegeben. Dies zeigt, wie unbedeutend die Handelsverflechtungen dieser Staaten noch sind. Nach Berechnungen dieser Statistiken sollen die intra-regionalen Außenhandelsverflechtungen in der SAARC-Region insgesamt ca. 2% des gesamten Handelsvolumens dieser Staaten mit den übrigen Ländern der Welt ausmachen. Für die Malediven und Bhutan liegen die neuesten Angaben nicht vor.

Quelle: International Monetary Fund (ed.), *Direction of Trade Statistics, Yearbook 1990*

Fest steht, daß, obwohl sich die wirtschaftlichen und politischen Bedingungen der südasiatischen Länder in vielen Punkten unterscheiden, sie dem indischen "Kern" - Gravitationszentrum - zugeordnet werden. Die wirtschaftlichen Aufstiegschancen der kleinen Anrainerstaaten Indiens bestehen also letztendlich in den von Indien als regionalem Kraftzentrum angeregten Wachstumsimpulsen. Wie es heute aussieht, befindet sich diese Region zur Zeit jedoch noch weitgehend in einem ökonomischen Vakuum, das sehr geringe Handelsverflechtungen zwischen Indien und den einzelnen anderen Staaten aufweist (vgl. Tabelle 2). Wie zu erkennen ist, ist die außenwirtschaftliche Verflechtung der indischen Industrie mit den Nachbarländern auffallend gering. Der Anteil Indiens an den gesamten Exporten der Region beträgt durchschnittlich nur 2% und ist damit sogar noch etwas niedriger als der Anteil an den Importen in dieser Region. Der indische Ökonom Agarwal berichtet,

> at present, there exist very little complementarity among the economies of South Asia. Conscious efforts through regional cooperation endeavours are needed to develop the economic complementarities by reorienting the economy of the region towards each other... Trade is an important vehicle of development. It is an important indicator of the extent of interdependence between the countries involved. However at present the extent of intra-regional trade in South Asia total trade is very small, 4% of exports and 2% of imports... and the direction of trade has been traditionally towards the developed countries and this direction has continued.[80]

Bei der Europäischen Gemeinschaft dagegen macht der Binnenwarenaustausch ca. 58% aller Exporte aus. Bei den ASEAN-Staaten sind es immerhin ca. 17% des interregionalen Exportvolumens. Indien weist mit seinem derzeitigen Anteil von nur 0,4% am Welthandel und ca. 5,7% des GDP am Weltexport ein relativ niedriges Niveau der weltwirtschaftlichen bzw. regional-ökonomischen Verflechtungen auf.[81] Das bedeutet, daß die kleineren Nachbarländer mit noch größeren Wachstumsspielräumen und entsprechend steigendem Bedarf an Export- und Importnachfragen bei Agrargüterexporten und Industriegüterimporten in der indischen Handelsverflechtung deutlich unterrepräsentiert sind. Auf der anderen Seite sind die Export- und Importverflechtungen Indiens mit den ASEAN- und den arabischen Staaten sowie mit den Ostblockländern und der UdSSR nach wie vor weitaus intensiver als etwa mit Bangladesh, Pakistan, Nepal und Sri Lanka, obwohl die räumliche Nähe sowie die kulturellen und traditionellen Bindungen dieser Länder die Austauschbeziehungen mit Indien begünstigen würden (vgl. Tabelle 3a und 3b).

Tabelle 3a: Indische Joint Ventures nach Ländergruppen (Anzahl 1988)

Industry/Region	Manu-facturing	Trad-ing	Con-sult-ancy	Con-struc-tion	Hotels	Finan-cial	Mis-cella-neous	Total
Southeast Asia	57	8	2	1	-	1	1	70
Africa	21	2	3	1	3	1	-	31
West Asia	8	1	2	9	1	-	-	21
South Asia	20	-	1	-	6	2	1	30
Europe	3	8	3	1	6	1	2	24
America	1	4	-	-	4	1	-	10
Oceania	3	-	-	-	1	-	-	4
Total	113	23	11	12	21	6	4	190

Quelle: Vgl. Chowdhuri Somenath, "Joint Ventures, The Wooing of India", in: *The Economic Times* (Bombay), March 6, 1989.

Erläuterung:
Die Joint Ventures Indiens sind auf 37 Länder ausgedehnt. Über 80 Prozent der in Betrieb befindlichen Joint Ventures sind wie folgt konzentriert:
Im Jahr 1988: 12 Länder, nämlich Malaysia (17), Sri Lanka (16), UK und Nigeria (je 13), Singapur (12), Indonesien (11), Thailand (9), Kenia und Nepal (je 8), UAE und die USA (je 7) und die Bundesrepublik Deutschland (19 in 1984, 36 in 1985, 40 in 1986 und 124 im Jahr 1989).

Quelle: Vgl. *Economic and Political Weekly* (Bombay), Vol.XXIV No.14 vom 8.April 1989, S.707; für BRD vgl. *Handelsblatt* vom 25.Februar 1988 und vom 28.Februar 1988.

Der wichtigste Punkt in dieser Thematik ist die Erkenntnis, daß je dynamischer die wirtschaftliche Entwicklung in einem Zentrum - hier Indien - des regionalen Einheitsraumes sich entfaltet, sie in desto stärkerem Maße sie die benachbarten Regionen miteinbeziehen wird. Die Ausweitung einer solchen Interaktion auf die Randgebiete beeinflußt die Kaufkraft und begünstigt eine nationale Wirtschaftsentwicklung. Dies beeinflußt wiederum die Umstrukturierung der Produktpalette

**Tabelle 3b: Außenhandel Indiens mit einigen SAARC-Ländern -
Der langfristige Trend**

Anteil an Einfuhren (in %) von

	1970-71	1985-86	1986-87
Nepal	41,70	17,38	20,97
Bangladesh	5,75	3,76	5,17
Sri Lanka	10,99	3,40	3,71

Anteil an Ausfuhren (in %) von

	1970-71	1985-86	1986-87
Nepal	30,00	24,24	36,75
Sri Lanka	1,15	0,52	0,75
Pakistan	2,52	0,76	0,65

Erläuterung:
Dies sind die allerneuesten statistischen Angaben. Nepal weist einen Anteil von 30 bis 35 Prozent des Außenhandels mit Indien auf, da alle Exporte und Importe über Indien laufen müssen.

Quelle: Centre For Monitoring Indian Economy (CMIE), ed., *Basic Statistics Relating To The Indian Economy*, Vol.1: *All India*, August 1988, Tabelle 19.4 (im weiteren: CMIE, Vol.1, August 1988).

auf dem einheimischen Markt und auch die Exportstrukturen. Grundsätzlich ist hier davon auszugehen, daß die langfristigen Wachstumsimpulse vom Zentrum nur dann ausgehen, wenn es dem Zentrum gelingt, in seiner wirtschaftlichen Entwicklung einen gewissen regionalen und sektoralen Integrationsgrad zu erreichen, der in Verbindung mit Gesamtgrößen des Handelsaustausches auf interregionalen Märkten gesehen werden kann. Es wird nicht genug hervorgehoben, daß Indien ein bevölkerungsreicher Flächenstaat - schon heute leben in Indien ca. 820 Mio. Menschen - und eine politische Führungsmacht mit Einfluß und Sicherheitsinteressen im gesamten südasiatischen Wirtschaftsraum ist. Dabei hat das Land im Laufe der vierzigjährigen wirtschaftlichen Anstrengungen nach der Unabhängigkeit eine bemerkenswert breite Basis der industriellen Entwicklung erreicht. Auch auf der Hannover Messe 1986 und der CEBIT in Hannover 1989 war Indien als Hauptpartner aktiv vertreten. Es stellt sich nun die Frage: Warum ist es Indien noch nicht gelungen, sich als eigenständiger, weitgehend vollständiger Industriekomplex innerhalb des südasiatischen Raumes zu entwickeln? Denn durch einen breitgefächerten Handelsaustausch in den Bereichen industrielle und technologische Entwicklung durch komplementäre Arbeitsteilung sollte Indien eigentlich als Kristallisationszentrum für seine Nachbarregion eine ähnliche Rolle spielen können, wie sie Japan für die Entwicklung und Industrialisierung der ostasiatischen Länder gespielt hat und immer noch spielt. Es handelt sich hier also um einen expliziten regionalen Kontext.

Dieser Sachverhalt deutet darauf hin, daß die Entwicklungsperspektiven des südasiatischen Wirtschaftsraumes von dem Zusammenspiel ökonomischer und politischer Kräfte abhängen, die von Indien als regionalem Industriepol freigesetzt werden und als Integrationskraft die Nachbarstaaten unweigerlich in seinen Wirtschaftskomplex miteinbezieht. Denn nicht nur Indien, sondern die ganze südasiatische Region verfügt über ungeheure aktivierbare Potentiale und stellt von seiner geostrategischen Lage her eine potentielle weltwirtschaftliche und weltpolitische Schwerpunktregion dar.

Es wird davon ausgegangen, daß Indien seine prädestinierte Stellung als Gravitationszentrum in Südasien bisher noch nicht erreicht hat, weil die dafür notwendige binnenwirtschaftliche Integration der indischen Wirtschaftsentwicklung noch nicht ausreichend stattfand.

Zusammenfassend kann behauptet werden, daß, solange es Indien nicht gelingt, seine Binnenmarktpotentiale über die Kaufkraftentwicklung fortwährend zu entfalten und die Grundlage für eine langfristige, effiziente Nutzung seines ungeheuren Potentials zu schaffen, die im weiteren Entwicklungsverlauf auch die Nachbarregionen einbindet, sich nicht nur eine ungenügende wirtschaftliche Entwicklung in Indien selbst einstellt, sondern aufgrund der ungenügenden Ausstrahlungskraft des Zentrums auch Nachteile für die ganze Region entstehen.

Die wirtschaftlichen Aufstiegschancen des südasiatischen Raumes bestehen also letztendlich aus den von Indien ausgehenden Wachstumsimpulsen. Indien spielt aber bisher noch längst nicht die ihm zukommende Rolle des regionalen Industriekerns. Es scheint so, als ob die indische Wirtschaft noch nicht in der Lage sei, die besonderen Vorteile, die Indien als führende Großmacht der Region hat, sinnvoll zu nutzen und eine ektoral und regional integrierte sozio-ökonomische Entwicklung zu erreichen. Vermutlich gibt es viele Hindernisse und Blockaden, die den Entwicklungsprozeß erschweren oder hemmen.

Aufgrund der vorangegangenen Diskussion über die Theorie und Empirie des Entstehungsprozesses des regionalen Kraftzentrums Südasiens drängen sich nun die drei folgenden Themenkomplexe auf, die in unserer empirischen Untersuchung über die indische Wirtschaftsentwicklung als Hauptthemen kritisch näher ausgearbeitet werden sollen.

1. Wo lagen/liegen für Indien die großen Chancen für die Herausbildung eines regionalen Gravitationszentrums (Kraftzentrums oder relativ vollständigen Industriekomplexes) in Südasien; welche wirtschafts- und fiskalpolitischen Rahmenbedingungen stehen der indischen Wirtschaft zur Verfügung, um diese Chancen zu realisieren und die Vorteile sowie die Ressourcen zu aktivieren? Welches sind die sozio-politischen Besonderheiten, die dann dazu beitragen, diese Chancen wahrzunehmen oder zu verhindern?
2. Welche Engpässe und Blockaden sind in diesem Prozeß der Aktivierung und Mobilisierung zu beobachten?
3. Welche neuen Ansatzpunkte sind im Laufe des Prozesses der sozio-ökonomischen Entwicklung in Indien zu identifizieren, die die Perspektive für Indien als Kraftzentrum in Südasien zu beurteilen erlauben?

Es soll jeweils auf die unterschiedlichen potentiellen Ressourcen, geostrategischen Vorteile und Rahmenbedingungen eingegangen werden, um die Blockaden und Engpässe herausstellen zu können, die sich dem weiteren Wachstum des indischen Entwicklungsprozesses zur Kernbildung als förderlich oder hinderlich erweisen.

Bei der Behandlung der beiden ersten Fragenkomplexe sollen jeweils einige grundsätzliche Unterschiede zwischen den verschiedenen Gliedstaaten herausgestellt werden, die für die sozioökonomische "performance" und für die Motivation der Bevölkerung verantwortlich sind. Denn für die wirtschaftliche Entwicklung sind nicht nur die Potentiale an Human- und natürlichen Ressourcen entscheidend, sondern vor allem auch die staatliche Führung und Steuerung von "oben".

2 Indien - Land eines gewaltigen wirtschaftlichen und politischen Potentials - Performance und Defizite

2.1 Zur ökonomischen und politischen Vormachtstellung Indiens in Südasien und deren Implikationen für handelswirtschaftliche Verflechtungen

Von Shakespeare stammt das Wort "Some are born great, some achieve greatness and some have greatness thrust upon them".[1] Für die indische Vormachtstellung in Südasien dürfte der letzte Teil dieses Sprichwortes genau zutreffen, denn angesichts seiner subkontinentalen geographischen Ausdehnung und geostrategischen Lage, seiner vergleichsweise umfangreichen natürlichen und menschlichen Ressourcen sowie aufgrund seiner langen Kulturgeschichte und seines religiösen Erbes, die es mit anderen Staaten in Südasien verbindet, fällt Indien die natürliche Führungsrolle in diesem Raum zu. Hinzu kommt auch das außenpolitische Gewicht Indiens, das seit Nehrus Zeiten die führende Rolle in der "Blockfreien Bewegung"[2] einnimmt sowie eine bislang funktionsfähige, stabile demokratische Verfassung, die Indien besondere Vorteile hinsichtlich des internationalen Vertrauens einräumt. Verglichen mit Chinas potentieller ökonomischer Macht und seiner politischen Rolle im asiatischen Raum, beschränkt sich Indien im wesentlichen auf die regionale Ebene, speziell auf die südasiatische Region; demgegenüber setzt sich in den internationalen politischen und ökonomischen Gremien die Erkenntnis durch, daß Indiens Dominanz - in militärischer, politischer und auch ökonomischer Hinsicht - in Südasien mehr Aufmerksamkeit verdiene. Dementsprechend wird Indiens Großmachtstellung als bedeutende, einflußreiche Macht in der Weltpolitik durch die Supermächte anerkannt. Selbst Pakistans Anspruch auf Parität mit Indien - sowohl politisch als auch ökonomisch - wurde bis auf weiteres zurückgewiesen.[3]

Indien ist immer einer der wichtigsten Dreh- und Angelpunkte sowie begehrtes Besitzgut in der Weltgeschichte gewesen. Seine topographische und geopolitische Lage bot Nomaden, Händlern und Eroberern sehr günstige Voraussetzungen als Zentrum für Handel und Stützpunkte. Auf dem indischen Subkontinent kreuzten sich seit jeher die unterschiedlichsten Kulturen, und sogar die fremden Eroberer konnten von dort aus ihren politischen Einfluß stark erweitern. Im Zenit ihrer Machtentfaltung machten sie Indien zu einem geostrategischen Entscheidungsfeld des Handels und der Politik.

Zwischen 1800 und 1600 v.Chr. drangen indo-iranische Nomadenvölker aus dem Norden ein. Im 3.Jahrhundert v.Chr. entstand unter Ashoka das erste große Indische Reich, das als "Bharatvarsha", nach dem legendären Arya-König Bharat, bezeichnet wurde. Auch heute wird Indien in der offiziellen indischen Nationalsprache Hindi Bharat[4] genannt. Der indische Subkontinent umfaßte damals die Teile des heutigen Afghanistans und Pakistans im Westen, das heutige Kernland der Indischen Union und Bangladesh bis Burma im Osten sowie Nepal, Bhutan und Sikkim im Norden bis zum heutigen Sri Lanka im Süden - also fast den ganzen südasiatischen Raum. Es war neben Ägypten und China ein Hochkulturland, in dem heute noch die Kultur, Tradition und Religion der damaligen Zeit eine bedeutende Rolle spielen.[5]

Die islamische Herrschaft unter Akbar dem Großen erreichte zu Beginn des 17. Jahrhunderts ihren Höhepunkt und erstreckte sich über ein Gebiet in Asien, das von Afghanistan bis Burma und vom Himalaya bis weit nach Südindien reichte. In der Epoche des Mogulkaiserreichs und auch im Kolonialzeitalter bildete sich Indien zu einem "Machtzentrum" des Militärfeudalismus und zu einem der bedeutendsten Stützpunkte der englischen Kolonialherrschaft heraus. Indien war nicht nur der wirtschaftliche Eckpfeiler, das "Kronjuwel" des britischen Imperiums, sondern die Briten errichteten auf indischem Boden eine Kette von Marinestützpunkten, die ihnen die Kontrolle der Seewege von Europa nach Ostasien ermöglichten und den britischen Einfluß auf die wichtigsten Anrainerstaaten festigten. In seinem sehr umfangreichen Werk *The Rise and Fall of the Great Powers* bestätigt Paul Kennedy[6] die Sonderstellung Indiens als bedeutendsten Standort vom 16.-18.Jahrhundert.

Der geostrategische Stellenwert und die Chancen der günstigen Standortposition Indiens sind in seinen langen Küsten und seiner zentralen Lage zwischen dem Mittleren und Fernen Osten begründet. Indien ist ein Zentralstaat, dessen südlicher Teil einen zum Meer geöffneten, transportgünstig gelegenen Wirtschaftsraum aufweist und dessen nördlicher Teil auf dem Landwege mit allen südasiatischen Staaten eine gemeinsame Grenze hat. Seine Einflußzone umfaßt ganz Südasien und den Indischen Ozean bis nach Südafrika und Indonesien. Indien ist das siebtgrößte Land der Welt und umfaßt von Kashmir und dem Himalayagebirge im Norden bis zum Kap Komorin im Süden eine Entfernung von 3.220 km und von Gujarat im Westen bis nach Assam im Osten 2.750 km. Mit den Landesgrenzen von 15.200 km und einer Küstenlinie von 5.689 km bildet Indien auf exemplarische Weise ein gewaltiges potentielles Kernland des südasiatischen Wirtschaftsraumes (vgl. Karte 1). Durch das Angrenzen an alle südasiatischen Staaten, die untereinander jedoch keine gemeinsamen Grenzen haben, besitzt Indien sehr günstige Transport- und Kommunikationsmöglichkeiten, die den wirtschaftlichen Austausch intensivieren könnten. Die natürlichen Gegebenheiten der Land- und Seewege gaben Indien schon damals die Möglichkeit, regelmäßige Handelsverbindungen mit den Staaten im Persischen Golf, mit

Europa, mit den Karibischen Inseln, wie z.b. Trinidad, sowie mit den Ländern Südostasiens zu unterhalten. Im 18.Jahrhundert war Indien der bedeutendste Industriewarenexporteur der Welt, der zuerst Indigo, ein Farbstoff für Textilien, und Salpeter als wichtigste Ausfuhrgüter und später Textilwaren, die über die arabischen Länder bis nach Europa gelangten, exportierte. Um 1900 betrug Indiens Anteil am Weltexport z.B. ca. 8%, wogegen er heute nur 0,4% ausmacht.[7] Nach einer Analyse des Instituts der Deutschen Wirtschaft in Köln war Indien vor ca. einhundert Jahren als Lieferant von Seide, Tee, Ölfrüchten, Kautschuk und Jute eine bedeutende Handelsnation.[8]

Rothermund charakterisiert diesen Handel wie folgt:

> Nur hochwertige Güter wie Textilien oder begehrte Rohstoffe wie Indigo wurden überregional gehandelt und spielten auch im Exporthandel eine wichtige Rolle. ... Lediglich dort, wo Fluß- und Küstenschiffahrt billigere Transportwege erschloß, wurde auch Getreide über weite Entfernungen hinweg verkauft, so etwa bengalischer Reis in die Gebiete am oberen Ganges oder übers Meer bis nach Sri Lanka, oder Reis aus Gujarat in die Länder am Persischen Golf oder an die ostafrikanischen Küsten. Dagegen fand Getreide selbst bei regionalen Hungersnöten, die beim Ausfall des Monsuns in dieser oder jener Landschaft Indiens immer wieder auftraten, kaum rechtzeitig den Weg in die Notstandsgebiete. So existierte ein weitgespanntes Handelsnetz mit einer fragmentierten Marktstruktur. Langstreckenverbindungen über günstige, wohletablierte Handelsrouten waren oft bedeutsamer als die Verbindungen zur Nachbarprovinz.[9]

Dies bedeutet, daß es damals unter der Herrschaft der Großmogulen im 16. Jahrhundert, z.B. als das Mogulreich unter Aurangzeb auf der Höhe seiner Macht stand, keinen gemeinsamen Binnenmarkt auf dem indischen Subkontinent gab,[10] gleichwohl indische Handelskasten sehr intensiven Handel mit den Nachbarländern betrieben und dabei in ihrer Gesellschaft eine entscheidende Rolle spielten. Die Handelsbeziehungen hatten damals einen komplementären Charakter, was heute noch der Fall ist. In einer Analyse der indischen Fachzeitschrift *Economic and Political Weekly* (fortan EPW) heißt es:

> A complementary exchange of manufactured commodities against primary products is characteristic of India's Trade with its neighbours, other than Pakistan. India exports mainly light engineering products, textiles, electrical equipment, some machinery and other assorted manufactures. In return India imports from these countries mainly rice, raw jute, timber, ghee (Butaris), gelatine and so on. Going beyond the immediate neighbours

Burma exports rice and timber to India and Afghanistan dry fruits. While both import manufactures from India. This pattern of trade was historically evolved from the days of British colonialism. In those days Indian's merchants (Marwaries and other trading castes like Khatris in the northern part of the subcontinent and Chettiars in the southern regions including Sri Lanka and Burma) had fanned out under the British flag... in the process they also established important positions in the economy and polity of these countries.[11]

Gerade diese Tatsache bietet die Grundlage für intensiveren wirtschaftlichen Austausch zwischen Indien und anderen Staaten in Südasien. Es besteht zur Zeit sogar eine Rupee-Zone, in der die nationalen Währungen von Nepal, Bhutan und auch die von den Tamilen bewohnte Region in Sri Lanka (Eelam Tamil) mit der indischen nationalen Währung Rupee (iR) verbunden sind, die die sogenannte "Virtual Indian Rupee Area" für Handelsbeziehungen darstellt.[12] Ferner wird das Bankwesen auf den Malediven und in Bhutan von Indien bestimmt, und Sikkim gehört der Indischen Föderalen Republik seit 1975 als 22.Unionsstaat an.[13]

Diese Standortvorteile Indiens werden zu Recht von den ausländischen Investoren, vor allem von den multinationalen Konzernen erkannt, wobei Indien in handelspolitischen Beziehungen nicht nur als 'Brückenkopf' und 'Sprungbrett' für die süd- und südostasiatischen Märkte dient, sondern auch als ein politisch gesichertes Wachstumszentrum der neunziger Jahre angesehen wird. Wie Kebschull, der Koordinator des Indo-German Export Promotion Project (IGEP) in Neu-Delhi schreibt: "Der Markt Indien ist von vielen anderen Ländern (neben der Bundesrepublik Deutschland) als Wachstumsregion erkannt worden und wird dementsprechend heiß umkämpft."[14]

Diesen Sachverhalt verdeutlicht auch die gegenwärtige unterschiedliche ökonomische Rolle Indiens und Pakistans in Südasien. Die jüngsten Konflikte zwischen Indien und Nepal sowie zwischen Indien und Sri Lanka verdecken zwar die traditionellen ökonomischen und sozio-kulturellen Beziehungen zwischen Indien und den anderen zu seinem Wirtschaftsraum dazugehörenden südasiatischen Staaten, die auf die indische Dominanz sehr sensibel reagieren und sich vor einer sogenannten "Big-Brother"-Stellung fürchten. Aus langfristigen Überlegungen erkennen sie jedoch, daß sie bezüglich ihrer wirtschaftlichen Entwicklung und politischen Stabilität zwangsläufig weitgehend auf die Beziehungen mit dem indischen Subkontinent angewiesen sind. Dies zeigt sich in den tagtäglichen Versorgungskrisen bei den wichtigsten Gütern, wie Benzin, Arzneimitteln, Propangas, Babynahrungsmitteln usw. in Nepal[15] und bei Gütern wie Zwiebeln, roten Chilis, Lastwagen, Arzneimitteln und sogar auf dem Unterhaltungssektor beim Bedarf an indischen Filmen in Sri Lanka. Statistiken zufolge bezieht z.B. Sri Lanka ca. 10% seiner gesamten Einfuhren aus Indien.[16] Im bilateralen Handel hat sich der Negativsaldo zwischen den südasiatischen Staaten wie Nepal, Sri Lanka und Bangladesh auf der einen und Indien auf der anderen Seite seit langem zugunsten Indiens spürbar erhöht,[17] weil Indien für sie wegen seiner geographischen und sozio-politischen Nähe ein adäquater Partner ist, mit dem sie ihren Bedarf an lebenswichtigen Waren und Dienstleistungen decken können. Zwischen Nepal und Indien z.B. bestand seit 1950 ein "Zoll- und Zufahrtsweg" (Trade and Transit)-Vertrag, der jetzt ausläuft und erneuert werden soll. Dem Vertrag zufolge konnten bisher indische Waren mit besonders niedrigen Zöllen importiert werden. Nun haben die Nepalesen diese um 50% erhöht. In Nepal sind ca. 150.000 Inder beschäftigt, die bis jetzt keine Arbeitserlaubnis brauchten. Künftig aber müssen sie nach einer nepalesischen Verordnung plötzlich eine Arbeitserlaubnis beantragen. In Indien dagegen halten sich ca. 5 Millionen Nepalesen auf, die gemäß dem Vertrag von 1950 keine Arbeitserlaubnis brauchen und sich überall frei bewegen können.[18]

Natürlich dürfte für Nepal, Bhutan und gegebenenfalls auch für Pakistan, Afghanistan oder Bangladesh die chinesische Wirtschaftsentwicklung eine ähnliche Rolle spielen wie die indische. Aber die Tatsache, daß zum einen die geographischen Verbindungswege mit China, die durch das Himalayagebirge besonders in den Wintermonaten für den Handel wesentliche Hindernisse darstellen, und zum anderen die politischen und gesellschaftlichen Verhältnisse in China die ideologischen und sozio-kulturellen Rahmenbedingungen für intensive ökonomische Verflechtungen erschweren, weist darauf hin, daß Indien in seiner Vormachtstellung in diesem Raum über günstige äußere Rahmenbedingungen verfügt, die ihm bessere Chancen zur Entfaltung eines funktionsfähigen Kraftzentrums bieten. So betrachtet, sind z.B. Nepal, Bhutan und Bangladesh praktisch "Indian-locked"-Staaten, und die eigentliche politische und wirtschaftliche Entwicklung ist in diesen Ländern, wie schon erwähnt, sehr eng mit der Binnenmarkterschließung der indischen Volkswirtschaft verflochten. Dies ist auch ein Grund dafür, daß die Initiative für die Gründung der südasiatischen Gemeinschaft SAARC von einem kleinen Staat, nämlich Bangladesh, ausgegangen ist und nicht von Indien selbst. Es versteht sich von selbst, daß Konflikte und Reibereien mit den Nachbarländern, die sich zum einen aus der paradigmatischen Vormachtstellung Indiens und zum anderen aus seiner geostrategischen Lage ergeben, nicht zu vermeiden sind. Langfristig gesehen, scheinen jedoch die Konvergenzen zu überwiegen, wobei auch die kulturspezifische Affinität eine besondere Rolle spielt.

Braun stellt fest: "Die Bilanz ist dennoch positiv, denn SAARC verhilft zu Ansätzen von Gemeinsamkeit in einer Region von einer Milliarde Einwohnern, die historisch, geographisch und kulturell vielfältig verbunden sind. Konflikte sind Teil dieser Verbindungen, wachsende Kooperation könnte dazu Gegengewichte schaffen."[19]

Genauso verfügt Indien über sehr gute Chancen hinsichtlich seiner außenwirtschaftlichen Beziehungen und in seiner führenden Stellung in der Blockfreien-Bewegung, die die indische Regierung bislang als essentiellen Bestandteil ihrer Außen- und Sicherheitspolitik betrachtet. Die Blockfreien-Bewegung beruht auf dem politischen Konzept der Äquidistanz von den beiden Supermächten der Welt, den USA und der UdSSR, was in seinem praktischen Ansatz Spielraum für eine unabhängige Außenpolitik bietet, aber auch in der Handelspolitik Akzente setzt. Seit Nehrus Zeiten, also seit den fünfziger Jahren, gehört Indien als stärkster Vertreter dieser Bewegung an, die auf der Bandung-Konferenz im Jahre 1955 unter anderem durch Nehru (Indien), Nasser (Ägypten), Tito (Jugoslawien) und Sukarno (Indonesien) ins Leben gerufen wurde und zu der heute 101 selbständige Staaten (überwiegend Entwicklungsländer) gehören, die auf ihren regelmäßig stattfindenden Konferenzen (das 9.Gipfeltreffen fand 1989 auf der Insel Brioni statt) wiederholt Inhalt und Ziele dieses Konzepts definieren, modifizieren und ergänzen. Hier ist zunächst daran zu erinnern, daß für Nehru die Diversifizierung der Handelsbeziehungen Indiens eine notwendige Ergänzung zur Diplomatie der Blockfreiheit bedeutete, und seitdem haben die Regierungen Indiens versucht, den unverbindlichen Charakter der technologischen und militärischen Handelskooperation mit Ost und West zu betonen. Dies ermöglichte Indien trotz seiner engen diplomatischen und handelspolitischen Beziehungen mit der Sowjetunion, Produkte der Hochtechnologie für den zivilen und militärischen Gebrauch, die weder von der Sowjetunion noch von europäischen Staaten zu erhalten sind, von den USA zu importieren, wie Jansen dies beschreibt: "Obwohl die USA traditionell seit den fünfziger Jahren Pakistan unterstützt haben, sind sie inzwischen schon größter Handelspartner Indiens."[20] Selbst Japan sowie Großbritannien und andere europäische Länder, die Bundesrepublik Deutschland eingeschlossen, versuchen, in der indischen Wirtschaft Fuß zu fassen. Indien importiert Güter und Technologie aus Europa - z.B. aus Frankreich Kerntechnologien und Rüstungsgüter -, die sicherheitspolitisch relevant sind, ohne sich an diese Gebiete zu binden. Dies betrifft die Sektoren Rüstung, Kernkraft und Raumfahrt.[21] Mit seinem diplomatischen und politischen Eigengewicht versucht Indien, aus dieser Bewegung ökonomischen Nutzen zu ziehen, der ihm zusätzliche Vorteile (eine Art "quasi-rent") für Technologieimporte ermöglicht. Als besonders lohnend sieht man in Indien die wirtschaftlichen Verbindungen mit der Sowjetunion an, die dazu dienen sollen, die militärische Basis stark auszubauen und nach außen abzusichern, die aber auch nach innen dazu beitragen sollen, die industrielle Basis zu entwickeln. "Wahrscheinlich ist es keinem anderen Staat so gut gelungen wie Indien, aus dieser politischen Idee so großen Nutzen zu ziehen."[22] Indien unterhält wirtschaftliche Verbindungen sowohl mit Ost und West. "Beides erwies sich als nützlich und in gewisser Hinsicht komplementär".[23] Einen großen Teil der Importe aus der Sowjetunion und auch aus anderen osteuropäischen Staaten bezahlt Indien in iR, und das Geschäft läuft auf Kompensationsbasis. Neben sowjetischen MIGs und Atomunterseebooten importiert Indien auch Stahl- und Kraftwerke und verkauft eine Palette von Konsumgütern, pharmazeutischen Erzeugnissen und Fahrzeugen an die UdSSR und andere Ostblockländer. Indien erzielte sogar Handelsüberschüsse mit den Sowjets (vgl. Tabelle 4). Kein Wunder, daß Indien somit in der Lage ist, sein Militär - Indien besitzt zahlenmäßig die drittstärkste Streitmacht der Welt - mit sowjetischen MIGs und Atomunterseebooten, französischen Mirages 2000, englischen Flugzeugträgern und schwedischen Rüstungsgütern - um nur einige zu nennen - auszustatten und sich als auch von den Supermächten anerkannter Sicherheitsgarant und Friedenssicherer der Region betrachtet.[24]

Tabelle 4: **Außenhandelsbilanz Indiens mit wichtigen Handelspartnern 1984/85 - 1988/89 (in Mrd.i.R.)**

Länder	1984-85	1985-86	1986-87	1987-88	1988-89
Vereinigte Staaten	+0,65	-90	+3,96	+8,73	+5,54
Sowjetunion	+0,92	+3,28	+8,01	+6,93	+13,48
Japan	-2,11	-6,10	-12,14	-5,05	-4,60
Bundesrepublik Deutschland	-8,01	-10,31	-11,97	-11,17	-12,32
Großbritannien	-3,21	-7,26	-8,86	-7,78	-10,96
Frankreich	-1,66	-3,80	-3,94	-4,34	-3,81
Italien	-0,84	-1,13	-1,69	-0,03	+0,38
Belgien	-6,01	-7,26	-7,36	-6,47	
VAE (Vereinigte Arabische Emirate)	-0,90	-3,79	-0,46	-4,69	-4,30
Saudi-Arabien	-9,91	-5,73	-4,68	-10,91	-15,15

Quelle: Centre for Monitoring Indian Economy (Hrsg.), *Basic Statistics Relating to The Indian Economy*, Vol.1: *All India*, August 1988, Table 19.5, und für das Jahr 1988-89 vorläufige Angaben von Directorate General of Commercial Intelligence and Statistics, Calcutta 1989.

All dies ermöglicht Indien den Beitritt zum Exklusivclub der Nuklearmächte, zu dem nur fünf Nationen der Welt, nämlich die USA, die UdSSR, China, Großbritannien und Frankreich gehören.[25] Ferner ist anzumerken, daß Indien neben seiner erworbenen militärischen Vormachtstellung auch eine gewisse finanzielle und technologische Leistungskraft aufweist. Seine Wissenschaftler und Ingenieure sind in der Lage, mit modernsten Technologien nicht nur Satelliten, Raketen und Atomwaffen zu entwickeln, sondern auch in industriellen Bereichen eine Palette von Gütern und Dienstleistungen zu erstellen, wie auf der Hannover-Messe (1984 Industriemesse und 1989 auf der CEBIT mit Indien als Schwerpunktland) zu sehen war. Der erfolgreiche Abschuß der indischen Boden-Boden-Kurzrakete (Prithivi) und der Mittelstreckenrakete (AGNI), die Indien ausschließlich aus eigener technologischer und finanzieller Kraft entwickelte, bestätigen diese Tatsachen.[26] Die amerikanische und auch die europäische Presse berichtet regelmäßig über die Errungenschaften der indischen Wirtschaftskraft und warnt vor einer Mißachtung und Fehleinschätzung des indischen Wirtschaftspotentials. Kebschull meint dazu: "Einig sind sich die meisten Beobachter darin, daß vor allem das in Deutschland verbreitete Indienbild grundlegender Korrekturen bedarf, um die Ansätze der Zusammenarbeit auf allen Gebieten besser zu nutzen.[27] Der damalige Associate Director of the Institut Français des Relations Internationales in Paris sagte schon 1985 in der amerikanischen Zeitschrift *Newsweek*:

> This India, propelled by a well-trained and ambitious body of technicians, businessmen and clerks - about 100 million people - firmly intends to establish the country as a major force in the region and the world. The key to fulfilling that ambition lies in a massive influx of high technology in the both civilian and military sectors. But in contrast to other third world countries, India's policy of modernisation has one paramount objective: self-sufficiency through local manufacture. Today a large majority of high-tech goods are produced locally, often with technology imported from both East and West. (The Indians are masters at playing one camp against the other in order to extract the most advantageous deal.)[28]

Wenn man versucht, dies alles unter wirtschaftlichen Aspekten zu bewerten, so scheint es, daß auf der einen Seite die Vormachtstellung Indiens im südasiatischen Raum - trotz der Probleme der politischen Rivalitäten und der Grenzkonflikte mit seinen Nachbarländern - günstige Chancen eröffnet, sich künftig als Gravitationszentrum zu entfalten. Auf der anderen Seite genießt das Land eine historisch-traditionelle und soziokulturelle Affinität in der Region Südasien, die es von den übrigen Ländern der Weltwirtschaft zwar nicht isoliert, sich ihnen jedoch nicht ganz öffnet. Bei günstigeren außenwirtschaftlichen und politischen

Rahmenbedingungen hätte Indien intensivere interregionale Handelsverflechtungen erzielen können und auf die dynamische Entwicklung der ganzen Region, neben seiner starken militärischen Präsenz auch im ökonomisch meßbaren Sinn, viel erfolgreicher hinwirken können. Diese Erwartungen können jedoch nur erfüllt werden, wenn Indien seinen binnenwirtschaftlichen Entwicklungsprozeß dynamischer als bisher vollziehen und seine Entwicklungspotentiale voll erschöpfen kann. Darauf soll im folgenden eingegangen werden.

2.2 Entwicklungspotentiale Indiens - strukturelle und regionalspezifische Eigenschaften

Gekennzeichnet durch viele geophysische Vorteile in bezug auf das Klima, die geographische Lage, die Bodenbeschaffenheit und die natürliche und mineralische Ressourcenausstattung, ist Indien ein verheißungsvoller Wirtschaftsraum. Hinzu kommt auch die soziokulturelle und ethnische Vielfalt seiner Bevölkerung, die den gesamtwirtschaftlichen Entwicklungsprozeß durch die spezifische Begabung bestimmter Bevölkerungsgruppen in verschiedenen Regionen des Kontinents positiv beeinflußt, aber auch erschwert. Mit fünf Hauptreligionen und unzähligen Sekten, 16 Amtssprachen sowie ca. 3.000 Dialekten und mit dem einmaligen indischen Phänomen des Kastenwesens (das de jure abgeschafft worden ist, aber de facto weiter existiert) ist Indien bekanntlich ein säkularer Vielvölkerstaat. Dementsprechend sind die Gliedstaaten in ihrer föderativen politischen Struktur nach sprachlichen Kriterien gebildet und auch benannt worden (vgl. sozio-ökonomische Grunddaten und Karte 1 im Anhang I). Aus diesen zwei für Indien charakteristischen Faktoren läßt sich hier ein kausaler Zusammenhang zwischen dem Entwicklungspotential und den soziokulturellen Rahmenbedingungen, die das Potential teils zu aktivieren vermögen, teils aber auch blockieren, feststellen. Ressourcenreiche Bundesländer, wie z.B. Orissa, Bihar oder Uttar Pradesh, prägen nicht unbedingt das Profil einer ökonomisch-produktiven Wirtschaftsregion in Indien. Demgegenüber gibt es ressourcenarme Bundesländer, die verhältnismäßig nicht nur einen höheren, sondern auch einen breitangelegten Industrialisierungsgrad aufweisen.[29]

Angesichts der Tatsache, daß das Entwicklungspotential eines Landes keine statistisch quantitative Größe ist und daß die Ressourcenbestände einem ständigen Veränderungsprozeß unterliegen, der durch das Wachstum der Bevölkerung, die Entdeckung und Förderung weiterer natürlicher und mineralischer Ressourcen, Veränderung der vorhandenen Ressourcen durch die Anwendung des technischen, organisatorischen und Managementwissens, Infrastrukturausweitung etc. hervorgerufen wird, erscheint es hier zweckmäßig, eine kritische Einschätzung des relevanten Entwicklungspotentials Indiens vorzunehmen.

Das immense Entwicklungspotential des indischen Subkontinents hinsichtlich seiner Bedeutung und der bereits erwähnten Bestimmungsfaktoren für ein Gravitationszentrum (vgl. Abschnitt 1.2.2) läßt sich wie folgt aufgliedern:

(1) Fruchtbares Land und klimatisch günstiger Lebensraum;
(2) Bevölkerungspotential;
(3) Potentiale des Agrarsektors und Leistungsfähigkeit der Landwirtschaft als Rückgrat der indischen Wirtschaftsentwicklung;
(4) Vorräte an mineralischen Rohstoffen sowie fossilen und natürlichen Energiequellen;
(5) Vorhandensein einer diversifizierten Industriestruktur und eines traditionsreichen Unternehmerpotentials;
(6) Infrastrukturelle Ausstattung;
(7) Verwaltung, politisches System und Pressefreiheit.

2.2.1 Fruchtbares Land und klimatisch günstiger Lebensraum

Beim ersten Blick auf die Landkarte Indiens fallen schon besondere, geographisch bedingte Strukturmerkmale auf, die auf eine extrem heterogene Region hinweisen, in der auf 3,4 Mio.km^2 immerhin zur Zeit rund 820 Mio. Menschen - also fast 1/6 der Weltbevölkerung (5 Mrd.) - leben.[30] Es ist unmöglich, dieses flächenmäßig siebtgrößte Land der Welt geographisch und klimatisch in eine bestimmte Zone einzuordnen. Der indische Subkontinent läßt sich vielmehr in die fünf folgenden geophysischen Regionen einteilen, die nach Klima, Bodenverhältnissen, Geländebeschaffenheit und geographischer Lage bestimmte Eigenschaften aufweisen, die den Lebensraum, die ökonomische Interaktion und auch die Bevölkerungsverteilung der jeweiligen Region stark beeinflussen.[31]

1) Die Hochgebirgsregion des Himalayagebirges im Norden und Nordosten mit ca. 285.000 km^2 Waldboden und Himalayagletschern bietet mit ihrem riesigen Potential an Wasserkraft eine ganzjährige Wasserversorgung in den Trockengebieten Nordindiens. Bevölkerungsmäßig ist diese Region mit den Gliedstaaten Arunachal Pradesh, Jammu und Kashmir, Himachal Pradesh und Nagaland relativ dünn besiedelt; sie weist einen hohen Prozentanteil an Stammesbevölkerung - den sogenannten "scheduled tribes" - auf. Die Hanglagen bis ca. 2.000 m bieten zusammen mit dem ostindischen Vorhimalayagebiet Assam den geeigneten Boden für den Anbau von Tee, einem wichtigen Exportgut der indischen Wirtschaft.

2) Die Indus-Ganges-Brahmaputra-Ebene, die sogenannten "Indo-Gangetic great Plains of Northern India". Diese ist eine der ausgedehntesten und fruchtbarsten Ebenen ("most extensive and fertile plains") der Welt, ein riesiges Tiefland, das über 3.000 km lang und durchschnittlich zwischen 240 und 320 km breit ist; es besteht aus äußerst fruchtbarer, dicker - zum Teil bis zu 400 Meter - Schuttmasse, die die obengenannten großen Flüsse in Form von Sand und Schlick seit Jahrtausenden vom Himalayagebirge mitführen. Das große Gebiet macht etwa ein Viertel der gesamtindischen Landmasse aus. Wenn die alljährliche Wassermenge normale Ausmaße annimmt, bewirkt sie eine natürliche Düngung durch das schlammige Wasser. Der große Fluß Indus und andere Flüsse wie Ganges, Brahmaputra, Jhelum, Chenab, Ravi, Sutlej und Beas bieten reiche Wasserquellen für die Bewässerung der Kornkammern Indiens, in denen "Food Crops" wie Weizen (Punjab) und Reis (Ganges-Delta), Hirse sowie "Cash Crops" wie Zuckerrohr, Ölfrüchte, Jute usw. angebaut werden. In diesem Gebiet liegen zahlreiche Städte und Industriestandorte.

3) Das Hochland von Deccan - "The great Plateau of Peninsular India" - ist durch zahlreiche Gebirgszüge gekennzeichnet und liegt im Süden der nordindischen Ebene. Die Flüsse wie Narmada, Tapee Krishna und Godavari durchbrechen die Plateaustufen, und die vielen Wasserfälle und Stromschnellen bieten ein gewaltiges Potential für Wasserkraftwerke. Das Gondwanaplateau von Karnataka und Maharastra ist die bekannteste Region in diesem inneren Plateau, das zwischen dem westlichen und östlichen Küstengebirge liegt. Das große Gebiet im Inneren von Maharastra, Madhya Pradesh und Tamilnadu und ein Teil von Gujarat besteht aus "Regur-Boden", der durch die tropische Verwitterung von Trapp (Basalt) entstanden ist. Der Regur, der auch als tropische Schwarzerde bezeichnet wird - "thick black soil" -, enthält Pottasche, Kalk, Aluminium, Calcium und Magnesiumkarbonat in ausreichender Menge, die die Eigenschaft haben, bei Trockenheit Wasser zu speichern und deshalb für die Landwirtschaft in den Gebieten, in denen es wenig regnet, sehr geeignet ist. Der Regurboden eignet sich für den Anbau von Baumwolle, Hirse, Weizen, Mais und auch für Ölfrüchte, ganz speziell für Erdnußprodukte, die sowohl für Speiseöl als auch für Cash Crops in zahlreichen Industriezweigen ver- wendet werden. Die Gliedstaaten Gujarat und Maharastra sind dadurch als "cotton, oil and sugar belt of India" bekannt. Andere Teile dieses Plateaus sind reichhaltig an mineralischen Rohstoffen wie Gold in Kolar (Karnataka), Uran in Tamilnadu sowie Mangan, Eisenerz und Kupfer in Bihar und in anderen nordöstlichen Teilen des Plateaus. An beiden Seiten - Ost und West - dieses weiträumigen, großen Plateaus erstrecken sich die Küstengebirge, die sogenannten "eastern and western Ghats", die aus Trapptafeln und Trappdecken bestehen.

4a) Das Trocken- und Wüstengebiet von Rajasthan, das sich zwischen dem nordwestlichen Teil des Hochlandplateaus sowie im Westen bis nach Pakistan und im Nordosten bis in die Gebiete von Punjab und Uttar Pradesh erstreckt, ist durch die außergewöhnliche Trockenheit der Wüste Thar geprägt und bildet die heißeste Region Indiens mit Spitzentemperaturen von bis zu 50 Grad Celsius, nächtlichen Wintertemperaturen um den Gefrierpunkt und extrem niedrigen Niederschlägen. Aufgrund dieser Naturbeschaffenheit der Region, die etwa 11% der Gesamtfläche Indiens ausmacht, bezeichnet man sie als "Wüstenstaat". Mit ca. 34 Mio. Einwohnern und einer Bevölkerungsdichte von 100 Einwohnern pro km^2 (indischer Gesamtdurchschnitt 275 Einwohner pro km^2) ist Rajasthan eines der am wenigsten entwickelten Bundesländer der indischen Union. "Trotz zahlreicher mineralischer Bodenschätze und der mit großen Anstrengungen in den letzten Jahrzehnten forcierten Infrastrukturentwicklung ist der moderne Industriesektor noch relativ klein."[32]

4b) Special category states: Assam, Himachal Pradesh, Jammu and Kashmir, Manipur, Meghalaya, Nagaland, Sikkim, Mizoram und Tripura zählen zu den Gebieten, die durch eine ungünstige geopolitische Lage in Grenzregionen, durch ihr gebirgiges Land und nicht zuletzt auch durch eine schwache Ressourcenbasis gekennzeichnet sind. Diese Region hat einen relativ bedeutenden Anteil an Ureinwohnern und an austro-asiatischen Stämmen, die aus Tibet, China und Burma eingewandert sind. Im Verhältnis zu anderen Bundesstaaten sind diese Staaten dünn besiedelt und als Standort für eine industrielle Entwicklung problematisch. Sie gelten auf dem indischen Subkontinent als "locational sensitive states".[33]

5) Die Küstentiefländer: Diese westlichen und östlichen Küstenflachteile, die flankierend an beiden Seiten des Deccan-Plateaus liegen und sich an der Bay of Bengal im Osten und am Arabischen Meer im Westen erstrecken, sind bekannt durch Küstengebiete wie z.B. die Coromandelküste und Northern Sircars im Osten sowie Malabar und Konkan im Westen. Kerala ist bekannt durch seine christlichen Bevölkerungsgruppen und weist ein niedrigeres Bevölkerungswachstum, aber die höchste Bevölkerungsdichte mit 655 Einwohnern pro km^2 auf. Das östliche Küstengebiet mit seinen breiten Flußdeltas von Flüssen wie Krishna, Cauvery und Godavary ist sehr fruchtbar und für den Anbau von Reis, Zuckerrohr, Erdnüssen und Baumwolle sowie auch für Tee, Kaffee und Kautschuk, die auch in Gebirgsgebieten angebaut werden, sehr geeignet.

Abschließend kann festgehalten werden, daß in puncto Land und Lebensraum Indien außerordentliche geophysische Vorteile aufzuweisen hat. Abgesehen von den dichten mit Schnee und Gletschern bedeckten Waldgebieten im Himalayagebirge sowie dem Wüstengebiet Rajasthans ist Indien zu 50% bebau- und bewohnbar[34] und durch seine Flüsse, Bodenbeschaffenheit und auch durch sein Potential an Mineralien reich ausgestattet.

2.2.2 Bevölkerungspotential Indiens

Das Bevölkerungspotential eines Landes wird an seiner Größe, Dichte, demographischen Struktur, ethnischen Zusammensetzung sowie sozialen Verhaltensmustern, die die Bevölkerungswachstumsrate beeinflussen, gemessen. In einer so komplexen Gesellschaft wie Indien mit seiner kulturellen, religiösen und ethnischen Heterogenität stehen hinter dem Phänomen Bevölkerungspotential zahlreiche Faktoren, die direkt oder indirekt das Potential beeinflussen. Folgerichtig scheint es hier zweckmäßig zu sein, das Bevölkerungspotential Indiens anhand von sozioökonomischen Gruppierungen einzuschätzen.

Die ökonomische Bedeutung der Größe und Dichte der Bevölkerung einer Volkswirtschaft wird im allgemeinen an dem Potential des nationalen bzw. regionalen Binnenmarktes gemessen, worauf das gegenwärtige Streben zur Erweiterung des EG-Binnenmarktes mit ca. 324 Mio. Einwohnern und der Freihandelszone zwischen den USA, Kanada und Mexiko (mit 246,3 Mio., 26 Mio. bzw. 83,7 Mio. Einwohnern) mit insgesamt 356 Mio. potentiellen Konsumenten ebenso wie der in westlichen Wirtschaftskreisen viel diskutierte ASEAN-Markt mit ca. 295,2 Mio. potentiellen Verbrauchern hindeuten. Demnach ist Indien mit einer zur Zeit ca. 820 Mio. zählenden Bevölkerung - die ca. 15,6% der Weltbevölkerung auf ca. 2,5% der gesamten Landfläche der Welt ausmacht - und einer durchschnittlichen Bevölkerungsdichte von ca. 253 Einwohnern pro km^2 das - an der Bevölkerung gemessen - zweitgrößte Land der Welt nach der Volksrepublik China. Indien ist sogar wesentlich dichter besiedelt als China (112,1 Einwohner pro km^2), bleibt aber trotzdem hinter der Bevölkerungsdichte von Holland (428,9 pro km^2) sowie seinem kleinen Nachbarland Bangladesh (757,0 pro km^2) zurück.

Innerhalb Indiens gibt es viele Gliedstaaten, wie z.B. Kerala mit 655 Einwohnern pro km^2, West Bengal mit 402, Bihar mit 402, Uttar Pradesh mit 377, Punjab mit 333 und Tamilnadu mit 372, die wesentlich dichter besiedelt sind als der nationale Bevölkerungsdurchschnitt. Die Gliedstaaten Uttar Pradesh mit ca. 111 Mio., Bihar mit 70 Mio., Maharastra mit 63 Mio., West Bengal mit 55 Mio. und Madhya Pradesh mit 52 Mio. Einwohnern weisen eine große Bevölkerungszahl auf (vgl. Anhang II-1) und befinden sich in den geophysisch verhältnismäßig fruchtbaren Regionen der Gangesebene, dem sogenannten "Hindi Heart Land of India" (hindisprachigen Großraum Indiens). Nach diesen quantitativen Kriterien des Bevölkerungspotentials gilt Indien als ein vielversprechender potentieller Binnenmarkt, der im Zusammenhang mit einer effizienten Nutzung seiner Ressourcen eine Dynamik der sozio-ökonomischen Integration entfalten könnte. Die ausländischen Investoren und die auf Export angewiesenen Industrieländer, wie z.B. die Bundesrepublik Deutschland und Japan,[35] erkennen daher das Marktpotential Indiens, speziell der zur Zeit ca. 200 Mio. zählenden und als effektive Konsumenten geltenden indischen Mittelschicht,[36] deren Umfang auf 25 bis 30% der Gesamtbevölkerung geschätzt wird.

Jedoch gehört zur Bevölkerung auch die andere große Gruppe der gegenwärtig ca. 300 Mio. Inder, die unter der Armutsgrenze leben. Die Armutsgrenze wird unter ernährungswissenschaftlichen Gesichtspunkten nach dem erforderlichen Mindestkalorienbedarf (Warenkorb) pro Kopf von 2.400 Kalorien pro Person in ländlichen und 2.100 Kalorien in städtischen Gebieten und dem dafür benötigten Monatseinkommen von iR 107 pro Kopf in ländlichen und iR 122 in urbanen Regionen (auf der Preisbasis von 1984/85) ermittelt.[37] Zu dieser Gruppe zählt auch der Kreis der sogenannten unterprivilegierten Menschen. In der Verfassung Indiens werden diese in zwei Gruppen unterteilt, nämlich in *scheduled castes*, die sogenannten Unberührbaren, die - wie in Tabelle 5 verdeutlicht - ca. 15,8% (= 104 Mio.) der Gesamtbevölkerung ausmachen und auf dem ganzen Kontinent

Tabelle 5:
Anteil der Scheduled Castes und Scheduled Tribes an der Gesamtbevölkerung (in Prozent)

Jahr	1961	1971	1981
Scheduled castes	14,7	14,6	15,8 (a)
Scheduled tribes	6,8	6,9	7,8 (a)
Insgesamt	21,5	21,5	23,6 (a)

Quelle: Centre For Monitoring Indian Economy (CMIE), Hrsg., *Basic Statistics Relating To The Indian Economy*, Vol.1: *All India*, August 1988, Table 1.6-1.

Tabelle 6: Anteil der Bevölkerung unter der Armutsgrenze

Region	Anzahl in Millionen			Anteil in Prozent der Gesamtbevölkerung		
	1977-78	1984-86	1988-90	1977-78	1984-85	1989-90
Rural	253,1	222,2	168,6	51,2	39,9	28,2
Urban	53,7	50,5	42,2	38,2	27,7	19,3
Gesamt	306,8	272,7	210,8*	48,3	36,9	25,8

* geplant. Nach neuesten Angaben (1991) beträgt die Zahl immer noch über 237 Mio.
Quelle: Seventh Five Year Plan (1985-90), Vol.1, (Planning Commission, Government of India) S.33; *Statistical outline of India*, 1989/90, Tata Service Ltd., Department of Economics and Statistics, Bombay, S.15.

verstreut sind, und in *scheduled tribes*, die Gruppe der Ureinwohner und eingewanderten Stämme, die ca. 7,8% (ca. 51,6 Mio. 1983) der Gesamtbevölkerung ausmachen und sich hauptsächlich in den nordöstlichen Gliedstaaten (vgl. Abschnitt 2.2.1, 4b) und auch teilweise in Gujarat und Maharastra konzentrieren.[38]

1961 lebten ca. 82% der gesamten Bevölkerung auf dem Lande, und obwohl der Anteil der städtischen Bevölkerung seit 1961 zugenommen hat, leben auch heute 25% der Bevölkerung in den Städten und ca. 75% noch immer auf dem Land. 64% der gesamten Bevölkerung sind in der Landwirtschaft tätig. 1960 lag der Anteil mit 74% noch höher. Die Mehrzahl der armen Bevölkerung, einschließlich der Stammesbevölkerung, sind Klein- oder Subsistenzbauern, Landarbeiter oder Besitzlose ohne Beschäftigung auf Wanderschaft. Nach den neuesten Angaben der zwischen 1984/85 durchgeführten 38. Runde des National Sample Survey soll der Anteil der armen Bevölkerung von 48% (307 Mio.) im Jahre 1977/78 auf 37% (ca. 273 Mio.) im Jahre 1984/85 reduziert worden sein, und bis Ende des 7. Fünfjahresplanes (bis 1990) erwartete man, diesen auf 26% zu reduzieren (vgl. Tabelle 6 und Anhang II-2). Aber nach den neuesten vorliegenden Zahlen beträgt der Anteil der armen Bevölkerung immer noch ca. 35% der Gesamtbevölkerung. Das Ziel der Regierung ist es, bis zum Jahr 2000 diesen Anteil auf 5% zu reduzieren. Obwohl dies alles für eine optimistische Zukunft spricht, soll hier nochmals daran erinnert werden, daß trotz der geplanten Reduzierung der jährlichen Bevölkerungswachstumsrate von 2,3% im Jahre 1987/88 auf 2% in den neunziger Jahren die Bevölkerungszahl in Indien um das Jahr 2000 voraussichtlich die Milliardengrenze erreicht haben wird. Dies bedeutet einen Zuwachs von 232 Mio. Indern bis zum Jahre 2000.

Tabelle 7:
Die demographische Struktur und "Belastungsquote", Projektion bis 2001
(in Prozent)

Altersgruppe		1981	2001
0-14	Schulalter (Kinder)	39,7	31,1
	Belastungsquote	73,4	50,9
15-29	Ausbildungs- und Erwerbstätige	26,1	28,3
30-44	Erwerbstätige	17,2	20,5
45-59	"	10,8	12,4
	Insgesamt	54,1	61,2
60 +	"Rentner"	6,2	8
	Belastungsquote	15,5	12,6

Anmerkung: Belastungsquote - die sogenannte *dependency ratio* - ist das Verhältnis zwischen den Altersgruppen (0-14 und 60 +) zu der im erwerbstätigen Alter (15-59) stehenden Bevölkerungsgruppe.

Quelle: Vgl. Datt, Ruddar: "Population up to 2001", in: *The Economic Times*, Bombay, 4.März 1989.

Ein weiterer signifikanter Aspekt in diesem Zusammenhang ist die besondere demographische Struktur der indischen Bevölkerung. Nach dem Zensus von 1981 befinden sich heute ca. 40% der Bevölkerung in der Altersgruppe "Kinder" von 0-14 Jahren und ca. 6,2% in der Altersgruppe "Rentner" von 60 Jahren und darüber. Dies bedeutet, daß ca. 54% der Inder im vollerwerbsfähigen Alter sind. Die Belastungsquote (*dependency ratio*) der Berufstätigen (von 15-59 Jahren) wird zur Zeit auf 84,91% berechnet. Damit zeigt sich, daß Indien eine sehr junge Nation ist.[39] Die neuesten Prognosen[40], die vor kurzem von dem im Jahre 1984 von der Planning Commission Indiens eingesetzten Expert Committee on Population Projections dargelegt worden sind, bestätigen diese Entwicklung. Diesen Berechnungen zufolge steigt die Zahl der 60jährigen und Älteren von zur Zeit 6,2% auf 8% leicht an, die Zahl der 15-59jährigen wird deutlich von ca. 54% im Jahre 1981 auf 61% im Jahre 2001 ansteigen; damit wird die Belastungsquote der erwerbstätigen Bevölkerung abnehmen, von 84,91% im Jahre 1981 auf 63,5% im Jahr 2001 (vgl. Tabelle 7). Bei den Prognosen kommt es aber nicht nur auf die absoluten Zahlengrößen und auf die Zuwachsrate der Bevölkerung insgesamt an, sondern auch auf die zu erwartende Altersstruktur. In der bisherigen Struktur der indischen Bevölkerung war das Verhältnis der Altersgruppe der 0-15jährigen und der Altersgruppe der 60jährigen und darüber zur arbeitsfähigen jungen Bevölkerung ziemlich konstant geblieben.

Nach den jetzigen Hochrechnungen ist jedoch zu erkennen, daß die Zahl der jungen Inder ziemlich rasch zunehmen und der Bedarf an schulischer, gesundheitlicher, beruflicher, bildungs-, kleidungs- und wohnungsbezogener Versorgung rasch ansteigen wird. Die Konsequenz, die sich für die indische Wirtschaft daraus ergibt, ist die, daß immense finanzielle, administrative und entwicklungspolitische Aufgaben bevorstehen.

Vor dem Hintergrund der religions-, traditions- und kulturspezifischen sowie der ethnisch bedingten Besonderheiten und demzufolge der unterschiedlichen sozialen und ökonomischen Rahmenbedingungen in den verschiedenen Gliedstaaten des indischen Subkontinents geht man davon aus, daß die Bevölkerung keine isolierte, unabhängige, makro-ökonomische Variable bleibt, sondern zunehmend eine soziale Größe darstellt, die durch qualitative Indikatoren ergänzt werden muß. Rothermund[41] hat z.B. in seiner eingehenden Untersuchung mit quantitativen und qualitativen Indikatoren das komplexe Phänomen der wechselseitigen Beziehungen zwischen dem Bildungsstand, der Lesefähigkeit der Frauen, dem Schulbesuch der Mädchen, der Zahl der Frühheiraten, der Säuglingssterblichkeit der Mädchen, dem Status und der Stellung der Frauen in der jeweiligen Gesellschaft, der Berufsstruktur, Stadt-Land-Unterschiede usw. auf der einen Seite und dem Bevölkerungswachstum und dem ökonomischen Entwicklungspotential auf der anderen Seite herausgearbeitet und die verschiedenen Gliedstaaten in eine ökonomische sowie in eine soziale Rangordnung eingestuft. In dieser Einteilung steht z.B. Kerala mit dem höchsten Bildungsstand und dem niedrigsten Bevölkerungswachstum auf dem ersten Platz der sozialen Rangordnung, jedoch in bezug auf die ökonomische Rangordnung auf dem vierten Platz hinter Punjab (1), Haryana (2) und Gujarat (3). Rothermund kommt zu dem Ergebnis, daß die sozialen Daten "besonders gute Indikatoren für den sozialen Fortschritt sind. Sie sind nicht nur für die Frauen selbst, sondern auch für die ganze Familie von Bedeutung, und insbesondere, wenn es um Geburtenkontrolle und Gesundheitsfürsorge geht".[42] Die Tatsache, daß in Indien die Zahl der Frauen im Verhältnis zu der der Männer bis 1971 tendenziell abgenommen hat, d.h., daß es Frauendefizite gibt und den Frauen im allgemeinen wenig Bildungschancen gewährt werden, begründet man mit dem kasten- und religionsspezifisch sozial niedrigeren Status der Frau - speziell im "Hindi Heart Land", in Gliedstaaten wie Uttar Pradesh, Madhya Pradesh, Bihar, Rajasthan und auch in Teilen von Gujarat und Orissa. Auch die Studie von der Economic and Social Commission for Asia and the Pacific der United Nations bestätigt diese Tatsache.[43]

Die kritische Durchsicht der ökonomischen und sozialen Aspekte des Bevölkerungspotentials zeigt, daß Indien trotz des drittgrößten Reservoirs an Wissenschaftlern und Technikern (hinter den USA und der UdSSR) und der in westlichen Ländern ausgebildeten und erfolgreich arbeitenden Inder (*brain drain*) immer noch "one of the most illiterate nations in the world with 36% of adult literacy"[44] bleibt. Der durchschnittliche Alphabetisierungsgrad der Frauen beträgt 24,8% (mit Ausnahme von Kerala) und der der Männer 46,91%. Laut Schätzungen der Weltbank wird Indien bis zur Jahrtausendwende 500 Mio. Analphabeten haben.

Ein weiteres wichtiges Merkmal der Bevölkerung in diesem Zusammenhang ist Indiens religiöser, kultureller und ethnischer Pluralismus. Eine derartige Vielfalt verursacht zwar zwangsläufig Spannungen und soziale und politische Unruhen, wie in den Nordprovinzen Gujarat (wegen der Quotenregelung für Unberührbare), Assam (Stammesbevölkerung strebt einen autonomen Staat an) oder in Punjab (Agitationen der Sikhs) und in Bihar (Stammesbevölkerung), um nur einige Beispiele zu nennen; jedoch darf die traditions- und kastenbedingte individuelle Begabung dieser Gruppierungen, die auch einen entscheidenden Beitrag zur ökonomischen Entwicklung leisten, nicht übersehen werden. Es bestehen enge Beziehungen zwischen der ökonomischen Entwicklung, die in Indien besonders differenziert verläuft, und der ethnischen Zusammensetzung der Bevölkerung, die sich gegenseitig bedingen und auch die Mobilität der Bevölkerung beeinflussen.

Entwicklungspotentiale

Während in den nordöstlichen Gliedstaaten überproportionale Bevölkerungsanteile aus China, Tibet, Burma und West Bengal und eine erhebliche Zahl von Flüchtlingen aus Bangladesh u. a. vorherrschen, wandern in den westlichen Gliedstaaten vorwiegend ethnisch besonders begabte Gruppen,[45] wie z.B. "Sindhis" und "Parsen" zu. Obschon die Parsen und Sindhis zahlenmäßig weitgehend bedeutungslos sind und nur in einigen Bundesstaaten wie Maharastra (Bombay), Süd-Gujarat und zum Teil auch in Andhra Pradesh und Karnataka ansässig sind, spielen sie eine sehr wichtige Rolle in der industriellen Entwicklung und im Gesellschaftsleben des Landes. Obwohl die Parsen, die den Lehren Zarathustras (Iran) folgen, weniger als 1 Mio. zählen und somit nur 1% der indischen Gesamtbevölkerung umfassen, gelten sie als die Pioniere der indischen industriellen Entwicklung und spielen auch heute noch eine entscheidende Rolle in Industrie und Forschung sowie im sozialen und philanthropischen Bereich. Der Erbauer der indischen Atombombe Homi Bhabha war ein Parse. Das Bhabha Institute of Atomic Research und das Tata Institute of Fundamental Research sind weltbekannte Namen ebenso wie Tata Automobile, Tata Consultants und viele andere Industriekomplexe. Es gibt zahlreiche Krankenhäuser, Schulen und kulturelle Einrichtungen, die mit den Namen von Parsen verbunden sind.

Die Sindhis dagegen sind eine besondere Gruppe von Muslimen, die als "Business Community" in Bombay, Delhi, Gujarat, Kalkutta, Madras und Andhra Pradesh ihre Geschäfte betreiben und sich in den regionalen Bevölkerungsschichten assimiliert haben. Neben den Sindhis gibt es noch eine andere Gruppe von Muslimen, die "Khojas"[46], die am Geschäftsleben aktiv beteiligt sind; ähnlich auch die "Jains" (aus Saurastra-Gujarat), Marwaries (aus Nord-Rajasthan), Chettiar und Gounder (aus Tamilnadu) und die "Naidus" und "Kammas" aus Coastal Andhra Pradesh, die als typische "Business Community" in verschiedenen Handelszentren von Gujarat, Maharastra, West Bengalen, New Delhi, Madras, Bangalore, Hyderabad, um nur einige zu nennen, spürbar präsent sind und ihrerseits kräftig dazu beigetragen haben, wirtschaftlich aktive Räume zu gestalten.[47] Die christliche Bevölkerungsgruppe, die zwar zahlenmäßig klein ist (2,42%), spielt jedoch in einigen Landesteilen wie z.B. in Kerala und Goa, im Nordosten von Indien sowie in Bombay, Bangalore und Kalkutta eine bedeutende Rolle. Auch die jüdische Gemeinde war einst in Kalkutta, Bombay und Cochin ziemlich aktiv.

Alle diese ethnischen und religiösen Gruppen gehören zum Bevölkerungspotential Indiens. Sie leisten durch ihre speziellen Neigungen und Fähigkeiten - special community traits and aptitude - einen positiven Beitrag zum Wirtschaftsleben. Die Gruppe der Stammesbevölkerung ohne Land, Arbeitsplätze und Bildung bzw. Ausbildung dagegen braucht einen besonderen Schutz und besondere Maßnahmen für ihre Lebensräume und für die Entfaltung ihrer Fähigkeiten. Vor diesem Hintergrund der heterogenen ethnischen Zusammensetzung verwundert es nicht, daß es auf dem indischen Subkontinent erhebliche ökonomische Disparitäten - z.B. das sogenannte Ost-West-Gefälle - gibt, was auch für die indische Regierung eine doppelte Aufgabe darstellt: Zum ersten, die spezifische Begabung bestimmter gesellschaftlicher Gruppen zu mobilisieren, und zum anderen, Schutz und Lebensraum gegenüber anderen Gruppen von Menschen zu gewährleisten.

Soll eine integrierte sozio-ökonomische Entwicklung mit einem dynamischen Binnenmarkt auf dem indischen Subkontinent stattfinden, so sind tiefgreifende Anstrengungen auf den Sektoren Gesundheit, Bildung, Ausbildung und Beruf erforderlich. Die Beseitigung der Armut - ausgedrückt in der Erhöhung der Kaufkraft - und die Bevölkerungspolitik sind daher für Indien Herausforderungen, die mit unvorstellbaren sozialen, ökologischen und politischen Problemen verbunden sind. Obwohl in Indien in den letzten vierzig Jahren beeindruckende Ergebnisse hinsichtlich Lebenserwartung, Gesundheit, Bildung, Ausbildung und auch durch Aufklärung in der Familienplanung erzielt werden konnten, stehen noch zahlreiche Hürden im Wege, um einen tiefgreifenden sozialen und wirtschaftlichen Wandel herbeizuführen, der nicht nur finanzielle, sondern auch administrative und institutionelle Rahmenbedingungen erfordert. Abschließend kann festgehalten werden, daß auf dem Bevölkerungssektor noch zahlreiche Blockaden zu überwinden sind, bevor Größe und Dichte der Bevölkerung als ökonomisches Potential zu voller Entfaltung gelangen können.

2.2.3 Potentiale des Agrarsektors und Leistungsfähigkeit der Landwirtschaft als Rückgrat der indischen Wirtschaftsentwicklung

Trotz einer Aufwärtsentwicklung des Industrie- und Dienstleistungssektors, der Indien in die Nähe eines Industrielandes rückt, bleibt das Land unverändert ein Agrarland. Die Landwirtschaft beschäftigt noch immer 70% der gesamten erwerbstätigen Bevölkerung und trägt ca. 34% zum Bruttosozialprodukt (GDP) bei. Obwohl bezüglich der dominierenden Stellung des Agrarsektors (*primary sector*) in der Gesamtwirtschaft ein abnehmender Trend festzustellen ist - so ist der prozentuale Beitrag des primären Sektors zum GDP von etwa 56% im Jahr 1950-51 auf etwa 34% im Jahr 1987-88 gesunken -, hat sich die Erwerbsstruktur dementsprechend bisher kaum verändert. In diesem Zusammenhang ist daran zu erinnern, daß diese Angaben lediglich gesamtwirtschaftliche Durchschnittsmeßgrößen sind, die gerade in Indien, wo erhebliche regionale Unterschiede zwischen den verschiedenen Gliedstaaten bestehen und zugleich eine weitverbreitete

"Schattenwirtschaft" in der Volkswirtschaft im allgemeinen festzustellen ist, mit großer Vorsicht zu bewerten sind. Hinzu kommt noch das Phänomen der Subsistenzlandwirtschaft, derzufolge nur der Teil der Agrarproduktion, der auf den Markt kommt, in die amtlichen Berechnungen mit einbezogen wird, während der Eigenverbrauch des Subsistenzsektors, der ziemlich hoch ist, unerfaßt bleibt. Ferner ist auch zu beachten, daß bei der Berechnung der Produktionsstruktur in bezug auf die Verteilung des BIP und der Erwerbspersonen in den verschiedenen Sektoren von amtlichen Erfassungs- und verschiedenen Forschungsstellen unterschiedliche Definitionen und Erfassungskomponenten verwendet werden. Sogar die Angaben in den Weltbankberichten stimmen nicht mit den Angaben in den indischen amtlichen statistischen Berichten überein, weil z.B. Komponenten wie "Mining" und "Quarrying" entweder dem Agrar- oder dem Industriesektor zugerechnet werden. Genauso verhält sich dies auch mit "Electricity" und "Transport", die entweder dem Industrie- oder dem Dienstleistungssektor" zugerechnet werden.[48]

Trotz dieser Einschränkungen lassen sich aus der Fülle der sonst als höchst zuverlässig geltenden amtlichen, aber auch der von renommierten Forschungsinstitutionen erstellten statistischen Materialien einige wesentliche Zusammenhänge zwischen dem Agrarsektorpotential und der Leistungsfähigkeit der Landwirtschaft auf der einen Seite und der funktionalen Beziehung zwischen dem Agrarsektor und dem Rest der Volkswirtschaft auf der anderen Seite konstatieren. Die Landwirtschaft bildet in Indien die unverkennbare Grundlage der sozioökonomischen Entwicklung und ist damit das Rückgrat, das das Wirtschaftswachstum wesentlich unterstützt, wenn der Monsunregen normal verläuft und die Ernten gut ausfallen. Nahezu 70% der landwirtschaftlichen Produktion hängt von den aus Südwest kommenden Sommermonsunniederschlägen ab, die fast 80% der gesamten Niederschläge ausmachen. Nur 30% der landwirtschaftlichen Produktion wird durch künstliche Bewässerung erzielt. Der gegenwärtige Trend des wirtschaftlichen Wachstums in der Volkswirtschaft läßt kaum Zweifel daran, daß die indische Konjunktur mit Schwung ins nächste Jahrzehnt geht, weil die gute Monsunsaison von 1988/89, 1989/90 und 1990/91 in der Landwirtschaft für hohe Erträge gesorgt hat und den Investitionen und dem Konsum zu einem kräftigen Schub verhalf, wie sich am Beispiel der Produktion von Traktoren, Düngemitteln, Dieselpumpen und vielen Konsumgütern belegen läßt. Das Wirtschaftswachstum zeigte in den vergangenen zwei Jahren einen spektakulären Aufwärtstrend. Das BSP erhöhte sich im Finanzjahr 1988/89 um 9% und 1989/90 um ca. 10%, nicht zuletzt wiederum infolge der erzielten Produktionssteigerung in der Landwirtschaft. Dies zeigt, daß in der indischen Wirtschaftsstruktur ein eindeutiger Kausalzusammenhang zwischen dem Monsun und der Produktion im Agrarsektor auf der einen Seite und zwischen dem Agrar- und den übrigen Wirtschaftssektoren auf der anderen Seite besteht, wie es in einem Bericht der Reserve Bank of India (der indischen Zentralbank) auch bestätigt wird, wo es heißt:

> There exists a strong linkage between monsun and agriculture on the one hand and between agriculture and the rest of the economy, reflecting the extent of the influence exercised by agriculture. For instance it is estimated that a one percent increase in the growth rate of agriculture raises industrial production by about 0,5% and national income by about 0,7%, conversely a decline in the growth rate of industry and national income. Further an examination of the technological linkages between agriculture and industry since 1951-52 shows that in Indian economy the dependence of industry on agriculture is greater than agriculture's dependence on industry.[49]

Was die Erwerbstätigkeit betrifft, so ist zu bemerken, daß schätzungsweise eine 10prozentige Verminderung der Agrarproduktion im Durchschnitt zu einer Reduzierung von ca. 6% der Erwerbstätigkeit führt.[50] All diese Zusammenhänge werden jedoch determiniert vom landwirtschaftlichen Potential, welches im indischen Kontext nicht nur eine bedeutende quantitative Richtgröße, sondern auch eine große regionale Heterogenität aufweist. Von seiner gesamten geographischen Fläche von 329 Mio.ha verfügt Indien über 50% (ca. 164,9 Mio.ha) Ackerland und gehört damit neben der UdSSR (227,5 % Mio.ha), den USA (187,9 Mio.ha) und China (97,5 Mio.ha) zu den vier Ländern, die über die Hälfte der gesamten Ackerfläche der Welt verfügen.[51] Damit hat Indien weit mehr anbaufähiges Ackerland als sein Nachbar China, bei dem nur 15% der Böden für eine landwirtschaftliche Nutzung geeignet sind. Zwar ist der Anteil des Ackerlandes auf dem indischen Subkontinent regional sehr unterschiedlich auf die verschiedenen Gliedstaaten verteilt, im großen und ganzen aber steht ein recht hoher Anteil geologisch stabilen und von nährstofflichen und physiologischen Aspekten her gesehen (vgl. Abschnitt 2.2.1) überwiegend fruchtbaren Ackerlandes zur Verfügung. Auf den ausgedehnten Anbauflächen in den Fluß- und Deltaebenen sowie in den Plateau- und Küstengebieten gedeihen Nahrungsgetreide *(food crops)* wie Weizen, Reis, verschiedene Hirsearten wie Jowar *(sorghum vulgaris)*, Bajara (Rohkolbenhirse), Ragi (Fingerhirse-Kodu), Mais und Ölfrüchte wie Raps, Senf, Erdnuß, Sesam und weitere Arten von Hülsenfrüchten, die sogenannten *pulses*. Diese haben wegen ihres hohen Proteingehalts für die Ernährung der überwiegend vegetarischen Bevölkerung Indiens (80% Hindus) sowie für die Bevölkerung mit mittlerem und niedrigem Einkommen eine große Bedeutung. Außerdem werden auch viele Cash Crops wie Baumwolle, Jute, Zuckerrohr, Tabak, Tee, Kaffee und Kautschuk angebaut. Im südlichen Teil Indiens gibt es große Regionen, wo Kokosnüsse und Gewürze angebaut werden. Obst und Gemüse werden fast überall geerntet. Es gibt schätzungsweise 40 Mio.ha Land, das als potentiell agrarische Reservefläche zu betrachten ist und in amtlichen Statistiken als *fallow land* (24,9 Mio.ha) und als *culturable waste land* (15,7 Mio.ha) auftaucht. Wegen der hohen Erschließungskosten und der möglichen ökologischen Schäden werden diese jedoch nicht für die Ausdehnung der landwirtschaftlichen Nutzfläche in absehbarer Zukunft in Frage kommen. Dies bedeutet, daß "the future of India's agriculture lies not in any significant extension of area under cultivation, but in a sharp increase in productivity (i.e. per hectar yield)"[52], wobei eine Steigerung der Produktivität unter anderem durch eine rechtzeitige Bewässerung erzielt werden kann.

Auch das Potential an Wasser fehlt in Indien nicht. Die im Himalaya entspringenden mächtigen Flüsse führen gewaltige Mengen an Oberflächenwasser kontinuierlich über das ganze Jahr mit, das für die Bewässerung der Landwirtschaft und Energiegewinnung sowie für die Industrie eine wichtige Quelle darstellt. Die anderen Flüsse, die im südlichen Teil des Landes entspringen, sowie die großen Flüsse Narmada in Gujarat, Chambal in Rajasthan, Mahanadi in M.P., um nur einige zu nennen, sind zwar überwiegend von den Niederschlägen abhängig, mit Hilfe eines gezielten "Wassermanagements" weisen sie jedoch enorme Kapazitäten für die Bewässerungs- und Kraftwerkanlagen auf, wie aus den vorhandenen Angaben abzulesen ist. Von dem gesamten Oberflächenwasserpotential, das durchschnittlich auf 178 Mio. hectar metres (Mio.ha m: 1 hectar-metre entspricht 10.000 m^3) geschätzt wird, stehen zwar zur Zeit 74,3 Mio.ha m (41,7%) als ökonomisch nutzbar zur Verfügung, davon aber werden zur Zeit nur 66,1 Mio.ha m Wassermenge effektiv genutzt. Dies bedeutet, daß von den verfügbaren Bewässerungsmöglichkeiten des Oberflächenwassers noch ca. 11% der Kapazität ungenutzt geblieben ist (vgl. Tabelle 8). Wenn man das Gesamtpotential in Betracht zöge, könnte man in Indien unter Berücksichtigung ausreichender Sicherheitsvorkehrungen für die Kontrolle der Versalzung und des Hochwassers sowie für die Verbesserung der Drainage und für die Erhaltung der Umwelt und des Lebensraumes dee Bevölkerung dieser Gebiete, durch die die Flüsse und Staudammkanäle führen, mit Hilfe von vorhandenen Technologien noch sehr viel mehr Wasser für Landwirtschaft, Wasserkraftwerke und Schiffahrt zur Verfügung stellen. Das bedeutet aber, daß eine bessere Nutzung des enormen Oberflächenwasserpotentials in Indien nur unter vernünftigen Umweltschutzbestimmungen gegen alarmierende Entwaldung, Erosion und andere ökologische Schäden erreicht werden kann.

Die Regierung ist sich dieser Tatsachen bewußt und hat dementsprechend im Jahr 1985 ein neues Ministerium für Umwelt und Forstwirtschaft eingerichtet, das viele Großprojekte, Bewässerungskraftwerke und Chemieprodukte unter dem Umweltaspekt überprüfen soll, bevor sie genehmigt werden. Außerdem hat die Regierung in New Delhi viele Programme wie z.B. Resettlement and Rehabilitation, Waste Land Development Boards for Social Forestry Programme, The Command Area Development Programme und andere angekündigt, die zum einen die sozialen und Umweltschäden und zum anderen die zur Zeit bestehende Lücke zwischen den bereitgestellten Bewässerungskapazitäten und der wirklichen Nutzung von "Major und Medium Irrigation Projects" verringern sollen.[53]

Es bleibt jedoch festzustellen, daß das bisherige regelmäßige Vordrängen der Überschwemmungen im Nordosten und Osten des Subkontinents überwiegend darauf zurückzuführen ist, daß die Entwaldung und Bodenerosion im Himalaya und anderen Gebirgen ständig zugenommen hat. Außerdem sind in amtlichen Kreisen größere Staudammprojekte, die schwere Eingriffe in die natürliche Umwelt und in das Leben ihrer Bewohner, hauptsächlich in das der Ureinwohner (Adivasies), bedeuten, bisher als unvermeidlich angesehen worden. Inzwischen sind schon ca. 42 solcher "Major and Medium Irrigation Projects" seit mehreren Jahren in Betrieb und andere sind in Bau. Trotz des allgemeinen Konsenses über die Notwendigkeit dieser Projekte scheint es gerade in Indien, wo es auf der einen Seite ein so reiches natürliches Wasserpotential gibt und auf der anderen Seite Wassermangel herrscht, unbedingt wichtig, daß auch die damit verbundene Umweltproblematik ernstgenommen wird. Dies setzt eine sorgfältige Planung, Durchführung und Kontrolle voraus.[54]

Tabelle 8: **Bewässerungspotentiale und deren effektive Nutzung in der indischen Landwirtschaft**

Jahr	bereitgestellte Potentiale in Mio. Hektar	Nutzung in Mio. Hektar
1980-81	58,7	54,1
1981-82	61,0	56,0
1982-83	63,3	58,1
1983-84	65,6	58,6
1985-86	67,5	60,5
1986-87	69,8	62,2
1987-88	72,0	64,2

Quelle: Sachdeva, S.K. (Hrsg.), *India 1989*, Annual Review, Competition Review Pvt.Ltd., New Delhi, 1989, S.316.

Zudem verfügt Indien über ein bedeutendes wiederauffüllbares Grundwasserpotential, das mit Hilfe der traditionellen Verfahren, nämlich manuell mit tierischer und motorisierter Kraft, gefördert werden kann. Es gibt überall in Indien traditionelle Brunnen (*dugwells*), Bohrbrunnen (*tubewells*) und auch Tanks für das Wasser, je nach der Bodenbeschaffenheit und den vorhandenen Techniken. In den Gliedstaaten Punjab, Haryana, U.P., Maharastra, Gujarat, Karnataka und Tamil Nadu gibt es zahlreiche elektrische oder mit Diesel betriebene Pumpen, die bis in Tiefen von 200 bis 400 Meter hinunterreichen und das Grundwasser anzapfen können. Schätzungsweise über 3.700 Mio. ha m, fast zehnmal soviel wie die jährliche Niederschlagsmenge, soll in Indien an Grundwasserpotential in Tiefen von ca. 300 Metern vorhanden sein, das jedes Jahr um ca. 67 Mio.ha m, wenn der Monsunregen normal verläuft, durch Niederschläge wieder aufgefüllt werden kann.[55] Nach zuverlässigen Angaben soll die Landmasse der halbinselförmigen Hochebene von Deccan im Süden der nordindischen Ebene (vgl. 2.2.1) - The Great Plateau - über mehr als die angenommene Menge des Grundwassers verfügen. Die gegenwärtig bekannte Menge wird auf ca. 42 Mio.ha m geschätzt, aber die tatsächliche Förderungsmenge soll bis jetzt nur 10 Mio.ha m betragen. Ein Großteil des Grundwasserpotentials Indiens scheint noch in seinem Boden zu liegen und kann durch eine normale Regenmenge immer wieder aufgefüllt werden. Das Potential und die effektive Förderungsmenge ist jedoch regional unterschiedlich verteilt und wird von Gliedstaat zu Gliedstaat, je nach Art der Förderungsmittel (Brunnen, Pumpen, Bohrbrunnen und Wassertanks) sehr unterschiedlich in Anspruch genommen. Staaten wie Nagaland und Manipur versuchen noch nicht einmal, die bekannten Mengen des Grundwassers zu fördern. Demgegenüber hat in Staaten wie Punjab, Haryana, U.P., West Bengal, Gujarat, Maharastra, Karnataka, Tamil Nadu und Andhra Pradesh die Zahl der Brunnen und Pumpen von Jahr zu Jahr sprunghaft zugenommen. Wie aus Tabelle 9 hervorgeht, nutzen Punjab, Haryana und Tamil Nadu sowie Delhi ihr Grundwasserpotential am meisten. Maharastra vor allem verfügt über ein verhältnismäßig großes Grundwasserpotential, das mit Gujarat und West Rajasthan für den Anbau von Zuckerrohr und Erdnüssen effektiv genutzt wird. Dennoch nutzen elf Gliedstaaten ihr Grundwasserpotential weniger als der nationale Durchschnitt von 23,7% der vorhandenen Kapazität.[56]

Die Bewässerungsmöglichkeiten aus dem Grundwasserpotential sind im wesentlichen vom privaten Träger genutzt und auch als "People's Programmes" individuell von einzelnen Bauern, Grundbesitzern oder von genossenschaftlich organisierten Bauernverbänden durchgeführt worden. Diese Projekte sind zuverlässige Quellen der Bewässerung und bleiben von Wasserstauungen und -versalzungen verschont, die besonders bei "Major Irrigation Projects" auftreten, wenn keine angemessenen Maßnahmen für Drainage getroffen werden.

Tabelle 9: **Das Potential und die Nutzungsmenge des Grundwassers in ausgewählten Gliedstaaten Indiens**

Gliedstaat	Potential als % der der Nationalen Menge	Effektive Förderungsmenge als % des jeweiligen regionalen Potentials
U. P.	21,9	29
M. P.	14,1	8
Punjab	3,1	73
Tamil Nadu	6,4	37
Haryana	2,1	70
Delhi	0,6	88

Quelle: Oxford University Press (Hrsg.), *A Social and Economic Atlas of India*, New Delhi, 1987, S.76.

Zusammenfassend kann festgehalten werden: Während die Effizienz der indischen Landwirtschaft, die jedes Jahr wiederholt unter Überschwemmungen auf der einen und unter Trockenheit auf der anderen Seite leidet, vor allem von weiteren gut durchgeführten Bewässerungsprojekten abhängt, stößt man gerade dabei auf viele Blockaden organisatorischer sowie koordinierender Art, worauf im nächsten Kapitel eingegangen werden soll.

Neben dem fruchtbaren Boden und dem reichlich vorhandenen Oberflächen- und Grundwasser gibt es große Reserven in den Bereichen Vieh-, Fischerei- und Geflügelzucht. Indien verfügt über eine große und vielfältige Viehwirtschaft, die sowohl für die Nahrungsproduktion (Milch, Milchprodukte, tierische Fette, Eier, Fleisch und Fisch), aber auch für die gewerbliche Produktion (Häute und Wolle) zu nutzen ist. Vor allem liefert die Viehwirtschaft eine unverzichtbare Grundlage für den ländlichen Sektor, in dem verschiedene Tiere - Zeburind, Pferde, Kamele, Esel usw. - als Nutztiere und Zugvieh in der Landwirtschaft und für den Transport eingesetzt werden. Noch ein wichtiger Aspekt der Viehwirtschaft ist in Verbindung mit dem Problem des Feuerholzbedarfs der ländlichen Bevölkerung in Indien zu erwähnen. Speziell hinsichtlich der Problematik der Waldzerstörung und Feuerholzknappheit (der Brennholzbedarf ist wesentlich höher als die normalen Zuwächse der Wälder) ist die Verwendung von Viehdung als Brennstoff wichtig.[57] Die Regierung hat zwar den Stellenwert dieses Potentials für die

Energiegewinnung erkannt und hat mittlerweile zahlreiche Biogasanlagen (zur Zeit gibt es ca. 1,5 Mio. und weitere sind geplant) gebaut bzw. gefördert, die ca. 3,71 Mio.t Feuerholz im Wert von ca. 1,485 Mrd.i.R. ersetzen. Angesichts der Tatsache jedoch, daß Viehdung auch als wertvoller Dünger in der Subsistenzlandwirtschaft eingesetzt wird, sollte eigentlich das Potential noch systematischer und effizienter sowohl zur Deckung des Energiebedarfs als auch zur Unterstützung des Ackerbaus verwendet werden. Dieser Dung ist besonders wichtig, weil die Möglichkeiten der Produktionssteigerung durch den Einsatz von Kunstdünger überwiegend nur in Verbindung mit der Grünen Revolution beim Anbau von bestimmten Produkten wie Weizen, Reis, Jawar, Mais, Ölfrüchte und Jute wahrgenommen werden können. Der Verbrauch von Kunstdünger lag im Jahr 1987/88 insgesamt bei 9,01 Mio.t NPK und erhöhte sich 1988/89 auf 11,036 Mio.t NPK.[58] 1990/91 wird mit einer Nachfrage von 14 Mio.t (gemäß dem Ziel des 7. Fünfjahresplanes) gerechnet. In diesem Zusammenhang soll wiederum betont werden, daß der Einsatz von Kunstdünger je nach Bodenqualität und Anbauprodukten in verschiedenen Bundesländern sehr differenziert erfolgt. Punjab verwendet z.B. 151,2 kg pro ha, dreimal soviel wie der nationale Durchschnitt (ca. 46,3 kg pro ha), Haryana, sein Nachbar, verwendet dagegen nur 57,7 kg pro ha, Pondicherry 281,5, West Bengal 54,8, Assam am wenigsten, nur ca. 4 kg pro ha und Gujarat annähernd dem nationalen Durchschnitt.[59] Dennoch verbraucht Indien eine viel geringere Menge von Dünger pro Hektar im Vergleich zu vielen europäischen Ländern. Nach Angaben des Weltbankberichts 1989 verbrauchen z.B. Holland ca. 769 kg, Großbritannien 379 kg, Frankreich 206 kg und die Bundesrepublik Deutschland ca. 428 kg Dünger pro Hektar.

Es soll in diesem Zusammenhang noch auf einen weiteren Aspekt der Viehwirtschaft hingewiesen werden, der für das indische Wirtschaftspotential als charakteristisch angesehen werden dürfte. In der indischen Landwirtschaft sind die Viehhaltung, das Ackerbausystem und auch die symbiotische Beziehung zwischen der Viehwirtschaft und der sozio-kulturellen Identifikation sowie der damit verbundenen Lebensweise und Handlungsrationalität der ländlichen Bevölkerung nicht streng voneinander zu trennen.[60] Dies bedeutet, daß abgesehen von dem Ausbau der Milchwirtschaft die Viehhaltung in Indien zur Vermarktung von Fleisch relativ wenig zur Kapitalakkumulation beiträgt. In diesem Zusammenhang ist das genossenschaftlich organisierte Molkereivernetzungsprojekt AMUL (das sogenannte "Operation Flood") in Gujarat zu erwähnen, das als das größte und auch als das umstrittenste der Welt gilt.[61] Es gibt auch ein deutsch-indisches Projekt, in dem hochgezüchtete Kühe nach Indien gebracht werden, um in Zukunft die Qualität der für die Milcherzeugung reichlich ungeeigneten indischen Rinder zu verbessern. Denn der Milchertrag von indischen Kühen mit einem jährlichen Durchschnitt von ca. 157 kg ist der niedrigste in der Welt (USA 4.154 kg, UK 3.959 kg, Bundesrepublik Deutschland 4.717 kg).[62] Eine Büffelkuh in Indien gibt jährlich ca. 500 kg Milch. In manchen Gebieten gibt es aber auch viel leistungsfähigere Kühe, wie z.B. in Punjab, Rajasthan, Saurastra (Gujarat), Maharastra, Tamil Nadu und Karnataka, die zwischen 2.725 kg und 3.175 kg Milch in einer Laktationsperiode geben, und dies auch ohne Hormonzufuhr. Regionale Unterschiede in der Milchproduktion in verschiedenen Bundesländern reichen z.B. von 7,1 Mio.t (ca. 16% der gesamten nationalen Produktion) in U. P. bis zu 3,5 Mio.t in Rajasthan, 3,8 Mio.t in Punjab, 2,9 Mio.t in Tamil Nadu und ca. 2,6 Mio.t in Gujarat, A.P., Haryana, Maharastra, West Bengal und Bihar.

Bei dem Verbrauch von Milch pro Kopf und pro Tag in den verschiedenen Bundesländern sind die Unterschiede noch gravierender. Der nationale Durchschnitt beträgt ca. 135 Gramm pro Tag und pro Person und liegt damit noch unter der vom indischen Ernährungsministerium empfohlenen Mindestmenge von ca. 180 Gramm pro Tag und pro Person, was auf ein enormes Defizit in der entscheidenden tierischen Proteinversorgung für die vegetarische Bevölkerungsgruppe, vor allem für Kinder, Frauen und ältere Menschen hinweist. Folgerichtig können die Erfolge solcher Projekte wie die "Weiße Revolution - Operation Flood" für die Mobilisierung des Potentials in Frage gestellt werden, zumal nur die städtische Bevölkerungsgruppe damit überproportional gut versorgt wird.

Eine ähnliche Situation zeichnet sich auch im Bereich der Fisch- und Geflügelzucht ab. Obwohl Indien über eines der reichsten und vielfältigsten Potentiale an Meeresfrüchten - ca. 100 Fischarten und Krabben unter vielen anderen Produkten - an seiner 5.600 km langen Küste verfügt, werden zur Zeit nur ca. 3 Mio.t Fangerträge registriert. Auch für die Binnenfischerei gibt es ein ziemlich gutes Fischfangpotential. Wegen des großen Anteils der vegetarisch orientierten Bevölkerung, die aus religiösen Gründen den Genuß von Fisch ablehnt, wird im Lande selbst wenig Fisch gegessen, und in manchen Gegenden, wie z.B. in Gujarat, wird das Potential auch nicht als Berufs- und Industrie-Ressource genutzt, obgleich Gujarat eine Meeresküste von ca. 1.600 km Länge besitzt. In einem Bericht des Gujarat Fisheries Information Centre in Ahmedabad heißt es: "Due to deep-rooted, socio-cultural belief against non-vegetarian food and developed antipathy against fish as a food, fisheries, a field in which Gujaratis known all over for their business sense, have not much ventured into. The state's rich coastline, in spite of this rich potential remains unexploited."[63] Schätzungen zufolge könnte Indien seine Fisch- und Meeresfrüchteproduktion bis zu 20 Mio.t - im Vergleich zu nur 3 Mio.t, wie schon erwähnt - erhöhen, was nicht nur für eine reichhaltige Nahrung, sondern auch für Fischdünger und andere Verwendungen im Lande selbst, aber auch für den Export eine reiche Quelle sein dürfte. Dieses Potential wird derzeit überwiegend nur in Kerala, Maharastra, Goa, Tamil Nadu, West Bengal und Orissa genutzt, sowohl als traditioneller Beruf, auch für Frauen, als auch für Nahrung und zu Veredelungszwecken, wobei mit verbesserten

Technologien (angepaßte Technologien ohne aggressive Ausbeutung der Fischgründe) die Fischereiwirtschaft noch stärker und effizienter entwickelt werden könnte. Genauso verhält es sich auch mit der Geflügelwirtschaft, die nur in bestimmten Regionen in das Landwirtschaftssystem integriert ist. Statistiken sagen allerdings nur wenig darüber aus, welchen Einfluß solche komplexen sozio-kulturellen Faktoren tatsächlich auf die Nahrungsmöglichkeiten im indischen Kontext ausüben. Infolgedessen ist es durchaus erklärlich, daß der Beitrag des Fischereisektors zum GDP in Indien trotz dieses Potentials nur bei 0,8% liegt.[64]

Wie sind nun die Chancen für eine intensive und wirkungsvolle Aktivierung dieser reichlich und vielfältig vorhandenen Potentiale des Agrarsektors in der indischen Wirtschaftsentwicklung wahrgenommen worden, und wie stehen die Chancen in absehbarer Zukunft, diese Potentiale noch effizienter als bisher zu nutzen? Die Beurteilung dieser Fragen soll im nun folgenden kurz umrissen werden.

Gleich mit dem ersten Fünfjahreswirtschaftsplan (1950-55) versuchte Indien, im Zusammenwirken von Monsunregen, Bewässerungsprojekten und seit Mitte der sechziger Jahre durch die sogenannte Grüne Revolution (neues Saatgut, High Yielding Varieties [HYV], künstliche Bewässerung, Pflanzenschutzmittel und Mechanisierung der Landwirtschaft) sowie durch vielfältige staatliche Maßnahmen, wie z.B. Agrarpreispolitik, Zuschüsse für Bewässerung, Kunstdünger, Vermarktung usw., die Produktion in der Landwirtschaft zu erhöhen. In der indischen Landwirtschaft wird meistens zweimal im Jahr geerntet: (i) die Sommerernte ("Kharif season") mit dem aus Südwest kommenden Regen, dem Sommermonsun, und (ii) die Winterernte ("Rabi season") mit dem aus Nordost kommenden Regen, dem Wintermonsun, der hauptsächlich für den Weizenanbau wichtig ist und ca. 50% der gesamten Niederschläge in Tamil Nadu ausmacht (vgl. Schaubild Nr.1).

Die Grüne Revolution wurde in Indien bis jetzt nur für bestimmte Produkte wie Weizen, Paddy (ungeschälter Reis), Hirsearten wie Jowar, Bajra und Mais und seit neuestem auch für Ölfrüchte (nur in bestimmten Regionen, hauptsächlich in Punjab, Haryana, West-U. P. ebenso wie im Nordwesten) eingeführt. Die vorliegenden Ergebnisse für Anbauprodukte wie Ölfrüchte, Baumwolle, Tee, Kaffee, Tabak, Zuckerrohr, Jute, um nur einige wichtige zu nennen, machen deutlich, daß trotz wiederkehrender Überschwemmungen und Trockenheit es Indien nunmehr gelungen ist, die Leistungsfähigkeit der Landwirtschaft, gemessen an den wachsenden Hektarerträgen der Getreideproduktion, die unter dem Einfluß der Grünen Revolution steht, aber auch der anderen obengenannten Kulturen zu erhöhen (vgl. Anhang III-b).

Indiens wirtschaftliche und politische Potentiale

Schaubild Nr. 1:
Wachsende Getreideproduktion nach Saison
(in Mio.Tonnen)

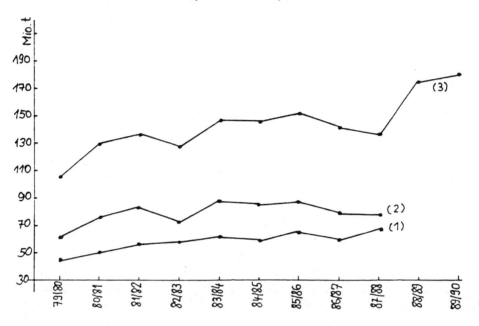

Erläuterungen: (1) Rabi - Winterernte, Bestellung im Spätherbst, Ernte im März/April;
(2) Kharif - Sommerernte, Bestellung während der Sommerregenzeit (Juni-August), Ernte im September/Oktober;
(3) Gesamtproduktion.

Quelle: Government of India (Hrsg.), "Economic Survey 1988/89", in: *The Economic Times* (New Delhi), 25.Februar 1989, S.5.

Dennoch liegt in Indien der Pro-Hektar-Ertrag bei Weizen mit ca. 20 dz - bei höchster Einschätzung - und beim Reis mit ca. 15 dz trotz Grüner Revolution erheblich niedriger als in anderen Ländern. Bei Hülsenfrüchten beträgt der Ertrag nur 5 dz, bei Ölfrüchten ca. 6 dz und bei Baumwolle ist dieser noch niedriger. Nach vorliegenden Angaben der Weltagrarorganisation (FAO) liegen in China, Bangladesh, Indonesien, Malaysia, Pakistan, Sri Lanka und anderen

Entwicklungsländern die Hektar-Erträge von Getreide im Durchschnitt höher als in der indischen Landwirtschaft, ganz zu schweigen vom Vergleich zu Deutschland, wo sie auf ca. 54 dz und im EG-Durchschnitt auf ca. 43,7 dz geschätzt werden.[65]

Nach den drei schwersten aufeinanderfolgenden Dürreperioden in der Agrargeschichte Indiens meldete die indische Landwirtschaft in den letzten drei Jahren 1987/90 Rekordernten in der Getreideproduktion mit einer Höhe von ca. 180 Mio.t. Auch 1990 zeichnete sich ein neues Rekordjahr ab. Nach den für das erste Halbjahr 1991 infolge des guten Sommermonsunregens vorgelegten Zahlen erwartet die Regierung Indiens ein Anhalten der stabilen Entwicklung im indischen Agrarsektor. Auffallend dabei ist die hohe Ertragsrate, wobei sich das Ergebnis gegenüber dem Vorjahr überproportional verbessert hat. Wie es nach den heutigen Ergebnissen aussieht, sind die Planziele in der Getreideproduktion schon längst erreicht, und die Rekordernte von ca. 180 Mio.t bietet der Regierung sogar Anlaß, die Ziele der Getreideproduktion im 8.Fünfjahresplan (1991-95) nach oben hin zu korrigieren.

Obwohl die Zunahme der Nahrungsmittelproduktion insgesamt das Bevölkerungswachstum (ca. 2,4%) wesentlich übersteigt, treten bei Ölfrüchten, Zuckerrohr und Hülsenfrüchten allerdings immer wieder Engpässe auf. Die einheimische Nachfrage nach Speiseöl und Fett wächst z.B. jährlich um 4%, aber die Produktion ist bisher nur um ca. 2% gewachsen. Das Defizit wurde jedes Jahr durch Importe von Speiseöl im Wert von ca. 10 Mrd. i.R. und mehr in Devisen gedeckt, und dies, obwohl Indien über die größte Anbaufläche an Ölfrüchten, hauptsächlich Erdnüsse, Raps, Senf und Sesam, der Welt verfügt. Indien sollte eigentlich durch den Export dieser Ölfrüchte Devisen verdienen.[66] Auch beim Zucker schienen im Jahr 1989/90 wieder Engpässe aufzutreten. Weil Zucker genauso wie Speiseöl ein essentielles Produkt auf dem täglichen Speisezettel ist, übertrifft dessen Verbrauch meistens die Produktion; und die Produktion, die 1989 auf 10,2 Mio.t geschätzt wurde, fiel geringer aus. Darauf deutet hin, daß statt des vorgesehenen Auftretens als "net exporter" Importe von ca. 800.000 t Zucker notwendig wurden - trotz des Status als größter Rohzuckerproduzent der Welt. Die Gründe für diese Knappheit liegen nicht in der geringer ausfallenden Zuckerrohrproduktion, sondern in der staatlichen Mengenregelung für den Ankauf von Zuckerrohr, einmal durch die Zuckerfabrikanten und zum anderen durch die mittelständischen Hersteller des Melassezuckers, des sogenannten *Gur* und *Khandsari*, ein fester, eingedickter und gekochter Saft des Zuckerrohrs.[67]

Gegenüber den von der Grünen Revolution erzielten Erfolgen, die nur auf einige Produkte und auch nur auf einige Regionen begrenzt waren, sind die Anbauprodukte "Hülsenfrüchte", wie z.B. verschiedene Arten von Bohnen, Linsen und

Indiens wirtschaftliche und politische Potentiale

Schaubild Nr. 2:

Getreide ☐ vs Hülsenfrüchte (*pulses*) ▨

Anbaufläche und Produktion

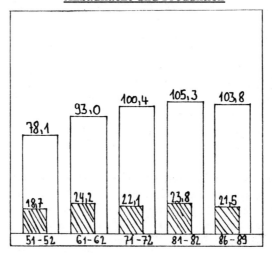

Anbaufläche in Mill. Hektar

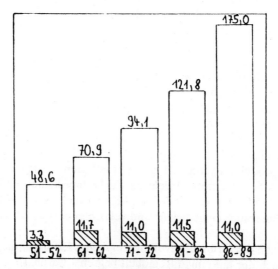

Produktion in Mio. t

Quelle: *India Today*, Bombay, August 15, 1989, S.77.

zahlreichen anderen Grobgetreiden, die wegen ihres hohen Proteingehalts die Ernährungsgrundlage nicht nur für die ländliche arme Bevölkerungsgruppe, sondern auch für die größtenteils vegetarische Bevölkerungsgruppe bilden, eher stiefmütterlich behandelt worden. Die Produktivitätssteigerung bei Hülsenfrüchten (*pulses*) wird zugunsten der Anbauprodukte im Rahmen der Grünen Revolution vernachlässigt. Dies wurde auch von offiziellen Kreisen des Landwirtschaftsministeriums bestätigt[68] (vgl. Schaubild Nr.2).

Angesichts dieser Tatsache sind in jüngster Zeit vermehrt derartige neue Kleinbetriebe und Genossenschaften entstanden. Unterstützt von der lokalen Händlerklasse, wird in diesen Gebieten ein industrieller Aufschwung eingeleitet. Infolge dieses Prozesses ist in einigen ländlichen Gebieten Indiens eine sozio-ökonomisch und politisch einflußreiche Gruppe ländlicher Eliten (Agrarbourgeoisie) entstanden, die zusehends nicht nur auf der lokalen und regionalen Ebene, sondern gegebenenfalls auch auf nationaler Ebene ihre politische Macht ausübt. Bekannt ist diese Bevölkerungsschicht z.B. als Coterie in Maharastra, als Speiseölbarone (Telia Rajas) in Gujarat, als Kammas und Nayyars in Südindien und als Kulaken in M.P. Dieses Phänomen wird von indischen Ökonomen als "Farmer's Capitalism" oder auch als "Cowdung Capitalism" bezeichnet.[69] Der Großteil des Potentials der im Agrarsektor Tätigen verharrt jedoch immer noch in der Subsistenzwirtschaft und bleibt insgesamt gesehen weitgehend ungenutzt.

Anhand dieses Überblicks über das Potential in der indischen Landwirtschaft und der daraus erzielten Fortschritte wird deutlich, daß die Leistungsfähigkeit des indischen Agrarsektors zunächst im wesentlichen auf einem guten Monsunregen und auch auf den Erfolgen neuer Technologien, die die Produktivität erhöhen, beruht. Es ist eindeutig zu erkennen, daß in bezug auf einige Anbauprodukte regelrechte Monopolregionen - Agrarzentren - entstanden sind (vgl. Karte 2), wo die Großerzeuger (large farmers) durch großflächigen Anbau, z.B. von Weizen und Zuckerrohr in Punjab und Haryana, Erdnüssen und anderen Ölfrüchten sowie Baumwolle in Gujarat, Zuckerrohr, Obstplantagen und vor allem Mangos in Maharastra, Tabakblätter und Paddykulturen sowie auch durch den Anbau von Kaublättern (Betelblätter, Pan) in Andhra Pradesh und in Teilen von Orissa, Gewinne erzielen, die sie dann in agrarnahe Klein- und Mittelindustrien wie Nahrungsmittelveredelung, Speiseöl- und Reismühlen, Zucker- und Textilfabriken, in die Produktion verschiedener landwirtschaftlicher Geräte und auch in die Leichtindustrie wie Fahrrad-, Motorrollerbau, Wollwaren- und Bekleidungsproduktion, Nähmaschinen und ähnlichem investieren.

Karte 2

Regionalspezifische Agrarzentren und das Phänomen Agrarbourgeoisie
("Farmer's Capitalism")

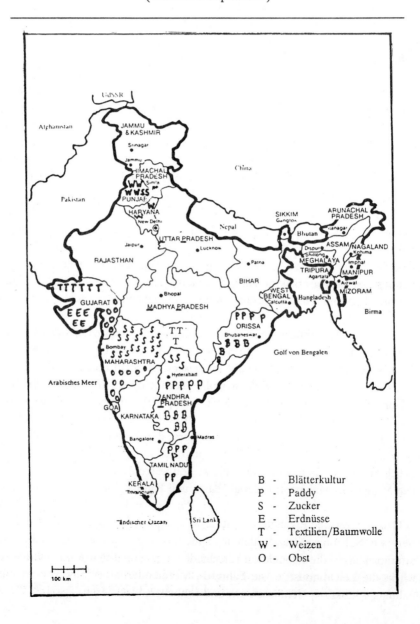

Die Chancen, künftig mehr auf dem Agrarsektor zu erwirtschaften und den Lebensstandard der breiten Landbevölkerung auf dem Subkontinent zu erhöhen, sind weitaus günstiger als in jedem anderen Land des asiatischen Kontinents. Diese Chancen müßten jedoch auch wahrgenommen werden.

Obwohl mit den Rekordernten der Selbstversorgungsgrad in der Nahrungsmittelproduktion erreicht zu sein scheint und durch die ständigen Lagerbestände,[70] die mit ca. 25 Mio.t Getreide im Jahr 1989 durch Importe aufgestockt werden mußten, eine Versorgungssicherheit gewährleistet wird, zeigt sich bei nüchterner Analyse, daß angesichts der Armut, mangelnder Ernährung, der großen Zahl der Landlosen (ca. 52 Mio.), der am Rande des Existenzminimums lebenden Bevölkerung sowie des alles andere überschattenden Problems des Bevölkerungswachstums der indischen Landwirtschaft zunehmend Herausforderungen bevorstehen, die es zwingend machen, das Potential, das immer noch große Reserven aufweist, besser als bisher zu nutzen.

Der indische Professor Ghosh Alak beurteilt dies zu Recht folgendermaßen:

> One wonders whether the attainment of selfsustaining growth will be a reality even in 2000 A.D. when one remembers that we shall have almost 1 billion people. But even at the turn of the century 70 per cent of our people will be dependent on agriculture though the share of agriculture is expected to decline from 36.9 per cent of GDP in 1984/85 to 25.5 per cent in 1999/2000. Unless agriculture is fully dynamised and a higher growth rate is achieved, self-sustained growth will be a far cry even in 2000 A.D.[71]

Obwohl sich das für 1990 gesetzte Produktionsziel von 183 Mio.t Getreide fest realisiert wurde, scheint das Ziel von 300 Mio.t Getreide zur Jahrhundertwende nur erreichbar zu sein, wenn es Indien gelingt, eine zweite Grüne Revolution durchzuführen.

> The second Green Revolution will indeed have to come from areas and crops which have remained largely unaffected by the earlier Green Revolution. The eastern region, for instance, offers the maximum immediately exploitable potential. ...These will however have to be gainfully exploited not only by introducing modern concepts but also and more importantly by removing socio-economic constraints peculiar to this area.[72]

Diese vorsichtige Prognose hinsichtlich der Tragfähigkeit des Agrarsektors wird auch durch verschiedene Regionalstudien in Indien bestätigt.[73] Wie auch immer der sehr optimistisch geschätzte kurzfristige Trend der Zuwachsraten für die landwirtschaftliche Produktion aussehen mag, so ist klar, daß die Leistungsfähigkeit des Agrarsektors und damit auch die gesamtwirtschaftliche Entwicklung in Indien von tiefgreifenden Veränderungen in den bisher konstant gebliebenen Rahmenbedingungen, wie

1. starke Abhängigkeit von Regen und ungenutzten Reserven des Grundwasserpotentials sowie in der Vieh- und Geflügelzucht bzw. in der Fischerei;
2. regional und produktbezogen begrenzte Anwendung der Grünen Revolution und
3. halbfeudale Produktionsstruktur[74]

abhängig sein wird. Bezüglich des letzteren soll hier kurz erwähnt werden, daß der Ackerboden in der indischen Landwirtschaft immer noch - aufgrund des Fehlens einer radikalen Landreform - sehr ungleichmäßig verteilt ist, wie aus dem Tabellenanhang III-a zu entnehmen ist.

In der Landwirtschaft bewirtschaften ca. 56% der Betriebe weniger als 1 Hektar Ackerboden, 18% der Betriebe sind zwischen 1 und 2 Hektar groß, und 2,4% der Betriebe bewirtschaften mehr als 10 Hektar Ackerboden, wobei anzumerken ist, daß die Landbesitzstruktur in den einzelnen Gliedstaaten wiederum sehr unterschiedlich ist. Dies zeigt sich darin, daß ein durchschnittlicher Betrieb in Punjab z.B. 10 und mehr Hektar Ackerboden zur Verfügung hat, hingegen in U.P. und Bihar die Durchschnittsgröße bei nur 2 Hektar liegt. Diesbezüglich muß man auch wiederum das Ost-West-Gefälle beachten. Die Umverteilung des Bodens zugunsten der Klein- und landlosen Bauern durch eine radikale Landreformpolitik ist in Indien bis jetzt aus verschiedenen Gründen ausgeblieben. Obwohl in den Fünfjahresplänen eine Landreform als gewünschtes Konzept anerkannt und auch die ersten zwei Schritte in diese Richtung, nämlich die Enteignung der feudalen Großgrundbesitzer, der sogenannten *Zamindars*, und die Festlegung der Höchstgrenzen für Landbesitz, einigermaßen durchgeführt worden sind, wurde eine ernsthafte Strategie für eine Landreform bis jetzt nicht verfolgt. Statt dessen versucht die Regierung aus öffentlichen Mitteln traditionell mit Förderungs- und Unterstützungsprogrammen, wie z.B. dem Integrated Rural Development Programme (IRDP), dem National Rural Employment Programme (NREP), dem National Rural Credit Programme (NRCP) usw.,[75] die als eine Art Arbeitsbeschaffungsmaßnahmen gelten und daher als "ruraler Keynesianismus" bezeichnet werden können, die "Umverteilung" nach unten vorzunehmen. Wichtig wäre diesbezüglich, die Produktivität der Subsistenzbauern zu erhöhen. Diese und die Frage der Landreform sowie die Frage, ob der Regierung eine optimale Nutzung des riesigen landwirtschaftlichen Potentials auch hinsichtlich der Umweltverträglichkeit gelingt oder die Landwirtschaft immer noch ein Schwachpunkt in der indischen Wirtschaftsentwicklung bleibt, soll im nächsten

Kapitel im Zusammenhang mit "Blockaden in der indischen Wirtschaftsentwicklung" näher untersucht werden. Im folgenden Abschnitt soll jedoch zunächst auf die Einschätzung des Potentials an natürlicher und mineralischer Ressourcenausstattung eingegangen werden.

2.2.4 Vorräte an mineralischen Rohstoffen und fossilen sowie anderen Energiequellen

Wenn in dieser Untersuchung Indien als "potentielles" Gravitationszentrum in Südasien bezeichnet wird, so soll damit zum Ausdruck gebracht werden, daß dieses Land zu einem der wenigen Länder der Welt gehört, das nicht nur über ein reiches Potential an Bodenschätzen sowie fossilen und nichtfossilen Energieträgern verfügt, sondern auch in der Lage ist, diese mit eigener Kraft zu explorieren, zu erschließen und auch in eigenen Industrien zu verarbeiten. Die reichlich vorhandenen und wirtschaftlich zu fördernden mineralischen Bodenschätze, vor allem schwer ersetzbare Metalle wie Eisenerz, Manganerz, Bauxit, Zink, Blei und Glimmer, die für die Basisindustrie wichtige Bausteine darstellen, Mineralien wie Uran, Thorium, Graphit, Zirkonium und Beryllium, die für die Erzeugung von Atomenergie eine wichtige Grundlage bilden, sowie die beachtlichen Reserven an fossilen Energieträgern wie Kohle, Erdöl und nun auch Erdgas, ebenso die reichliche Verfügbarkeit von natürlichen Energiequellen, hauptsächlich von Wasser und auch zum Teil von Sonne und Wind, spielen für die wirtschaftliche und speziell für die (konzentrierte) industrielle Entwicklung in Indien eine bedeutende Rolle.

In einer Serie von Fünfjahresplänen, von denen der siebte gerade abgelaufen ist und der achte für 1991-95 vorbereitet wird, hat die Regierung institutionelle Rahmenbedingungen geschaffen, nach denen gewaltige Investitionen im öffentlichen Sektor vorgenommen wurden, die sowohl für eine Identifizierung als auch für eine regelmäßige Dokumentation dieser Potentiale sorgen. Das Gute daran ist, daß man zum aktuellen Stand des Potentials - Quantität, Qualität sowie Reichweite - über zuverlässiges Zahlenmaterial verfügt, das für die Einschätzung und Beurteilung sowohl des Potentials als auch für dessen Aktivierung eine wertvolle Hilfe leistet.[76]

2.2.4.1 Mineralische und metallische Rohstoffe

Aus den vorliegenden statistischen Zahlenmaterialien geht hervor, daß sich Indien im Laufe der Zeit als einer der führenden Produzenten verschiedener mineralischer Rohstoffe und fossiler Energieträger profiliert hat. Nicht nur mit

den schon in der Kolonialzeit entdeckten und geförderten Bodenschätzen wie Eisenerz und Kohle, sondern auch mit einer Vielzahl neuentdeckter mineralischer Rohstoffe hat Indien eine Grundlage für die Industrialisierung geschaffen. Anhang IV-1 und 2 ist zu entnehmen:
Mit einem auf ca. 17,57 Mrd.t geschätzten Eisenerzvorkommen besitzt Indien (vor allem im Bundesstaat Orissa befinden sich einige der größten Lager der Welt) reiche Eisenerzvorräte (ca. 25% der bekannten Vorräte der Welt), die zum Teil hochwertige Qualität, ausgedrückt in über 65% Metallgehalt, aufweisen. Mit der derzeitigen jährlichen Förderungsmenge von ca. 51 Mio.t Eisenerz würde der Vorrat noch für 333 Jahre ausreichen. Die Eisenerzminen befinden sich in den Bundesstaaten Bihar (27), Orissa (56), M.P. (11), Karnataka (93), Goa-Diu-Daman (die ehemalige portugiesische Kolonie an der Westküste von Maharastra) (88) und Rajasthan (10).[77]

In den gleichen Bundesstaaten befinden sich manch andere begehrte Nutzmetalle, wie z.B. Manganerz (ca. 135 Mio.t), das als wichtiger mineralischer Rohstoff für die Stahlindustrie gilt und das bei einer jährlichen Produktion von 1,28 Mio.t eine Reichweite von 105 Jahren hat. Indien besitzt auch hochwertiges Bauxiterz, das für die Aluminiumherstellung und für die aufstrebende indische Flugzeugbau- und Raumfahrtindustrie einen wichtigen Rohstoff darstellt, dessen Vorrat von 2,562 Mrd.t bei einer jährlichen Produktion von 2,6 Mio.t noch 962 Jahre reichen soll, sowie Chrom mit 135 Mio.t Vorrat, das bei einer jährlichen Produktion von ca. 630.000 t noch 214 Jahre ausreichen soll. Bei Glimmer, einem wichtigen Rohstoff für die Elektroindustrie, besitzt Indien fast ein Monopol. Obwohl die Vorräte an Zink und Blei verhältnismäßig gering ausfallen (357 Mio.t), reichen sie bei einer jährlichen Produktion von 134.000 t trotzdem für 2.664 Jahre aus. Genauso sieht es beim Golderz aus, das nur einen Vorrat von 15 Mio.t aufweist. Bei einer jährlichen Produktion von nur 0.002 Mio.t könnte noch 7.500 Jahre lang Gold produziert werden. Bei den nichtmetallischen Mineralien wie z. B. Kalkstein, Dolomit, Diamanten, Asbest usw. hat Indien auch ein großes Potential aufzuweisen. In diesem Zusammenhang ist der Bundesstaat Rajasthan zu erwähnen. Durch eine Vielzahl von neuentdeckten Bodenschätzen hat sich der Gliedstaat den Namen "Mineral-Museum Indiens" verdient. Zu den wichtigsten Mineralien Rajasthans gehören Blei-, Zinn- und Silbererze sowie Asbest, Glimmer, Kalk, Quarz und auch Uranerze. Vor allem aber ist Rajasthan wegen seiner Edelsteine wie Smaragd, Granat und vielen anderen sehr bekannt.[78] Ebenso ist der Bundesstaat U.P. wegen seiner neuentdeckten Vorräte an Zinn im Distrikt Bastar und wegen seines Vorrats an Diamanten zu erwähnen.

Dagegen verfügt Indien über ungenügende Vorräte an Zinkerz, Blei, Nickel, Phosphorit, Kupfererz und -stein, die auch eine bedeutende Rolle in der Metallindustrie spielen. Die anderen wertvollen Mineralien, wie Uran, Thorium, Graphit und Zirkonium, werden hauptsächlich in Bihar, Kerala, Tamil Nadu und Rajasthan gefördert.

2.2.4.2 Potentiale an fossilen Energieträgern

Wie aus Anhang IV-1 hervorgeht, besitzt Indien bedeutende, reiche Steinkohlevorkommen, die auf rund 148,78 Mrd.t geschätzt werden und bei einer derzeitigen jährlichen Förderungsmenge von 162,65 Mio.t noch für ca. 915 Jahre ausreichen sollen. Hinzu kommen die beträchtlichen Vorräte an Braunkohle - die sogenannten Lignite -, die auf ca. 3,48 Mrd.t geschätzt werden und mit einer jährlichen Fördermenge von ca. 8 Mio.t eine Reichweite von weiteren 436 Jahren aufweisen. Im internationalen Vergleich reiht sich Indien mit einer Fördermenge von ca. 187 Mio.t an Steinkohle unter den führenden Produzenten der Welt auf Platz 5 ein und lag damit 1988 hinter China (928 Mio.t), den USA (813 Mio.t), der UdSSR (602 Mio. t) und Polen (193 Mio.t), aber vor der Bundesrepublik Deutschland mit nur 79 Mio.t und Großbritannien mit ca. 101 Mio.t. Steinkohle wird in 53 Kohlebergwerken in A.P., 196 in Bihar, 85 in M.P. und 114 in West Bengal abgebaut. Die Erschließung des Braunkohlelagers in Tamil Nadu wird im Rahmen eines deutsch-indischen Gemeinschaftsprojektes, dem Nivelli Lignite Integrated Project, vorgenommen und mit anderen Projekten wie z.B. Kraftwerken, Düngemittelfabriken, Schulen, Krankenhäusern und anderen Einrichtungen, zusammengekoppelt. Besonders auffallend in diesem Zusammenhang ist die Tatsache, daß sich dadurch auch die Transportkosten verringern, weil die Eisenerzlager und die Steinkohlevorkommen in derselben Region, in den Bundesstaaten Orissa und Bihar, gefördert werden können. Damit wird für die industrielle "Kernbildung" eine günstige Voraussetzung geschaffen (vgl. Abschnitt 1.2.2.2).

Trotz der relevanten Anteile an Weltvorräten bei Steinkohlevorkommen in Indien ist zu bemerken, daß die Qualität der indischen Steinkohle, die in dem Prozentanteil an Asche zum Ausdruck kommt, von Jahr zu Jahr minderwertiger zu werden scheint. Der Aschegehalt lag im Jahre 1980/81 bei 18%, wuchs im Jahre 1986/87 auf 39% und ist 1989/90 schätzungsweise auf rund 57% angestiegen. Es besteht praktisch eine Versorgungslücke an sogenannter "good quality coking coal" in der indischen Wirtschaft, die aber durch Importe aus Australien und Polen ausgeglichen wird.[79] Stein- und Braunkohle werden vor allem zur Energieversorgung (Kraftwerke), zur Erschließung von Bergwerken und auch als Brennstoff für Lokomotiven verwendet.

Neben den soeben erwähnten Kohlevorräten steht dem Energiesektor Indiens auch ein bescheidenes Potential an Erdöl und Erdgas zur Verfügung. Zu den altbekannten kommerziell verfügbaren Ölstätten in Gujarat und Assam, die 1966 ca. 153 Mio.t Erdöl aufwiesen, wurden in den letzten Jahren im Golf von Kutch und im Shelfgebiet des Golfs von Cambay (ca. 150 km nordwestlich von Bombay) ca. 110 Mio.t Ölvorräte (August 1986) entdeckt. Hinzu kommt auch das 1984 entdeckte Offshore-Öl- und Gasvorkommen vor Indiens Westküste an der sogenannten Bombay-High, das wohl mit ca. 324 Mio.t Erdöl und 377,8 Mrd.m^3 Erdgas ebenso ergiebig sein könnte wie das Erdölvorkommen in der Nordsee. Bombay-High gilt als Indiens größtes Offshore-Ölfeld, wo die jährliche Produktionsmenge von 5 Mio.t (1980/81) auf 20 Mio.t (1985/86) gesteigert wurde. Damit liefert das Feld rund zwei Drittel der gesamten Ölproduktion, die seit neun Jahren bei 30 Mio.t stagnierte und jetzt bei 35 Mio.t liegt. Nach neuesten Meldungen soll das Cambay Basin über viel mehr Öl und Gas verfügen (ca. 466 Mio.t) als die im Jahr 1986 festgestellte Menge von 110 Mio.t. Nach jetzigen Einschätzungen werden im Rahmen des 8.Fünfjahresplanes (1991-95) aus diesem Feld jährlich ca. 5 Mio.t Öl gefördert werden, damit würde sich die Gesamtproduktion bis zur Jahrhundertwende auf ca. 45,88 Mio.t erhöhen[80] (vgl. Anhang IV-2). Der langfristige "Perspective Plan" der indischen "Oil and Natural Gas Commission of India" (ONGC) sieht wie folgt aus:

Tabelle 10: Die Förderung von Erdöl

ONGC Perspective Plan: 1984/85 - 2004/05

	Millionen Tonnen Erdöl	jährliche Wachstumsrate (in %)
1984-85 (Actual)	28,99	11,30
1989-90	34,53	3,56
1994-95	38,56	2,23
1999-2000	45,88	3,54
2004-2005	55,00	3,69

Quelle: Centre for Monitoring Indian Economy (Hrsg.), Bombay, *Basic Statistics Relating to the Indian Economy*, Vol.I, *All India*, Table 4.10; im weiteren CMIE (Hrsg.), Vol.I.

Die Regierung ist dabei, die weiteren nachgewiesenen Erdöl- und Erdgaspotentiale in Assam, vor der Küste Maharastras, im Deltagebiet des Golfs von Bengalen, im Godavary-Krishna Basin an der Ostküste der Hochebene von Deccan, in West-U.P., Haryana, Punjab und im Inselgebiet Andaman und Nikobar zu erschließen.[81] Nach den neuesten vorliegenden Berichten der ONGC heißt es:

The Krishna-Godavary Basin which has so far yielded more gas than oil has suddenly emerged as a good prospect for oil following oil and gas strike in the second well at Bantumilli, located about 33 km north-west of Masulipatnam in the Krishna district. ...The estimated resources of Krishna-Godavary Basin encompassing 20.000 sq.km of onland and 21.000 sq.km of offshore area are about 337 million cubic metres of gas and 423 Mio.t of oil. The discovery of natural gas in huge quantities in the east and west Godavary districts is expected to trigger major industrialisation of the granary of the south.[82]

Demzufolge sind schon "eight chemical and agro industrial units", Düngemittelfabriken, und "methanol and sponge iron plants" in Planung. Das Gasvorkommen leistet auch zur Stromversorgung für den Bundesstaat Andhra Pradesh einen entscheidenden Beitrag, wie es in demselben Bericht heißt.

Die heutige Gasförderung liefert nicht nur einen entscheidenden Teil der Rohstoffe für die Energiegewinnung, sondern das Erdgas erhält daneben auch als Rohstoff (feedstock) für Düngemittelfabriken und die Petrochemie eine wachsende Bedeutung. Das größte Gasvorkommen in Gujarat ermöglicht Indien gerade jetzt, zahlreiche große Industriekomplexe einzurichten. In Gujarat, in der Nähe der Förderungsstätte in Hazira, wird z.B. das weltgrößte "sponge iron plant" für Eisenbrikett und andere Produkte, die hauptsächlich in "ministeel plants" verwendet werden ("with a massive capacity of 880.000 t per annum") eingerichtet. Ein großer Teil dieses Erdgases wird daher über ein 1.730 km langes Fernleitungsnetz, die sogenannte Hazira-Bijapur-Jagd-hishpur-Pipeline (die die längste unterirdische Pipeline der Welt sein soll), von den Förderstätten in die Industriezentren geleitet. Es soll in den Bundesstaaten Gujarat, Rajasthan, M.P. und U.P. für die sechs neuen Düngemittelfabriken, Kraftwerke und für die petrochemischen Komplexe in Gujarat und Maharastra Strom und Rohstoffe liefern. Die Regierung will dieses Erdgasnetz in großem Umfang noch bis Neu Delhi erweitern.[83] Der Gesamtvorrat an Erdgas beträgt zur Zeit 542,49 Mrd.m^3 (ohne den neu nachgewiesenen Vorrat im Krishna Basin), und bei einer jährlichen Produktion von ca. 9,06 Mrd.m^3 wird es noch für 55 Jahre ausreichen, falls nicht andere Lager erschlossen werden. Das Erdgas wird nach Ansicht des Energieministeriums in Neu-Delhi noch eine stärkere Stellung im 8.Fünfjahresplan (1991-95) einnehmen als der schon vorgesehene Anteil von 3.900 MW.[84]

In diesem Zusammenhang ist das neu entwickelte Gas- und Dampfturbinen-Kombinatkraftwerkverfahren, die sogenannte "combined cycle"-Technologie, die in neuen Kraftwerken in Rajasthan, Gujarat und Orissa unter Beteiligung von deutschen Firmen im Einsatz ist, zu erwähnen. Durch dieses Verfahren (integrierte Kohlevergasung) kann, wie es in der Fachliteratur heißt, der Kohlendioxidausstoß verringert und aus jedem Kilo Kohle deutlich mehr Strom erzeugt werden. Das Förderungsprogramm für die Erdgasvorräte wird daher in den letzten Jahren aufmerksam verfolgt, weil darin für Indien eine Chance besteht, seinen ansteigenden Bedarf an Energie- bzw. Stromversorgung zu decken und die zeitweise Importabhängigkeit zu reduzieren.

2.2.4.3 Nichtkommerzielle Energiepotentiale

Obwohl Indien über ein großes Potential an Wasser und anderen nichtkommerziellen Energieressourcen verfügt (vor allem über Sonne), wurde daraus bislang kein nennenswerter substantieller Nutzen in der Praxis gezogen. Die elektrische Energie, die aus Indiens Flüssen gewonnen werden könnte, wird auf "84.044 MW at 60% load factor" geschätzt. Von diesem Potential werden zur Zeit knapp 20% genutzt. Einige Gründe dafür sind der Mangel an Finanzen, zwischenstaatliche Konflikte, Verzögerungen bei der Projektvorbereitung sowie beim Bau von solchen Projekten auf der jeweiligen Gliedstaatebene. Angesichts des steigenden Bedarfs an Strom, der aus installierten Kapazitäten von Thermal-, Wasser- und Atomkraftwerken nicht ausreichend befriedigt werden kann, ist jedoch das Energieministerium in New Delhi dabei, über das riesige Wasserpotential nachzudenken.

Die kommerzielle Erschließung des reichen Potentials an erneuerbaren, sogenannten "non-commercial" Energieressourcen scheint bislang noch Zukunftsmusik zu sein und wird derzeit erst in Pilot- und Experimentierprojekten angegangen. Abgesehen von den zahlreichen Biogasanlagen (vgl. Abschnitt 2.2.3), die in einigen ländlichen Gebieten im Einsatz sind, ist es Indien noch nicht gelungen, die kleinen effizienten Solaranlagen systematisch auf kommerzieller Basis in der Landwirtschaft und in der Industrie, vor allem in der Klein- und mittelständischen Industrie, einzusetzen. Eine Studie "Towards a Perspective on Energy Demand and Supply in India in 2004-05", die vom Advisory Board for Energy 1985 vorgelegt wurde, vertritt ebenfalls diese Ansicht. Darin heißt es:

> It is unfortunate that most of the attention and efforts of the policy makers as also financial support for the R & D (Research and Development) activity in the field of energy is still devoted to the conventional energy sources like oil, coal, hydropower, solar energy and gobar gas. Nevertheless, a beginning has been made in this direction by the Department of non-conventional energy by providing over Rs. 90 Crores (900 Millionen) in 1988/89 for carrying out different programmes such as solar thermal energy, solar photovoltaic energy, biogas, wind energy, biomass and draught animal power, improved chulhas (stoves) and other renewable energy sources.[85]

Insgesamt rechnet die Studie für den Zeitraum von 1985 bis 2004/05 mit einem drei- bis vierfachen Anstieg (zur Zeit ca. 565 Mio.t of coal replacement) des Energiebedarfs in Indien, wenn die wirtschaftliche jährliche Zuwachsrate durchschnittlich bei 5% beibehalten wird.[86]

Die Struktur des Energieverbrauchs wird gegenwärtig durch die überragende Stellung der Öl- und Ölprodukte gekennzeichnet, und im Wirtschaftsjahr 1989/90 lag das Angebot an Rohöl und Rohölprodukten bei ca. 32 Mio.t. Aber zur Überbrückung der gegenwärtigen Energieversorgung wird eine Einfuhr von ca. 18 Mio.t Rohöl und von 8,3 Mio.t an Ölprodukten für nötig gehalten. Dies bedeutet Jahr für Jahr eine Verringerung der Energieversorgung z.b. von 86% des Bedarfs 1950/51 auf 80% 1984/85 und gegenwärtig auf 59%. Diese Verringerung soll a Ende des 8. Fünfjahresplanes (1994/95) 57% erreicht haben. Man erwartet eine Importrechnung von ca. 64,4 Mrd.i.R. (rd. 6,4 Mrd.DM) in Devisen im Jahr 1989/90 und 1990/91 von ca. 80 Mrd.i.R.für das laufende Jahr. Das bedeutet eine starke Belastung der ohnehin schon kritisch gewordenen Zahlungsbilanzsituation Indiens. Nach den Prognosen des 7. Fünfjahresplanes (1985-90) wird die Nachfrage nach Öl und Ölprodukten bis zur Jahrhundertwende (1999/2000) auf 87,5 Mio.t ansteigen. Das Energieministerium hat diese sogar auf 100 Mio.t prognostiziert.[87]

2.2.4.4 Potential an Atomkraft

Indien versucht deshalb auch seine Thoriumlagerstätten, die die größten in der Welt sein sollen, zur Energiegewinnung durch Atomkraftwerke auszunutzen. Die Kernenergie ist zwar mit vielen Sicherheitsrisiken verbunden, trägt aber derzeit mit einem Anteil von 3,0% zur Elektrizitätsversorgung in Indien bei.[88] 1959 wurde in Trombay bei Bombay mit Hilfe der kanadischen Atomindustrie der erste Atomreaktor in Indien errichtet. Danach wurden noch fünf weitere Kernkraftwerke, nämlich in Rajasthan, Tarapur (Bombay), Madras, U.P. und in Gujarat, gebaut und zwei weitere in Karnataka und Rajasthan befinden sich in Planung. Nach einer Mitteilung von *Newsweek* (1985) sollen bis zur Jahrhundertwende noch 22 Reaktoren hinzukommen.[89] Auf jeden Fall ist Indien gerade dabei, "massive Soviet-aided 2000 MW nuclear power plants" in Madras (district Tirunelveli) einzurichten. Auch in Karnataka (Kaiga) wird gerade ein Kernkraftprojekt durchgeführt.[90]

Was die regionale Struktur des Energieverbrauchs sowie des Verbrauchszuwachses anbetrifft, sind erhebliche Unterschiede festzustellen. Während die Weststaaten wie Maharastra (6,5 Mio.t), Gujarat (4,7 Mio.t), U.P. (3,8 Mio.t) und Tamil

Nadu (3,5 Mio.t) zusammen fast 30% des gesamten Energieverbrauchs in Indien in Anspruch nehmen, benötigen die Südstaaten Tamil Nadu, Karnataka, Andhra Pradesh und Kerala in ihrer wirtschaftlichen Entwicklung derzeit ca. 25% des nationalen Energieverbrauchs. Die nordöstlichen Staaten sind zur Zeit mit nur 4% des nationalen Gesamtverbrauchs am untersten Ende der Skala angesiedelt.[91] Darin spiegelt sich wiederum die unterschiedliche Dynamik der sozio-ökonomischen Entwicklung in den verschiedenen Gliedstaaten auf dem Subkontinent wider.

Zusammenfassend ist festzustellen, daß der indische Subkontinent über einen gewaltigen Reichtum an mineralischen Rohstoffen verfügt und auch eine bemerkenswerte Leistung vollbringt, diese zu mobilisieren. Die Rohstoffvorkommen sind jedoch regional sehr unterschiedlich verteilt. Während das Domodartal die höchste Konzentration an metallischen Bodenschätzen aufweist, besitzen die landwirtschaftlich fruchtbaren Regionen wie die Indo-Gengetic Plain mit den Gliedstaaten Punjab, Haryana, Uttar Pradesh, Himachal Pradesh usw. wenige oder fast gar keine nennenswerten Bodenschätze. Der westliche Teil der Hochebene von Deccan, genauer gesagt die Region westlich der Linie von Mangalor in Karnataka im Süden bis zum Kanpur in Uttar Pradesh im Norden (vgl. Karte 3) hat sehr wenige (ausgenommen Rajasthan mit seinen "non-ferrous" Mineralien) metallhaltige mineralische Bodenschätze aufzuweisen. Dagegen besitzt diese Region recht reiche Vorkommen an Erdöl und Erdgas.

Mit diesem enormen Potential hatte Indien von vornherein gute Chancen, eine standortgebundene, konzentrisch gestaltete Industrialisierung einzuleiten. Die Gliedstaaten Bihar und Orissa und auch einige Teile von Andhra Pradesh und Tamil Nadu mit ihren Eisenerz-, Kohle- sowie Manganerzvorkommen können fast mit dem Ruhrgebiet in der Bundesrepublik Deutschland verglichen werden. Diese Vorkommen könnten an Ort und Stelle für die Industrie und damit auch für die regionale und ländliche Entwicklung eine außerordentlich wichtige Grundlage bilden, und damit könnte und sollte dieses Gebiet zu einem lokalen Gravitationszentrum (auf dem Stahlsektor) entwickelt werden (vgl. Abschnitt 1.2.2.2). Auf der anderen Seite sind in Gujarat, Maharastra, Punjab, Haryana, Kerala usw. sehr gute Voraussetzungen für eine agrarnahe Industrialisierung gegeben mit Textil-, Veredelungs- und anderen arbeitsintensiven Mittel- und Kleinindustrien. Hinzu kommt jetzt auch das Erdöl und Erdgaspotential in Gujarat und Maharastra sowie im Süden von Andhra Pradesh und Tamil Nadu, wo durch Petrochemiekomplexe ein neuer Industrialisierungsschub in Gang gesetzt worden ist.[92] Konkret heißt dies, daß die wirtschaftliche Entwicklung, die von solchen Entwicklungspolen bzw. lokalen industriellen Gravitationszentren eingeleitet wird, eine räumliche und regionale Dimension aufzuweisen hat, die eine integrierte sozio-ökonomische Entwicklung gewährleisten könnte.

Karte 3

Regionalspezifische Standorte der Rohstoffvorkommen und potentielle Industriezentren auf dem Subkontinent

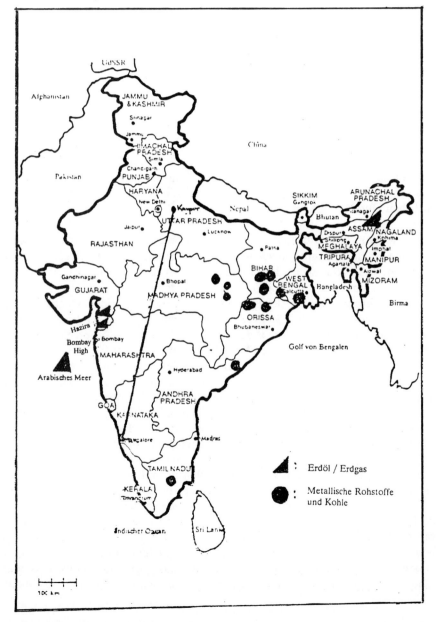

Nun drängt sich die Frage auf, ob es Indien gelungen ist, diese besonders günstigen standortspezifischen Ressourcenpotentiale adäquat für eine relativ ausgewogene industrielle Entwicklung des Landes einzusetzen. Weiter ist auch zu untersuchen, mit welchen Schwerpunkten und mit welcher Industriepolitik diese Ressourcenpotentiale mobilisiert werden.

2.2.5 *Vorhandensein einer diversifizierten Industriestruktur und eines traditionsreichen Unternehmenspotentials*

2.2.5.1 Der industrielle Boom der achtziger Jahre in der differenzierten Industriestruktur Indiens

Die achtziger Jahre sind für den indischen Industriesektor offensichtlich als "Golden Eighties Boom Years"[93] oder als "kleines Wirtschaftswunder" gekennzeichnet, da die industrielle Produktion ziemlich konstant und kräftig mit einem jährlichen Durchschnitt von 7% wuchs.

Abgesehen von drei Dürrejahren (1985-1987) erreichte die Industrieproduktion 1987 eine Wachstumsrate von 9% und 1988/89 von durchschnittlich ca. 10% (vgl. Schaubild Nr.3). Angesichts der Golfkrise rechnet man im Jahr 1990/91 nur mit einer Wachstumsrate von ca. 6%. Gegenüber den Rezessionsjahren Mitte der sechziger Jahre und in den siebziger Jahren, als die industrielle Wachstumsrate bei 2,6% (1966-69) bzw. 3,7% (1969-74) fast stagnierte,[94] bedeutet dies mehr als eine Verdreifachung. Der Index der industriellen Produktion erreichte in den Jahren 1987-89 einen Stand von über 190 Punkten (1980/81 = 100). In einigen wichtigen Industrien, wie z.B. im Bereich Eisen und Stahl, Zement, Zucker, Chemie, Textilien, Arzneimittel, Metall und Metallverarbeitung sowie jetzt auch in der Elektronikindustrie und in bestimmten Leichtindustriegütern (Light Engineering Goods as Assembling and MechanicalFabricating Processes) und in vielen anderen Bereichen ergeben sich im Vergleich zu den sechziger und siebziger Jahren beachtliche Produktionssteigerungen (vgl. Anhang V).

Nach vorliegenden Angaben offizieller Stellen in Indien ist der Beitrag des gewerblichen Sektors zum Bruttoinlandprodukt von 17% im Jahre 1981/82 auf 27% im Jahre 1988 angestiegen. Vor allem das Klein- und Mittelgewerbe sowie die Elektronikbranche entwickelten sich in den letzten Jahren zum Motor der wachsenden Produktion im verarbeitenden Gewerbe. Mit einer Bruttowertschöpfung von rund 43,311 Mio. US-Dollar (1987) zu laufenden Preisen im verarbeitenden Gewerbe liegt Indien unter den gleichrangigen halbindustrialisierten Ländern nach China (93,8 Mio. US-Dollar), Brasilien (78,995 Mio. US-Dollar)

Entwicklungspotentiale

Schaubild Nr. 3:

Ansteigende Industrieproduktion

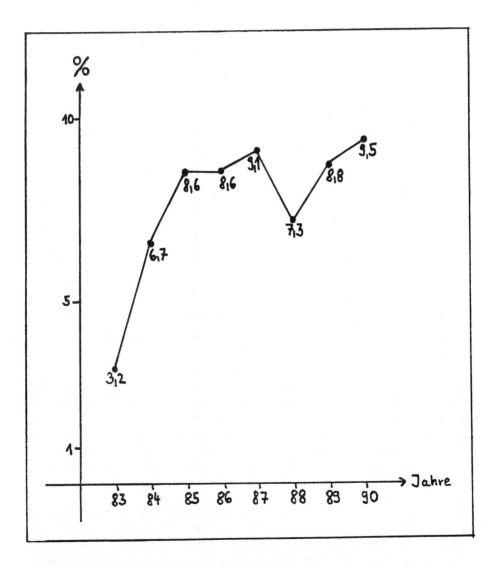

Quelle: *India Today*, New Delhi, 31.August 1989, S.81.

an dritter Stelle vor Mexiko (36,381 Mio. US-Dollar).[95] Detaillierte Angaben über den Beitrag des Industriesektors nach verschiedenen Industriezweigen können jedoch nur für die sogenannten organisierten und in amtlichen Registern eingetragenen Gewerbefirmen vorgelegt werden, nicht jedoch für den immer noch wesentlichen Teil (ca. 25%) des unorganisierten Sektors in den ländlichen und des informellen Sektors in den städtischen Gebieten. Um dennoch den "Strukturwandel" in der Wirtschaft anzudeuten, sollen die folgenden Angaben der Weltbank[96] über die Produktionssteigerung in den einzelnen Industriezweigen angeführt werden:

Tabelle 11:
Verteilung der Wertschöpfung im verarbeitenden Gewerbe (in Prozent)

Industriezweig	1970	1987
Nahrungsmittel und Landwirtschaft	13	12
Textilien und Bekleidung	21	15
Maschinenbau, Elektrotechnik, Fahrzeuge	20	26
Chemische Erzeugnisse	14	15
Übriges verarbeitendes Gewerbe	32	32

Quelle: *Weltentwicklungsbericht 1990*, Weltbank, Washington, S.220.

Noch eine weitere Bestätigung für den Strukturwandel liegt darin, daß der Anteil der "Basic and Capital Goods" an der Gesamtwertschöpfung des Industriesektors von ca. 38% (1960/61) auf ca. 56% (1981/82) und weiter auf ca. 58% (1986/87) gestiegen ist. Der Anteil der Dauerkonsumgüter ist von 2,5% (1960/61) auf 3,6% (1986/87) gestiegen. Demgegenüber ist der Anteil der Massenkonsumgüter im allgemeinen von 40,8% (1960/61) auf 22,8% (1986/87) zurückgegangen. Theoretisch bedeutet dies ein positives Zeichen für die Kapitalbildung.[97]

Es hat sich in Indien mittlerweile eine ziemlich differenzierte Industriestruktur entfaltet, in der nicht nur kostspielige, moderne Technologien erfordernde, ehrgeizige Projekte wie Satelliten, Trägerraketen, Kernkraftwerke und Rüstungsgüter ohne fremde Hilfe hergestellt werden, sondern auch eine verblüffende Vielfalt von Produktions- und Konsumgütern. Es gibt kaum ein Industriegut, das nicht in Indien hergestellt wird. Indien produziert Lokomotiven, Werkzeugmaschinen, medizinische Geräte, auch Schwerindustriemaschinen für Bergbau, Baugewerbe und andere Industrieanlagen. Der indische Ex-Premierminister Rajiv Gandhi sagte während seines Besuches in der Bundesrepublik vor 2.000 geladenen Gästen aus Wirtschaft, Industrie und Kultur in Bonn: "In der Industrie ist der Wandel wahrhaft bemerkenswert. Indien hat heute eine eindrucksvolle hochentwickelte industrielle Wirtschaft. Es gibt kaum ein Produkt, das wir nicht herstellen - von Raumfahrzeugen bis zu silicon chips, von Atomraketen bis zur Avionik, von Stoffen bis zu Schuhwerk."[98]

Damit ist schon angedeutet, daß die Industriestruktur Indiens ein weitverzweigtes Profil mit einer Mischung von Dorfbetrieben (village industries), Klein- und Mittelbetrieben und Großindustrie aufweist. Charakteristisch scheint für diese Mischung zu sein, wie sie von Anfang an in dem "Industries Development and Regulation Act" von 1951 bzw. 1956 mit verschiedenen nachfolgenden Modifikationen, Korrekturen und Ergänzungen (auch je nach Regierungswechsel) bis zu gegenwärtigen Liberalisierungselementen zum Ausdruck kommt, daß die Förderung der Schwer- und Basisindustrien für Kapitalgüter auf der einen und der Klein-, Mittel- und Dorfindustrien für die Zwischenprodukte sowie gleichzeitig auch für einfache Massenkonsumgüter auf der anderen Seite angestrebt wird. Die Klein- und mittelständischen Industrien sind dem Konsum- und gleichzeitig auch dem Investitionssektor zugeordnet, weil viele moderne Kleinbetriebe als Zulieferer der Vorprodukte für Fertigüter tätig sind, wie Bhagavan, ein indischer Ökonom, dies zutreffend schreibt:

> India is today totally self-sufficient in technical and management skills both in standard modern technology and in the small-Industries sector. ...The growth in small scale Industries has been phenomenal. The reasons lie in the facts that on the one hand they process essential agricultural products which the broad masses need (e.g. sugar, edible oils, wood products, soap and detergents etc.) and on the other they subcontract from large industries. The small scale sector has caused an abundance of technical skills at medium and simple levels.[99]

Bestätigt sehen auch die ausländischen Investoren sowie die Beobachter aus Wirtschaft, Politik und Wissenschaft diese Entwicklung durch die Teilnahme Indiens als Partnerland an der Hannover-Messe 1984, der Technogerma 1987 in Neu-Delhi - die größte deutsche Industriemesse im Ausland - und vor kurzem an der CEBIT '89 in Hannover sowie auch durch sein Engagement auf vielen anderen Fachmessen mit Werkzeugmaschinen, Offshore-Technologien und Chemieproduktion in Indien selbst wie auch im Ausland. So tritt Indien auf den Weltmärkten als ein immer leistungsfähigerer Anbieter von Investitions- und Konsumgütern in Erscheinung.[100] Im besonderen ist das starke Wachstum des Exports von "Light Engineering Goods", Diamanten und Schmuck, Basischemikalien (bulk drugs), Lederwaren und Elektronik-Software zu erwähnen. Die Exporte solcher Industriegüter wie Traktoren, Nutzfahrzeuge für die Landwirtschaft, Motorroller, Mofas und Fahrräder sind bemerkenswert. Einige konkrete Beispiele verdeutlichen die diversifizierte Produktions- und Exportstruktur der Industrie wie folgt:

- Mit 9.000 Traktoren im Jahr ist Indien z.b. führend in der Traktorenproduktion der Welt. Die in indischen Fabriken in Punjab, Maharastra und Karnataka hergestellten Traktoren sind strapazierfähig und für den Gebrauch auf schlechteren Straßen ausgezeichnet. Wegen ihrer niedrigen Herstellkosten und ihrer unterschiedlichen Einsatzmöglichkeiten - von 15 bis 55 PS - sind sie in süd-, südostasischen und arabischen Ländern sehr begehrt.[101]

- Es gibt in Punjab eine der größten Fahrradfabriken der Welt, nämlich in Ludhiana. Dort werden zudem Motorräder, Mofas und Mopeds hergestellt, die auch in die Nachbarländer exportiert werden.

- Unter Beteiligung ausländischen Kapitals und technischen Know-hows (hauptsächlich von japanischem, deutschem und französischem) werden in Indien (Maharastra - Pune), Punjab (Ludhiana und Jullandher) und Karnataka (Bangalore) viele andere Nutzfahrzeuge für den Landwirtschafts- und Transportsektor hergestellt und wird auch die Montage von importierten Teilen vorgenommen. Diese Fahrzeuge werden nicht nur im Inland, sondern auch im Ausland abgesetzt. Bekannt sind unter anderem z.B. Bajaj Autos, Kirloskerengines, Tatamobils, Sipani Automobile usw. Ganz besonders sind in diesem Zusammenhang die Erfolge der Auto- und Lokomotivfabrik des traditionsreichen Tata-Unternehmens (TELCO) in Pune, ein ehemaliges deutsch-indisches Joint-Venture mit Mercedes Benz, zu erwähnen, das hundertprozentig eigene Kraftfahrzeuge (Tatamobil) herstellt, wobei die Produktion im Jahre 1987 schon 180.000 Stück erreichte, was einen Anstieg von ca. 18% gegenüber 1986 bedeutet. Ein anderes traditionsreiches Autounternehmen, Mahindra und Mahindra, hat einen fünfjährigen Investitionsplan vorgelegt und produziert ca. 16.000 Fahrzeuge pro Jahr (1988), was eine Steigerung von 9% gegenüber 1986 bedeutet.[102]

- Nach zuverlässigen Angaben ist Indien der größte Hersteller basis-pharmazeutischer Produkte (Bulk or Base Drugs) in der Welt und exportiert derzeit diese Produkte im Wert von 2,4 Mrd. i.R. Zwischen 1985/86 und 1988/89, soll der Export um ca. 700 % gestiegen sein.[103]

Entwicklungspotentiale 91

- Ähnlich zeichnet sich ein dramatischer Trend im Diamantengeschäft ab. Das Exportgeschäft blüht. In diesem Geschäft sind ca. 700.000 Händler und Tausende von traditionsreichen Kleinunternehmen aus bestimmten Kasten wie Mohammedaner, Gujaratis und Jains aus Kleinstädten wie Palanpur und Surat in Gujarat und Jaipur und Udaipur in Rajasthan weltweit, z.B. in Antwerpen, Hongkong, Japan, in Südostasien und sogar in Amerika, tätig und erzielen Umsätze in Milliardenhöhe auf dem internationalen Diamantenmarkt. Ungefähr 350 indische Familien kontrollieren ca. 60% der Diamantenverarbeitungs-Branche der Welt und exportierten z.B. im Wert von ca. 43,98 Mrd. i.R. Edelsteine und Schmuck. Im Jahre 1989/90 lag der Exportwert dieser Warengruppe bei ca. 53 Mrd. i.R., was ca. 17% der gesamten Exporterlöse Indiens ausmachte. Nach Meldung einer amtlichen Stelle in Neu-Delhi soll in Surat - im Bundesstaat Gujarat - auf ca. 16 Hektar Gelände eine moderne "Diamond Township, first of its kind in Asia" eingerichtet werden, wo ca. 40.000 Facharbeiter (Diamantenschleifer und -polierer), die bisher in dieser Branche unter sehr miserablen Bedingungen arbeiten mußten, beschäftigt werden sollen.[104]

- Auffallend sprunghaft ist auch die Produktion in der indischen Elektronikindustrie angestiegen, sowohl bei Hardware als auch bei Software. Die Wachstumsrate im Gesamtelektronik-Output ist von 17,3% (1970/71) auf 34% (1986/87) angestiegen. Den stärksten Wachstumsschub erhielt die Konsumgüterelektronik, also die Unterhaltungselektronik, die auf die ca. 20% bessergestellten Inder der Mittelklasse zugeschnitten ist. Die Fernsehbranche ist dabei der absolute Renner. Joseph stellt dies zutreffend dar: "The ongoing electronics revolution in the country is nothing but a 'TV-revolution'.[105] In Computerfabriken - staatlichen wie auch privaten - in den Bundesstaaten Kerala und Gujarat und in den Städten Bangalore, Madras, Delhi, Calcutta und Pune werden Microchips hergestellt, die in japanischen Uhren und Telefonanlagen sowie in Computern in den USA und Europa Verwendung finden. 1987 z.B. lag der Gesamtwert der indischen Elektronikindustrie - Computer- und Peripheriegeräte - bei ca. 300 Mio. US-Dollar, und 1988 ist er mit ca. 600 Mio. US-Dollar um mehr als das Doppelte gegenüber 1987 gestiegen[106] (vgl. Anhang V).
Gemäß einer Mitteilung der Trade Fair Authority of India, Delhi, die Indien auf der CEBIT 1989 in Hannover als Schwerpunktland vorstellte, "ist die indische Elektronikindustrie nicht sehr groß, verfügt aber über gute Ressourcen und einen beachtlichen technologischen Entwicklungsstand, besonders im Hinblick auf das große Potential an technisch qualifizierten Fachkräften".[107] Bangalore in Südindien (Karnataka) z.B. wird als Silicon Nagar tituliert, wo für die Elektronikindustrie auch Forschung und Entwicklung betrieben wird.

Ebenso wird in Bangalore Software hergestellt, die mit dem internationalen Standard vergleichbar ist und via Satellit sogar nach Amerika transportiert wird. Friese schreibt dazu: "Im Bereich der Software ist es Indien in erstaunlich kurzer Zeit gelungen, von einem absoluten Neuling zum Exporteur in hochentwickelte Länder wie die USA, die Niederlande u.a. zu avancieren."[108] Nach neuesten amtlichen Meldungen sollen eine große Anzahl exklusiver Exporthandelszonen - Software Parks - für den Software-Export errichtet werden, die zum Erreichen des von der Regierung angestrebten Exportziels für 1988-90 im Wert von 3 Mrd. i.R. beitragen sollen. Für solche Exporthandelszonen hat die Regierung eine Reihe von neuen Vergünstigungen für den Import von Technologien, Steuervorteile, Zollsenkungen usw. eingeräumt. Auch die Produktion und der Einsatz der Datenverarbeitung in der Industrie, in öffentlichen Einrichtungen, im Verkehr - sowohl in der Luft als auch zu Land - ebenso wie in der privaten Produktion und im Dienstleistungsbereich machen rasche Fortschritte. Seit der Liberalisierung der Industriepolitik im Dezember 1986, insbesondere in bezug auf Elektronik, hat die Regierung spezielle Maßnahmen bekanntgegeben, die für ein rasantes Wachstum bei der Umstellung auf Computer und in Informationstechnologien sorgen sollen. Dementsprechend wurden auch die Auflagen von Importen und Beschränkungen der vergangenen Jahre aufgehoben. Dadurch wurden Ansätze jeder Art hinsichtlich des Imports von modernen Technologien, Ersatzprodukten und -teilen sowie von Zusatzgeräten und Maschinen gefördert. Mit Hilfe ausländischer Firmen werden damit sowohl das Volumen als auch die Qualität und die Bandbreite der indischen Computerindustrie auf ein neues Niveau gebracht. Schon 1990 wurde mit dem Aufbau von drei Technologieparks für den Elektroniksektor begonnen, und zwar in Pune, Bhubaneshwar und Bangalore. Auch im Bundesstaat Tamil Nadu, in der Nähe von Madras, wird ein derartiges Areal eingerichtet.

Nach Meinung einiger seriöser Ökonomen, die dieser Entwicklung sehr kritisch gegenüberstehen, ist der stürmische Anstieg in der gegenwärtigen gesamtindustriellen Produktion nicht gleichmäßig auf alle Industriesektoren verteilt. Das dramatische Wachstum in einigen bestimmten Industriezweigen, z.B. der Unterhaltungselektronik, soll jedoch nicht als Maßstab für die gesamtwirtschaftliche Entwicklung betrachtet werden. Ihre Bedeutung für den Export - außer Software - stößt auf etliche Blockaden, z. B. wegen der geringen Wettbewerbsfähigkeit bezüglich Preis und Qualität. Dies geht aus einer geheimgehaltenen Untersuchung der Weltbank hervor.[109] Eine andere Studie bewertet diese Entwicklung in der Elektronikindustrie trotz spektakulärer Steigerungsraten als "below Potential Performance".[110]

- Eine andere, neue Industrie (neu für die indische Industrielandschaft), die gegenwärtig eine bemerkenswerte Entwicklung zeigt, ist die Nahrungsmittel- und Getränkeveredelung. Ein weitreichendes Paket von Förderungsmaßnahmen wie Zollsenkung für den Import von Maschinen und Zusatzgeräten sowie Steuervergünstigungen für die "agro-based processing industries", einschließlich der Öffnung dieser Branche auch für ausländische Konzerne, wurde im Rahmen des Exportförderungsprogramms geschaffen. 1988 wurde dafür sogar eine neue Stelle, nämlich die "Agriculture and Processed Food Products Exports Development Authority of India", eingerichtet. Mit diesen Maßnahmen wurde ein politisches Signal gesetzt, wonach ausländische Investitionen nicht nur in klein- und mittelständischen Industriebereichen (zu denen derzeit die Herstellung von ca. 900 Verbrauchs- und Gebrauchsgütern zählen), sondern auch in sogenannten "Agrobased cooperatives" zugelassen wurden. Natürlich sind solche Projekte auch mit etlichen Auflagen und Verpflichtungen für den Export verbunden.[111] Viele Großunternehmen sowie auch manche mittelständischen Betriebe erkennen rechtzeitig die Bedeutung dieser Branche und erhöhen ihre Anstrengungen, in diesen Bereich einzusteigen. Viele Firmen haben schon Pläne mit ausländischen technischen Kooperationen - z.B. schweizerischen, deutschen und amerikanischen - gemacht, um Schokolade, Kartoffelchips, Bananenchips, sophisticated Instant Food wie Suppen, Nudeln und andere indische Gerichte, Softdrinks, Fruchtsäfte sowie alkoholische Getränke, wie z.B. Bier, und viele andere Produkte herzustellen. Dies bestätigten einige Unternehmen in Bombay, Delhi, Ahmedabad und Baroda sowie auch einige Aussteller dieser Branche aus Südindien und West-Bengalen persönlich, die ihre Produkte auf der ANUGA,[112] (Weltmarkt für Ernährung) in Köln im Oktober 1989 vorstellten. Im Hinblick auf die wachsende inländische Nachfrage seitens der sogenannten "Middle und Higher Middle Class"-Inder sowie auf die Chancen potentieller Exportmärkte in Süd- und Südostasien, in arabischen Staaten sowie in Ostafrika, Europa und Amerika sehen viele mittelständische Unternehmen zwar gute Möglichkeiten, diese Industrie weiter auszubauen, sind aber wegen der Konkurrenz seitens diversifizierter und finanzstarker indischer Großindustriekonzerne skeptisch, zumal diese mit Hilfe ausländischer multinationaler Konzerne auch in dieser Branche einsteigen wollen.

Aus diesem Überblick läßt sich feststellen, daß die vielversprechende liberalisierte Industriepolitik, die schon 1980 von der damaligen Premierministerin Indira Gandhi eingeleitet, seit 1985 durch ihren Nachfolger Rajiv Gandhi mit vielen neuen konkreten Maßnahmen zielstrebig verfolgt wurde und trotz des Regierungswechsels im großen und ganzen noch heute gültig ist, anscheinend viel in Bewegung gesetzt hat. Dies soll nun im folgenden näher analysiert werden.

2.2.5.2 Bedeutung einer neuen Industriepolitik zur Aktivierung des Ressourcen- und Unternehmenspotentiale

Nach einer langen Phase der industriellen Stagnation[113] (1965/66 bis 1979), die mit rigiden Restriktionsmaßnahmen wie Lizenz- und Genehmigungsverfahren für bestimmte Produkte und Bestimmungen, wieviel an welchem Ort hergestellt werden durfte, verbunden war und die durch eine sogenannte "inward-looking, closed door"-Importsubstitutionspolitik gekennzeichnet war, herrscht nun seit den achtziger Jahren in der indischen Industrie- und Geschäftswelt eine deutliche Umbruchstimmung. Die neue Industriepolitik[114] gilt als Wendepunkt der bislang betriebenen, auf Planwirtschaft gerichteten Industriepolitik, die mit den Schlagworten Beschäftigungspolitik, Eigenständigkeit (self-reliance) und einer gut gemeinten technologischen Abwehr von ausländischen Investoren verbunden war, um die einheimischen Unternehmen vor Konkurrenz zu bewahren. Mit der Formulierung einer neuen liberalisierten Industriepolitik wurden auch die gesetzlichen Bestimmungen für das FERA (Foreign Exchange Regulation Act) von 1973 zur Regulierung und Kontrollierung ausländischen Kapitals und ausländischer Technologie sowie für das MRTP (Monopolies and Restrictives Trade Practices Act) von 1969 zur Beschränkung des Kartellwesens gelockert. Mit der Verabschiedung des Staatshaushaltes 1988/89 gab es spürbar konkrete Maßnahmen,[115] die im wesentlichen wie folgt charakterisiert werden können:

1) Ent-Lizenzierung von 51 wichtigen Industriezweigen, die vorher unter dem Zwang einer Lizenz für die Produktionsaufnahme oder -erweiterung sowie unter dem Zwang einer Standortbestimmung standen (1985 waren dies erst 25).

2) Erweiterung der Maßnahmen sogenannter Breitbandlizenzen (broad-banding) für mehrere Industriegüter, wie z.B. für Elektrogeräte, Autoreifen, Zement, Lederwaren, Glas und Rohre, 31 basis-pharmazeutische Produkte (bulk drugs), medizinische Instrumente sowie einige Arzneimittel und veredelte Nahrungsmittelprodukte. Insgesamt werden in der neuen Regelung 45 Produkte (1985 waren dies nur 25) unter Broadbanding-Lizenz gestellt, die jedoch im Kleinindustriesektor und in staatlichen Betrieben nicht hergestellt werden dürfen. In diesem Zusammenhang ist die Spezialförderung der Lederindustrie zu erwähnen, in der Lizenzen für neue Betriebe und die Erweiterung bestehender Kapazitäten ohne Standortzwang erteilt werden.

3) Durch eine Lockerung des MRTP-Gesetzes wurde Großunternehmen mehr Spielraum eingeräumt, und nunmehr unterliegen nur noch solche Unternehmen der Registrierungspflicht, deren Anlagevermögen 500 Mio. iR. übersteigt.

4) Vorschriften für "Minimum Economic Capacity" für 84 Industriezweige, um eine Zersplitterung der Produktionskapazität zu vermeiden und Vorteile der "Economies of Scale" zu gewährleisten. Dadurch erfolgt automatisch eine Kapazitätsausdehnung, ohne daß eine spezielle Genehmigung eingeholt werden muß.
5) Förderung und Unterstützung von Klein- und Zulieferindustrien. Durch Zulassung neuer Produkte, z.B. kleine Haushaltselektronikgeräte, Ventilatoren, einige chemische Produkte und Waschmittelsortimente, Zahnpasten sowie Montage von Unterhaltungselektronik im Bereich der Klein- und Mittelindustrie, dem die Herstellung von 900 bestimmten Produkten[116] vorbehalten ist, wird die Tätigkeit dieses Industriesegments erweitert. Ferner werden durch die Erhöhung der Grenzen für zulässige Investitionen in diesen Bereichen auf 3,5 Mio. Rs. sowie durch die neue Definition von sogenannten "Ancillary Units" - Zulieferindustrien - mit einer Investitionsgrenze bis zu 4,5 Mio. Rs. und einer Herabsetzung der Zulieferpflicht des Outputs von 50% auf 30% die mittelständischen Unternehmen besonders gefördert.[117] Hinzu kommen auch zahlreiche Maßnahmen für verbilligte Kredite von Banken. Besonders wäre hier die im Mai 1988 geschaffene spezielle Maßnahme der Industrial Development Bank of India zur Finanzierung der fixen und laufenden Kosten klein- und mittelständischer Betriebe zu erwähnen sowie andere Finanzierungsgesellschaften.

Außer diesen Maßnahmen wurden die bereits bestehenden Ansätze von 1980 kräftig gefördert, wie die "100 per cent Export Oriented Units (EOU)". Auch die neuen Regierungen V.P. Singh und Chandrasekhar unterstreichen die Bedeutung von Exportfreizonen und den besonderen Status von 100-per-cent-EOUs, die durch Maßnahmen wie Senkung oder Wegfall von Zöllen, Erleichterung beim Import von Vorprodukten, Montageteilen, Maschinen und Technologien sowie Steuervergünstigungen, z.B. eine fünfjährige Steuerbefreiung, weiterhin besonders gefördert werden. Die Bestimmung der Regierung Rajiv Gandhi über die derzeitige Export-Import-Politik (1988-1991), die in Indien in der Regel für drei Jahre festgeschrieben wird, wurde von der neuen Regierung revidiert, und erstaunlicherweise wurden noch mehr Steuererleichterungen und Zollsenkungen für den Import etlicher Kapitalgüter und Technologie sowie für Zwischenprodukte, besonders für Ausrüstungen für Qualitäts- und Umweltverschmutzungskontrolle und angekündigt. Obwohl der Anteil der ausländischen Investitionen in der Regel auf 40% begrenzt ist, können diese für EOUs und gegebenenfalls für Großbetriebe auf 75% aufgestockt werden, wenn 90% der Produkte für den Export bestimmt sind. Auch die bisher komplizierten Regelungen für den Import und Export sind erheblich vereinfacht worden. Das System der sogenannten "Open General Licence List" (OGL), nach der 745 diverse Produkte ohne Lizenzerteilung importiert werden dürfen, ist von der Regierung V.P. Singh noch weiter präzisiert worden. Diese Produkte können nun von den Unternehmen ohne vorherige Genehmigung importiert werden.

Die größte Bedeutung in diesem Zusammenhang kommt dem massiven Kapital- und Technologieimport ausländischer Investoren zu, der eine Wende in der Außenhandelsbilanz, die seit 1980 durch rückläufige Exporte und ansteigende Importe gekennzeichnet ist, herbeiführen soll. Durch Maßnahmen wie Investitionsschutz, Gewinntransfer und eine drastische Lockerung der Zoll- und Steuerbestimmungen wird den ausländischen Investoren Gelegenheit gegeben, neue Industrien speziell in EOUs zu errichten und für die Vermarktung der dort angefertigten Produkte auf dem Weltmarkt zu sorgen.

Dies alles führte zu der Umbruchstimmung im Industriesektor, die seit Ende der achtziger Jahre zu beobachten ist. Sie zeigt sich darin, wie rasant das Investitionsvolumen sowohl inländischer als auch ausländischer Unternehmen (Joint-Ventures) sowie auch von seiten der Auslandsinder, der sogenannten "Non-Resident Indians" (NRI),[118] auf der einen und des öffentlichen Sektors (staatliche Betriebe) auf der anderen Seite zugenommen hat (vgl. Schaubilder 4 und 5, Tabelle 12).

Deutsche Investoren gehen davon aus, daß die gegenwärtige Geschäftsentwicklung in Indien eine qualitativ neue Dimension zeigt. Deshalb engagieren sie sich mit großer Kooperations- und Investitionsbereitschaft in Form von Direktinvestitionen und Joint-Ventures, um dies in die Tat umzusetzen.[119] Nach amtlichen Angaben sind die ausländischen Investitionen 1988 mit 161 Mio. Dollar um mehr als das Doppelte gegenüber 1987 gestiegen. Die wichtigsten Partnerländer, aus denen die ausländischen Investitionen kommen, sind die USA, die Bundesrepublik Deutschland, Großbritannien und Japan. Bis März 1989 wurden noch weitere 139 Projekte mit ausländischer Beteiligung genehmigt, davon 88 für Technologietransfers, 34 im Finanzwesen und 17 für "Printing with drawings and designs". Westdeutschland stand 1989 mit 33 Abkommen an der Spitze, es folgten die USA mit 31, Großbritannien mit 17 und Japan mit 16. Die anderen Länder waren Frankreich mit 7, die Schweiz mit 6 und die Niederlande mit 4 Abkommen. Im Jahre 1990 allerdings war ein stärkerer Einbruch bei den Auslandsinvestitionen zu verzeichnen. Nach neuesten Angaben vom Indian Investment Centre, New Delhi, über die genehmigten Investitionsprojekte soll das Volumen aller ausländischen Investitionen um ca. 60% auf 1,28 Mrd. iR. (ca. 100 Mio.DM) gegenüber dem Vorjahr zurückgegangen sein.[120]

Entwicklungspotentiale 97

Schaubild 4:

Der Investitionsboom in privaten Industrien und in sogenannten Export-Oriented Units (EOUs) (in Mrd.i.R.)

Private Industrien

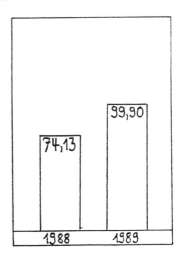

Quelle: *India Today*, 15.August 1989, S.53.

EOUs

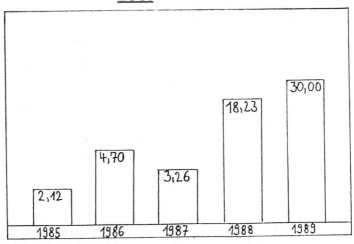

Quelle: *India Today*, 31.Juli 1989, S.56.

Schaubild 5:

Kontinuierlicher Anstieg staatlicher Investitionen im Industriesektor Indiens
(in Prozent des Total-Paid-up Capital in Industry)

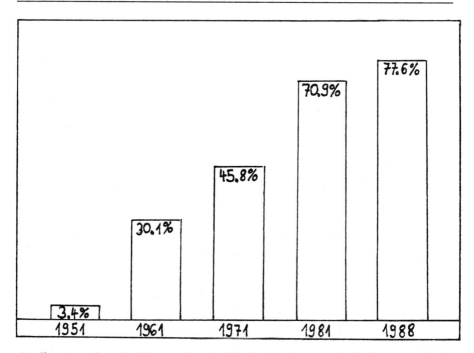

Quelle: Angaben der Reserve Bank of India, Bombay, in: *India Today*, 31.Mai 1989, S.63.

Einem weiteren neuen Konzept zufolge sind in den industriell rückständigen Gebieten in den nächsten fünf Jahren landesweit 100 Wachstumspunkte für lokale Gravitationszentren,[121] deren Anteil in jedem Bundesland nach den Kriterien Entfernung und Bewohnerzahl festgelegt wurde, geplant. Dafür werden Anreize wie verbilligte Kredite, Steuervergünstigung, Bereitstellung von Infrastruktur u.a. geschaffen, um verstärkte Investitionen in die rückständigen Gebieten anzulocken.

Das alles hat dazu geführt, daß die Investitionen - auch staatliche - in den letzten zwei Jahren in den relativ kapitalintensiven Industriezweigen (vgl. Beispiele Abschnitt 2.2.5.1) stark zugenommen haben. Die Produktionskapazitäten der

Tabelle 12:
Investitionen von Auslandsindern (NRIs) im Industriesektor Indiens (1984-1988)

Industrie	Gesamtkosten in Mrd.iR.	Anteil in Prozent von Gesamtinvestitionen (24,34 Mrd.iR.)
Metallurgical	8,57	35,19
Electrical & Electronic	2,476	10,17
Paper und Pulp	2,287	9,40
Engineering	2,274	9,34
Chemical & Petrochemicals	2,27	9,33

Quelle: Paranjoy Gupta Thakurta and Anita Pratar: "NRI Entrepreneurs", in: *India Today*, 31.Juli 1989, S.54.

Betriebe sind weit über das bisherige Niveau ausgeweitet worden. Immer mehr Kapazitäten werden in neuen Industriezweigen, wie z.B. in der Petrochemie, geschaffen. Nach vorliegenden Erkenntnissen sind in der Regel allerdings nur jene Teile des Industriesektors leistungsfähig, in denen entweder eine Diversifizierung stattgefunden hat oder deren Produktion für den Export bestimmt sind. Viele neue Industriezweige stoßen schon nach kurzer Zeit an die Grenzen des Binnenmarktes, weil eine entsprechende Nachfrage fehlt. Die renommierte englische Zeitschrift *The Economist* stellt zutreffend fest:

> Indian businessmen are going crackers over petrochemical plants. ...Why the rush into such a capital-intensive industry?... If all the new capacity applied for is built, the domestic market is likely to look overstuffed. ...But even optimistic industry forecasts suggest that India's domestic demand for ethylene will reach only 1,4 mio. tonnes by 1995, little more than half of the new capacity planned.[122]

Vor diesem Hintergrund wird immer deutlicher, daß trotz unbestrittener Erfolge, die sich in statistischen Zahlen ausdrücken, zahlreiche indische Industriebetriebe sowohl im öffentlichen als auch im privaten Industriesektor, inklusive mancher Klein- und Mittelbetriebe an geringer Produktivität, Markt- und Finanzierungsverlusten, ineffektivem Management und geringer Anpassungsund Diversifizierungsfähigkeit kranken.

Tabelle 13:
Steigende Zahl "kranker" Industrien (Sick Industries) und ausstehende Bankkredite (in Crores* i.R.)

End of December		Sick units		Total
	Large	Medium	Small	
1980	409	992	23,149	24,550
1984	545	1,287	91,450	93,282
1985	637	1,186	117,783	119,606
1986	714	1,250	145,776	147,740
1987	1,712	-	158,226	159,938

Outstanding bank credit (Rs crores)

1980	1,324	178	306	1,809
1984	2,330	429	880	3,638
1985	2,980	220	1,071	4,271
1986	3,287	281	1,306	4,874
1987	4,196	-	1,542	5,738

Große "kranke" Industrien - nach Branchen

	No. of units		Outstanding bank credit (Rs. crores)	
End of June	1986	1980	1986	1980
Engg. & electricals	175	88	788.1	304.3
Iron & Steel	38	42	166.4	82.4
Textiles	186	89	1,118.4	349.6
Chemicals	39	22	140.1	146.2
Sugar	47	48	177.0	78.0
Jute	43	35	199.6	86.8
Rubber	16	9	127.2	42.5
Cement	5	3	41.3	11.8
Others	140	53	480.6	131.3
Total	689	389	3,238.6	1,232.7

* 100 Crore = 10 Mrd.

Quelle: *Statistical Outline of India 1989-90*, Tata Services Limited, Department of Economics & Statistics, Bombay, (Hrsg.), S.134.

Nach Schätzungen der Regierung sind nicht nur die traditionellen Industriezweige wie Textilien und Zucker (in den Bundesländern Gujarat und Maharastra) sowie Jute (in West-Bengal), sondern auch die nicht-traditionellen Industriebranchen wie Zement, Gummi, Chemie, Maschinenbau und Elektroindustrie von dieser "Krankheit" betroffen. Dies zeigt sich darin, daß sich diese Industriezweige als betriebswirtschaftlich unrentabel erwiesen haben und erhebliche Verluste hinnehmen mußten und somit ihren finanziellen Verpflichtungen für Gehälter, Zinsen für aufgenommene Bankkredite usw. nicht nachkommen konnten. Dies bedeutet, daß ein beträchtlicher Teil des Kapitals, auch Maschinen und Gelände sowie unternehmerisches Potential, unproduktiv blockiert wird. Die Zahl der offiziell als krank eingestuften Betriebe belief sich Ende Juni 1987 insgesamt auf 159.938 (Ende 1986 waren dies 147.740), die ihren Kreditverpflichtungen in Höhe von ca. 57,38 Mrd. Rupien nicht nachkommen konnten.[123] (vgl. Tabelle 13).

Damit ist auch ein anderes, bislang ungelöst gebliebenes Problem verbunden, nämlich einerseits das Phänomen des "Überschusses an installierten Produktionskapazitäten" (unausgelastete Kapazitäten) in Industrien wie Eisen und Stahl, Zement, Kohleförderung, Energie usw. sowie andererseits Engpässe bei der Versorgung mit den gleichen Produkten, die überwiegend in den öffentlichen Unternehmen stärker auftreten als in den privaten Unternehmen. Darauf weist die Regierung selbst hin, wie im *Economic Survey* berichtet wird (vgl. auch Tabelle 14):

> The overall capacity utilisation of the five integrated plants of Steel Authority of India Ltd. (SAIL) during the year was higher at 69 per cent as compared to 63 per cent in 1986/87, but lower than the capacity utilisation of 105 per cent achieved by the private sector TISCO (Tata Iron and Steel Company) in respect of crude steel. Production of saleable big iron by SAIL at 1,20 million tonnes in the year was also 4,8 per cent lower than the previous year's production of 1,26 million tonnes and fall short of the target of 1,39 million tonnes by 13,7 per cent.[124]

In diesem Zusammenhang ist festzuhalten, daß die Regierung die Investitionen in öffentlichen und in sogenannten Joint-Sektoren (mehrheitliche Beteiligung öffentlichen Kapitals) von Jahr zu Jahr vergrößert hat, z.B. von 3,7% (in 36 Betrieben) der Gesamtinvestitionen - sowohl in öffentlichen als auch privaten Unternehmen - im Jahre 1951 auf ca. 77% (in 1.104 Betrieben) im Jahre 1987/88. Die Leistungsfähigkeit dieser Investitionsvolumen in bezug auf Kapitalbildung, Beschäftigung, Effizienz und Export bleibt jedoch sehr gering.[125]

Tabelle 14: Kapazitätsauslastung in ausgewählten Industrien

		Installierte Kapazitäten		Ausgelastete Kapazitäten (%)	
		1985	1970	1985	1970
Metallurgical					
Aluminium	000t	362	168	72	96
Saleable steel (Main plants)	Mn.t	8.9	6.7	87	67
Mech. engineering					
Agricultural tractors	000s	91	30	89	66
Ball & roller bearings	Mn.	65	16	86	114
Commercial vehicles	000s	212	62	54	65
Passenger cars	000s	131	47	68	76
Elec. engineering					
Dry cells	Mn.	1,626	479	75	103
Electric fans	Mn.	4.8	1.8	106	86
Electric motors	Mn.h.p.	7.7	3.2	66	98
Power transformers	Mn.kva.	32.5	9.3	83	104
Radio receivers	Mn.	3.2	2.3	36	77
Storage batteries	Mn.	2.9	1.1	76	108
TV receivers	000s	2,830	10	27	51
Chemicals & allied					
Cement	Mn.t	43.4	17.0	74	82
Fertilisers:					
Nitrogenous (N)	Mn.t	6.6	1.4	64	57
Phosphatic (P_2O_5)	Mn.t	1.7	0.4	79	53
Paper & board	Mn.t	2.3	0.8	64	99
Petroleum products	Mn.t	45.6	18.5	84	93
Polyester staple fibre	000t	40.4	5.0	107	107
Soap (Organised sector)	000t	365	218	101	107
Soda ash	000t	1,005	471	82	95

t = tonnes, h.p. = horse power, kva. = Kilovoltampere

Quelle: *Statistical Outline of India 1988-89*, Tata Services Limited, Department of Economics & Statistics, S.76.

Noch ein weiteres Problem, das bislang - trotz solcher Parolen und Ziele wie "Economic Federalism" und "Industrial Development of Backward Areas" sowie durch zahlreiche Anreize und Auflagen für Industrieansiedlungen an bestimmten Standorten in den rückständigen Gebieten und industriearmen Bundesländern - noch nicht gelöst worden ist, sondern eher noch verschärft wurde, ist das typische Phänomen der "gravierenden regionalen Disparitäten in der industriellen Entwicklung innerhalb des Subkontinents". Die Industrialisierungsdynamik schreitet in den Bundesländern Punjab, Maharastra, Gujarat, Tamil Nadu, Karnataka, Andhra Pradesh und auch in Teilen U.P. wesentlich rascher und ausgeprägter voran als in den Gliedstaaten Bihar, Orissa, Madhya Pradesh, Rajasthan, Assam und zum Teil auch in West-Bengalen sowie in den nordöstlichen Grenzterritorien. Problematisch bleibt die industrielle Entwicklung z.B. in Kerala, trotz des höheren Bildungsstandes und des Kapitalzuflusses von NRIs aus dem Ausland in den siebziger Jahren (in der Mehrzahl von Gastarbeitern in den Golfstaaten). Diese Unterschiede scheinen sich im nachhinein noch weiter zu zementieren, weil die industrielle Dynamik und damit auch ein dichter intersektoraler und intraregionaler Verflechtungsgrad nur in den obengenannten industriell fortgeschrittenen Staaten weiter anhält, die Entwicklung in den rückständigen Staaten aber nicht vorankommt, sondern zum Teil sogar auch zurückgeht.[126] Das eigentliche Potential an diversifizierter Industriestruktur und mittelständischen Unternehmen auf der einen und das vielschichtige Arbeitskraftpotential aus dem "informellen Sektor" und den unorganisierten Dorfindustrien auf der anderen Seite, wo Indien tatsächlich eine evidente Stärke aufweisen kann, bleibt bis jetzt, abgesehen von einigen Regionen und einigen Sektoren, ungenutzt. Damit ist es auch Indien noch nicht gelungen, einen Industrialisierungsprozeß einzuleiten, der die bisher teilweise entstandenen regionalen und sektoralen Wirtschaftskreisläufe miteinander verbindet, um sich in einem einheitlichen Wirtschaftsraum zu entfalten (vgl. Abschnitt 1.2.2), obwohl Ansätze dafür in einigen Regionen des Subkontinents geschaffen worden sind. Dies soll im folgenden kurz dargestellt werden.

2.2.5.3 Industrielle Dynamik aus der leistungsfähigen Landwirtschaft und dem klein- und mittelständischen Unternehmenspotential

Die Schwierigkeiten in der Beurteilung der gesamten Industrie- und Unternehmenspotentiale Indiens erklären sich im wesentlichen aus dem Mangel an greifbaren Fakten, auf deren Grundlage die Struktur und Fähigkeit breitverzweigter, zugleich aber sehr komplexer Tätigkeitsbereiche des Manufaktursektors ("non-crop production and non-plantation") beschrieben werden können. Da in den offiziellen Statistiken unter Industriesektor das produzierende Gewerbe verstanden wird, das Bergbau, Energiewirtschaft, verarbeitendes Gewerbe und Baugewerbe umfaßt, kommen die Dorfindustrie ("village industries") und die zahlreichen arbeitsintensiven Tätigkeiten, die zum größten Teil von Frauen und Kindern verrichtet werden, zu kurz. Der Produktionsprozeß in der indischen Manufaktur ist immer noch durch den sehr geringen Einsatz von Maschinen und Energie gekennzeichnet, im betriebswirtschaftlichen Kontext gesehen, wird er jedoch durch eingehende Spezialisierung und Arbeitsteilung geprägt, wie das Centre for Monitoring Indian Economy erläutert:

> The Industrial Sector covers a very wide range of enterprises from the one-man cobbler or a potter's family enterprise to the sprawling and sophisticated heavy engineering factory employing thousands of workers. The manufacturing sector alone accounts for 35 per cent of the total number of enterprises and almost 40 per cent of the employment, generated by all enterprises in these activities. A larger part of the manufacturing enterprises (about 78%) is family-based enterprises i.e. they do not hire any person on a regular basis. In the whole the manufacturing sector employs the largest number of persons among other major non-agricultural activity groups. About 60 per cent of the enterprises are located in rural areas, nearly 94 per cent of the enterprises employed less than six persons. Quite surprisingly, more than 82 per cent of the non-agricultural enterprises do not use power."[127]

Diese statistischen Angaben haben zwar ihre Tücken, im Kontext des Potentials scheinen sie jedoch besonders hervorzuheben, daß Indien nach Bewertung der UNIDO die am stärksten diversifizierte Industriestruktur der Welt besitzt und diese den Dörfern sowie den klein- und mittelständischen Industriezweigen ("small-scale industries" - im folgenden SMI) verdankt.[128] Diesem Industriebereich ist es, wenn auch nur in bestimmten Bundesländern, gelungen, Heimarbeit und Kleinindustrie so miteinander zu verknüpfen, daß er nach Angaben der amtlichen Stellen ca. 29% der gesamten Exporterlöse, 50% der gesamten Wertschöpfung in der Industrie und 50% des Beschäftigungsvolumens im Industriesektor ausmacht.[129] Das Erstaunliche dabei ist, daß trotz der durch die ca. 300-jährige englische Kolonialherrschaft (1639-1947) zerstörten traditionellen Handwerks- und Industriezentren, in denen die jetzigen SMI Indiens ihren Ursprung haben, ihre Identität bewahrt wurde, und mittlerweile zeigt sich, daß der SMI-Bereich ein recht dynamisches Profil entfaltet. Natürlich weisen die Produktpalette und die Form ihrer Entwicklung in verschiedenen Bundesländern regional und sogar auch kastenspezifisch sehr große Unterschiede auf. In einigen Bundesländern sind regelrechte Industriezentren entstanden, die als Wachstums- und Entwicklungspole (auch als lokale Gravitationszentren) die sogenannten "forward -" und "backward linkages" auslösen und zu den interregionalen und -sektoralen Verflechtungen kräftig beitragen. Als aktuelle Beispiele können folgende regionale Industriezentren genannt werden (vgl. Karte 4):

Karte 4:

Wachsende regionalspezifische Industriezentren Indiens

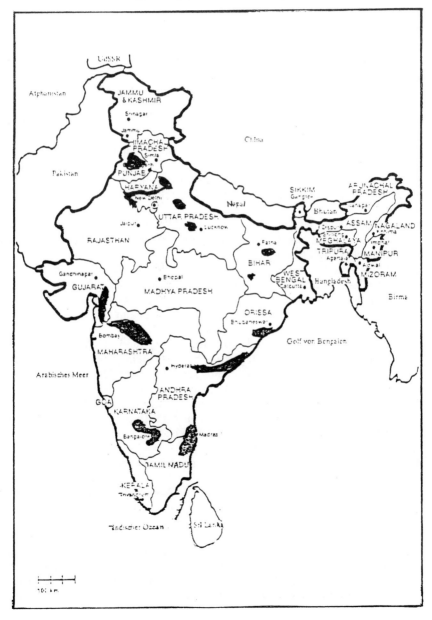

- Der Industriegürtel von Vapi-Surat-Baroda und Ahmedabad in Gujarat;[130]
- der Distrikt Bombay-Thane-Pune-Chinchwad in Maharastra;[131]
- die Industriezentren von Ludhiana and Jullundar in Punjab;[132]
- der Industriegürtel von Delhi-Okhla-Gaziabad (ca. 100 km entfernt von Delhi);[133]
- die Industriezentren von Kanpur, Lukhnow, Aligarh in U.P.;[134] für Leder- und Messingwaren;
- die Zentren der Seidenzucht in Mysore, Bangalore und in Tamil Nadu für Seide und Seidenbekleidung;[135]
- die Bidimanufaktur (Herstellung von indischen Zigarillos) in Andhra Pradesh, Mysore und einigen Städten in Tamil Nadu und Karnataka sowie die Industrie- und Handelszentren Hydarabad, Vijaya Wada und Vizagapatnam in Andhra Pradesh sowie in Karnataka und Tamil Nadu. Vizag in A.P. ist bekannt als "boom town" genauso wie Ludhiana in Punjab.[136]

Wie aus empirischen Regionaluntersuchungen hervorgeht, beruht diese Entwicklung weitgehend auf folgenden speziellen Konstellationen:

a) Das Phänomen der "landwirtschaftlichen Überschüsse", das ganz ausgeprägt in Punjab, Tamil Nadu, Andhra Pradesh, Gujarat und Maharastra zu beobachten ist[137] (vgl. Abschnitt 2.2.3, Karte 2).

b) Regional- und besonders kastenbezogene handwerkliche Traditionen und unternehmerische Eigenschaften zeigen in der industriellen Dynamik ihre Wirkungen. Gegebenenfalls spielt auch die aktive Unterstützung von genossenschaftlichen Organisationen und von sogenannten "Village Industries Boards" in ländlichen Gebieten eine wichtige Rolle.

c) Intersektorale (Agrar- und Industriesektor) und auch intraindustrielle Koordination (vertikale Integration bis zu einem gewissen Grad) spielen eine entscheidende Rolle für dichte Industrie- und Handelsverflechtungen durch Zuliefer- und SMI-Industrien mit der Großindustrie wie Kraftfahrzeug-, Fahrrad-, Petrochemie-, Erdöl-, Elektronikindustrie u.a. Diese können auch überregionale Auswirkungen und Impulse auslösen, wie es in Punjab, Gujarat und Maharastra der Fall ist.

Laxminarayan resümierte schon 1982 in seiner empirischen Studie über Punjab:

Industries in Punjab, particularly small-scale industries, expanded rapidly as well, facilitated by such factors as availability of skilled manpower, resourceful entrepreneurs, availability of savings in the agricultural sector, and assured markets within Punjab itself stemming from prospering agriculture. Increased demand for agricultural equipment like strainers, mechanical threshers, pumps, and diesel engines, and for spare parts for such equipment helped not only in the development of small-scale engineering industry but also in increasing agricultural production.[138]

Dies bestätigte auch im Oktober 1989 ein Bericht von *India Today*:

> The figures reveal clearly Ludhiana's pole-vault into the industrial big time. The city is a farce to reckon with in certain products. It accounts for 95 per cent of the hosiery produced in India, 85 per cent of its sewing machines and 60 per cent of its cycles and cycle parts. Ludhiana also supports near by towns: 10 new satellite industrial conglomerations like Philour, Budawal and Khanna have grown around the city.[139]

Ähnlich äußert sich Krishnaswami in bezug auf die Bekleidungs-, Woll- und Strumpfwarenindustrie in den Industriegebieten Tiruppur, Erode und Coimbatore in Tamil Nadu:

> The expansion of sub-contracting and the inflow of capital from agriculture helped the industry to grow rapidly. The entrepreneurs of this industry started exporting their goods from 1974 onwards. The industry accommodated more and more labourers from the agricultural sector to meet the demands of the new markets. For the first time in the history of this industry, women were employed and their number kept increasing.[140]

Zusammenfassend ist festzuhalten, daß während der vergangenen Dekade (1980-89) in der indischen industriellen Entwicklung sehr beachtliche Fortschritte nicht nur in quantitativer, sondern auch in qualitativer Hinsicht erzielt worden sind. Die Konzeption und die Maßnahmen der neuen Industriepolitik sind wesentlich durch historische sowie sozio-kulturelle Vorgänge und durch das Gedankengut von Jawaharlal Nehru, der große, moderne Industrieanlagen als "Temples of Modern India" bezeichnete, sowie auch auf regionaler Ebene durch die Ideologie Mahatma Gandhis, der Klein- und Dorfindustrien bevorzugte, bestimmt. Die SMI genießen zwar besondere staatliche Unterstützung, vor allem einen direkten Schutz gegenüber Konkurrenten aus der Großindustrie, doch wirkt sich die zu große Konzentration von Kapital und Ressourcen auf die Staats- und Großunternehmen nachteilig auf sie aus.

In diesem Zusammenhang muß jedoch festgestellt werden, daß für die SMI auch entscheidend sein wird, ob sie sich hinsichtlich ihrer Kosten und Qualität als wettbewerbsfähig erweisen. Außerdem ist anzumerken, daß die Erfolge, die aus diesem Potential erzielt werden können, auch von der Koordination zwischen den Großunternehmen als Abnehmer und den mittelständischen Unternehmen als Zulieferer abhängen werden. Majumdar, ein Mitarbeiter der Indisch-Deutschen Handelskammer, äußert dazu treffend:

> Considering the importance the Government attaches to the growth of the small scale sector, and without being euphoric the responsibility of this sector to match the requirement of the industrial needs is very great, indeed. This sector cannot just survive by receiving assistance from the Government alone. Unless inputs in terms of entrepreneural skill, new technical know-how, efficient manufacturing process and sound financial management are introduced in a massive way, this sector will further see a rise in its sick units.[141]

Die Analyse der gegenwärtigen Sachlage des Industriepotentials und dessen bisheriger Aktivierung zeigt, daß die in den achtziger Jahren verstärkten Aktivitäten auf dem Industriesektor im wesentlichen abseits der vielen "backward areas" und "industrially backward states" greifen. Es gibt Gliedstaaten wie Bihar, Orissa und Rajasthan, die ihren industriellen Entwicklungsprozeß auf eine gute Ausstattung mit natürlichen Ressourcen und Bodenschätzen stützen könnten, in denen sich jedoch keine unternehmerische Initiative entfaltet hat. Es gibt aber auch solche Regionen, die sich auf eine recht dynamische Unternehmer- und Außenhandelstradition stützen können und sogar überregional agieren. Die Bedeutung der ökonomisch kleinen und technisch rückständigen, aber produktiven Tätigkeiten im ländlichen Gewerbe liegt darin, daß durch sinnvolle Koordinierung und Kooperation sowie durch die effektive Nutzung traditioneller handwerklicher Begabung der ländlichen Bevölkerung die erste Stufe der intersektoralen Verflechtung erreicht werden kann.

Das Problem für die indische Industriestruktur und deren Wirkungsgrad auf regionale Verflechtungen, die als eine der wichtigsten Bestimmungsfaktoren für ein Gravitationszentrum gelten, besteht darin, daß die Investitionen und andere Initiativen - sowohl staatliche als auch private - in der Schwerindustrie einerseits und in der Leicht- und Engineering-Industrie der SMI andererseits in einem angemessenen Verhältnis aufeinander abgestimmt werden müssen, was auch eine entsprechende Kapitalausstattung voraussetzt. Die beeindruckenden Zahlen des gegenwärtigen industriellen Wachstums lassen nicht unbedingt Rückschlüsse auf das reiche Potential an natürlichen und menschlichen Ressourcen zu. Bei allen Anstrengungen und allem Engagement scheint es jedoch, daß die Kraft der gegenwärtigen Industrialisierung nicht ausreicht, um die regionalen Disparitäten und Ungleichgewichte zu beseitigen. Demzufolge drängt sich die Frage nach den Ursachen der Entfaltung des Produktionspotentials bzw. der Hinderungsgründe auf. Dies soll im nächsten Kapitel behandelt werden. Zuvor aber ist es erforderlich festzustellen, welche infrastrukturelle Ausstattung Indien zur Verfügung steht, um die in Indien so typisch ausgeprägten und regional verstreuten Ressourcen - sowohl menschliche als auch natürliche - miteinander zu verbinden.

2.2.6 Infrastrukturelle Ausstattung

Der Hintergrund des Aus- und Aufbaus der Infrastruktur sowie der Verwaltungsinstitutionen in Indien ist bekanntlich mit der Epoche und dem Erbe britischer Kolonialherrschaft eng verbunden. Da indische Nationalpolitiker ihren Freiheitskampf nicht als unmittelbare Folge einer kriegerischen Revolution geführt hatten, war Indien in der Lage, die von der Kolonialmacht (natürlich gezielt auf ihre Interessenlage ausgerichtet) errichtete gesamte Infrastruktur, das Erziehungs- und Bildungswesen sowie das Rechts- und Verwaltungssystem, mehr oder weniger wohlbehalten übernehmen zu können. Die erste Eisenbahnstrecke, die sogenannte Great Indian Peninsular Railway von ca. 5.000 Meilen Länge, wurde von Lord Delhousie schon 1853 von Kalkutta bis nach Bombay gebaut, und später (1860) wurde die Eisenbahnstrecke von Bombay nach Solapur im jetzigen Gliedstaat Maharastra für den Transport der indischen Baumwolle, die die Abhängigkeit Großbritanniens von der amerikanischen Baumwolle mindern sollte, verlängert. So besaß Indien bereits in der Kolonialzeit ca. 50.000 km Eisenbahnlinien und ca. 25.000 km Überlandstraßen und somit im wesentlichen gute Verkehrsverbindungen. Demgegenüber wird aber auch die Meinung vertreten, daß der forcierte Eisenbahnbau den Bau von dringend benötigten Bewässerungsanlagen für die landwirtschaftliche Entwicklung verhindert hat. Außerdem gab der Eisenbahnbau keine Entwicklungsimpulse für die binnenwirtschaftliche Integration auf dem indischen Subkontinent, weil alles - inklusive Stahl für Schienen und Brückenbauten, Lokomotiven sowie Waggons usw. - aus Großbritannien eingeführt werden mußte. Mit der Eröffnung des Suezkanals im Jahre 1870 wurde sogar die Einfuhr von britischer Kohle billiger als westbengalische Kohle. Doch kamen Indien die Eisenbahnlinien als Basis einer industriellen Entwicklung und der von der Kolonialherrschaft gestaltete Verwaltungsapparat als administratives Fundament einer förderalistischen Verfassung in der unmittelbaren Nachkolonialzeit Indien zugute.

Heute produziert Indien seine Lokomotiven selbst und verwendet auch eigene Kohlereserven hierzu. Es baut infrastrukturelle Einrichtungen wie Straßen, Siedlungskolonien und Flughäfen selbst, übrigens auch in anderen Entwicklungsländern wie Saudi-Arabien, Libyen und in den Golfstaaten. Der an der Nationaluniversität in Australien tätige indische Ökonom Sunderum meint dazu:

> Compared with many other poor countries, India had certain advantages in its mature political leadership, elaborate administrative framework and widespread entrepreneurial skills. It was consequently felt that once the country was freed from the shackles of colonial rule and able to control its own destiny it could speedily achieve its goal of economic development.[142]

110 Indiens wirtschaftliche und politische Potentiale

Die subkontinentale Größe und die sehr verschieden ausgestatteten Wirtschaftsräume mit den gewaltigen Entfernungen und fast unmöglich erscheinenden Kommunikationsproblemen auf der einen Seite und die kulturelle sowie sprachliche Vielfalt der Bevölkerung auf der anderen Seite konnten nur durch effiziente Transportsysteme und durch ein universelles Kommunikationsnetz bewältigt werden. Es ist hier nicht möglich, ein vollständiges Bild aller Komponenten des sehr komplexen und umfassenden Begriffes Infrastruktur in Indien zu geben und auf die vielen differenzierten Sachverhalte im einzelnen einzugehen. Aus der Fülle der - nach Ansicht indischer Ökonomen als authentisch geltenden - statistischen Daten sind jedoch folgende Bereiche der Infrastruktur mit signifikanten Fortschritten besonders zu erwähnen:

- Transport, Verkehr, Stromversorgung, Kommunikations- und Nachrichtenwesen;
- das Potential an "Humankapital" und soziale Infrastruktureinrichtungen für Bildung, Ausbildung sowie Forschung und Entwicklung;
- Institutionen für Finanz- und Bankwesen;

2.2.6.1 Transport, Verkehr, Stromversorgung, Kommunikations- und Nachrichtenwesen

Für die Entfaltung des indischen Wirtschaftspotentials spielt die Eisenbahn nach wie vor eine besonders wichtige Rolle. Die Schienen, Brücken und Materialien für Waggons und Lokomotiven können lokal hergestellt werden, weil Indien über ein reiches Eisenerzlager verfügt. Das Eisenbahnnetz verläuft kreuz und quer durch das ganze Land. Dadurch, daß Indien über ein reiches Potential an Steinkohlevorkommen (vgl. Abschnitt 2.2.4.2 und Anhang IV-1) - ein Schlüsselprodukt überhaupt innerhalb der Gesamtvolkswirtschaft Indiens - verfügt, ist es ihm gelungen, die Ausweitung des Bahnverkehrs wirtschaftlich günstig zu organisieren.[143]

Indien verfügt zur Zeit über ein insgesamt ca. 61.850 km langes Eisenbahnnetz, das auf 13.000 km des Gesamtnetzes mehrgleisig und auf 7.270 km elektrifiziert ist und damit das viertlängste Eisenbahnnetz der Welt hinter den USA, der UdSSR und Kanada und das größte in Asien darstellt. Die Bedeutung dieses staatlichen Unternehmens ist auch am Volumen der beförderten Waren und Personen zu erkennen, wie Prof. Alak Ghosh von der Universität Kalkutta dies bestätigt: "Today, the railways carry 55% of a total land-freight traffic of 800.000 tonnes a day. They also transport 9 million people every day."[144]

Modernisierung, Wiederaufbau und zusätzliche Streckenlegungen wurden im Rahmen der Fünfjahrespläne tatkräftig verfolgt. So verläuft heute, wie bereits erwähnt, das indische Eisenbahnnetz, in neun Zonen verteilt, kreuz und quer durch den ganzen Subkontinent. Im 7.Plan war vorgesehen, eine erhöhte Inbetriebnahme von elektrischen und Diesellokomotiven sowie modernen Expreßreisezügen einzuführen. Zum Teil ist es gelungen, diese Planziele zu verwirklichen. Auch für die Zukunft verspricht die Regierung ein sehr optimistisches Szenario. In das Aufbauprogramm des Eisenbahnverkehrs gehört auch die Erweiterung von Untergrundbahnprojekten. Die Calcutta-Metro-Railway mit einer Streckenlänge von 3,5 km 1984/85 ist die bisher einzige U-Bahn Indiens. In einem weitumfassenden Modernisierungsprogramm soll die ca. 4.000 km lange Bahnstrecke zwischen den wichtigsten Städten - Delhi, Bombay, Madras und Kalkutta - mit Hilfe eines Darlehens in Höhe von 390 Mio. Dollar von der Weltbank[145] durchgeführt werden. Das Programm sieht vor, daß der bestehenden Bahninfrastruktur - Bahnkörper, Gleise, Signalanlagen, Einrichtungen an Bahnhöfen für Fahrkartenreservierung usw. - durch Computer und EDV und durch ein neues Design größere Effizienz und Effektivität verliehen wird. Das von Neu-Delhi in Aussicht gestellte Modernisierungsprojekt hat ein Gesamtvolumen von ca. 2,05 Mrd.DM.

Diese Strecke stellt zwar nur ein Fünftel des gesamten Eisenbahnnetzes Indiens dar, doch werden auf den Schienen ca. 80% des Passagier- und Güterverkehrs bewältigt. Nach offiziellen Schätzungen dürfte der Gesamtschienenverkehr jährlich um 4 bis 5% zunehmen. Um diesen Bedarf im Eisenbahnverkehr zu bewältigen, sind im 8.Fünfjahresplan mehr als doppelt so hohe Investitionen von 40.000 cr.Rs. (400 Mrd.Rs.) vorgesehen. Es sollen nicht nur mit britischer und italienischer Hilfe neue Personenzüge mit Spitzengeschwindigkeiten von 160 km/Std. gebaut, sondern auch Computer für Platzreservierungen eingesetzt und die Verwaltung des Bahnverkehrs vereinheitlicht werden. Außerdem sollen die Kapazitäten für den Lokomotiv-, Waggon- und Signalanlagenbau so weit ausgebaut werden, daß außer für den Binnenmarkt auch für den Export produziert werden kann.[146] Daß die bisherigen Einrichtungen bei der jetzigen Verkehrsdichte und hinsichtlich des zukünftigen Bedarfs nicht ausreichen, zeigt sich offenkundig in überlasteten Bahnstrecken, veralteten Schienen und Signalanlagen, überfüllten Zügen und vor allem in folgenschweren Unfällen.[147]

Beim Straßennetz sieht es nicht anders aus, obwohl der Straßenverkehr die zweitwichtigste Säule des Transportsystems darstellt. Das Straßennetz umfaßt insgesamt ca. 1,7 Mio.km, davon sind rund 650.000 km, die sogenannten National Highways und State Highways, die in etwa den hiesigen Fernstraßen vergleichbar sind, mit einer befestigten Decke versehen. Beim Ausbau des Straßennetzes sind zwar in den letzten Jahren - von 917.000 km im Jahre 1970/71 auf 1,7 Mio.km (1986/87) - Fortschritte zu verzeichnen, doch angesichts der gewachsenen Anforderungen in den letzten 40 Jahren erweisen sich diese als unzureichend. Außerdem ist der Zustand der Straßen als sehr kritisch zu beurteilen, wie der Direktor des Central Institute for Road Transport (CIRT) auf einem internationalen Symposium in Pune berichtete.

India will not be able to derive much mobility advantage out of the expected vehicle boom by the year 2000 unless we speed up road development and control congestion. If present trends continue, experts say that road congestion will increase three-fold by the turn of the century. Apart from its impact on the mobility of people, its pernicious fallout in related fields such as atmospheric pollution, acid rain and spurt in road accidents may well be imagined.[148]

Daß diese Prognosen weitgehend zutreffen, verdeutlicht die Gesamtzahl motorisierter Fahrzeuge, die sich in den letzten Jahren drastisch erhöht hat. Die Anzahl öffentlicher Busse nahm von 57.000 im Jahre 1960/61 auf 213.000 (1984/85) zu, und die Anzahl der Lkws stieg im gleichen Zeitraum von 168.000 auf 783.000 an. Die Anzahl von Motorrollern, Pkws, Autorikshas, Jeeps und Taxis steigt von Tag zu Tag rascher, als man glauben kann. Durch die wachsende Industrialisierung steigt auch die Anzahl der zugelassenen Fahrzeuge insgesamt (vgl. Anhang VI-1).

Aus vorliegenden Angaben ist zu entnehmen, daß die Anzahl der gegenwärtig 10 Mio. Fahrzeuge bis zur Jahrhundertwende auf 40 Mio. ansteigen wird, was trotz des zusätzlichen Straßenbaus von 10.000 km Länge zu einer ungeheueren Belastung führen wird. Solche Zahlen sagen allerdings wenig über die tatsächlichen Verhältnisse bezüglich Qualität, Sicherheit, Überwachung, Rastplätzen usw. im indischen Straßenverkehr aus. Zu diesem speziellen Thema heißt es in einem Artikel: "Though India ranks fourth in the world, after the US, Brazil and the Soviet Union in road length, the quality of the road network would embarrass many small African countries. And the World Bank has categorised India as a country where both the road network and roadbuilding technology are obsolete."[149]

Auch bei der Erschließung der ländlichen Gebiete und Dörfer weist das Straßennetz Indiens immer noch erhebliche Defizite auf. Trotz zahlreicher spezieller Programme für "rural development", die Straßenbau auch als Beschäftigungsprogramm durchführen, sind heute noch viele Teile des Landes besonders während und unmittelbar nach der Regenzeit kaum oder nur unter großen Schwierigkeiten zu erreichen. Noch 36% der Dörfer sollen ohne Straßenverbindung sein und 64% sollen keine sogenannten Allwetterstraßen haben.[150] Verschiedene Bundesstaaten weisen eine noch recht unterschiedliche Verkehrserschließung auf. Wie aus Anhang VI-1 hervorgeht, sind in den Gliedstaaten Punjab, Haryana, Gujarat, Kerala fast 100% der Dörfer mit einem Straßennetz verbunden, während dies in anderen Staaten, vor allem im östlichen Teil Indiens, zu weniger als 50% der Fall ist.

Während die Bahnen, Straßen und auch die Luftwege in Indien weitgehend überlastet sind, weist die Binnenschiffahrt Kapazitäten auf, die noch nicht genutzt worden sind. Die Gesamtlänge der schiffbaren Wasserwege beläuft sich auf derzeit ca. 5.200 km, wobei jedoch nur etwa 1.700 km tatsächlich befahrbar sind und ca. ein Fünftel von Motorschiffen benutzt werden kann. Indien ist es bisher nicht gelungen, seine Flüsse für den Schiffsverkehr zu regulieren und diese mit dem Bahn- und Straßenverkehr zu integrieren, um damit einen beträchtlichen Teil des Binnentransports von Schwergütern auf die Binnenschiffahrt zu verlagern, obwohl die Seeschiffahrt seit alters her eine bedeutende Rolle für den Außenhandelstransport Indiens spielt. Im Gegensatz zu einem nur 0,39 Bruttoregister Tonnen (BRT) umfassenden Transport von Gütern auf dem Seeweg im Jahre 1951 beträgt dieser 1988 ca. 6,2 BRT (Bundesrepublik Deutschland = 3,9 BRT), der in den acht wichtigsten Häfen Indiens, unter anderem an der Westküste von Bombay, Kalkutta, Cochin und an der Ostküste von Kandla (Gujarat), Madras, Visakhapatnam durch 362 indische Schiffe in alle Welt geht. Dennoch wird das rasch ansteigende Frachtaufkommen den weiteren Ausbau und die Modernisierung von Häfen, vor allem von Containeranlagen (nicht zuletzt aufgrund der massiven Förderung der Exporte), erforderlich machen. Dementsprechend sollen während der 8.Planperiode (1990-95) ca. 30 Mrd.iR. in den Hafenbau investiert werden.

Auf dem Gebiet der Elektrizitätswirtschaft hat Indien während der vergangenen 40 Jahre, quantitativ gesehen, einen Sprung nach vorne gemacht. 1950 betrug die gesamte Stromproduktion Indiens kaum mehr als 5 Milliarden Kilowattstunden bei einer Produktionskapazität von 2,3 Millionen Kilowatt. Kaum 3.000 Dörfer waren ans Stromnetz angeschlossen. Heute beläuft sich die Stromerzeugung auf ca. 201,9 Milliarden Kilowattstunden (1987/88) bei einer installierten Kapazität von über 55 Millionen Kilowatt, und 1988/89 waren über 446.712 der insgesamt 600.000 Dörfer Indiens ans Stromnetz angeschlossen. Die Stromanschlüsse der Dörfer sind jedoch regional sehr unterschiedlich. Während die Dörfer in solchen Gliedstaaten wie Punjab, Haryana, Gujarat, Maharastra, Kerala, Himachaly Pradesh und Tamil Nadu praktisch zu 100% an das Stromnetz angeschlossen sind, sind es in den ländlichen Gebieten anderer Staaten, besonders in Bihar, Orissa, West-Bengalen, Uttar Pradesh und Rajasthan nur ca. 60% (vgl. Anhang VI-2).

Mit der unzureichenden Stromversorgung in den ländlichen Gebieten dieser Gliedstaaten hängen auch die begrenzten Möglichkeiten für den Einsatz von elektrischen Bewässerungspumpen in der Landwirtschaft sowie für die strombetriebenen Tätigkeiten in der Klein- und Dorfindustrie zusammen. Nach offiziellen Angaben liegt das gesamtwirtschaftliche Defizit der Stromversorgung in Indien bei derzeit ca. 10,9 Prozent, was zu vielfachen Unterbrechungen sämtlicher Produktionsprozesse in Industriebetrieben, Haushalten und Städten, im öffentlichen Dienst, in Krankenhäusern etc. führt. Dies wird unter dem Begriff "power cut" als ein allgemeines Symptom des Alltags hingenommen. Auf der anderen Seite gibt es paradoxerweise eine geringe Kapazitätsauslastung bei den bestehenden Kraftwerken, vor allem bei Thermalkraftwerken, die derzeit bei nur ca. 55% liegt.[151] Der Elektrizitätsverbrauch pro Kopf in Indien liegt zur Zeit nur bei 140 kWh, was im Vergleich zu seinen Nachbarländern Bangladesh mit 239 kWh und Pakistan mit 154 kWh sowie zu den Philippinen mit 267 kWh, zu Thailand mit 278 kWh und auch im Vergleich zum Durchschnittsverbrauch pro Kopf in allen Entwicklungsländern von 247 kWh als sehr niedrig bezeichnet werden muß, und dies trotz reichlichem Energiepotential[152] (vgl. Abschnitt 2.2.4.2).

Als ein neuer Hoffnungsträger für die Modernisierung und Effizienzsteigerung der Wirtschaft wird gegenwärtig der Ausbau des Fernmeldenetzes auf der Basis einer eigenen Telekom-Entwicklung betrachtet. Die neue Regierung hat die ursprünglichen ehrgeizigen Pläne der früheren Regierung für moderne computergesteuerte, integrierte, digitale Telekommunikationsanlagen, die mit Hilfe hoher Einfuhren ausländischer Technologie entwickelt werden sollten, zurückgestellt. Statt dessen plant sie eine Vervierfachung der Produktionskapazitäten von Schaltausrüstungen für Telefonanschlüsse so weit wie möglich mit einheimischer Technologie. Wie aus einem Bericht der Telecom Commission hervorgeht, liegt die installierte Kapazität zur Zeit bei 500.000 Anschlüssen pro Jahr. Diese sollten 1990 auf 1,3 Mio. und 1991 auf 1,6 Mio. erhöht werden. Ab 1992 wird nach dem Plan jährlich eine Ausrüstung für 2 Mio. Anschlüsse lokal produziert werden.[153] Wenn bis zur Jahrhundertwende in jedem Dorf z.B. ein Telefon installiert werden soll, müßten mindestens 16 Mio.km Telefonkabel neu verlegt werden.[154]

Das Problem des indischen Fernmeldewesens besteht darin, daß generell alle 600.000 Dörfer mit dem sogenannten "Telephone exchange service" verbunden werden müssen. Die Zahl der Telefonanschlüsse hat zwar in den letzten Jahren phänomenal zugenommen - von 86.000 im Jahre 1948 auf 3.586.000 im Jahre 1987 - und derzeit warten noch 1.124.000 Anmeldungen wohlgemerkt in den Metropolen und Kleinstädten[155] auf einen Anschluß. Es werden vielfältige moderne Telekommunikationsdienste wie Telefon, Telex, Telefax etc. durch

Entwicklungspotentiale 115

einen Fernmeldesatelliten, den sogenannten INSAT-1 B, der seit 1983 am Himmel über dem Subkontinent schwebt und Indien mit Telefonverbindungen in alle Welt - z.b. Amerika, Europa, Kanada, Japan und viele andere Staaten der Welt - versorgt. Durch Fernmeldesatelliten wird das riesige Land auch mit Radio- und Fernsehprogrammen sowie mit Wetterbeobachtungsinformationen versorgt. Dennoch ist der Telefonanschluß im Lande immer noch ein Luxusgut oder ein Instrument für Geschäftsabwicklungen, das jedoch meistens nicht ausreichend funktioniert. Während sich Neureiche und Geschäftsleute zwei bis drei Telefone leisten können und sich dies auch etwas kosten lassen (teilweise mit Schmiergeldern), mangelt es an einem einfachen Telefonservice innerhalb Indiens, da die Leitungen immer überlastet und blockiert sind. Über den Telefondienst einen Arzt rechtzeitig zu erreichen, ist immer noch ein Problem. Dies bedeutet, daß zuallererst das überstrapazierte Telefonnetz reorganisiert werden müßte. Außerdem stoßen die Pläne für ein high-tech-geprägtes, digitalisiertes Fernmeldenetz überall auf dem Subkontinent auf Grenzen, wenn es darum geht, dieses in die Tat umzusetzen. Denn dies setzt ein höheres berufliches Bildungsniveau der Arbeitskräfte voraus.

Hinter diesen Plänen verbirgt sich eine Aufgabe, die weitaus größer ist als die Vorbereitung und Konzipierung solcher Programme. Der Erfolg in der Umsetzung solcher Pläne hängt vor allem von dem Angebot an beruflich gutausgebildeten Arbeitskräften und von sozialen Infrastruktureinrichtungen für Bildung und berufliche Ausbildung sowie für Forschung und Entwicklung ab. Wie es diesbezüglich in Indien aussieht, soll im nächsten Abschnitt analysiert werden.

2.2.6.2 Das Potential an "Humankapital" und sozialen Infrastruktureinrichtungen für Bildung, Ausbildung sowie Forschung und Entwicklung

Das "Humankapital" bezieht sich im allgemeinen auf den Bildungs- und Ausbildungsstand der Bevölkerung, der auch für das sogenannte "Man Power Planning" einen wichtigen Faktor darstellt und stark durch Investitionen für Bildungseinrichtungen sowie für Forschung und Entwicklung beeinflußt wird. In empirischen Studien über das Humankapital und die soziale Infrastruktur in Indien wird in der Tat von einigen widersprüchlichen Tatsachen ausgegangen. Die indische Verfassung von 1950 bestimmte unter den sozialpolitischen Zielen, daß "der Staat sich bemüht, in 10 Jahren - d.h. bis 1960 - für die kostenfreie und obligatorische Erziehung aller Kinder bis zum Alter von 14 Jahren zu sorgen". Heute, mehr als vier Jahrzehnte nach dieser Absichtserklärung, sieht die Wirklichkeit anders aus, denn von den ca. 800 Mio. Einwohnern des Subkontinents können derzeit lediglich 36% (vgl. Abschnitt 2.2.2) lesen und schreiben. Dennoch verfügt Indien über ein großes Reservoir an hochqualifizierten Wissenschaftlern, Technikern, Ärzten, Managern und Ingenieuren.

Die Bildungseinrichtungen reichen von einfachsten Unterrichtsplätzen, auch unter dem Mangobaum in Dörfern und ländlichen Gebieten, bis zu hochmodernen Universitätseinrichtungen und Versuchsanlagen wie z.B. die Indian Institutes of Technology, die mit Hilfe Großbritanniens in Kharagpur (West-Bengalen), der Bundesrepublik in Madras (Tamil Nadu), Frankreichs in Bombay (Maharastra), der UdSSR in Neu-Delhi und der USA in Kanpur (U.P.) eingerichtet worden sind. Die indische Regierung verfolgt seit Jahren (Bildungsprogramm von 1966) ein Programm der kostenlosen allgemeinen Schulpflicht. Im Jahre 1982 wurde die Volksschulbildung als das wichtigste Ziel in das 20-Punkte-Programm der Regierung zur Überwindung der Armut aufgenommen, um das Ziel einer allumfassenden Volksschulbildung von der Grundschule (I. bis IV.Klasse) und Mittelschule (V. bis VIII.Klasse) zu erreichen. Seit 1985 hat die Regierung Indiens eine neue Kampagne unter dem Stichwort "Operation Schultafel" zur Durchsetzung der kostenlosen allgemeinen Schulpflicht gestartet. Bis Ende des Jahrhunderts soll das indische Bildungswesen so ausgebaut sein, daß die gesamte Altersgruppe der 15-35jährigen lesen und schreiben und die Altersgruppe der 4-15jährigen die Schulpflicht wahrnehmen kann.

Im Bereich der beruflichen Aus- und Weiterbildung und der dafür zur Verfügung stehenden überbetrieblichen Ausbildungszentren hat die neue Bildungspolitik ein eindrucksvolles Programm vorgelegt, wonach 5.000 Berufsschulen nach dem sog. "CLASS"-Programm (Computer, Literacy and Studies in School), das mit dem Einsatz von Computern in den Schulen Bildung und Ausbildung effektiver machen soll, eingerichtet werden sollen. Alle Maßnahmen sollen nach Ansicht des Bildungsministeriums unter dem folgenden Gesichtspunkt stehen: "The main thrust in the area of school education is to strengthen science education programmes."[156] Die Kosten der Förderprogramme sollen zunächst auf der Ebene des öffentlichen Sektors von der Zentralregierung und den Gliedstaaten getragen werden, wobei Bildungspolitik in Indien vorwiegend Aufgabe der Bundesstaaten ist. Dies ist auch ein Grund dafür, daß die regionalen Unterschiede im Bereich der Bildungseinrichtungen und ihrer Nutzung sehr groß sind, wie in einem offiziellen Bericht des Ministeriums betont wird. So konzentrieren sich über 30 % der vom All India Council of Technical Education anerkannten Fachschulen und Fachhochschulen und fast alle Ingenieurschulen auf nur vier Staaten in Südindien, nämlich A.P., Karnataka, Maharastra und Tamil Nadu.[157]

Insgesamt gesehen, hat Indien gewaltige Investitionen im Bildungssektor im allgemeinen, im besonderen aber für Einrichtungen der höheren technischen Bildung, Forschung und Entwicklung aufzuweisen. Dies zeigt sich an eindrucksvollen Zahlen, die einen steigenden Trend aufweisen. Der bekannte Ökonom Surendra Patel, der bei der UNCTAD in Genf tätig ist, dokumentiert dies so:

Since 1950, the institutional structures for pursuing scientific objectives expanded enormously. India now has over 1.300 research institutions, including more than 200 specialised laboratories. The number of in-house R and D units both in the public and the private sectors exceeds 900 and that of consulting firms 150. There is hardly any other developing country, and only a few developed countries which can rival India in the size and the spread of their scientific institutional set-up. ...Education simply exploded. Secondary education registered big advances. A most spectacular change was to be in enrolment in universities and institutes of higher learning. It rose from around 150,000 in 1948 to nearly 5,000,000 by 1985. Only the United States and the Soviet Union were ahead of India in termes of sheer numbers (vgl. auch Anhang VII-a+b). India in the process became a skilled country. The stock of science and technology personnel even when narrowly defined crossed the 2.7 million mark in 1985. Over one-half million migrated to other countries, reflecting the process of reverse transfer of technology or the brain drain [die Gesamtanzahl wird derzeit auf ca. 12 Millionen geschätzt; vgl. auch Anhang VII-c]. Despite that the net additions to the stock increased sharply."[158]

Bei nüchterner Betrachtung dieser Zahlen ist jedoch hervorzuheben, daß hohe Investitionen in Bereichen der Universitäts- und höheren technischen Bildung und Ausbildung bei Vernachlässigung der Grundschul- und beruflichen Bildung und Ausbildung eine Fehlinvestition bedeutet. Aus diesem "brain drain" ziehen andere Länder, vor allem die westlichen Industrieländer, eher Nutzen als das Heimatland Indien selbst.

Es gibt Schätzungen, wonach die eingesetzten Ressourcen für Forschung und Entwicklung (F & E) mit einer jährlichen Zuwachsrate von ca. 12 Prozent in den letzten 15 Jahren (1970/71 - 1985/86) um das Fünffache gestiegen sein sollen. Im Jahre 1970/71 betrugen die Ausgaben für F & E im ganzen 0,48% des BSP, dagegen beansprucht sie heute ca. 1% des BSP, was keineswegs geringer ist als in vielen Industrieländern, z.B. in Kanada, Australien, Österreich und Italien.[159]

Für die Bildung werden in Indien gegenwärtig insgesamt 3% des Bruttosozialprodukts ausgegeben. Die geschätzten Ausgaben für Wissenschaft und Technik liegen in der 7.Planperiode mindestens um 30% über den entsprechenden Ausgaben in der 6.Planperiode. Von 1985 bis 1988 wurden bereits 84 Mrd.Rs. ausgegeben, davon 78,14 Mrd.Rs. für Forschungs- und Entwicklungsprojekte. Nach Mitteilung des Publications Directorate (PID) des Council of Scientific and Industrial Research (CSIR) entfielen 37% auf das Verteidigungsministerium, 17% auf die Raumfahrtabteilung und 11% auf den Council of Scientific and Industrial Research. Über 2.000 Beschäftigte arbeiten in der Forschung, rund 20.000 Berichte wurden veröffentlicht und 3.600 Patente angemeldet[160] (vgl. auch Tabelle 15).

Mit seinen Management-Instituten, die mit der amerikanischen Harvard School of Management zusammenarbeiten, gewinnt Indien einen internationalen Ruf. Seine Einrichtungen für Unternehmensmanagement und Training, wie z.B. das Indian Institute of Management in Ahmedabad in Gujarat, hat "zwischen 1970 und 1984 312 Unternehmerförderungs-Programme in 130 Orten in Gujarat mit insgesamt 7.710 Teilnehmern durchgeführt. Die Programmwirksamkeit war nach Region und Umständen unterschiedlich, aber im Durchschnitt gingen 60% der Ausgebildeten dazu über, eigene Betriebe zu gründen, und etwa 75% dieser Unternehmen arbeiten mit Gewinn".[161] Der Erfolg des Unternehmensförderungs-Instituts von Indien (UFI-I), das im Jahre 1983 errichtet wurde, hat sogar die Aufmerksamkeit der Weltbank auf sich gezogen, die den integrierten Ansatz des Programms und seine Anpassungsfähigkeit an die lokalen Bedürfnisse für andere Entwicklungsländer z.B. in Afrika sehr positiv bewertet und mit dem UFI-I zusammenarbeitet sowie regelmäßig Arbeitstagungen für Teilnehmer aus Afrika veranstaltet.[162]

Tabelle 15:
Ausgaben der öffentlichen Haushalte für Wissenschaft und Technologie

	Crore i.R. (1 Crore = 10 Mio.iR.)
Atomenergie	1.098,3
Raumforschung	310,0
Elektronik	100,9
Unkonventionelle Energiequellen	124,8
Wissenschaft und Technologie	320,0
Umwelt- und Forstwirtschaft	121,7
Landwirtschaftsforschung	284,2
Andere	69,1
Gesamt	2.429,0

Quelle: *India Today*, Bombay, 15.August 1988, S.120.

Desgleichen gibt es Trainings-Institute für Bankwesen, für klein- und mittelständische Industrie sowie für Beamte und hohe offizielle Beamte, die in Ministerien oder Regierungsämtern arbeiten. Außerdem gibt es in Indien auch internationale

Forschungsinstitutionen, die auf dem Gebiet des Agrarsektors, der Naturwissenschaft und auf anderen Gebieten unter der Patenschaft internationaler Institutionen wie Weltbank, UNIDO, UNCTAD, UNESCO und ähnlichen erfolgreich tätig sind. Verständlicherweise hat Indien aufgrund der englischen Sprache und der in kolonialer Zeit errichteten Schulen und Universitäten unverkennbar beachtliche Vorteile, weil dadurch indischen Wissenschaftlern und Akademikern der Zugang zur internationalen Wissenschaft und Technologie erleichtert wurde und innerhalb Indiens ein einheitliches akademisches System geschaffen werden konnte.

Mit dem Potential und der Infrastruktur an Humankapital hätte Indien viel mehr leisten können, als dies heute der Fall ist. Aber gerade auf dem Ausbildungs- und dem beruflichen Bildungssektor sind noch erhebliche Defizite hinsichtlich der Beteiligung der Bevölkerung, vor allem der Frauen am Bildungs- und Erziehungswesen festzustellen. Nach vorliegenden Erkenntnissen haben 40 Prozent der Grundschulen kein festgebautes Schulgebäude, 35 Prozent der Schulen haben nur einen Lehrer, 60 Prozent haben kein sauberes Trinkwasser und 40 Prozent haben keine Schultafeln.[163] Hinzu kommt, daß von 100 eingeschulten Kindern nur 23 die Schule abschließen; daher gibt es ein Heer von Schulabbrechern, die ohne irgendwelche beruflichen Kenntnisse im "informellen Sektor" leben. Damit wird eine grundsätzliche Problematik der Bildungsinfrastruktur - trotz wachsender Zahlen an arbeitslosen Akademikern und des sogenannten "brain drain" -, ein prinzipielles Handicap der sozio-ökonomischen Entwicklung in Indien sichtbar, wovon im nächsten Kapitel zu sprechen sein wird.

2.2.6.3 Institutionen für Finanz- und Bankwesen

Die Entwicklung des Bank- und Finanzwesens sowie der Börse auf dem indischen Subkontinent ist ein eindrucksvolles Beispiel für die dynamische Mobilisierungskraft des Sparpotentials der Privathaushalte in verschiedenen unternehmerischen und entwicklungsspezifischen Aktivitäten der Kapitalinvestitionen in der indischen Volkswirtschaft. Im Unterschied zu anderen Entwicklungsländern hat das Bank- und Finanzwesen in Indien traditionell einen herausgehobenen Charakter. Schon im 18. und 19. Jahrhundert besaß der Subkontinent ein ziemlich gut entwickeltes einheimisches Banken- und ein Finanzvernetzungssystem, das mit einer Art von Handelswechseln als Instrumentarium arbeitete. Solche Handelswechsel (*Hundis*) wurden damals zur Finanzierung örtlich begrenzter Aktivitäten von bestimmten Händlerkasten wie Multanis, Marwaris und Chettiars (vgl. Abschnitt 2.2.2 und 2.2.5.3) benutzt. Dieses System funktionierte sehr zuverlässig und basierte auf einem raffinierten System persönlicher Beziehungen bestimmter Händler, die sich neben ihrer Handels- und Geschäftstätigkeit auch als Geldverleiher und Bankiers betätigten.

Sie unterschieden sich darin, in welchem Ausmaß sie für ihre Kreditgeschäfte Eigenmittel statt Einlagen oder andere Gelder einsetzten. Einheimische Bankiers indossierten oft Hundis, die von Händlern ausgestellt worden waren, und manchmal garantierten sie persönlich für Kredite von Geschäftsbanken. Derartige Bankiers wurden generell als *Shroffs* bezeichnet, ein Begriff, den man wahrscheinlich ursprünglich auf Geldwechsler anwendete, der im Laufe der Zeit aber auf die höherentwickelten und einflußreicheren einheimischen Bankiers übertragen wurde."[164]

Noch eine andere Gruppe von Geldverleihern, die sogenannten *Sahukars*, die als Geld- und Kreditaufnehmer sowie als Verleiher tätig waren, sind in Indien bekannt. Im Laufe der Zeit wurden in diesem System auch Makler eingesetzt, die einzelnen Schuldnern ihre Kreditwürdigkeit bezeugten, nicht aber persönliche Bürgschaften übernahmen. Auf dem Agrarsektor waren die Großgrundbesitzer, die sogenannten *Zamindar*, die neben ihrer Tätigkeit des Steuereintreibens und Verpachtens auch als Geldverleiher auftraten und durch extrem hohe Zinsen und Zinseszinsen dazu beitrugen, daß die armen Bauern ihr Leben lang, teils über Generationen hinweg, in immer tiefere Verschuldung sanken. Dieses System entstand im Verlauf mehrerer Jahre und hat vor allem auf dem Lande seine Bedeutung als altes Finanzierungsinstrument trotz des im Laufe der Zeit weiter diversifizierten modernen Bank- und Finanzwesens bis heute nicht verloren.

Im Laufe der Zeit (vor allem während der Kolonialzeit) wuchsen die nationalen und internationalen Handelsaktivitäten auf dem Subkontinent, und das überwiegend informell funktionierende Netz der Finanzierung wurde im monetarisierten, kommerziellen Bank-, Finanz- und Kapitalmarktsystem institutionalisiert.

Schon während der Kolonialzeit im Jahre 1935 wurde die Zentralbank - The Reserve Bank of India - durch Sir George Schuster, Finanzminister des British-Indian Government, gegründet,[165] die im Januar 1949 verstaatlicht wurde. Vor der Unabhängigkeit (1947) gab es in Indien ca. 588 Banken, die sogenannten "Presidency Banks", die in den verschiedenen Fürstenstaaten lagen. Um die Aktivitäten dieser Banken einheitlich zu regulieren und zu kontrollieren, wurde 1949 das "Banking Companies Act" bzw. das "Banking Regulations Act" verabschiedet. Im Gefolge der wirtschaftlichen und politischen Krisen in den sechziger Jahren sowie angeblich wegen der Notwendigkeit, die Aufgaben der Bank- und Finanzinstitutionen auch in den entwicklungspolitischen Prozeß des Landes miteinzubeziehen, wurden im Juni 1969 die 14 Hauptbanken Indiens, deren Kapitalanlagen über 500 Mio.Rs. überschritten, verstaatlicht. Sechs weitere Banken wurden 1980 verstaatlicht. Auch die Lebensversicherungs- und Allgemeinen Versicherungsgesellschaften - die sogenannten "Life Insurance (LIC)" und "General Insurance Companies (GIC)" - wurden schon in den fünfziger Jahren verstaatlicht. Seitdem sind zahlreiche neue Finanzierungs- und Kreditinstitutionen auf dem indischen Kapitalmarkt entstanden, die nicht nur die banküblichen Tätigkeiten und Dienstleistungen anbieten, sondern auch als Berater, Unterstützer und Förderer vor allem bei landwirtschaftlichen und ländlichen Entwicklungsprojekten, für kleinere und mittlere Industrieunternehmen, im Wohnungsbau, in Export-Importgeschäften etc. eine zunehmend wichtige Rolle spielen. Diese Vielfalt an Aufgaben (Multiferious Banking Activities) der indischen Bank- und Finanzinfrastruktur wird in der Literatur unter der Rubrik "Social Banking"[166] ausführlich behandelt. Es wird behauptet, daß "the growth of banking industry since nationalisation has been phenomenal and it has no parallel anywhere in the world. The spectrum of services, offered by banks is the widest in this country, considering that elsewhere in the world specialisation is more of the order".[167]

Nach neuesten Angaben der Reserve Bank of India ist die Gesamtzahl der organisierten (der sogenannten "Scheduled Commercial Banks") Bank- und Finanzinstitutionen in Indien von 8.262 im Jahre 1969 auf über 54.163 bis zum Januar 1987 angestiegen. Auffallend ist die Erweiterung der Infrastruktur des Bank- und Finanzwesens in den ländlichen Gebieten. Es gibt Schätzungen, wonach die Anzahl der Bankfilialen und -zweige verschiedener Finanzierungsinstitutionen inklusive Genossenschaftsbanken während der letzten 17 Jahre (1969-1986) um ca. 542% gestiegen sein soll. Es gibt insgesamt 83 sogenannte National Level Commercial Banks (Indian and Foreign), 1.359 Primary (Urban) Cooperative Banks, District Level Cooperative Banks, State Level Development Banks und 196 Regional Rural Banks. Hinzu kommen auch die verstaatlichten Versicherungsgesellschaften, wie schon erwähnt, die LIC und GIC, sowie viele andere, für verschiedene Zwecke neu geschaffene staatliche Finanzierungs- und Kontrollgesellschaften, wie aus Schaubild 6 zu ersehen ist.[168]

Aus diesem Überblick läßt sich feststellen, daß der Schwerpunkt der finanziellen und kommerziellen Instrumente zur Schaffung der erforderlichen Liquidität auf dem Kapitalmarkt und zur Förderung der gesamtwirtschaftlichen Entwicklung in Indien offensichtlich bei der Regierung liegt. Zusammen mit der auch auf dem internationalen Kapitalmarkt bekannten State Bank of India, die als die größte Notenbank Indiens gilt und die zu den 100 wichtigsten Banken der Welt (außerhalb der USA) zählt, und anderen staatlichen Finanzinstitutionen kontrolliert die Regierung praktisch 91% der genannten Bank- und Finanzgeschäfte Indiens. Der Privatbankensektor dagegen ist mit nur ca. 3,5% und die ausländischen Banken sind mit ca. 4,5% am Bankgeschäft Indiens beteiligt. Nur 1% des Bank- und Finanzgeschäfts wird den Kleinbanken - den sogenannten "Non-Scheduled Commercial Banks" -überlassen.[169] Es herrscht ein differenziertes Zinssystem auf dem indischen Kapitalmarkt. Prioritätsbereichen wie der Landwirtschaft, den Klein- und Mittelindustrie sowie den Beschäftigungs- und Existenzgründungs-Programmen etc. werden vergünstigte Kredite gewährt.

Schaubild 6:

Finanzierungs- und Kreditinstitutionen in Indien

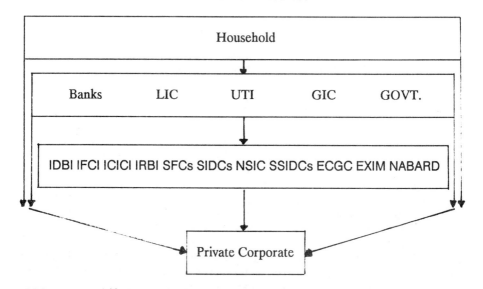

LIC	=	Life Insurance Corporation (verstaatlichte Versicherungsges.)
GIC	=	General Insurance Corporation
UTI	=	Unit Trust of India (staatliche Kreditanstalt)
GOVT	=	Government Credit Programmes
IDBI	=	Industrial Development Bank of India
IFCI	=	Industrial Finance Corporation of India
ICICI	=	Industrial Credit and Investment Corporation
IRBI	=	Industrial Reconstruction Bank of India (for sick industries)
SFCs	=	State Finance Corporations
SIDCs	=	State Industrial Development Corporations
NSIC	=	National Small-Scale Industries Corporation
SSIDCs	=	States Small-Scale Industries Corporations
ECGC	=	Export Credit Guarantees Corporation
EXIM	=	Export-Import Bank of India
NABARD	=	National Bank for Agricultural and Rural Development

Quelle: S.S. Iyengar: "Financial Intermediation and Resource Mobilization - An Indian Experience", in: A.V. Bhuleshkar: *Indian Economy in the World Setting*", Jawaharlal Nehru Memorial, Volume-V, Himalaya Publishing House, 1988, p.141.

Neben dem diversifizierten Banken- und Finanzierungsnetz gehören auch die 16 gut funktionierenden Börsenmärkte zum Kapitalmarkt Indiens, die ihrerseits einen wesentlichen Beitrag zur Mobilisierung des Sparkapitals privater Haushalte leisten. Es gibt Schätzungen, wonach derzeit mehr als 4.500 Aktien von Groß- und Mittelindustrieunternehmen sowie von staatlichen Banken und Finanzinstitutionen auf den Börsenmärkten gehandelt werden. Die berühmte Dalal Street-Börse in Bombay ist die älteste, angesehenste und umsatzstärkste Börse Indiens. Seit 1987 geht es auf dem gesamten Börsenmarkt Indiens stürmisch zu. Nach Schätzungen der fachkundigen Börsenbeobachter basiert diese Entwicklung nicht auf spekulativen Einflüssen, sondern auf einem soliden industriellen Wachstum, das auf eine Stabilität des Kapitalmarktes sowie auf die angestiegene Sparkapazität der Bevölkerung hindeutet.[170] Die Beobachter gehen davon aus, daß angesichts der großen Investitionsvorhaben (bis zu 500 Mrd.Rs.) im Rahmen des 8.Fünfjahresplanes (1991-1995) große Hoffnung auf einen Teil des gesamten Finanzbedarfs durch die Erhöhung des Kapitals auf dem Börsenmarkt gelegt wird.[171]

Die neu gegründete Institution "Security Exchange Board of India" (SEBI) soll die Interessen der privaten Anleger vor den dubiosen neuen Firmen und Industrien schützen, und die Aktivitäten des "Corporate Sector" (Bereich der privaten Großindustriekonzerne) sollen dadurch reguliert, kontrolliert und überschaubar gemacht werden. Die Gründung dieses Instruments wird als ein wichtiger Schritt zur Vervollständigung der Infrastruktur des Finanz- und Kapitalwesens angesehen.

Auch die ausländischen Investoren engagieren sich wieder stärker auf dem indischen Kapitalmarkt. Die bestehenden Rahmenbedingungen sprechen jedenfalls dafür, daß die bisherige Geschäftsentwicklung auf dem indischen Markt eine qualitativ neue Dimension erfahren hat. So engagiert man sich mit großem Kooperations- und Investitionswillen auch auf dem Kapitalmarkt Indiens. Aufgrund der Fortschritte und der Kreditwürdigkeit bemüht sich Indien jetzt um verstärkte Aktivitäten auf dem europäischen Kapitalmarkt. Die "Industrial Development Bank of India" (IDBI) hat z.B. über die Dresdner Bank eine 100 Mio. DM-Anleihe emittiert und nahm damit den deutschen Kapitalmarkt zum erstenmal in Anspruch. In den vergangenen Jahren hat sich die IDBI Finanzmittel auf dem europäischen und auch auf dem japanischen Kapitalmarkt beschafft. Es gibt einige renommierte Banken, wie die State Bank of India, Bank of India, Indian Overseas Bank und andere, die Filialen im Ausland haben. Schätzungsweise operieren derzeit ca. 109 solcher Bank- und Geldinstitutionen in verschiedenen Ländern, insbesondere in den USA, Kanada, Westeuropa, im Nahen Osten sowie in südostasiatischen Ländern und Nachbarstaaten der südasiatischen Region. Ihnen ist es gelungen, einen beträchtlichen Betrag an Devisen von den Auslandsindern auf den indischen Kapitalmarkt zu lenken.[172]

Aus diesen eindrucksvollen Zahlen sind jedoch die qualitativen Defizite nicht ersichtlich. Trotz der so diversifizierten und weitverbreiteten Finanz-, Bank- und Börseninfrastruktur in Indien, die eine enorme Geldbewegung aufweist, ist festzustellen, daß der Löwenanteil der geld- und kreditwirtschaftlichen Aktivitäten sich auf nur ca. 20% der Bevölkerung konzentriert. Ebenso konzentrieren sich die Börsenaktivitäten nur auf ca. 5 Mio. Inder, und zwei Drittel davon nur auf Börsenmärkte regionaler Industriezentren wie Bombay, Madras, Kalkutta, Delhi, Ahmedabad und Ludhiana in Punjab. Ein größerer Teil der städtischen Mittelklasse-Inder bevorzugt es, Sparanlagen in der Industrie zu deponieren, um relativ mehr Zinsen zu bekommen als vergleichsweise von Banken und anderen Geldinstitutionen.[173]

Das Horten und unwirtschaftliche Investieren in Goldschmuck und andere Gegenstände sowie das traditionelle Geldverleihen gegen Goldschmuck und andere wertvolle Gegenstände spielen immer noch eine bedeutende Rolle als Versicherung für finanzielle Notlagen. Insgesamt bereiten die Vielfalt der Bank- und Kreditinstitutionen sowie deren komplizierte Konditionen und die damit verbundenen bürokratischen Hürden verständlicherweise dem Großteil der Bevölkerung Schwierigkeiten, diese Geschäfte zu durchschauen. Für eine kleine Minderheit der Bevölkerung führt der Geldsegen zunehmend zu "Schwarzmarkt"-Geldgeschäften und dadurch auch zu beträchtlichem Konsumverhalten, das sich in pompösen Hochzeitsfeiern, einer hohen Mitgift, schicken Möbeln, illegalen Immobiliengeschäften und vielen anderen millionenschweren Ausgaben niederschlägt. Nach offiziellen Angaben soll das Phänomen des Schwarzgeldes (Schwarzmarkt) etwa 15 bis 20% des Bruttosozialprodukts betragen. Auch illegale Devisenbeschaffungen, Korruption und überhöhte reale Zinssätze sind die Folgen der künstlich gestalteten Kapitalknappheit für die klein- und mittelständischen Unternehmen und andere bedürftige Bevölkerungsteile, was als Hindernis zur weiteren ökonomischen Entwicklung betrachtet werden kann. In Indien sind die Sparquoten ansonsten nicht niedrig. Die gesamtwirtschaftliche Sparquote beträgt derzeit immerhin 22% des Bruttosozialprodukts. In diesem Zusammenhang ist anzumerken, daß es Indien gelungen ist, gestützt auf eine starke Börse und ein nationales Bank- und Finanzwesen, Investitionskapital zu günstigen Bedingungen aufzunehmen. Dennoch herrschen immer noch Devisenmangel und Kapitalknappheit auf dem indischen Kapitalmarkt, so daß der Kapitalbedarf der klein- und mittelständischen Unternehmen und des breiten Teils der bedürftigen Bevölkerung immer noch nicht ausreichend gedeckt werden kann.

2.2.7 Verwaltung, politisches System und Pressefreiheit

Indien hat, von der Größe des Landes und von der kulturellen, ethnischen, religiösen und vor allem auch sprachlichen Vielfalt her gesehen, ein gut geeignetes Verwaltungs- und ein Administrationssystem sowie eine beachtliche politische Infrastruktur zur Verfügung, um den Subkontinent demokratisch zu regieren und zu verwalten. Um der Vielfalt und der Verschiedenheit der Bevölkerung und deren unterschiedlichen religiösen Bekenntnissen sowie der Verteilung der im ganzen Land unterschiedlich vorkommenden natürlichen Ressourcen gerecht zu werden, konzipierten die Gründerväter der indischen Republik eine Verfassung, die am 26. Januar 1950 in Kraft trat und seitdem ununterbrochen als Grundgesetz der indischen Demokratie mit föderativ strukturierter bundesstaatlicher Ordnung für die "Sovereign Socialist Secular Parliamentary Democracy" (mit einem Zweikammersystem) und das "Democratic Republic System of Government" gilt. Die Verfassung Indiens ist ein zusammenhängendes, schriftlich niedergelegtes Dokument, in dem die Rechte und Pflichten der Bürger sowie das Verhältnis zwischen der Zentralregierung und den Gliedstaaten durch insgesamt 397 Artikel, 9 Schedules und derzeit 54 Amendments geregelt und fixiert worden sind. Die Präambel entspricht dem Entscheid des Volkes, allen Bürgern Recht, Freiheit, Gleichheit und Brüderlichkeit zu gewähren, indem im wesentlichen

- das allgemeine Wahlrecht (Wahlalter 18 Jahre, bis 1988 lag es bei 21 Jahren) und freie Wahlen;
- Informations- und Pressefreiheit sowie Bildung von Gewerkschaften und Eigentum an Produktionsfaktoren

garantiert werden. Sowohl die bundesstaatliche Gliederung des Landes in eine Zentralregierung - das Zentrum - und in 25 Bundesstaaten sowie 7 Unionsterritorien, die der unmittelbaren Verwaltung der Zentralregierung unterstehen, als auch die grundsätzliche Mitwirkung dieser Staaten an der Gesetzgebung sind in der Verfassung festgeschrieben. Nach dieser Ordnung besitzen die Bundesstaaten keine Unabhängigkeit (keine eigene Verfassung und Arbeits- und Verwaltungsgerichtsbarkeit), wohl aber ein gewisses Maß an Eigenständigkeit. So gesehen, übernimmt die Zentralregierung in Ausnahmefällen gemäß Artikel 13 der Verfassung vorübergehend auch die Verwaltung der einzelnen Bundesstaaten (durch sogenannte "President's Rule"). Dieses spezifische Element der Centre-State-Beziehung in der indischen föderativen Administrationsstruktur, das der Zentralregierung die Möglichkeit der Notstandsbefugnisse einräumt, ist sehr oft in der Vergangenheit, speziell während der Amtsperiode Indira Gandhis, zur Beseitigung unliebsamer oppositioneller Regierungen in manchen Bundesländern mißbraucht worden und gilt deshalb als Schwachpunkt in der föderalistischen Verwaltungsstruktur Indiens.

In den einzelnen Bundesstaaten werden die Länderparlamente direkt vom Volk gewählt, die dann für die jeweiligen Länderregierungen verantwortlich sind. An der Spitze der Verwaltung der Gliedstaaten steht jeweils ein vom Staatspräsident, der oberster Befehlshaber der Streitkräfte ist und u.a. das Notversorgungsrecht besitzt sowie das Recht, die höheren Beamten und Richter zu ernennen, auf fünf Jahre ernannter Gouverneur. Der föderativ aufgebaute und äußerst dezentral strukturierte Administrationsapparat der indischen Verwaltung gehört zu den konstitutiven geltenden Bestandteilen der Verfassung.

Nach dem "7th Schedule" (Liste der Aufgaben) der Verfassung werden die verschiedenen Aufgabenbereiche des Bundes, der Länder sowie der Distrikte (Bezirke) und der Dorfgemeinschaft (Village Panchayats) in drei Listen zusammengefaßt. Die "Union List" - Aufgaben der Zentralregierung - umfaßt ca. 97 Eintragungen und bezieht sich auf die Bereiche Verteidigung, Außenpolitik, Transport und Kommunikation sowie Bank- und Finanzwesen, zentrale Zoll- und Exporteinnahmen, Atomkraft, höhere Gerichtsverfahren sowie etliche Steuereinnahmen, hauptsächlich Einkommen- und Körperschaftssteuer sowie zahlreiche andere Verbrauchersteuern. Die "State Liste" enthält ca. 65 Eintragungen und schließt die örtliche Verwaltung, Polizei, Gesundheitswesen, Bildungs- und Erziehungswesen, Land- und Fortwirtschaft, Eherecht sowie lokale Steuereinnahmen ein. Die sogenannte "Concurrent List" - gemeinsame Aufgaben - mit 47 Eintragungen beinhaltet Strafgesetz, Arbeitsrecht, Handel und Industrie, Wirtschafts- und Sozialplanung, soziale Sicherheit, Versicherung, Elektrizität, Zeitungen, Bücher usw. Die übrigen Aufgaben sind der Zentralregierung vorbehalten. Bei der dritten Kategorie der gemeinsamen Aufgaben ist bei Widersprüchen zwischen den Bundesstaaten und der Zentralregierung die zentrale Gesetzgebung ausschlaggebend.

Im Laufe der Zeit ist die Kontrolle der Zentralregierung über Wirtschaft, Finanzen und Politik immer mehr gewachsen. Obwohl die Autonomie der Bundesstaaten im indischen Föderalismus beträchtlich ist, wird sie in der Praxis zuweilen durch Übergriffe und Kontrollen (vor allem in Finanzfragen) der Zentralregierung stark eingeschränkt. Die Gestaltung der finanziellen Verhältnisse, wie Steuereinnahmen und Ausgleichszahlungen sowie Struktur- und Planungshilfen vom Zentrum an die Bundesstaaten, werden von einer unabhängigen Finanzkommission geregelt, die alle fünf Jahre laut Artikel 280 der Verfassung eingesetzt wird. Nach der Evaluierung und Überprüfung der wirtschaftlichen Lage und Entwicklungsbedürfnisse der Gliedstaaten schlägt die Finanzkommission (kürzlich hat die 9.Finanzkommission ihren Bericht vorgelegt) die Aufteilung der Steuergelder zwischen Zentrum und Gliedstaaten gemäß bestimmten Kriterien wie Bevölkerungsgröße (90% der Aufteilung basiert auf dem Kriterium der

Bevölkerungsgröße) und Steueraufkommen in den einzelnen Gliedstaaten vor. Zusätzlich zu diesem Finanztransfer erhalten die Gliedstaaten die anderen Finanzzuweisungen (die sogenannten "Grants-in-Aid") und Zuschüsse und Strukturbeihilfen (Grants) gemäß Artikel 275 und 282 der Verfassung, die in der Regel nach Vorschriften und Vorschlägen der jeweiligen Finanzkommission den bedürftigen Gliedstaaten gewährt werden können. Außer diesen gesetzlichen Hilfen gibt es noch finanzielle Ressourcen, die von der Planungskommission für bestimmte im Plan vorgesehene Projekte in bestimmten Bundesländern als Zuschüsse und freiwillige Zuwendungen zur Verfügung gestellt werden. Nach vorliegenden Angaben tragen solch Finanztransfers zu ca. zwei Drittel des gesamten finanziellen Ressourcentransfers vom Zentrum an die Gliedstaaten bei. Das Quantum dieser Zuwendungen wird nach bestimmten Kriterien (der sogenannten "Gadgil Formula" und "Modified Gadgil Formula") wie Bevölkerungsgröße, Pro-Kopf-Einkommen, Anzahl der Bewässerungsprojekte usw. festgelegt.[174]

Aus diesem komplizierten Mechanismus der Aufteilung der Finanzressourcen zwischen der Zentralregierung und den regionalen Gliedstaaten läßt sich feststellen, daß die Länder und Gemeinderegierungen, vor allem die armen Bundesländer in ihren finanziellen Angelegenheiten vom Zentrum in hohem Maße abhängig sind.

> The share of these transfers in aggregate expenditure of state governments has varied between 35% and 45%. This means that the centre has contributed between 35% and 45% towards the expenditure of the state governments. This clearly brings out the heavy dependence of the state governments on the centre.[175]

Das ist ein Grund für die erhebliche Zentralmacht in der indischen Demokratie, denn die finanzielle Not mancher Gliedstaaten wie Bihar, Orissa, U.P., Assam ist groß und die reichen Staaten, wie z. B. Punjab, Gujarat, Maharastra, Karnataka u.a., wollen nicht noch mehr nach Neu-Delhi abliefern.

Neben der schriftlichen Verfassung ist die spezifische Bedeutung des einzigartig integrierten Systems der Rechtsprechung Indiens für die demokratische und ganz besonders für die föderative Staatsordnung als wichtiger Bestandteil der politischen Infrastruktur Indiens zu erwähnen. An der Spitze der Rechtsprechung steht der Oberste Gerichtshof (The Supreme Court of India) in Neu-Delhi. Obwohl jeder Bundesstaat über einen eigenen Gerichtshof (High Court) sowie über lokale Gerichte der nachfolgenden Ebenen - sogenannte Distriktgerichte, Magistratsgerichte und auf Dorfebene über Dorfratsvorsitzende (*Sarpanch as*

Nyay Panch) - verfügt, die sich mit sämtlichen Rechtsfällen, hauptsächlich aus gesellschaftspolitisch relevanten Bereichen, befassen, gibt es für diese allerdings keine eigene Verfassungs-, Arbeits- und Verwaltungsgerichtsbarkeit. Außerdem existiert in Indien kein spezieller Verfassungsgerichtshof. Der Supreme Court mit seinen unabhängigen Richtern gewährt als rechtsprechendes Organ den Verfassungsschutz, auch zum Schutze des Individuums.

Als weitere Stütze der Verwaltungs- und Administrationsinfrastruktur dient das bekannte Instrument des sogenannten "Indian Administrative Service", das aus dem soliden Gerüst, dem sogenannten "Steel Frame", der indischen Spitzenbeamten (Indian Civil Service) des britisch-indischen Regimes hervorgegangen ist und dessen Aufgabe es sein sollte, Indien administrativ zusammenzuhalten und den Föderalismus auf der operativen Ebene zu stützen. Während der vier Dekaden der Planung und Entwicklung und damit durch die immer weiter wachsenden zentralstaatlichen Aufgaben durch Entstehung zahlreicher Organisationen, Kommissionen und Komitees - Planning Commission, National Development Council etc. - verfiel dieses Instrument jedoch in Korruption und wurde zu einer ineffizienten Bürokratie. Nach empirischen Untersuchungen und fundierten Analysen mehrerer namhafter indischer Politologen[176], wie Rajni Kothari, Pranab Bardhan, Dhar P.N., Pai Panandiker u.a., hat sich der indische Spitzenverwaltungsapparat auf verschiedenen Stufen der Verwaltung in mehrere "Staatsklassen" im Sinne des Begriffs von Elsenhans[177] verlagert. Auch der Selbstverwaltungsapparat auf Dorfebene, die traditionellen Dorfräte (*Panchayati Raj*), die nach Mahatma Gandhis Entwicklungsstrategie eine unabdingbare Grundlage der dezentralisierten demokratischen Verwaltung und selbsttragenden ökonomischen Entwicklung bilden sollten, dient heute häufig der regionalen Parteipolitik und agiert als ein Instrument des lokalen Chauvinismus. Mit Hilfe des geplanten "Panchayat Reform-Gesetzes" sollen durch verstärkte autonome Zuständigkeiten, vor allem auch durch die Verfügbarkeit der finanziellen Ressourcen vom Zentrum, die Dorfräte mehr Handlungsspielraum erhalten. Fachkundige Wissenschaftler in Indien sehen jedoch darin wiederum die Gefahr der intensiven Einmischung des Zentrums in die Zuständigkeiten der Regierungen der einzelnen Bundesländer.[178]

Als Gegengewicht zum bürokratischen Zentralismus im indischen föderativen demokratischen System sollen sogenannte "ancillary Institutions" wie Gewerkschaften, Freie Presse, Oppositionsparteien sowie Intellektuelle, Studenten, Universitäten und Forschungsinstitutionen wirken. Indiens Gewerkschaftsbewegung ist traditionell auf die älteste Gewerkschaft in Madras aus dem Jahre 1918 und viele andere (1920 gegründete) Gewerkschaften zurückzuführen. Viele Gewerkschaften organisierten sich 1920 unter einem Dachverband, dem "All

India Trade Unions Congress", und dieser fand 1926 gesetzliche Anerkennung. 1927 wurde den organisierten Gewerkschaften eine offizielle Repräsentation auch in den Länderregierungen erlaubt. Zur Zeit gibt es ca. zehn nationale Gewerkschaften, zu denen etwa The Indian National Trade Union Congress, The All India Trade Union Congress, Hind Mazdoor Sabha usw. gehören, die zu den bedeutendsten Gewerkschaften in Indien zählen und auch dem internationalen Bund Freier Gewerkschaften angeschlossen sind. Beeindruckend ist auch die Vielzahl von örtlichen Gewerkschaften, zu denen die erst vor kurzem gegründeten Frauengewerkschaften im unorganisierten Sektor, z.B. in Gujarat, Madras, Kerala und vielen anderen Städten, zählen, die mit dem Dachverband der "Self-employed Women Association" (SEWA) und "Working Women's Forum" (WWF) verbunden sind. Tausende von Betriebs-, Berufs- und regional organisierten Gewerkschaften existieren nebeneinander, die durch die politische, religiöse und auch kastenbezogene Orientierung der Gewerkschaftsbewegungen gekennzeichnet sind und letztlich zu Aufspaltung und mangelnder Solidarität beitragen. Bedingt durch die finanzielle Not, die allgemeine Arbeitslosigkeit sowie durch das Phänomen Zwangsarbeit ("bonded labour") und "Kinderarbeit" ist die Wirksamkeit dieses Potentials der politischen Infrastruktur gegenüber den etablierten "Staatsklassen" als sehr schwach zu bewerten.

Betrachtet man hingegen die Presselandschaft, ist festzustellen, daß trotz der großen Zahl der Analphabeten (ca. 65% der Bevölkerung) in Indien eine sehr große Anzahl von nationalen und regionalen Zeitungen mit hohen Auflagen existiert. Dies spiegelt sowohl die steigende Anzahl der Lese- und Schreibkundigen (von 16% im Jahre 1951 auf heute 35%) als auch den wachsenden Informationshunger und das politische Bewußtsein der Bevölkerung wider. Die Möglichkeit, über Rundfunk und Fernsehen auch jene Menschen zu erreichen, die weder lesen noch schreiben können, hat ständig zugenommen und die Möglichkeit, sich vorlesen und vorschreiben zu lassen, gehört zum dörflichen Alltag und auch zum städtischen Leben Indiens. Erstaunlicherweise werden Informationen aus allen Bereichen des wirtschaftlichen und politischen Lebens in Indien gut verbreitet, so daß der Beitrag der Freien Presse bei der kritischen Meinungsbildung der breiten Massen als effektiv einzuschätzen ist. Aus kritischen Beobachtungen des letzten Wahlkampfes, insbesondere im Fernsehen ("Doordarschan"), und aus dem Urteil des indischen Volkes ist zu erkennen, daß gerade die ungebildete Bevölkerungsschicht sehr wohl urteilsfähig ist. Rundfunk und Fernsehen sind inzwischen auch in den Dörfern zu empfangen, Zeitungen werden vorgelesen, und Informationen über Politiker werden auch von Wandersängern und Theatergruppen verbreitet.[179] Nach Angaben der Press Registrar of India zählte man 1967 rund 330 Tageszeitungen mit einer Auflage von etwas mehr als 2,5 Mio. Exemplaren. Heute werden in den verschiedenen Teilen des Landes mehr als

2.151 (1987) Tageszeitungen mit einer Gesamtauflage von ca. 20 Millionen gedruckt und vertrieben, was einen Anstieg von ca. 183% der Anzahl und ca. 20% der Auflagenzirkulation bedeutet.[180] Auffallend groß sind Auflage und Anzahl der regionalen Zeitungen in den verschiedenen Bundesländern (vgl. Tabelle 16). Außerdem gibt es zahlreiche Fachzeitungen, vor allem Wirtschafts- und Industriezeitungen und -zeitschriften, die wegen ihrer qualitativen Informationen und Analysen internationales Ansehen genießen. Zeitungen wie *Times of India, The Economic Times, The Hindu International, Free Press Journal, Indian Express, Anand Bazar Patrika, The Statesman* und Zeitschriften wie *India Today* und *Economic and Political Weekly* genießen einen guten Ruf. Dennoch ist das Problem der "Pressure Groups" auf die indische Presse nicht vermeidbar. Es äußert sich auf zwei Arten, nämlich einerseits durch Druck auf die Journalisten durch die Besitzer der Zeitungen, vor allem der Industriegruppen und politischen Parteien, und andererseits auch von seiten der regierenden Parteien. Allerdings liefert das jüngste Scheitern der Kongreßpartei, die ihre absolute Mehrheit im Wahlkampf 1989 verloren hat und damit eine Wende in der 40jährigen Geschichte der indischen Politik bewirkte, einen Beweis für die potentielle Wirksamkeit der Freien Presse in Indien. Überdies ist die Aufdeckung bekannter Skandale, wie "BOFOR" und die "U-Boot"-Geschäfte mit Schweden und Deutschland, dem indischen Journalismus zu verdanken. Im großen und ganzen dürfte der "investigative und kritisch-analytische Charakter" der indischen Presse als Teil der politischen Infrastruktur positiv einzuschätzen sein.

Tabelle 16:
Auflagen der regionalsprachlichen Zeitungen

Anzahl	Sprache	Auflage (in Tausend)
41	English dailies	679
76	Hindi dailies	379
7	Bangla dailies	240
26	Marathi dailies	191
23	Gujarati dailies	187
21	Malayalam dailies	196
25	Kannada dailies	72
12	Tamil dailies	168
6	Telugu papers	98
17	Urdu dailies	213

Quelle: *India Perspectives*, Bonn, Oktober 1989, S.39.

Demgegenüber erweisen sich die Formierung und das Entwicklungspotential einer starken politischen Opposition, die der Demokratie als Rückgrat dienen soll, als sehr ineffizient. Die Oppositionsparteien in der indischen Demokratie orientieren sich bisher mehr an ihrer Region und dem Persönlichkeitskult sowie an der Religion und den Kasten, als sich mit gesamtindischen Interessen und konstruktiver Kritik an der amtierenden Regierung (unabhängig von der jeweiligen Regierungspartei) auseinanderzusetzen. Infolge dieser Tendenz, wie im Wahlkampf 1989 zu beobachten war, bilden sich neue regionale Parteien. Der Zusammenschluß und die Geschlossenheit der vielen Oppositionsparteien in diesem Wahlkampf (die sogenannte National United Front) wiesen den Charakter eines "opportunistischen Zusammenschlusses" gegen die regierende Partei auf, vor allem aber gegen die Person Rajiv Gandhis. Die aus dem Zusammenschluß verschiedener regionaler Oppositionsparteien gebildete Regierung hat schon gezeigt, daß solch ein erzwungener Zusammenschluß nicht dem Geist der Demokratie entspricht und damit auch nicht in der ist, die entscheidenden Aufgaben der sozio-ökonomischen Entwicklung in der vielfältigen Gesellschaftsstruktur langfristig zu bewerkstelligen.

Aus den bisherigen Ausführungen über die politische Infrastruktur Indiens ist schon erkennbar, daß die demokratisch föderative Struktur Indiens sich als ein kompliziertes Gebilde von vielschichtigen Faktoren darstellt und in der Praxis mehr zentralistisch ausgerichtet ist als im wahrsten Sinne des Wortes föderativ. In diesem Zusammenhang ist der vor kurzem vorgelegte Bericht von der von Indira Gandhi 1983 eingesetzten Kommission unter dem Vorsitz von Richter R.S. Sarkaria zu erwähnen, welcher die Beziehungen zwischen Zentrum und Unionsstaaten gründlich untersuchen und Reformvorschläge ausarbeiten sollte. Nach den Vorschlägen dieser Kommission sind keine radikalen Korrekturen in den politischen Beziehungen zwischen Zentrum und Bundesstaaten vorgesehen.[181]

Resumée zu Kapitel 2:

Mit dieser ausführlichen, schwerpunktmäßig nach den Bestimmungsfaktoren für die Herausbildung eines Gravitationszentrums (vgl. Abschnitt 1.2.2) bewerteten und spezifisch differenzierten Bilanzziehung der gesamtwirtschaftlichen, gesellschaftlichen und kulturhistorischen Potentiale sowie der traditionsreichen finanz-, bank- und politischen infrastrukturellen Ausstattung auf der einen und der daraus bisher geleisteten und tatsächlich erreichten "Performance" auf der anderen Seite wurde hier eindeutig hervorgehoben, daß Indien seine Chancen und Möglichkeiten, sich als Gravitationszentrum im südasiatischen Wirtschaftsraum zu entfalten, bisher nicht wahrgenommen hat und effektiv nicht nutzen konnte. Allerdings sind die regionalen und sektoralen Erfolge und Ansätze, unterstützt auch durch die neue Liberalisierungspolitik - vor allem im westlichen Teil des Subkontinents - beeindruckend und tragen dazu bei daß, sich Indien als regionaler, ökonomischer und politischer Machtfaktor etabliert. Hinsichtlich der Ingangsetzung organischer und integrierender "Prozesse" mit möglichst vielen, im ganzen Land verteilten Entwicklungspolen, die die schrittweise Erschließung des gesamten Potentials ermöglichen und allen Beteiligten Rechnung tragen sollten, scheint eine Bestätigung bisher ausgeblieben zu sein. Es zeigt sich, wie in dieser Analyse zum Teil angesprochen wurde, daß noch eine Vielzahl von "Schwächen" und "Hemmschwellen" an verschiedenen Fronten auf wirtschaftlicher, gesellschaftlicher und politischer Ebene bestehen und dazu beitragen, die regionalen und sektoralen Dualismen zu verschärfen, was im folgenden Kapitel näher untersucht werden soll.

3 Die spezifischen Entwicklungsblockaden und die Chancen ihrer Beseitigung bzw. sichtbare Erfolge

3.1 Die Problematik des "kolonialen Erbes" und die "Weltmarktintegration" Indiens (außenwirtschaftliche Hemmnisse)

In der kritischen Auseinandersetzung mit der sozio-ökonomischen Entwicklung in Indien wird häufig immer noch das "koloniale Erbe" als eines der Entwicklungshemmnisse in den Vordergrund gestellt. In diesem Zusammenhang ist unbestreitbar, daß die 200jährige britische Kolonialherrschaft zur nachhaltigen Zerstörung und Deformierung des indischen Wirtschafts- und Gesellschaftssystems geführt hat und dadurch auch der kontinuierliche Verlauf des ökonomischen Strukturwandels erheblich gehemmt wurde. Außerdem wurden politische und administrative Instrumente geschaffen, die damals nur auf die Interessen der Kolonialmacht zugeschnitten waren. 1947, im Jahr der Unabhängigkeit, stand dementsprechend die Regierung des unabhängigen Indiens vor Tausenden von Problemen und vielen Aufgaben. Zu ihnen gehörte auch die Aufgabe, den "indischen Subkontinent" in seiner Vielfalt und mit seinen reichen Potentialen - sowohl materiell als auch personell - in wirtschaftlicher, politischer und gesellschaftlicher Hinsicht zu einer nationalen "Einheit" zu integrieren. Die Integration des feudalen Indiens mit seinen ca. 580 Fürstenstaaten in eine säkulare, demokratische, föderative indische Union war nicht einfach; trotzdem war es der Regierung schon innerhalb eines Jahres nach der Unabhängigkeit gelungen, diese verschiedenen Einheiten auf 16 Staaten (jetzt Bundesländer) zu reduzieren und politisch zu integrieren.

Ebenso ist es den Regierungen Indiens in vier Jahrzehnten recht gut gelungen, mit einer Serie von Fünfjahresplänen die Volkswirtschaft des Subkontinents in den Griff zu bekommen und einen Entwicklungsprozeß einzuleiten. Damit konnte die postkoloniale Reparaturphase in der Tat überwunden werden. Nach 1947 zeichnete sich ein neuer ökonomischer und politischer Stil ab, der Entscheidungen für eine "Economic Self-reliance" und "Socialist Pattern of Society" sowie "Non-Alignment" und Blockfreiheit mit sich brachte. Indien hatte reale Chancen, die institutionellen Rahmenbedingungen der Fiskal-, Industrie-, Landwirtschafts-, Technologie- und Import-Export-Strategien in eigener Verantwortung so zu gestalten und die Schwerpunkte der sozio-ökonomischen Integration so zu setzen, daß sie den Interessen der gesamtwirtschaftlichen Entwicklung entsprechen konnte. Die Tatsache, daß Indien seit Mitte der sechziger Jahre bis 1980 eine ausgeprägte "inward-looking self-reliant" Entwicklungsstrategie mit einer langen Phase der Importsubstitution verfolgte, ca. 98% seiner Entwicklungsinvestitionen aus eigener Kraft finanzierte und mit einem Anteil von nur 0,04% am Welthandel beteiligt war, ist konsequenterweise ein Beleg dafür, daß die umstrittene These von der "Weltmarktintegration" als externe Entwicklungsblockade, wie sie von den Vertretern der Dependencia-Theorie der Unterentwicklung[1] wie Samir Amin, Johan Galtung, A.G. Frank, A. Cordova, D. Senghaas und anderen verstanden wird, für Indien nicht direkt zutrifft und somit nicht als externe Blockade ins Gewicht fällt. Ganz im Gegenteil hätte eine selektive Öffnung und Integration zum Weltmarkt - wohlgemerkt nur als ergänzendes entwicklungspolitisches Instrument - zur Entfaltung des reichen Potentials der indischen Volkswirtschaft positiv beitragen können. Mit der Zulassung von Wettbewerb sowohl unter den inländischen Unternehmern als auch staatlichen Industrien sowie seitens ausländischer Unternehmen hätte die Konkurrenzfähigkeit der indischen Produkte - gemessen an Preisen sowie an der Qualität - in anderen Ländern erhöht und das gegenwärtig bemerkbar gewordene Problem des Handelsbilanzdefizits und Devisenengpasses vermieden werden können.

Eine Reihe renommierter indischer Ökonomen, wie Jagdish Bhagwati, L.K. Jha (ehemaliger Gouverneur der Reserve Bank of India und Vorsitzender der Wirtschaftsreform-Kommission 1983/84), I.G. Patel (ebenfalls ehemaliger Gouverneur der Reserve Bank of India und jetziger Direktor der berühmten London School of Economics and Political Science) und auch Abid Hussain (ehemaliges Mitglied der Planning Commission),[2] bekräftigen diese These und vertreten die Meinung, daß durch die überproportional lange Phase der "inward-looking"-Entwicklungsstrategie in Indien die Bedeutung des Außenhandels für das gesamtwirtschaftliche Wachstum unterschätzt worden sei und Indien dadurch den Anschluß an den Weltmarkt versäumt habe. Konsequenz der stark binnenmarktorientierten Außenwirtschaftspolitik, die die indische Regierung lange Zeit (1965 bis 1984) verfolgte, waren ein kontinuierlicher Rückgang der Exportquoten und eine Verminderung des inneren Wettbewerbs, was zu einer Verringerung der Produktqualität und Effizienz des Produktionsprozesses führte und den Prozeß einer effizienten Ressourcenallokation offenbar beeinträchtigte, was sich nun als Entwicklungsblockade herausstellt.

Das Argument des "kolonialen Erbes" muß daher in dem Zusammenhang gesehen werden, daß es Indien trotz vier Jahrzehnte langer Anstrengungen nicht geschafft hat, die Verflechtung von landwirtschaftlichen und industriellen Produktionsstrukturen durch die Schaffung sich ergänzender Waren- und Dienstleistungskreisläufe zu vollziehen. Wenn an anderer Stelle bereits festgestellt worden ist, daß es Indien in einigen Bundesländern schon gelungen ist (vgl. Abschnitt 2.2.5.3), diese Verflechtungen einigermaßen gut zu ermöglichen, so steht diese

Feststellung nicht im Widerspruch, und demzufolge lassen sich die binnenwirtschaftlichen sowie gesellschaftspolitischen Defizite in Indien nicht allein mit dem Ergebnis des "kolonialen Erbes" rechtfertigen. Zugleich ist neben der "kolonialen Ausbeutung und Deformierung" erkennbar, daß die internen Blockaden auf verschiedenen Ebenen der Wirtschaft und Gesellschaft sowie die Versäumnisse, die reichlich vorhandenen Ressourcen und infrastrukturellen Ausstattungen sinnvoll einzusetzen, zu dieser dualistischen Entwicklung beigetragen haben. Diese Versäumnisse und zum Teil auch die Vergeudung von Ressourcen lassen sich an folgenden internen Blockaden verdeutlichen.

3.2 Die spezifischen internen Entwicklungsblockaden auf dem Weg zur Binnenmarkterschließung in Indien

Aus den vorangestellten Erkenntnissen (Kapitel 2) der Lageanalyse der gesamtwirtschaftlichen Entwicklung in Indien - bezogen auf seine reichlich vorhandenen Potentiale - läßt sich folgendes klar erkennen:

- In den letzten Jahren ist zwar in einigen Gliedstaaten, vor allem im westlichen Indien, meist aufgrund der ethnischen Zusammensetzung der Bevölkerung, aufgrund des hohen Bildungsstandes und eines relativ hohen Maßes an Faktormobilität und unternehmerischem Potential ein leistungsfähiger Agrarsektor bzw. eine beschleunigte sozio-ökonomische Entwicklung zu verzeichnen, während die wirtschaftlichen und gesellschaftlichen Fortschritte in vielen anderen Gliedstaaten, vor allem im östlichen Indien, äußerst gering sind. Zwischen diesen beiden Extremen gibt es einige Bundesländer, die einen mäßigen Strukturwandelungsprozeß aufweisen.

- Im ganzen gesehen sind jedoch unverkennbare Entwicklungshemmnisse festzustellen, die sowohl auf die ökonomischen als auch auf die demographischen, politischen und gesellschaftlichen Faktoren zurückzuführen sind. Hierbei ist zu beachten, daß sowohl jeder einzelne der obengenannten Faktoren als auch das Zusammenwirken und die wechselseitigen Beziehungen mehrerer Faktoren eine ausgewogene sektorale und regionale sowie eine einigermaßen integrierte sozio-ökonomische Entwicklung behindern können. Die Entwicklungsblockaden für diesen Strukturwandel sind nun vielfältiger und miteinander enger verknüpft, als man annimmt. Sie lassen sich im wesentlichen wie folgt gruppieren:

(1) Bevölkerungsdruck, niedriger Bildungsstand und unzureichende Gesundheitsversorgung (sozio-kulturelle Blockaden);
(2) Subsistenzlandwirtschaft zwischen Agrarbourgeoisie (farmer's capitalism) und integrierten ruralen Entwicklungsprogrammen (rural Keynesianism);

(3) Industrielle Entwicklung auf der Basis gemischter Planwirtschaft (mixed economy) und überzogener Importsubstitutions-Strategie;
(4) Engpässe in der Energieversorgung und Mangel an materiellen infrastrukturellen Leistungen im Transport-, Verkehrs- und Kommunikationswesen;
(5) das Fehlen einer handwerklichen bzw. industrieberuflichen Ausbildung, Übergewicht der akademischen Bildung, unzureichende Forschung und Entwicklung für die "Angepaßte Technologie";
(6) unzureichende Exportorientierung;
(7) starke zentrale Intervention mit administrativen Starrheiten, überwuchernder Bürokratie und Korruption;
(8) Konflikte zwischen Ökonomie und Ökologie, sozio-kulturelle Spannungen und politischer Regionalismus.

3.2.1 Bevölkerungsdruck, niedriger Bildungsstand und unzureichende Gesundheitsversorgung (soziokulturelle Blockaden)

Unter dem Gesichtspunkt der demographischen Höchstbelastungen und des steigenden Bedarfs an Investitionen für die Ernährungs-, Arbeitsplatz-, Bildungs- und Gesundheitsversorgung sowie vor allem des Umweltschutzes stellen die gegenwärtige Bevölkerungsgröße und die durchschnittliche jährliche Wachstumsrate von über 2,3% ein herausragendes Problem dar. Mit 844 Mio. Menschen ist Indien eine überwiegend "junge Nation" mit einem sehr hohen Anteil sowohl an Kindern im Vorschulalter (ca. 40%) als auch an Menschen im sogenannten "Reproduktionsalter" (ca. 54%) (vgl. Abschnitt 2.2.2). Millionen von Indern, die unter dem Existenzminimum leben und in den Städten als Slumbewohner dahinvegetieren, deuten auf die Dimension des Problems "Bevölkerungswachstum" hin, das sich als eine Art "Achillesferse" im Kampf gegen Armut, Unterentwicklung und vor allem bezüglich der enormen regionalen und sektoralen Unterschiede erweist. In einem vom Bevölkerungsfonds der Vereinten Nationen (UNF-PA) im Mai 1988 organisierten Seminar wurde folgendes hervorgehoben: "India alone has the tragic fate of half the blind, other handicapped and illiterates living on her soil. ... The number of poor living in India is more than the entire population that was at the time of independence."[3] Dies deutet darauf hin, daß das Phänomen des sogenannten exponentiellen Wachstums der Bevölkerung in Indien noch weiter besteht, obwohl die jährliche Zuwachsrate geringer erscheint. Dies bedeutet auch, daß Indien zur Deckung des Neubedarfs an Nahrungsmitteln, Gesundheitseinrichtungen, Schulen, Arbeitsplätzen, Wohneinheiten usw. zusätzliche Investitionen in Milliardenhöhe benötigt.[4] Kurz gesagt, es wird zunehmend schwieriger werden, die Grundbedürfnisse der rapid wachsenden Bevölkerung angesichts der schon vorhandenen akuten Probleme zu befriedigen. In einer ausführlichen empirischen Studie des Expert Committee on Population heißt es: "The country's rapidly multiplying numbers is the single biggest factor inhibiting speedier development. Every baby born costs the country Rs. 16.000 to bring up. If one has to provide just basic education for the new citizens, 150 primary schools have to be set up a day. (Right now the figure is just 60.)"[5]

Daß angesichts solcher Belastungen etwas unternommen werden muß, ist unumstritten. Inzwischen besteht selbst in Indien breiter Konsens darüber, daß dies nicht nur politischen, sondern auch gesellschaftlichen Handlungsbedarf erfordert.

Schon in den 20er Jahren wurde in Indien diese Tatsache erkannt. *The Population Problem of India*, ein Werk verfaßt von P.K. Wattal im Jahre 1916 zeigt, daß indische Intellektuelle sich schon frühzeitig über die Bevölkerungsentwicklung und eine entsprechende Bevölkerungspolitik Gedanken gemacht haben. Schon vor der Unabhängigkeit haben sich Inder - Frauen und Männer gemeinsam - bemüht, die Geburtenrate zu senken. Die Eröffnung der ersten privaten Klinik zur Geburtenkontrolle im Jahre 1925 in Bombay, die Gründung einer Neo-Malthusianischen Liga im Jahre 1928 in Madras, die im *Madras Birth Control Bulletin* veröffentlichten Hinweise auf Methoden der Empfängnisverhütung, die Einrichtungen von Kursen über Empfängnisverhütungsmethoden an der Universität Madras im Jahre 1932 sowie die Befürwortung von Familienplanungsmaßnahmen durch die All India Women's Conference im Jahre 1932 sind konkrete Beispiele dafür, daß das Thema Bevölkerungsdruck und Familienplanung in Indien auch schon früher Beobachtung fand. Das Besondere daran ist jedoch, daß Indien zum damaligen Zeitpunkt eine englische Kolonie war und die britische Regierung sich wenig um indische Bevölkerungspolitik kümmerte, so daß die Bemühungen der Inder mit nur wenigen Ausnahmen Einzelinitiativen blieben. Demgegenüber wurde von den führenden Politikern wie Mahatma Gandhi und Jawaharlal Nehru die "Enthaltsamkeit" als wirksame Geburtenkontrolle propagiert.

Mit der Erlangung der Unabhängigkeit führte die indische Regierung, übrigens als erste in der Welt, eine staatliche Familienplanungspolitik ein. In diesem Zusammenhang ist zu erwähnen, daß als Begründung und Motivation in den damaligen Erklärungen seitens der Regierung überwiegend die Gesundheit der Mütter und Kinder und nicht der direkte ökonomische Zusammenhang zwischen Armut, Unterentwicklung und Bevölkerungswachstum angegeben wurde. Dieser Versuchsphase ist die indische Familienplanungspolitik längst entwachsen und mittlerweile verfügt man über die Erfahrungen aus vier Dekaden konkreter und zum Teil sogar aggressiver Familienplanungspolitik, die bis hin zu Zwangssterilisierungen führte und Indira Gandhi 1976 ihre Amtszeit kostete. Nicht nur in großen Städten, sondern auch in ländlichen Gebieten und Dörfern wurden Spezialkliniken, die sogenannten "Primary Health Workers", Beratungsstellen sowie die inzwischen von der Regierung Rajiv Gandhi eingeführte Einrichtung von 1,5 Millionen Mütter-Brigaden, vor allem bei der Landbevölkerung, zum Zwecke der Erhöhung der Wirksamkeit der Bevölkerungspolitik eröffnet. Die Beraterinnen machen Hausbesuche, versuchen die Mütter von dem Vorteil der Familienplanung zu überzeugen und verteilen kostenlos Verhütungsmittel. Für eine vorgenommene Sterilisierung werden Geschenke, so z.b. die bei der ländlichen Bevölkerung sehr begehrten Transistorradios, und auch Geld (Rs. 180) von der Regierung als Anreize verteilt. In den Städten und Dörfern sieht man in allen regionalen Sprachen große Werbeplakate auf Omnibussen und sogar auf Streichholzschachteln, die eine kleine glückliche Familie zeigen. Über Radios und auch über das Fernsehen, vor allem vor jeder interessanten Sendung, werden für eine kleine glückliche Familie - "Small Family - Happy Family" - massiv Werbekampagnen betrieben.

Dennoch zeigt die Bilanz dieser Bemühungen, daß das Familienplanungsprogramm die Armen und vor allem die reiche Mittelschichtbevölkerung (die konservative Gesellschaft) im "Hindi-Heart-Land", den nördlichen und nord-östlichen Bundesstaaten wie Uttar Pradesh, Madhya Pradesh, Bihar, Orissa, Teile von Nord-Gujarat, Andhra Pradesh und Rajasthan, nie richtig überzeugte, obwohl die Regierung in Delhi eine Senkung der Geburtenraten gerade in diesen Bundesländern, in denen 40% der indischen Bevölkerung leben, besonders gerne gesehen hätte. In einem Bericht von Das Gupta heißt es: "The family planning programme has not resulted in a net decline in the growth rate. And if the rate is not reduced the population in the next century will be larger than estimated in the latest growth projections."[6] In einem anderen Bericht vom Expert Committee on Population in India, das von der Zentralregierung eingesetzt wurde, heißt es: "Disturbingly the country's population continues to grow at a prodigious 2.13 per cent annually. The nation now adds 16 million people every year. That disconcerting rate has remained since 1977 and shows no sign of dropping. And this despite the country pumping in Rs. 300 crore (3 Mrd.i.R.) in the past decade to boost its mammuth family planning programme - three times the amount for the previous 30 years put together."[7] Nach vorliegenden offiziellen Angaben gibt die Regierung jährlich über $ 175 Millionen für verschiedene Geburtenkontrollmaßnahmen aus.[8]

Um eine Stabilisierung der Wachstumsrate, gemessen an der demographischen Größe der sogenannten Netto-Reproduktionsrate (NRR) von 1,[9] in absehbarer Zukunft (kurzund mittelfristige Perspektive) zu erreichen, müssen auch die regionalen Unterschiede mit ins Kalkül gezogen werden. Die zahlreichen empirischen Untersuchungen[10] über die demographische Entwicklung in Indien deuten darauf hin, daß das unterschiedliche Fertilitätsverhalten bei Frauen und damit auch die unterschiedlichen Wachstumsraten der Bevölkerung in den verschiedenen Bundesländern zunächst auf die auffällige regionale Differenzierung in der gesellschaftlichen Einstellung, vor allem beim Bildungs- und Gesundheitsgrad sowie in der Ernährungs- und medizinischen Versorgung bei Mädchen und Frauen, zurückzuführen sind. Das Kastenwesen und die Religionszugehörigkeit, unter anderem auch die traditionsbedingte untergeordnete Stellung der Frau in konservativen Gesellschaften, spielen dabei ebenfalls eine entscheidende Rolle. Die Literatur[11] bezüglich Frauenforschung in Indien sowie der vor kurzem erschienene Weltbevölkerungsbericht 1989[12] bestätigen diesen Sachverhalt. Trotz des gesetzlich geregelten Mindestheiratsalters von Frauen mit 18 und Männern mit 21 Jahren sind Kinderehen in den konservativen Hindu-Gesellschaften keine Seltenheit, sondern fast eine soziale Regel. In den Medien wurde ausführlich von dem Heiratsmarkt in Rajasthan berichtet.

Es hat sich herausgestellt, daß es sich bei dem Bevölkerungspotential und der Bevölkerungspolitik in Indien um ein sehr komplexes Phänomen handelt, das hauptsächlich auf sozio-ökonomischen Wechselbeziehungen und gesellschaftlichen Zusammenhängen beruht, die durch die staatliche Familienplanungspolitik schwer regulierbar sind. Offensichtliche Schwierigkeiten in der Bevölkerungspolitik sind zu einem großen Teil auf den niedrigen Bildungsstand hauptsächlich in ländlichen Gegenden und insbesondere bei Mädchen und erwachsenen Frauen im Reproduktionsalter zurückzuführen. Dies wird noch stärker verdeutlicht, wenn man die Zahlen der Alphabetisierung, die von 16% im Jahre 1951 auf 36% im Jahre 1988 angestiegen sind, mit den Zahlen des Bevölkerungszuwachses von 361 Mio. (1951) auf 820 Mio. Einwohner (1990), vergleicht. Rein mathematisch gesehen, beträgt die Alphabetisierung 20%, während das Bevölkerungswachstum bei 122% liegt. Dies bedeutet, daß der Anteil der Leseund Schreibkundigen im Schneckentempo ansteigt, hingegen die Zahl der Bevölkerung sprunghaft zunimmt. Dies macht sich auch in der unterschiedlichen "Reproduktionsrate" in verschiedenen Bundesländern bemerkbar. Nach offiziellen Berechnungen wird die demographische Entwicklung, die eine Stabilisierung der Geburtenziffern der NRR bei 1 infolge des veränderten Fertilitätsverhaltens aufweist, wie folgt verlaufen:

Group A (1991-92): Andhra Pradesh, Gujarat, Haryana, Kerala, Maharastra, Punjab und Tamil Nadu;
Group B (1996-97): Assam, Karnataka, Madhya Pradesh, Orissa und West Bengal;
Group C (2001-02): Bihar, Rajasthan und Uttar Pradesh.

Dementsprechend erwartet die Regierung eine Abnahme der Bevölkerungswachstumsrate von 2,17% im Jahre 1982 auf 1,84% im Jahre 1991 und auf 1,4% bis zum Jahre 2001.[13] Ob diese Prognosen, die unter Einbeziehung der erwarteten "Erfolgsquoten" vielfältiger bevölkerungspolitischer Maßnahmen berechnet worden sind, die die indische Regierung in Zusammenarbeit mit internationalen Organisationen bereits seit 37 Jahren durchführt, sich auch tatsächlich erfüllen werden, wird von Experten bezweifelt. Die zuständigen Regierungsstellen wie "The Union Health and Family Welfare Ministry" sowie "The State Health and Family Welfare Ministry" versuchen die Erfolge der Familienplanungsmaßnahmen an der gestiegenen Anzahl von "Sterilisierten" sowie an den sogenannten "Fresh Acceptors of Contraceptive Practices" oder "Protected against Pregnancy" zu messen. Dubioserweise enthüllen diese Statistiken nicht die bemerkenswerte Tatsache, daß in den Zahlen der "Protected against Pregnancy" und "Fresh Acceptors" auch Ehepaare oder Väter mitgerechnet werden, die bereits vier bis fünf Kinder haben und die sich zum Teil schon früher einer solchen Operation unterzogen haben und sich nur wegen des Geschenkes oder des Geldes noch einmal für eine Sterilisation und Kontrazeptive gemeldet haben, wie aus einem Bericht des Expert Committee on Population hervorgeht:

> Most of the Union Health Ministry claims are dubious. For instance, it claims that the percentage of couples protected against pregnancy has gone up from 22,8% in 1980 to 39,9% this year (1988) - a demographically significant rise of 17 per cent in eight years. Experts say such a dramatic increase should have resulted in a steep drop of five points in the country's birth rate. But since 1977, it has remained stationary at 33. As Dr. Sivaswamy Srikantan of the Punebased Gokhale Institute of Politics and Economics points out: "The Government's couple protection rates look extremely suspicious. We may see the backlash soon."[14]

Demgegenüber haben die erzielten Verbesserungen im Bildungsstand, in der Gesundheitsversorgung und die Möglichkeiten der Erwerbstätigkeit vor allem von Frauen spürbare Erfolge in Sachen Familienplanung gebracht. Es gibt konkrete Beispiele, vor allem in den Bundesstaaten Kerala, Maharastra, Tamil Nadu, Karnataka und Punjab (vgl. Anhang II - 1), die diese Thesen bekräftigen. Schon auf der Weltbevölkerungskonferenz in Bukarest 1974 gelangte man zu der Erkenntnis, daß als Grundvoraussetzung für die rasche Lösung von Bevölkerungsproblemen vor allem ein sozialer und wirtschaftlicher Wandel notwendig ist. Damit sich dieser vollziehen kann, muß die Bevölkerungspolitik in die sozioökonomische Entwicklung integriert werden. Diese Tatsache trifft für Indien zunehmend zu, und die These "Entwicklung ist das beste Kontrazeptiv" gewinnt besonders an Bedeutung.

Zusammenfassend ist festzustellen, daß Bevölkerungspolitik keineswegs allein eine Kombination von durchgeführten Sterilisationsziffern plus verkauften Kontrazeptiven ist, sondern nur in einem komplexen Umfeld von gesellschaftlich-institutionellen Rahmenbedingungen, einschließlich des Aufbaus eines leistungsfähigen Basisgesundheitswesens, der Schaffung von sozialen Sicherheitssystemen (denn Kinder werden als Altersversorger angesehen) und der Förderung und Weiterbildung, einschließlich Erwachsenen- und Funktionalbildung, von individuellen Fähigkeiten auf allen Ebenen der Gesellschaft, vonstatten gehen kann. Dieses Umfeld hat sich bislang nur in wenigen Bundesstaaten - wie bereits erwähnt - ausreichend herausgebildet. Die weiter bei über 2% - zum Teil auch bei 3% im Hindi-Heart-Land - liegende Bevölkerungszuwachsrate und die hohe Analphabetenquote deuten darauf hin, daß Indien noch lange Zeit damit beschäftigt sein wird, einen Durchbruch auf diesem Gebiet zu erzielen. Die gesellschaftlichen Einstellungen und Traditionen können nicht nur durch steigende Zahlen an Schulen und "Primary Health Workers" in kurzer Zeit verändert werden, sondern vielmehr muß gleichzeitig auch das "Bewußtsein" verändert werden, damit die Menschen die Dienste solcher Einrichtungen in Anspruch nehmen.

Um dem vielschichtigen Phänomen Bevölkerungsdruck zu begegnen, reichen daher politisch geplante Maßnahmen mit arithmetischen Kalkülen kaum aus. Damit steht fest, daß in Indien eine allmähliche Neudefinition bürgerlicher Grundbildung einschließlich einer funktionalen Bildung auf dem Mindestniveau eines mittleren Schulabschlusses dringend nötig ist. Eine Bevölkerungsplanung ohne breitgefächerte Bildungspolitik bedeutet, daß die Übergangszeiträume zur ökonomischen Entwicklung wieder höher gesetzt werden und ohne unmittelbare Maßnahmen für die Erwerbs- und Alterssicherung der Kinder und Familienangehörigen nicht zu überwinden sind. Trotz der seit 1966 eingeführten kostenlosen allgemeinen Schulpflicht und der in Zahlen eindrucksvoll demonstrierten Infrastruktur für Bildung, Ausbildung und höhere Bildung sowie für Forschungseinrichtungen (vgl. Abschnitt 2.2.6.2) gelang es Indien bisher nicht, die "Kinderarbeit" (derzeit auf 14 Mio. geschätzt) und die sogenannten "school drop-outs" (Schüler, die vorzeitig die Grundschule verlassen und in den Slums verelenden) zu reduzieren.[15]

Mit den Problemen Bevölkerungsdruck, mangelnde Bildung und unzureichende Gesundheitsvorsorge, speziell im indischen Kontext, scheint es sich genauso zu verhalten, wie bei dem berühmten Dilemma vom "Ei und der Henne"; ist die Familienplanung Voraussetzung für wirtschaftliches Wachstum oder umgekehrt? Was wirkt als Blockade? Wie kann Indien jetzt und auch in Zukunft trotz der eindrucksvollen industriellen Entwicklung und landwirtschaftlichen Produktion mit Bildung, Gesundheit und Arbeitsplätzen versorgt werden? Sicher müssen alle diese Komponenten gleichzeitig behandelt werden, denn für eine integrierte Entwicklung sind sie nicht voneinander zu trennen. Dies ist der inhaltliche Teufelskreis eines tendenziell übervölkerten Landes, dessen sozio-ökonomischer Fortschritt und binnenwirtschaftliche Integration neben finanziellen und institutionellen Hemmnissen vor allem durch unzureichende Entwicklung in den Bereichen Bevölkerung, Bildung und Gesundheitsversorgung blockiert wird.

3.2.2 Subsistenzlandwirtschaft zwischen Agrarbourgeoisie (Farmer's Capitalism) und integrierten ruralen Entwicklungsprogrammen (Rural Keynesianism)

Die Erzeugung des Nahrungsgetreides für die große Bevölkerung und die agrarischen Rohstoffe für die fortschreitende industrielle Entwicklung sind oberste Aufgabe der Landwirtschaft in Indien. Zudem ist sie immer noch die Existenzgrundlage für ca. 65% der erwerbsfähigen Bevölkerung, was zur Zeit ca. 237 Mio. ausmacht. Wenn auch Indien nach einigen guten Ernten und mit Hilfe des technologischen Durchbruchs (Grüne Revolution) in den letzten Jahren einen gewissen Selbstversorgungsgrad beim wichtigen Nahrungsgetreide, abgesehen von Speiseöl, Hülsenfrüchten und Zucker, erreicht hat, so muß man sich dennoch bewußt sein, daß die landwirtschaftliche Lage jederzeit wieder in Instabilität zurückfallen kann; ein oder zwei ausbleibende oder ungenügende Monsunregen können das Bild wieder völlig verändern (vgl. Abschnitt 2.2.3).

Hinzu kommt der unverminderte Bevölkerungsanstieg und die wachsende Zahl der arbeitsuchenden Menschen, die nicht so rasch im Industriesektor untergebracht werden können. Die Bauern in den nichtbewässerten Gebieten gehören zu den ärmsten der Bevölkerung Indiens. Die Kleinbauern, die "marginal farmers", müssen hinnehmen, wie ihr Stückchen Land von Generation zu Generation schrumpft; sie sind gezwungen, die wenigen noch vorhandenen natürlichen Wälder abzuholzen, wodurch die Erosion beschleunigt wird. Was an Regen fällt, läuft ungenutzt auf dem erodierten Boden ab. Damit sinkt auch die Produktivität des Ackerlandes. Im Grunde genommen steckt die landwirtschaftliche Entwicklung in Indien nach wie vor in einem schwierigen strukturellen Anpassungsprozeß. Die beachtlichen Erfolge im Bereich der Agrarproduktion, die sowohl die Versorgung der Bevölkerung mit Nahrungsgetreide sowie die "Lagerhaltung" für den Notstand als auch die begehrten "cashcrops" wie Baumwolle, Jute, Tabak, Tee, Keschew, Kernel u. a. für den Export sicherstellen, scheinen offensichtlich nicht groß genug zu sein, um eine spürbare Verbesserung der Einkommensverteilung zwischen Groß-, Klein- und Mittelbauern zu erzielen. Konkret ausgedrückt, bedeutet dies, daß der erforderliche Kaufkraftzuwachs, von dem man einen grundlegenden Wandel im Bereich der produktiven Beschäftigung ("gainful employment") für die landlosen Bauern und Landarbeiter, die in der Landwirtschaft ihre Überlebenschancen suchen, erwartet, bisher ausgeblieben ist. Die Zentralregierung wie auch die Regierungen auf der Ebene der Gliedstaaten bemühen sich, die Agrarstrategie und -politik in diese Richtung zu korrigieren, zu revidieren und neu zu gestalten, doch für die Durchführung sind weitgehend die einzelnen Gliedstaaten zuständig. Die Regierungen der Nordoststaaten wie U.P., Bihar, Assam und Orissa, die gemeinhin wirtschaftlich notleidende Regionen darstellen, bedingt durch ihre gesellschaftlichen und administrativen Strukturen, zeigen sich als weniger erfolgreich in der Durchführung der Verbesserungstechnologien und anderer Maßnahmen als die im Westen und Nordwesten liegenden Staaten.

Bei der langfristigen Betrachtung der landwirtschaftlichen Entwicklung seit der Unabhängigkeit im Zusammenhang mit der seitdem eingeleiteten Agrarreform und -förderungspolitik sind folgende drei Phasen, die auch für die künftige Entwicklung von besonderer Bedeutung sind, zu unterscheiden:

- Landreformmaßnahmen und Ausweitung der landwirtschaftlichen Nutzfläche (1951-1966);
- Einführung neuer Technologien - die Grüne Revolution (1966/67 - gegenwärtig);
- Wachstumsmaßnahmen mit sozialem Aspekt im Agrarsektor (ausgeprägt seit dem 6.Fünfjahresplan (1980-85) gegenwärtig).

Vor dem Eindringen der Fremdherrschaft, hauptsächlich zuerst durch die Mogulen (15. und 16.Jh.) und später durch die Briten (1890-1947), war die Landwirtschaft Indiens mit genügend Boden für die ganze ländliche Bevölkerung und auseichenden Arbeitskräften ausgestattet. Die Anzahl der Bauern im Verhältnis zum bebaubaren Land war relativ gering, zumal das nutzbare Land nicht völlig landwirtschaftlich erschlossen war. Es gab für die Bauern keine Eigentumsrechte an Boden im westlichen Sinne. Das Land gehörte de facto den Fürsten oder Dorfgemeinschaften. Dennoch herrschte zu jener Zeit eine Art Gegenseitigkeit zwischen den Landwirten, dienstleistenden Handwerkern und Landbesitzern. Im Gegensatz zum europäischen Feudalsystem war das sogenannte "Jajmani-System" nicht durch leibeigene Untertanen, sondern vielmehr durch humane Verhältnisse gekennzeichnet. Trotz der in einigen Fällen praktizierten Ausbeutung von Bauern hat sich dieses System sowohl hinsichtlich der landwirtschaftlichen Produktion als auch bezüglich der sozialen Verhältnisse der Landbevölkerung als tragfähige Organisationsform des Agrarsektors erwiesen.

Diese Grundbesitzverfassung wurde durch die Mogulherrschaft, die das System der Steuereintreiber und später Großgrundbesitzer - die sogenannten *Zamindar* und *Jagirdar* - einführten, gestört. Die Mogulkaiser überließen zunächst den Bauern das Land gegen die üblichen Steuern aus der landwirtschaftlichen Überschußproduktion zur Bewirtschaftung, setzten aber kleine Zwischenherrscher als Steuereinnehmer ein. Dazu führte Kaiser Akbar (1586-1605) die Geldsteuer ein statt der bisherigen Naturaliensteuer. Aus dieser Steuerverwaltung entwickelte sich im Laufe der Zeit aus dem System der Steuererheber (*Zamindar*) das System der Grundherren/Grundbesitzer (*Jagirdar*), die mit allen Rechten eines Staates wie dem Recht auf Steuern, Ansprüche auf unkultiviertes Land, Polizeigewalt und zuletzt auch dem Recht auf Beschlagnahmung von Land von Steuerschuldnern (Bauern) ausgestattet waren.

So entwickelte sich zum erstenml in Indien das Obereigentum paraitärer Rentenbezieher an Boden, das später von den Engländern weiter verfeinert und ausgearbeitet wurde. Nach einigen Experimenten mit der Steuerverwaltung wurde im Jahr 1793 das zerstörerische System des "Permanent Settlement of Bengal" (in den heutigen Gliedstaaten West-Bengalen, Bihar, Orissa, U.P., Madhya Pradesh und Andhra Pradesh - ca. 57% des gesamten Ackerlandes) von dem damaligen Gouverneur Lord Cornwallis als endgültige Regelung des Landbesitz- und Steuererhebungsverfahrens in die Agrarverfassung eingeführt. So konnten die *Zamindar* und *Jagirdare* von den eigentlichen Landeigentümern ihrer Bezirke, die die einmal festgelegten Steuern direkt an den britisch-indischen Staat ablieferten, beliebig mehr Abgaben abkassieren. In anderen Teilen Indiens, wie z.B. Tamil Nadu, Maharastra, East Punjab, Madhya Pradesh und Assam wurde der Besitzanspruch der Bauern aufrechterhalten, wobei sie zur Entrichtung individueller Steuern (*Ryotwari*-system - ca. 38% des gesamten Ackerbodens) oder kollektiver Dorfsteuern (*Mahalvaris*-system - ca. 15% des gesamten Ackerbodens) in Agra und Oudh im heutigen U.P. und auch zum Teil in Madhya Pradesh und Teilen Punjabs verpflichtet wurden.

Das zerstörerische Element in diesem System, welches heute noch die indische Landwirtschaft nachhaltig belastet, war, daß das den *Zamindar* übertragene Eigentumsrecht verpachtbar, vererblich und auch verkäuflich war. Die hohe Diskrepanz zwischen gleichbleibender Agrarsteuer und steigenden Einnahmen brachte den *Zamindar*, die Großgrundbesitzer und Geldverleiher zugleich waren, Wohlstand. Später behielten sie es sich auch noch vor, das Amt des Abgabenkassierers unterzuverpachten. Nach einiger Zeit war es auch nicht selten, daß mehr als 20 funktionslose Zwischenpächter, die sogenannten "Intermediaries", zwischen Staat und Bauern standen, die alle am Ertrag der Bodenbewirtschaftung partizipierten. So kam es zu einer fortlaufenden Verschlechterung der Verhältnisse in der Landwirtschaft. Hinzu kam auch, wie schon erwähnt, die Zerstörung der Manufaktur und des Handwerks, die zu hoher Arbeitslosigkeit führte, was wiederum in großem Ausmaß eine Abwanderung der Bevölkerung von der Manufaktur zurück in die Landwirtschaft (Reruralisierung) mit sich brachte. Der Bevölkerungsdruck auf dem Agrarsektor wurde größer, und durch die Teilung des vererbten Landes wurden die landwirtschaftlichen Betriebe weiter fragmentiert. Im Zuge der immer größer werdenden Verschuldung blieb den armen Bauern nichts anderes übrig, als ihr Ackerland an die *Zamindar* zu verkaufen. Auch heute noch suchen Bauern als landlose Landarbeiter ihre Überlebenschancen im Agrarsektor.

Diese kurze Vorgeschichte zu der halbfeudalistischen ungleichen Landbesitzverteilung in der heutigen indischen Landwirtschaft (vgl. Anhang III-a), die in mehreren wirtschaftsgeschichtlichen Büchern ausführlich dargestellt wird,[16] ist für die Frage, warum es in Indien trotz "Grüner Revolution" noch Subsistenzlandwirtschaft gibt, von besonderer Relevanz, da sie zum Teil die Blockierung eigenständiger landwirtschaftlicher Entwicklungsansätze erklärt (vgl. Abschnitt 1.2.2.5). Dies soll aber kein einschlägiges Vorurteil und damit auch keine einseitige Schuldzuweisung an die "Kolonialmacht" darstellen, sondern die Tatsache hervorheben, daß die jahrhundertlange auf koloniale Interessen ausgerichtete Agrarpolitik in Indien einen Strukturwandlungsprozeß im linearen Vorwärtsgang, d.h. von der Agrikultur zur Manufaktur und von der Manufaktur zur Dienstleistung, für lange Zeit verhindert hat und statt dessen einen im Rückwärtsgang laufenden Prozeß von der Manufaktur zur Subsistenzagrikultur zur Folge hatte. Damit ist schon angedeutet, daß der Übergang von einer solchen feudalistischen Agrarstruktur zu einer leistungsfähigen binnenmarktorientierten Landwirtschaft nicht so geradlinig war, wie man gemeinhin annimmt. Der erste notwendige Schritt zur Überwindung dieser Situation, der eine unabdingbare Voraussetzung für die mögliche Leistungsfähigkeit und für die Bereitstellung einer Existenzgrundlage für die Millionen von Bauern und landlosen Arbeitern darstellte, sollte eigentlich in den konkreten Agrarreformen getan werden. Die Regierung hatte dies auch erkannt. Sogar vor der Unabhängigkeit wurden von der führenden politischen Partei, Indian National Congress, Vorschläge für Agrarreformen ausgearbeitet, und auf der Bauernkonferenz dieser Partei im Jahre 1935 wurde die Resolution über die Abschaffung des *Zamindari*-systems verabschiedet. Konkretisiert wurde dies jedoch erst 1947, als das Komitee für die Agrarreform eingesetzt wurde, das weitreichende Vorschläge für Agrarstrukturreformen unterbreitete.

Das Hauptproblem bei der Durchführung der Maßnahmen der gut konzipierten Agrarreform in Indien liegt darin, daß nach der föderativen Verfassung die Gesetzgebung für die Landwirtschaft von der jeweiligen Regierung in den Gliedstaaten erlassen wird. Deshalb werden die Reformen in unterschiedlichem Tempo, mit unterschiedlichen speziellen Teilmaßnahmen, mit besonderen, veränderten und ergänzenden Gesetzeserlassen in den verschiedenen Gliedstaaten implementiert. Auf jeden Fall konzentriert sich die anfänglichen Agrarreformen im wesentlichen auf drei Schwerpunkte, und zwar auf die Ablösung der "Intermediaries" (*Zamindar, Jagirdar* und viele andere Zwischenpersonen zwischen Staat und Bauern), Verbesserungen im Pachtwesen (Tenancy Act) und auf das Festlegen von Höchstgrenzen für Landbesitz (Land Ceiling Laws), wobei die zulässige Obergrenze unterschiedlich, je nach Qualität des Bodens sowie unter Berücksichtigung regen- und irrigationsbedingter Verhältnisse, in den verschiedenen Bundesländern festgelegt ist. Es gab und gibt noch immer zahlreiche Ausnahmen für die Anwendung von Höchstgrenzen bei Landbesitz, wie z.B. die selbstbewirtschafteten Flächen, Obst- und Gemüseflächen sowie die zulässige Obergrenze, gemessen an Familiengröße und Kinderzahl, usw. Trotz erheblicher Unklarheiten sowie vieler Manipulations- und Umgehungsmöglichkeiten war bis zum Ende des 1.Fünfjahresplanes (1951/55) die Ablösung der "Intermediaries" in den meisten Bundesländern beendet. Nichtsdestoweniger sind bei der Durchführung weiterer Maßnahmen der Agrarreform viele administrative Schwierigkeiten zu verzeichnen. Es fehlen die Kataster-Eintragungen, so daß die Rechte der Pächter nicht ersichtlich sind. Misra und Puri stellen hierzu fest: "Laws relating to security of tenure can be implemented effectively only if correct and up-to date landrecords are available. However, it has been observed that in many states either no records of tenancy exist or in areas where they exist are incomplete and out-of date."[17] Demzufolge wurde im 7.Fünfjahresplan ein "centrally sponsored scheme for updating of land records" festgelegt.

Versucht man, eine Bilanz aus der 40jährigen Erfahrung der Agrarreformen zu ziehen, so fällt besonders die große Diskrepanz zwischen den geplanten Maßnahmen und den tatsächlichen Ergebnissen auf. Obwohl die Spitzen der großen *Zamindar* und der sogenannten "Intermediaries" beseitigt wurden, konnte die Grundbesitzverteilung nicht verbessert werden. Es zeigt sich, daß durch die Festlegung der Obergrenze zwar mehr als 3 Mio.ha Land zum "Surplus"-Land erklärt wurde, daß aber bisher erst weniger als die Hälfte aufgeteilt worden ist.[18] Dies liegt in erster Linie daran, daß der größte Teil des abgegebenen Landes aus Ödland und anderen unbrauchbaren Flächen besteht. Außerdem kamen noch viele lange Gerichtsprozesse hinzu, in denen über die Eigentumsrechte der Pächter, Teilpächter und der landlosen Bauern, die keine ausreichende Ausstattung mit landwirtschaftlichen Zugtieren und Geräten vorweisen konnten und daher wirtschaftlich nicht stark genug erschienen, um Land zu erwerben, negativ entschieden wurden.

So wurden viele kleine Bauern Opfer statt Nutznießer der Agrarreformen. Obwohl durch die Aktion "Operation Adhikar", das Recht auf Bebauen, ähnlich wie die frühere Aktion "land to the tiller", in Madhya Pradesh durch den Chief Minister Arjun Singh im Oktober 1988 der Versuch unternommen wurde, die "Landrecords" in Ordnung zu bringen, indem das Land von den Feudalherren, vor allem von den sogenannten "Kulaken", unter die armen Bauern verteilt werden sollte (wenn nötig sogar mit Hilfe der Polizei und juristischen Mitteln), scheiterte dieser Versuch jedoch in der Implementierungsphase. Auch von den Mitgliedern der Partei (Congress I), die selbst durch verschiedene Taktiken versuchten, ihren großen Landbesitz nicht zu verlieren, wurde diese Aktion nur als "Wahlpropaganda" deklariert.

In diesem Zusammenhang sollten auch die "Landschenkungen" - ein indischer Sonderfall -, zu denen Vinoba Bhave, ein Schüler Mahatma Gandhis, im Rahmen seiner Bhoodan- und Gramdan-Bewegung (Land- und ganze Dorfschenkungen) die Grundeigentümer aufgerufen hatte, erwähnt werden. Sein sozialer und religiöser Appell hatte aber nur sehr begrenzte wirtschaftliche und strategische Auswirkungen. Im Gegenteil ist ein sogenanntes "Land grabbing" in einigen Ländern eingetreten, bei dem Grundstücke von armen Eigentümern illegal und für wenig Geld von reichen Immobilienhändlern aufgekauft wurden.[19]

Die nach regionaler Differenzierung erfolgten empirischen Untersuchungen[20] bestätigen, daß die Landreform in Indien es allem Anschein nach noch nicht fertiggebracht hat, eine Besitzkonzentration des Landes seitens sogenannter "Large Farmers and Petty Landlords" zu verhindern. Hinzu kommen die unterschiedlichen Bewässerungsverhältnisse, die in einigen Gliedstaaten den Einsatz von neuen Technologien, den Anbau mehrerer Kulturen und mehrere Ernten im Jahr ermöglichen, wovon meistens nur die Großgrundbesitzer profitieren. Dies wiederum verstärkt die kapitalistische Agrarstruktur in einem sonst überwiegenden Subsistenzagrarsektor. Dieser Prozeß verschärft die dualistische Entwicklung nicht nur zwischen den verschiedenen Bundesstaaten, sondern auch innerhalb einzelner Bundesstaaten. Hanumantha Rao, ein renommierter Agrarökonom und Mitglied der Planungskommission, kommentiert zutreffend: "Our failure to enforce ceilings on land holdings effectively and the political clout that the large farmers enjoy in our rural society provided the necessary institutional base for the growth of capitalist sector in agriculture"[21] (vgl. Abschnitt 2.2.3).

Außerdem wird in Regierungskreisen und auch unter einigen Agrarökonomen die Meinung vertreten, daß, da es in Indien ohnehin keine überproportionalen Großgrundbesitzer, wie etwa in Brasilien die sogenannten Latifundis, gibt, kein Anlaß besteht, eine radikale Landreform durchzuführen. Dies wird auch ökonomisch als wenig sinnvoll betrachtet, wie eine von der Ford Foundation gesponsorte Studie von Dandekar und Rath bestätigt: "The very low ceiling which any sizeable programme of redistribution of land will require cannot be justified on sound economic consideration or rational calculation. It is futile to try to resolve the problem of rural poverty in an overpopulated land by redistribution of land which is in short supply."[22]

So versucht die indische Regierung seit jüngster Zeit das Problem der Subsistenzlandwirtschaft mit erhöhten öffentlichen Mitteln und mit Hilfe einer ganzen Palette von sogenannten Armutsbekämpfungsmaßnahmen im Rahmen des "Integrated Rural Development Programme" (IRDP) zu lösen. Bei diesen Maßnahmen handelt es sich im wesentlichen um die Bereitstellung begünstigter Kredite und Zuschüsse für Düngemittel, Pestizide und Saatgut, um den Einsatz von Brunnen und Pumpen sowie um die Einführung von landwirtschaftlichen Beratungsstellen und zahlreichen Sonderförderungsprogrammen[23] für jüngere und ältere arbeitslose Landwirte. Zu diesem Zweck sind ein dezentralisierter Administrationsapparat und institutionelle Infrastrukturmaßnahmen, vor allem im Bereich des Bank- und Kreditwesens, in ländlichen Gebieten (vgl. Abschnitt 2.2.6.3, Schaubild 6) aufgebaut worden. Kein Wunder, daß dadurch sowohl die Klein- oder Marginalbauern als auch Jugendliche - wohlbemerkt ohne Bildung und Berufsausbildung - verstärkt auf die staatliche Bürokratie angewiesen sind. Derartige Maßnahmen gehen allerdings an der eigentlichen Zielgruppe vorbei.[24] Das viele Geld, das hierfür aufgewendet wird, wird praktisch unnütz verschwendet. Bandyopadhyay hat in einer empirischen Untersuchung dazu festgestellt: "The most strident criticism of IRDP relates to improper implementation and therefore wastage of funds."[25] Ebenso weisen die neuesten von offiziellen Stellen durchgeführten Untersuchungen,[26] z.B. der National Bank of Rural Development (NABARD), der Reserve Bank of India (RBI), der Programme Evaluation Organisation (PEO) of the Planning Commission oder des Institute of Financial Management and Research (FMR), über die Wirksamkeit dieser Programme auf die vielen Defizite und Mißerfolge sowie vor allem auf die weitverbreitete Bürokratie hin. Außerdem kommen die auf 56 Millionen geschätzten landlosen Bauern ohnehin nicht in den Genuß dieser Maßnahmen.

Auch bei Bündeln von Maßnahmen der neuen Preispolitik zur Bestimmung der Mindesterzeugerpreise für die wichtigsten landwirtschaftlichen Produkte (essential commodities), wie Baumwolle, Zuckerrohr, Zucker, Ölfrüchte, Speiseöl, Weizen, Reis usw., die in erster Linie am Interesse der Großproduzenten orientiert sind, ist ein ausgeprägter bürokratischer Aufwand festzustellen. Nicht selten hat diese Politik zu Mißwirtschaft und damit auch zu Engpässen in der Versorgungslage sowie beim geplanten Export geführt, wie dies bei Zucker, Ölfrüchten und zuletzt auch bei Hülsenfrüchten der Fall war.[27]

Dennoch sind einige positive Ansätze der landwirtschaftlichen Entwicklung und konkreter Förderungsmaßnahmen, unter anderem auch die erfolgreichen Genossenschaftsprojekte, zu erwähnen, die in bestimmten Regionen Indiens trotz fehlender Landreformen zweifellos eine eindeutige inter-sektorale und inter-regionale Verflechtung eingeleitet haben. Denn im Zuge des landwirtschaftlichen Modernisierungsprozesses, insbesondere durch die Anwendung von adäquaten Schlüsselinputs, wie z.B. rechtzeitige Bewässerung, Pestizide, Insektizide sowie Beratung und angewandt Forschung und Entwicklung im Agrarbereich, konnte die Produktion auch bei kleinen Betriebsgrößen beträchtlich gesteigert werden. In einigen Bundesländern engagiert sich die neue Gruppe der Agrarbourgeoisie - "Farmer's Capitalists" - nicht nur in der Landwirtschaft, sondern auch in der Nahrungsmittelveredelung sowie in der klein- und mittelständischen Industrie. Die Beschäftigungsimpulse, die von diesen Tätigkeiten ausgehen, kommen unter Umständen auch den landlosen armen Bevölkerungsschichten zugute. Die regional differenzierten empirischen Studien[28] des Institute of Economic Growth in Delhi sowie der Planning Commission, der Reserve Bank of India und auch einiger renommierter Agrarökonomen bestätigen diesen Sachverhalt.

Der Erfolg der Versuche der Zentralregierung, auch in den nordöstlichen, wirtschaftlich schwachen Bundesstaaten eine Grüne Revolution (ebenso wie in den nordwestlichen Staaten) einzuführen, werden von der Bereitstellung von Bewässerungsmöglichkeiten sowie anderer komplementärer infrastruktureller Voraussetzungen, wie Energie (für die Wasserpumpen und auch für die landwirtschaftlichen Geräte), Transport und Verkehrsverbindungen etc. und nicht zuletzt auch von einigen privaten Initiativen, vor allem aber von den Landwirten selbst abhängen. Gerade daran hapert es in diesen Regionen, obwohl hier noch viele Reserven an Grundwasservorräten ungenutzt geblieben sind (vgl. Tabelle 9 in Abschnitt 2.2.3). Es gibt viele vorbildliche sogenannte "Grassroots-Initiativen",[29] speziell für Bewässerungsfragen und auch für landwirtschaftliche Beratung in Regionen wie Karantaka, Maharastra, Gujarat oder Punjab.

Angesichts der Tatsache, daß eine Erhöhung der landwirtschaftlichen Produktivität zunehmend wichtiger ist als eine einseitige Umverteilung der Einkommen durch direkte Armutsbekämpfungsmaßnahmen wie IRDP, ist es für die indische Landwirtschaft unerläßlich, ihr reichhaltiges Potential auch in anderen Branchen des Agrarsektors, wie in der Fischerei, Hühnerzucht und Milchwirtschaft, und ihr fruchtbares Land sowie die vorhandenen Wasservorräte sinnvoll zu nutzen. Wie auch immer der mit viel Optimismus verbundene Trend der Zuwachsraten in der jetzigen Getreideproduktion in Wirklichkeit aussehen mag, stellen die Probleme Bodenzerstörung, überaltete Techniken, sich ständig verändernde Witterungsbedingungen und relativ niedrige Hektar- und Arbeitserträge für die Landwirtschaft Indiens die Stolpersteine auf dem Weg zu einer höheren Leistungsfähigkeit dar. Trotz erhöhter Investitionen auch von seiten ausländischer Organisationen wie der Weltbank und trotz neuer Technologien, ist die Politik der Regierungen von V.P. Singh und Chandrasekhar (1989-91), die die agrar- und landwirtschaftliche Entwicklung zum wichtigsten Bestandteil ihres neuen Wirtschaftskurses[30] machen wollten, mit großer Skepsis zu bewerten, da es zumindest sehr schwierig sein dürfte, aus der Konstellation der Subsistenzlandwirtschaft auf der einen Seite und den "Ruralen Eliten" (z.B der "Vote Banks" als einflußreicher sozialpolitischer Faktor in der ländlichen Machtstruktur Indiens) auf der anderen Seite eine Brücke zu schlagen und das Ost-West-Gefälle in der landwirtschaftlichen Entwicklung zu überbrücken. In diesem Zusammenhang ist eine interessante Berechnung von Montek S. Ahluwalia,[31] ehemaliges Mitglied der Planungskommission während der Amtszeit Rajiv Gandhis und ein renommierter Ökonom Indiens, zu erwähnen. Nach seiner Auffassung, die er auf die Ergebnisse seiner empirisch fundierten Studie stützt, wird es bei einem jährlichen Pro-Kopfzuwachs in der Agrarproduktion von 1%, was als recht realistischer Indikator angesehen wird, 35 Jahre dauern, bis der Anteil der in "ruraler Armut" lebenden Bevölkerung von derzeit 40% auf 20% reduziert werden kann. Weiter betont er, daß, wenn es der Regierung gelingen sollte, die Agrarproduktion um das Doppelte, also auf 2% pro Kopf im Jahr zu erhöhen, es dennoch 18 Jahre bis zum gleichen Ergebnis dauern würde. Insofern ist ist sicherlich das Leistungsbild der indischen Landwirtschaft noch sehr unbefriedigend.

Auch wenn der Anteil der Agrarausgaben an den geplanten Gesamtinvestitionen ständig zugenommen hat und sich in der 8.Planperiode noch weiter erhöhen soll,[32] so weist doch die Performance des Agrarsektors ein großes Defizit auf. Weiterhin sind die Fragen bezüglich der bestehenden dualistischen Agrarstrukturen innerhalb einer Region und zwischen den verschiedenen Regionen noch offen. Die Regierung versucht nun seit 40 Jahren, diese Probleme mit Hilfe Keynesianischer Methoden anhand sogenannter IRDP als eine Art "Arbeitsbeschaffungsmaßnahmen" zu lösen, und investiert dabei viel Geld. Jedoch reicht dies nicht aus, um die Strukturprobleme in den Griff zu bekommen. Dies wird die neue Regierung von Chandrasekhar rasch einsehen und sich zu weiteren Maßnahmen veranlaßt sehen. Glaubhafte Ansätze diesbezüglich existieren bereits, wie in den westlichen und nordwestlichen Regionen zu beobachten ist. Hier ist z.B. die stark zunehmende Verwendung von Biogasanlagen und Grundwasserpumpen zu erwähnen, die für die landwirtschaftliche Entwicklung besondere Bedeutung haben. Dennoch ist bei allem Optimismus, der jüngst entstand, als Indien nach langandauernden Dürreperioden wieder Rekordernten einbrachte, vor allzu großen Erwartungen für die nahe Zukunft zu warnen. Die Subsistenzlandwirtschaft scheint immer noch eine der stärksten Blockaden für Indien auf dem Wege zu einem Gravitationszentrum zu sein.

3.2.3 Industrielle Entwicklung auf der Basis gemischter Planwirtschaft (Mixed Economy) und überzogener Importsubstitutions-Strategie

Seit fast 40 Jahren entwickelt sich der Industriesektor Indiens im Rahmen einer gemischten Wirtschaftsordnung, der sogenannten "Mixed Economy", in der der Staat eine dominierende Rolle einnimmt. "Mixed Economy", wie sie in Indien funktioniert, ist auf die Vision von Nehru und Mahalanobis von der sozialen Planwirtschaft[33] zurückzuführen, die in den fünfziger Jahren vielfach auch von der sowjetischen und französischen planwirtschaftlichen Entwicklungsstrategie der Nachkriegsjahre beeinflußt war. Nach Nehrus Auffassung sollte die "Mixed Economy" es Indien ermöglichen, das Ziel einer sozialistischen Gesellschaft zu verwirklichen, in der alle Bürger die gleichen Chancen und Teilnahme an den Errungenschaften des nationalen Wohlfahrtsstaates haben sollten. So gesehen, war "Sozialismus" für Nehru keine Ideologie, sondern eine Entwicklungsstrategie, insbesondere eine Industrialisierungsstrategie, die dem Staat über eine starke Expansion des öffentlichen Sektors sowie über eine staatliche Fiskal-, Kredit- und Lizenzpolitik einen legitimen breiten Spielraum einräumte. Die Investitionsaktivitäten des Privatsektors wurden dadurch stark in die vom Staat gewünschten und für richtig erachteten Industriebereiche gelenkt und durch direkte Eingriffe in Form einer Verstaatlichung von Banken und Versicherungsgesellschaften stark beeinträchtigt. Die Regierung Nehru betrachtete im Zeitraum der fünfziger bis Mitte der sechziger Jahre diese Form der industriellen Entwicklung als einen Instrumentalkapitalismus der "Mixed Economy".[34]

Besonders ins Gewicht fiel damals auch die auf "Nation-Building" und damit auf nationale Integration ausgerichtete patriotische Einstellung indischer Industrieller, der sogenannten "economic and social elites", die die Rolle des starken Staatssektors, die von der damaligen "political elite" eingeführt wurde, nicht in Frage stellten, was Kothari, ein namhafter indischer Politologe bestätigt: "The Public Sector did not surface as a particularly salient, ideological or practical issue of Indian state. It was part and parcel of the total package for nation building on the part of the elite."[35] Demnach wurde der Staat als "Development Agent and State ownership as an instrument for a more effective control of economic resources" angesehen und auch akzeptiert. Mit der Verabschiedung der historischen Resolution der Kongreß-Partei im Jahre 1955 (Avadi Congress Session) wurde das "Socialist Pattern of Society" als offizielles Ziel der sozio-ökonomischen Entwicklung im allgemeinen und als Grundlage für ein ausgewogenes regionales und industrielles Wachstum im besonderen deklariert.

Trotz einer ausgeprägten Agrarwirtschaft in jeder Provinzregion (Fürstenstaaten - Princely States) mit einem ausgesprochen traditionsbezogenen, hochentwickelten Handwerk, das größtenteils in der Kolonialzeit zerschlagen worden war, konzentrierte sich die Industriepolitik Indiens bereits vor der Unabhängigkeit auf den Aufbau einer Schwerindustrie. Statt Modernisierung der Landwirtschaft durch radikale Landreformprogramme wurde die massive Industrialisierung sowohl als Notwendigkeit als auch als Symbol der erlangten Unabhängigkeit und Gleichheit mit der früheren Kolonialherrschaft angesehen. Der allererste Entwicklungsplan Indiens, der sogenannte "Bombay Plan", wurde 1944 von den acht führenden Industriellen, wie J.R.D. Tata, G.D. Birla, Ardeshir Dalal, Purschotomdas Thakurdas und anderen - Familienclans, deren Unternehmen auch heute noch zu den führenden Indiens zählen - konzipiert. Wohlgemerkt war dieses Plandokument kein "politisches Manifest", sondern die Formulierung einer konkreten kapitalintensiven Industrialisierungsstrategie für einen Zeitraum von 15 Jahren, für die massive Investitionen im Wert von 10.000 crores i.R. (100 Mrd. Rupien) vorgesehen waren. Im Gegensatz dazu wurden auch andere Pläne, wie der "Gandhian Plan", der "People's Plan" und "Sir M. Visvesvaria's Plan" vorgelegt, die den Schwerpunkt der Entwicklungsstrategie auf agrarnahe, arbeitsintensive Klein- und Heimindustrie legten, die jedoch nur eine geringe Resonanz fanden.[36]

Dieser hier knapp zusammengefaßte Sachverhalt dient als Hintergrund für die Entstehung und Entwicklung der "Mixed Economy" und Industriepolitik, die im Laufe der Zeit zunehmend durch einen dominierenden öffentlichen Sektor gekennzeichnet war, wie er auch heute noch vorherrscht.

Mit dem 1948 zum erstenmal formulierten "Industry Policy Statement" erhielt die indische Industriepolitik am 30.April 1956 ihre endgültige, konkrete Gestalt, indem in der "Industrial Policy Resolution" die wesentlichen Industriebereiche für den öffentlichen und privaten Sektor festgelegt wurden, die in den Plan- und anderen offiziellen Dokumenten mit Schedule A und B für den staatlichen Bereich und mit Schedule C für den Privatsektor gekennzeichnet sind.[37] Der Akzent in der Industriepolitik wurde von Anfang an eindeutig auf die Basis- und Schwerindustrie gesetzt, die logischerweise dem Staat, in Schedule A mit 17 Industriezweigen von strategischer Bedeutung vertreten, wie z.B. Waffen und Munition, Atomenergie, Eisen und Stahl, Bergbau, Erdöl und andere Metalle sowie Transport, Kommunikation u.a., obliegt. Auch die in Schedule B gekennzeichneten 12 Industriebereiche können nach und nach vom Staat übernommen werden. Neue Industriegründungen, die unter Schedule B fallen, können demnach nur vom Staat vorgenommen werden. In diesen Bereich fallen praktisch alle Metalle, "minor minerals" sowie viele Zwischenprodukte für die Weiterverarbeitung in verschiedenen Industriezweigen. Die restlichen Industriezweige sind dem Privatsektor überlassen, sind jedoch mit etlichen Auflagen und Kontrollmechanismen wie Lizenzerteilung, Antimonopolbestimmungen (MRTP von 1969),

Regelungen und Restriktionen behaftet, was ebenso für ausländische Firmen und Investitionen (FERA von 1973) sowie für den Technologie-Import und -Export gilt. Außerdem sind viele Industriezweige für die klein- und mittelständischen Unternehmen reserviert (vgl. Abschnitt 2.2.5.1 und 2.2.5.2). Die Einzelheiten dieser Rahmenbedingungen sind in dem "Industries Development and Regulation Act" von 1951 festgelegt worden, das am 6.Mai 1952 in Kraft trat, jedoch von Zeit zu Zeit, entsprechend der jeweiligen Regierungspolitik, ergänzt, modifiziert, gelockert oder wieder mit strengeren Auflagen versehen worden ist. Die seit 1980 beobachtete boomartige industrielle Entwicklung (vgl. Abschnitt 2.2.5) ist in erster Linie auf die Politik Indira Gandhis und seit 1985 Rajiv Gandhis zurückzuführen, die eine Lockerung der Bestimmungen für Technologie-Import sowie auch für inländische Industrieinvestitionen ermöglichte. Dennoch steht fest, daß die Regierung sich nicht von ihrem historisch fundierten Kurs und Ziel der "Mixed Economy" und "Socialistic Pattern of Society" entfernen möchte und vorläufig nicht bereit sein wird, die Schlüsselrolle des öffentlichen Sektors aufzugeben. Dies zeigt sich auch darin, daß der staatliche Anteil am Investitionsvolumen mit über 50% seit Beginn des 2.Fünfjahresplanes gleich geblieben ist (vgl. Tabelle 17).

Tabelle 17:
Investitionsanteile des öffentlichen und privaten Sektors (in Prozent des gesamten Investitionsvolumens)

Planperiode		Öffentlicher Sektor	Privater Sektor
I.	Plan (1951-56)	46.4	53.6
II.	Plan (1956-61)	54.6	45.4
III.	Plan (1961-66)	60.66	39.4
	Von 1966-69 dreijährige Pause - Plan holidays.		
IV.	Plan (1969-74)	60.3	39.7
V.	Plan (1974-79)	57.6	42.4
VI.	Plan (1980-85)	52.9	47.1
VII.	Plan (1985-90)	47.8	52.2

Quelle: *Statistical Outline of India 1988-89*, Tata Services, Bombay 1989.

154 Entwicklungsblockaden

Kennzeichnend für die Stellung des öffentlichen Sektors in der industriellen Entwicklung ist die Tatsache, daß die Schlüsselrolle des Staates in der Ausbauphase der wirtschaftlichen Entwicklung mit dem dafür erforderlichen überproportionalen Investitionsvolumen und dem technologisch organisatorischen Aufwand legitimiert wurde. Dementsprechend fällt die Entwicklung solcher Schlüsselindustrien wie Zement, Stahl, Metallverarbeitung und Maschinenbau sowie Düngemittel und landwirtschaftliche Geräte dem Staat zu. Zusätzlich können viele andere Kapital- und Konsumgüterindustrien, inklusive der vor kurzem hinzugekommenen Elektronikbranche, sowohl im "Public Sector" als auch im "Joint Sector" errichtet werden. Auch hier nimmt der Staat wiederum eine signifikante Erweiterung seiner Tätigkeit und Eingriffe im privaten Industriesektor vor, die sich in einem ständig wachsenden Investitionsvolumen und einer steigenden Anzahl von Industriebetrieben widerspiegelt (vgl. Schaubild 5 in Abs. 2.2.5.2). Außerdem wirkt der Staat durch etliche Schutzmaßnahmen und Förderungsprogramme in die Klein- und Dorfindustrie, ja sogar bis in elementare Konsumgüterbereiche hinein ein. Erfahrungsgemäß bringt dies wiederum zusätzliche bürokratische Hürden mit sich.

Der Staat plant und lenkt die industrielle Entwicklung im Zusammenspiel mit seiner hochorganisierten Staatsbürokratie (selbstprivilegierte Staatsklasse)[38] und kompetenzschwachen unternehmerischen Kräften. Diese Rolle wird in Indien als "state as an entrepreneur" mit zahlreichen sogenannten "nondepartmental activities" legitimiert.[39] Das entscheidende Instrument dafür ist der "Zentrale Planungsmechanismus". In Zusammenarbeit mit der Planning Commission, der hochkarätige Ökonomen, Politologen und andere Wissenschaftler mit internationalem Ansehen angehören, und dem National Development Council wird von der Regierung ein Zentralplan ausgearbeitet und in einem offiziellen Dokument vorgelegt. Gleichzeitig erstellen die Gliedstaaten sowie die Großunternehmen ihre Teilpläne nach vorgegebenen Prioritäten und Zielsetzungen gemäß dem Zentralplan für die industriellen Projekte. Obwohl diese Teilpläne keineswegs im zentralen Fünfjahresplan vollständig integriert sind, werden sie durch Vorgaben der staatlichen Industriepolitik, vor allem im Bereich der Importsubstitution, Exportdiversifizierung, Steuer- und Lizenzvorschriften usw., in zunehmendem Maße kontrolliert.

Der in den letzten 40 Jahren erreichte Anstieg in der Industrieproduktion und die Ergebnisse bezüglich eines soliden Fundaments für den Kapitalgütersektor sowie bezüglich einer entwickelten, diversifizierten Konsumgüterstruktur sind beeindruckend (vgl. Abschnitt 2.2.5.1). Dennoch belegen die tagtäglichen Engpässe und technischen Schwierigkeiten in der Energieversorgung, Stromerzeugung, Kohle- und Stahlförderung sowie Angebotsdefizite[40] bei einigen Zwischenprodukten, wie z.B. Zeitungspapier (Newsprint), Roheisen, Düngemittel, um nur einige zu nennen, die Schwachstellen des öffentlichen Sektors. Bei Sunderum heißt es:

The Public Sector accounts for half the gross investment of the country, while it produces only a quarter of the country's GDP. ...The steady expansion of the public sector in India has been a major reason for the acceleration of growth since independence, compared with the record of the late colonial period. However, it may be argued that the growth that was actually achieved by the economy was not quite commensurate with the quantity of resources used in the public sector.[41]

Eine umfangreiche empirische Untersuchung, die vom "Ministry of Programme Implementation" durchgefüht wurde, bestätigt diese Sachlage. Nach dem Ergebnis dieser Studie, die insgesamt 290 Projekte des öffentlichen Sektors in "atomic energy, civil aviation, coal, fertiliser, steel, mines, petrochemicals and chemicals, petroleum, power, railways and telecommunication" untersucht hat, wurde festgestellt, daß

out of the 290 projects, 162 have been inordinately delayed resulting in an additional capital expenditure of Rs. 20, 024 crores (ca. 200 Mrd. iR) above the original outlay of Rs. 27, 568 crores; a cost escalation of 73 per cent. ...Cost escalation in coal projects was 51 per cent; in power was 44 per cent while in the steel sector it was 174 per cent. The study reports time and cost overruns across a whole range of projects in almost all the 13 sectors.[42]

In diesem Zusammenhang ist die gegenwärtige Diskussion in indischen Regierungskreisen über "Accountability and Autonomy of the Public Undertakings"[43] zu erwähnen, die sich mit den kritischen Aspekten der Effizienz wie auch Kompetenz des öffentlichen Sektors auseinandersetzt. 1984 wurde ein Komitee unter der Leitung des ehemaligen Privatsekretärs der ermordeten Premierministerin Indira Gandhi, Arjun Sengupta,[44] eingesetzt, um die Reformmaßnahmen zur Erhöhung der Produktivität der Betriebe der öffentlichen Hand auszuarbeiten. Im Dezember 1985 legte dieser Ausschuß einen umfangreichen Bericht vor, in dem zahlreiche konkrete Reformmaßnahmen zur Erhöhung der Produktivität sowie der Effizienz der öffentlichen Industriebetriebe auf der einen und zur Verbesserung der Koordination zwischen Betrieben und den zuständigen Ministerien sowie der Organisationsstruktur innerhalb dieser Betriebe auf der anderen Seite unterbreitet wurden. Die Ergebnisse dieses Berichts liegen nun schon mehrere Jahre vor, jedoch hat sich bisher wenig geändert. Ähnlich wie die zentralen Planwirtschaften in der UdSSR und in den osteuropäischen Ländern leistet sich Indien weitverbreitete ineffiziente "Public Sector Industries", die die industrielle Entwicklung und auch den Markt behindern und zur Bürokratie und Korruption herausfordern. Khusro schildert die Lage folgendermaßen:

> The Public Sector achieved its commanding heights long ago but not in quality. ...The out-moded equipment of public sector firms in many cases, their underutilised capacity, bureaucratic management, subservience to the various ministries, political appointments, flabby labour deployment and general inefficiencies have been elaborately discussed in the country. While it is true that some improvements have been forthcoming recently, what bothers millions of people and upset them seriously is not the esoteric factors like a high capital-output ratio of 5.7, but shortages and cuts in the supply of public sector goods and services.[45]

Hinzu kommen die Vorgaben der sogenannten "Administered Price Policy", nach der im Rahmen des "Essential Commodities Act" von 1955 die Preise für wichtige Produktionsgüter, wie Aluminium, Zement, Stahl, Zeitungspapier und ähnlichem, aufgrund ihrer Produktionskosten und Profitspanne im öffentlichen Sektor von Zeit zu Zeit von der staatlichen Handelsbehörde, "The State Trading Corporation", festgelegt oder auch ganz freigegeben werden. Die Erfahrung mit der Freigabe der Preise von Zement im Haushaltsjahr 1987/88 und von Aluminium im Haushaltsjahr 1988/89 sowie von Gold im Haushaltsjahr 1990/91 hat gezeigt, daß derartige Maßnahmen nicht nur den Markt von Engpässen befreien, sondern auch den Schwarzmarkt beseitigen. Die Tatsache jedoch, daß die Regierung die Politik des "administered pricing" für die Erhöhung der finanziellen Ressourcen des Staatsbudgets benutzt und sich dabei nicht unbedingt für den Schutz und die Garantie der Verbraucher und Produzenten einsetzt, erscheint in diesem Kontext äußerst bedenklich.[46] Die relativ hoch festgesetzten Preise für Zwischenkapitalgüter treiben wiederum die Herstellungskosten für indische Industriegüter - sowohl Kapital- als auch Konsumgüter - in die Höhe. Diese sind im Vergleich zu ähnlichen, z.B. in den ASEAN-Ländern, China oder ostasiatischen Schwellenländern hergestellten Gütern, teurer. Über die Qualität läßt sich außerdem streiten.[47]

Offensichtlich liegt ein weiteres Problem der langfristigen industriellen Entwicklung bei der allzu lange verfolgten Strategie der sogenannten "self-reliance" bzw. der Binnenmarktorientierung. Indien hat bekanntlich seine industrielle Ausbausequenz mit der Importsubstitutions-Strategie begonnen. Die Problematik liegt eben nicht primär in der Bedeutung der Importsubstitutions-Politik als solcher,[48] also in der anfänglichen Ausbauphase der industriellen Entwicklung, sondern in dem Ausmaß und der Langzeitspanne der Anwendung dieser Strategie.

Wegen der zu lange praktizierten Importsubstitutions-Politik (fast 15 Jahre lang, 1965-1980) war die indische Industrie weitgehend vom internationalen Wettbewerb abgekoppelt. Auch die Ausschaltung marktwirtschaftlicher Konkurrenz auf dem Binnenmarkt durch Marktzutrittsbarrieren, die sogenannten "Physical Controls", begünstigte ineffiziente Industrieproduktion und die Entstehung von fast monopolistischen und oligopolistischen Großunternehmen, die ihrerseits wiederum den Marktzutritt für potentielle mittelständische Unternehmen nachhaltig erschwert haben. Produktionslizenzierungssysteme und sektorale Produktionsprogramme haben sich als hohe Schranken für den Marktzutritt und die Entfaltung von Industrieunternehmen erwiesen. Obwohl die seit 1980 eingeführte Liberalisierungs- und gleichzeitig auch Marktöffnungspolitik dem Industriesektor die nötigen Impulse gegeben hat und sich gerade als Auslöser einer dynamischen industriellen Entfaltung erwiesen hat, tun sich bislang sämtliche Industriezweige immer noch schwer, sich in den erforderlichen Anpassungsprozeß einzugliedern. In einem Bericht eines vom Finanzministerium eingesetzten Ausschusses, des sogenannten Narasimham Committee, heißt es:

> Indian Industry has been insulated from internal competition, because of a wide array of controls on Investment and Production as a result of which those fortunate enough to have been licensed to invest and produce have preempted a share of the market by virtue of administrative action rather than economic competitiveness. The overall result has been that the rate of industrial growth has been adversely affected and employment opportunities in the Industrial sector have not expanded sufficiently.[49]

Der in 30 Jahren um nur 13 Prozent gestiegene Anteil der Industrie und des verarbeitenden Gewerbes am Bruttoinlandprodukt (von 14% im Jahre 1960 auf 27% im Jahre 1988) auf der einen Seite und die etwa 40 Millionen Arbeitslosen und zahlenmäßig nicht erfaßbaren Unterbeschäftigten sowie arbeitslose Akademiker auf der anderen Seite sind in diesem Zusammenhang ein Indiz für die unzureichende industrielle Entwicklung, wie das obengenannte Komitee bestätigte. Auch der industrielle Aufschwung der achtziger Jahre, der mit einer Zuwachsrate von 8 bis 10 Prozent gekennzeichnet ist, konnte das Arbeitslosenniveau nur wenig senken. Demzufolge bleibt die Erwerbstätigkeitsrate im Agrarsektor immer noch ungefähr konstant und beläuft sich auf ca. 70 Prozent der erwerbstätigen Bevölkerung.

Eine weitere negative Folge des überzogenen Schutzes des Binnenmarktes ist überdies bei der geringen technologischen Konkurrenzfähigkeit indischer Industriebetriebe im internationalen Vergleich zu beobachten. Aufgrund der Politik des "inward-looking" hatten die indischen Industrieunternehmen die Kontakte zum internationalen Markt für lange Zeit abgebrochen und dadurch auch die Chancen für einen "technologischen Lernprozeß" versäumt. Die in Indien hergestellten Produkte erscheinen im großen und ganzen, mit Ausnahme des robusten

Fahrzeugbaus, von Baumaschinen, Basis-Pharmaprodukten und Produkten aus der arbeitsintensiven Kleinindustrie wie Lederwaren und Diamantenschleiferei usw., nur für den lokalen Binnenmarkt geeignet. Sogar andere Entwicklungsländer wie Bangladesh, Thailand, Nigeria und die Golfstaaten, die einstweilen nur indische Industrieprodukte importieren, sind mit den technischen Normen und der Genauigkeit indischer Industrieanlagen nicht zufrieden. Dies zeigen einige konkrete Beispiele, zu denen z.B. die Erfahrungen deutscher Firmen zählen, die Geschäfte indischer Lieferanten mit Drittländern abwickelten.[50] Auch empirische Studien der UNCTAD, der Weltbank, des Technology Information Forecasting and Assessment Council Indiens sowie empirische Untersuchungen von indischen Ökonomen bestätigen diesen Sachverhalt.[51] Nach den Ergebnissen ihrer Untersuchungen befindet sich die indische Kapitalgüterindustrie sowohl bezüglich ihrer technologischen Ausstattung als auch bezüglich ihrer Tätigkeiten im Bereich der Montage oder der Teilefertigung usw. im internationalen Vergleich ca. 10 bis 15 Jahre im Rückstand. Dies spiegelt sich auch in den Schwierigkeiten beim Absatz der Produkte wider, besonders bei den hundertprozentig "Export Oriented Units" (EOUs), die unter Beteiligung ausländischer Unternehmen und Technik errichtet worden sind. Eine empirische Studie kommentiert dazu: "It may be noted that when the scheme was launched (1980) the original target was to earn Rs. 5000 crores (50 Mrd.i.R.), through five years. The cumulative exports by these units upto end of March 1987 were estimated at about only Rs. 492 crores (4,92 Mrd.i.R.). Thus the actual performance has been very disappointing."[52]

Es gibt noch viele andere spezielle Probleme, z.B. in bezug auf die Nutzung möglicher Skalenerträge wegen der starken Betriebszersplitterung, Mangel an berufsspezifisch ausgebildeten Arbeitskräften etc., die regionalspezifisch den industriellen Fortschritt erschweren. In diesem Zusammenhang stellt die industrielle Entwicklungsdynamik Japans sicherlich ein besonders relevantes empirisches Beispiel dar. Durch Nutzung der Vorteile der optimalen Betriebsgröße und ausgebildeter Fachkräfte ist es Japan gelungen, die ins Land gebrachten modernen Technologien (zum Teil auch inoffiziell) effizient einzusetzen. Somit konnte Japan den Prozeß der breitenwirksamen Binnenmarkterschließung auch ohne nennenswerte natürliche und mineralische Ressourcen erfolgreich vollziehen, was in Indien trotz reichlich vorhandener Bodenschätze und natürlicher Ressourcen und evidenter Vorteile der traditionsreichen Unternehmen sowie einer breit diversifizierten klein- und mittelständischen Industriestruktur bisher ausgeblieben ist. Zwar herrscht im Industriesektor noch ein boomartiges Produktionswachstum, jedoch betrifft dies nur einzelne Industriebranchen (vgl. Abschnitt 2.2.5). Trotz großer eigener Anstrengungen ist in bestimmten Kapitalgüterindustrien ein ständiger Import an technischem Know-how unerläßlich, was sich jedoch nur durch Exporte bezahlen läßt.

Schon jetzt ist somit sicher, daß einerseits das Industrieunternehmen in Indien sehr dringend die modernen angepaßten Technologien und das Management - auch auf Mittel- und Kleinindustrieebene - braucht, um den Export neu zu beleben, was aber ohne effektiven Technologietransfer aus dem Westen (bis jetzt hat Indien vielmehr über Kompensationsgeschäfte Industrieanlagen aus der UdSSR importiert) undenkbar ist. Andererseits will die Regierung richtigerweise den Import von unnötig eingeführtem Kapital und Technologien vermeiden, um die Abhängigkeit vom Ausland sowie neue Schulden zu reduzieren. Dies alles spricht für ein sehr behutsames Vorgehen bei den Liberalisierungsmaßnahmen. Sogar die Modernisierungspläne für die Stahlindustrie, die Kohleförderung und den Kernkraftwerkbau sowie für die Infrastruktur und Kommunikationsanlagen, die die Regierung Rajiv Gandhi schon in die Wege geleitet hatte, stehen nur noch auf dem Papier. Die Erwartungen auf einen industriellen Durchbruch durch den Aufbau von Industriekomplexen auch im östlichen Teil des Landes scheinen somit in die Ferne gerückt zu sein. Hier mangelt es immer noch an der privaten Initiative und Entwicklungskraft kreativer Unternehmer, wie sie im westlichen Teil des Landes wirksam sind und trotz der engen Rahmenbedingungen der staatlichen Politik eine eigenständige industrielle Entwicklung über den leistungsfähigen Agrarsektor und die klein- und mittelständische Industrie eingeleitet haben.

Angesichts dieser Konstellation ist es durchaus fraglich, ob die Dynamik des industriellen Entwicklungsprozesses in den nordwestlichen und westlichen Gliedstaaten und zum Teil auch in Tamil Nadu und Andhra Pradesh im südlichen Teil Indiens, ausreichen wird, um sich direkt und indirekt auf die gesamtwirtschaftliche Integration auswirken zu können. Die bisher analysierte Sachlage deutet darauf hin, daß sich gerade in den östlichen Gliedstaaten, vor allem in den Gebieten Bihar, Orissa und West-Bangalen, wo praktisch die Stahl- und Kohleförderung und auch die Metallindustrie im öffentlichen Sektor mit überproportionalen Kapitalinvestitionen gefördert worden sind, ein lokales Gravitationszentrum entfalten sollte (vgl. Karte 3 in Abschnitt 2.2.4). Doch die industrielle Entwicklung unter Einbeziehung der Zulieferer klein- und mittelständischer Unternehmen (die sogenannten Ancillarisations) verläuft in dieser Regien bis jetzt noch langsam und schwach. Diesbezüglich entsteht der Eindruck, daß sich der tiefgreifende Dualismus, der in Indien mit seinem Ost-West-Gefälle sehr ausgeprägt ist, nicht wesentlich verringert hat. Auch die neue Regierung bekennt sich zur "Mixed Economy". Die mögliche Umorientierung der Investitionsprioritäten vom Industrie- auf den Landwirtschaftssektor, die darauf abzielt, den Tätigkeitsbereich der modernen Großunternehmen einzuschränken, dürfte zunächst mögliche Rückschläge in der derzeitigen boomartigen industriellen Dynamik mit sich bringen.[53]

Anstatt die Grundlage für ein gleichmäßiges organisches Industriesystem zu legen, scheint der Weg für die indischen Industrieunternehmen stets zwischen gemischter Planwirtschaft und Importsubstitution vorgezeichnet zu sein. Abid Hussain, ehemaliges Mitglied der Planungskommission stellt dies treffend dar:

> A massive effort at skill formation and technological upgradation in rural areas and small towns, in artisan households and small manufacturing units is needed. An approach that emphasises economies of infrastructure, agglomeration and inter-industry linkages would prove more effective than the present approach that tends to overemphasise the conflict between small and large and between rural and urban industries.[54]

Hinzu kommen auch die tagtäglichen Engpässe in der Energie-, Transport- und Verkehrsversorgung, die die Produktion und Vermarktung sowie den Export von Industrieprodukten erheblich beeinträchtigen.

3.2.4 Engpässe in der Energieversorgung und Mängel an materiellen und infrastrukturellen Leistungen im Transport-, Verkehrs- und Kommunikationswesen

Seit über einem Jahrzehnt bemüht sich die Regierung in Indien zusammen mit den Regierungen in den Gliedstaaten um ein effizientes Funktionieren des Energieversorgungssystems, einschließlich der Elektrizitätserzeugung und des Verteilerverbundnetzes. Trotz der ständig steigenden finanziellen Ausgaben im 6. und 7.Fünfjahresplan (1980-1990) und der organisations- und managementbezogenen Verbesserungsmaßnahmen scheint die Regierung Indiens das Problem offenbar immer noch nicht richtig in den Griff bekommen zu haben. So wurden z.B. zentralstaatliche Energieagenturen, etwa die National Thermal Power Corporation (NTPC), die National Hydroelectric Power Corporation (NHPC) und die North-Eastern Electric Power Corporation (NEEPCO) und andere in den siebziger Jahren (November 1975) errichtet, die seit 1976 ihre Aktivitäten bezüglich Planung, Förderung, Organisation und interregionaler Koordination aufgenommen haben und innerhalb einer Dekade - also bis 1985 einen Selbstversorgungsgrad bei der Energie- und Stromerzeugung und deren Verteilung sicherstellen sollten. Doch bei den altbekannten Hürden der geringen Kapazitätsauslastung in den bestehenden Kraftwerken - sowohl in Thermal- und Wasser- als auch Kernkraftwerken - sowie aufgrund der Engpässe im Elektrizitätsverteilungsnetz ist bis heute keine grundsätzliche Verbesserung erzielt worden.

Das Hauptproblem bei der Energieerzeugung in Thermalkraftwerken liegt bei der gegenseitigen Abhängigkeit zwischen der Kohleförderung, dem umfassenden und ziemlich gut funktionierenden System des Eisenbahnnetzes (die Eisenbahn ist auch der größte Kunde für die geförderte Kohle) und der Kapazitätsauslastung der Wärmekraftwerke, die in verschiedenen Regionen des Landes ansässig sind. Demzufolge stellen die Kohleförderung und das Eisenbahnnetz eine wesentliche Grundlage der Wärmekraftwerke dar, die den Hauptenergiebedarf Indiens befriedigen. Sowohl die niedrige Qualität der Steinkohle (vgl. Abschnitt 2.2.4.2) als auch der Mangel an Koordination zwischen der geförderten Menge an Kohle und der Beförderungsleistung der Eisenbahn beeinträchtigen oft die Effizienz der Kohlekraftwerke, was auch zu Engpässen in der Stromerzeugung führt. Der Anteil der Wasserkraftwerke an der elektrischen Stromversorgung ist wiederum durch die Nachteile der Abhängigkeit von der Niederschlagsmenge stark beeinträchtigt und damit auch verhältnismäßig starken Schwankungen unterworfen. Da in Indien bis jetzt noch kein integriertes nationales Verbundnetz aufgebaut wurde, kommt es in Dürrejahren zu erheblicher Stromknappheit, zumal in den südlichen Gliedstaaten wie Tamil Nadu, Karnataka, Andhra Pradesh und Kerala, die sehr stark auf die Stromlieferung aus den Wasserkraftwerken angewiesen sind. Das bestehende interregionale und zwischenstaatliche integrierte Stromleistungsnetz versucht zwar, in Krisensituationen die lokale Stromknappheit in diesen Regionen zu mildern. Da allerdings auch alle Nachbarstaaten auf regionale Energiestationen angewiesen sind, die den Strom aus Wasserkraftwerken beziehen, können sie ihrerseits nicht dazu beitragen, den Mangel zu beheben. Bis 1987 hat Indien nur ein Stromkreisnetz von 171.000 km im nationalen Verbundnetz ausgebaut, was für eine so große Fläche viel zu wenig ist.[55] Wenn der Regen ausbleibt, arbeiten die Wasserkraftwerke nur mit halber Kapazitätsauslastung.

Bei den Kernkraftwerken liegt das Hauptproblem bei den technischen Schwierigkeiten und in der Problematik der notwendigen und rechtzeitigen Durchführung von Wartungsarbeiten sowie bei den "Sicherheitsgeboten", mit denen die indische Kernenergiewirtschaft konfrontiert ist. Angesichts dieser Tatsache ist zu bezweifeln, ob Indien in den nächsten Jahren nennenswerte Steigerungen am prozentualen Anteil dieser Energieträger erzielen kann. Die Störfälle in Tarapur (Bombay) und in jüngster Vergangenheit im Kernkraftwerk Kalpukkam in Tamil Nadu bestätigen diesen Sachverhalt. Die Kapazitätsauslastung der im Betrieb befindlichen Kernkraftwerke liegt in der Regel deshalb auch nur bei 40 bis 50%.[56] Außerdem tragen die Mängel am Stromleitungsnetz, die auch Stromknappheit und -unterbrechungen verursachen, ihrerseits zu erheblichen Verzögerungen und zu Störungen in der Wartung, Reparatur und Aufrechterhaltung dieser Kraftwerke bei.

Obwohl zusätzliche Energieträger, die sogenannten "non-conventional" Energiequellen, wie z.B. das Sonnenlicht, zur Verfügung stehen und ein zukünftiges reiches Energiereservoir für Indien versprechen, ist bis heute die problemlose Nutzung dieses verfügbaren Potentials noch nicht erwiesen. Angesichts der Tatsache, daß bei der Solarenergietechnik noch keine serienmäßigen, kommerziellen Nutzungsverfahren vorliegen und die Kosten einer Kilowattstunde das Mehrfache im Vergleich zu den herkömmlichen Wärme- und Wasserkraftwerken betragen, sind die Ergänzungs- und Substitutionsmöglichkeiten in der indischen Energiewirtschaft in näherer Zukunft noch gering. Die Solarenergietechnik wird bis jetzt lediglich dezentral in ländlichen Gebieten, in Haushalten, Klein- und Mittelbetrieben sowie auch in der Landwirtschaft versuchsweise genutzt. Die bisherigen Erfahrungen, z.B. mit "Solarkochern" in ländlichen Gebieten, weisen Schwierigkeiten bei der Reparatur, Wartung und Unterhaltung auf. Die ländliche Bevölkerung ist außerdem nicht in der Lage, damit umzugehen. Bei fehlender Kaufkraft der breiten Dorfbevölkerung können die Solarenergieanlagen für Bewässerung und andere landwirtschaftliche Aktivitäten, wie z.B. Getreidetrocknen, -schälen, -mahlen etc., nur über Genossenschaften finanziert werden. Das Pilotprojekt eines 50 kW Solarenergiekraftwerkes, das 1988 im Bundesstaat Hariyana in Betrieb genommen wurde, ist in diesem Zusammenhang ein gutes Beispiel für den Kostenaufwand. Zur Zeit kostet der Bau mehr als 1 Mrd.i.R., bis zur Inbetriebnahme dauert es mindestens fünf Jahre. Angesichts der Erwartungen, daß Solarenergie langfristig billiger und umweltverträglicher ist als Thermal- und Nuklearenergie, sind in Indien noch weitere Pilotprojekte in Zusammenarbeit mit Japan und Deutschland geplant.[57] Dennoch wird es lange dauern, bis Indien davon auf kommerzieller Basis Gebrauch machen kann.

Im Gegensatz zur Nutzung des Solarenergiepotentials sind auf dem Biogassektor konkrete Erfolge festzustellen, die gute Aussichten für die Entlastung des Energieengpasses - vor allem als guter Ersatz für Brennholz - in den ländlichen Gebieten bieten. Dafür ist eigens Personal ausgebildet worden, das für die Demonstration vor Ort und für die Ausbildung und das Training zuständig ist. Gerade diese Art der Energiegewinnung hat sich trotz des niedrigen Bildungsstandes in den ländlichen Gebieten als einfacher, dauerhafter und umweltverträglicher erwiesen. Mittlerweile sind, wie schon erwähnt, 1,5 Mio. Biogasanlagen in Betrieb, und weitere sind auf regionaler Ebene geplant (vgl. Abschnitt 2.2.3).

Obwohl die Stromerzeugung aus den bestehenden Kraftwerken in den letzten Jahren höhere Priorität genießt und eine durchschnittliche jährliche Wachstumsrate von ca. 9% (1980) der Stromerzeugung aufweist und somit eine Verbesserung der Versorgungslage eingetreten ist, kann Verlautbarungen zufolge in absehbarer Zukunft eine Bedarfsdeckung in der Stromversorgung nicht erwartet werden. Schon derzeit liegt die Differenz zwischen Angebot und Nachfrage im Stromsektor bei ca. 9,4%.[58]

Interne Entwicklungsblockaden 163

Ähnlich sieht es auch beim Bahn- und Straßennetz aus. So eindrucksvoll die rasante Steigerung in der Bereitstellung neuer Strecken auch ist, entspricht sie doch nicht dem noch rasanter ansteigenden Bedarf an materiellen Infrastrukturleistungen, der angesichts der wachsenden Bevölkerungszahl und Produktionsstätten entsteht. Zudem sagen eindrucksvolle statistische Zahlen (vgl. Abschnitt 2.2.6.1) für ein großflächiges Land wie Indien wenig aus. Zwar geben diese offiziellen Statistiken eine Anzahl von Dörfern, Klein- und Mittelstädten an, die an das Strom-, Straßen- und Telefonnetz angeschlossen sind, in Wirklichkeit aber gibt es dort nur eine einzige Busverbindung oder Eisenbahnstrecke oder nur einen einzigen Elektrizitätsanschluß, die den jeweiligen Ort mit dem regionalen und nationalen Infrastrukturnetz verbinden. Diese Zahlen deuten allerdings darauf hin, daß es sich oft nur um eine Planzielerfüllung auf dem Papier handelt und daß sie relativiert werden müssen.

Das in letzter Zeit mit Hilfe moderner hightech-digitalge steuerter Technologie geplante Eisenbahn- und Telekommunikationsnetz (vgl. Abschnitt 2.2.6.1) konzentriert sich nur auf die wichtigsten Industriezentren und Metropolen in bestimmten Gliedstaaten. Agglomerationszentren Delhi, Kanpur, Ranchi, Madras, Bombay, Kalkutta, Ahmedabad u.a. wachsen unaufhaltsam und weisen schon erhebliche Nachteile der Überagglomeration auf. Sie zeigen sich in notorischen Engpässen in der Infrastrukturversorgung sowohl beim Transport, im Verkehr, in der Wasserversorgung und Wohnungsnot sowie bei Dienstleistungen im Bereich von Post und Telefon, wo katastrophale Verhältnisse vorherrschen. Das rapide Wachstum dieser Metropolen und die dramatisch steigende Zahl der Slumbewohner, zu der in einzelnen Metropolen fast 30 bis 40% der Gesamtbewohner zählen, ist auch ein Ausdruck dafür, daß es Indien noch nicht gelungen ist, einen regional geplanten Ausbau von ländlichen Kleinzentren (regionale Agglomerationszentren) zu vollziehen. In diesem Zusammenhang spielt wiederum die infrastrukturelle Ausstattung eine wesentliche Rolle. Die schon wirksam werdenden Ansätze (jedoch nur in einigen Bundesländern), z.B. durch Bereitstellung infrastruktureller Dienstleistungen wie Bahn- und Straßenverbindungen, Energie- und Wasserversorgung, Schulen und Krankendiensten in Grenzbereichen, die ca. 50 bis 100 km von den Metropolen entfernt sind, wie z.B. in der Nähe von Bombay (New Bombay), Delhi (Gourgaon in Haryana), Ahmedabad (Surat - Baroda - Broach - Ankleshwar in Gujarat), um nur einige zu nennen, bestätigen eine überregionale Ausweitung von Agglomerationszentren, die ihrerseits Entlastungsorte für die überlasteten Metropolen darstellen.

An Konzepten und Programmen für solche Ansätze auch in den Bundesländern des östlichen Landesteils, die wirtschaftlich und sozial als schwach gelten, wie bezüglich Bevölkerung, Landwirtschaft, Industrie, Bildungsstand usw. bereits dargelegt wurde (vgl. Kapitel 2), fehlt es in Indien durchaus nicht, da gerade die Entwicklung strukturschwacher Regionen Priorität genießt und Anreize für die Ansiedlung von Industrien gegeben werden, wie z.B. das Programm "Growth Points" und "Backward Area Development Schemes" (vgl. Abschnitt 2.2.5.2). Nach mehr als 20 Jahren, seit dem 4.Fünfjahresplan (1970-1975), ist es ein erklärtes Ziel der Wirtschaftspolitik im allgemeinen und der Industrialisierungsstrategie im besonderen gewesen, eine regional ausgewogene infrastrukturelle Ausstattung bereitzustellen und eine regionalplanerische industrielle Entwicklung einzuleiten, wie dies aus den vorgelegten Plandokumenten hervorgeht. Jedoch gibt es immer noch ausgeprägte regionale Unterschiede, die eine wesentliche Blockade für eine integrierte wirtschaftliche Entwicklung innerhalb des indischen Subkontinents darstellen. Nach vorliegenden Indikatoren zur Erfassung von verfügbaren infrastrukturellen Leistungen wie Energieverbrauch, Gemeinden und Dörfer mit Allwetterstraßen-, Schienen-, Telefon- und Elektrizitätsanschluß, Bewässerungs- und Energieversorgung in den ländlichen Gebieten sowie nach Indikatoren sozialer infrastruktureller Leistungen im Bildungswesen una der Gesundheitsversorgung des breiten Teils der Bevölkerung schneiden nach wie vor die westlichen Gliedstaaten verhältnismäßig besser ab als die nordöstlichen, ganz besonders U.P., Bihar, M.P. und Orissa.[59]

Dieser Mangel an Energieversorgung und infrastrukturellen Leistungen insgesamt scheint ein Ergebnis der mangelhaften Durchführung der in den regionalen und zentralen Plandokumenten vorgesehenen Entwicklungsprojekte zu sein. Auch der Zustand der bestehenden Industrie- und infrastrukturellen Anlagen in verschiedenen Teilen Indiens zeigt deutlich den Mangel an Wartung dieser mit umfangreichen Investitionen und zum Teil mit ausländischer Technologie errichteten Anlagen. Eine der wesentlichen Ursachen dabei ist auch das Fehlen der notwendigen beruflichen Bildung und Ausbildung eines großen Teils der im erwerbsfähigen Alter stehenden Bevölkerung, worauf im folgenden eingegangen wird.

3.2.5 Das Fehlen handwerklicher und industrieberuflicher Ausbildung, das Übergewicht der akademischen Bildung sowie unzureichende Forschung und Entwicklung für die "Angepaßte Technologie"

Der 1985 vorgelegte Regierungsbericht des Bildungsministeriums in Neu-Delhi, der einen ausführlichen Überblick über die Sachlage und vor allem über die Defizite und Versäumnisse des bisherigen nationalen Bildungssystems und der -politik gibt und gleichzeitig auf die bevorstehenden Herausforderungen an das indische Bildungssystem hinweist, charakterisiert den Mangel an beruflicher Bildung und Ausbildung eines breiten Teils der Bevölkerung folgendermaßen:

There is a strong feeling in the country that the mass of young people leaving schools, colleges and universities continue to regard manual acitivty and vocational employment as something inferior to the most routinised clerical work. In a society seeking to move into the world of modern technology this essentially feudal attitude can be a terrible handicap.[60]

Mit dieser Feststellung ist zugleich die gesellschaftliche, elitär orientierte Dimension des Problems, insbesondere die kastenbedingten Vorurteile gegen berufliche Bildung im Handwerk und bei Facharbeitern der Hindugesellschaft Indiens, angesprochen.[61] Es gibt bekanntlich eine mit Tabus behaftete Einstellung zu handwerklichen Berufen (die kastenbedingte Arbeitsteilung, die heute noch de facto existiert) in der Mittel- und Oberschicht der indischen Gesellschaft. Trotz der Möglichkeiten und Einrichtung mehrstufiger beruflicher Bildungsinstitutionen wie Ingenieurschulen, Technischen Instituten und Polytechniken - Ausbildungsstätten für mittlere Führungsfachkräfte in der Industrie - durchläuft die Mittelund Oberschicht in der Regel die übliche Laufbahn der Hochschulbildung an Universitäten, Technischen Hochschulen, Engineering Colleges und an den fünf berühmten Indian Institutes of Technology (IIT) sowie an den Business Management Instituts, die mit international anerkannten Lehr- und Forschungsprogrammen arbeiten und ihren Absolventen den Weg nach Europa und Amerika ermöglichen. So entsteht ein Reservoir an hochqualifizierten Akademikern, die ihre Berufskarriere entweder in den Führungspositionen der Industrie suchen oder ins Ausland (brain drain) gehen.[62] Das allgemeine Streben an die Hochschulen ist ein Grund dafür, daß es soviele arbeitslose Hochschulabsolventen gibt; gleichzeitig fehlen ausgebildete Handwerker, Facharbeiter sowie Spezialisten, die in verschiedenen Bereichen der Infrastruktur, im Öffentlichen Dienst und in der Industrie oder im täglichen Leben gebraucht werden könnten. Es fehlen qualifizierte Schreiner, Elektriker, Installateure, Maurer, Sanitätspersonal, Mechaniker, sogar Krankenschwestern und Fachlehrer für Berufsschulen und andere Institutionen. In den letzten Jahren wurde die Struktur des Bildungswesens an der Spitze verbessert, indem sowohl der Stand als auch die Inhalte und die Einrichtungen auf der höheren Stufe der naturwissenschaftlichen und technologischen Bildung gefördert wurden (vgl. Abschnitt 2.2.6.2).

Dabei wurde aber die sogenannte paratechnische Berufsgruppe quantitativ sowie qualitativ vernachlässigt. Der Großteil der gebildeten Fachkräfte strebt nur nach sogenannten "white collar jobs", während die sogenannten "blue collar jobs" den unteren Kasten überlassen werden, die wegen fehlender formeller Bildung überhaupt nicht in den Genuß von beruflichen Bildungsmöglichkeiten kommen, weil sie frühzeitig die Schule verlassen und kein Abschlußexamen vorweisen können. Ferner ist zu beobachten, daß die Ausbildung an den Technischen Schulen sowie an den Polytechniken wie auch in den Oberstufen der Sekundarschulen, die in einigen Gliedstaaten auch technische Kurse eingeführt haben, weitgehend ohne Vermittlung praktischer Erkenntnisse in den entsprechenden Bereichen der Arbeitswelt erfolgt. Dies wurde vor kurzem in dem vom Minister of Human Development vorgelegten offiziellen Bericht[63] bestätigt. Der Bericht verweist auf die wesentlichen Ungleichgewichte und Verzerrungen der beruflichen Bildung und Ausbildung, auf die einseitig regionale Konzentration der Fachschulen und Fachhochschulen sowie auf die Polytechniken, die sich überwiegend in den vier südlichen Gliedstaaten Tamil Nadu, Maharastra, Karnataka und Andhra Pradesh befinden. Tamil Nadu zählt als der eigentliche Vorreiter, und die Einrichtungen dort sind am besten ausgestattet. Von den landesweit errichteten 1.600 Berufsbildungsinstitutionen (Vocational Training Institutes) - gewerbliche Ausbildungsstätten - sind z.B. mehr als 50 Prozent in Tamil Nadu und ca. 250 in Maharastra angesiedelt. Obwohl es derzeit sechs staatliche zentrale Ausbildungstätten, nämlich in Bombay, Kalkutta, Hyderabad (A.P.), Kanpur (U.P.), Madras (Tamil Nadu) und Ludhiana (Punjab), für die Ausbildung der Fach- und Gewerbelehrer gibt, fehlen immer noch landesweit Fakultäten im Bereich der industriellen Bildungs und Ausbildung.[64]

Das Problem der mangelhaft ausgebildeten Arbeiterschaft in den untersten Schichten, besonders in den Bereichen Landwirtschaft, Eisenbahn, Elektrizitätserzeugung, Telefon- und Kommunikationswesen sowie in der Industrie, auf die in den vorangegangenen Abschnitten bereits verwiesen wurde, ist vor allem in Bihar, Orissa, M.P. und U.P. besonders akut. Dies wurde bereits 1967 bei dem mit deutscher Hilfe zustande gekommenen Projekt des Hüttenwerkes Rourkela festgestellt.[65] Obwohl sich in der Zwischenzeit viel geändert hat und zahlreiche Maßnahmen durchgeführt wurden, um den Bildungs- und Ausbildungsstand der Bevölkerung anzuheben, ist der Engpaß in diesen Regionen immer noch ausgeprägter als in den westlichen Gliedstaaten. Dies wurde erneut von einer vor kurzem erstellten Studie der Planungskommission bestätigt.[66] Bihar mit seinen 80 Mio. und U.P. mit seinen 130 Mio. Einwohnern haben einen relativ hohen Anteil an sogenannten Schedule Casts und Schedule Tribes, die ohnehin schon einen niedrigen Bildungsstand (zum Teil Analphabeten) vorweisen. Sie sehen sich mit erheblichen Problemen konfrontiert, denn die eingeführten Maßnahmen für beruflichen Bildung in den allgemeinbildenden Schulen können nur wirksam werden, wenn gleichzeitig auch der Bildungsstand erhöht wird. Wie schwer sich die berufliche Bildungspolitik mit den allgemeinen Alphabetisierungsprogrammen vereinbaren läßt, ist an der Feststellung zu erkennen, daß die entscheidenden Reformen des Schulsystems der siebziger Jahre bislang gescheitert sind.

Die wachsende Bedeutung und auch die Notwendigkeit des Ausbaus eines beruflichen Bildungs- und Ausbildungssystems wurde seit 1961 immer wieder in jedem Bericht des Bildungsministeriums betont und als wichtiger Bestandteil des Gesamtbildungssystems allen Gliedstaaten empfohlen. Es gibt sogar ein Lehrlingsgesetz von 1961 (bereits 1850 wurde ein Lehrlingsgesetz geschaffen, das bis 1961 in Kraft war), das sogenannte Apprentices Act, das im März 1962 in Kraft trat und noch heute gültig ist und die Arbeitgeber dazu verpflichtet, in bestimmten Branchen eine vorgeschriebene Anzahl von Lehrlingen einzustellen. Demnach bestehen in vielen Großunternehmen - meistens solchen mit ausländischer Beteiligung -, wie Tata, Birla, Höchst, Larsen und Toubro, Siemens, Mafatlals (in Gujarat) und vielen anderen, eigene spezielle Berufsausbildungseinrichtungen im Werk. Diese Unternehmen schicken auch ihre Betriebsangehörigen ins Ausland zum Zwecke des sogenannten "On-the-Job-Training". Von seiten des Bundesministeriums für Bildung und Wissenschaft in Bonn wird dies jedoch kritisch beurteilt:

> Die Tatsache, daß Indien ein betriebliches Lehrlingssystem hat, ist weniger wichtig als die Frage, wie viele Jugendliche bzw. welcher Anteil der Bevölkerung und der Wirtschaft davon direkt profitieren. ...Von etwa 800 Mio. Indern sind 131.500 Lehrlinge. Von den gut 61 Mio. Deutschen der Bundesrepublik sind 1,7 Mio. Lehrlinge. Die Bevölkerungsbeteiligung an der betrieblichen Facharbeiterausbildung ist in der Bundesrepublik Deutschland etwa 170 mal höher.[67]

Noch ein Aspekt fällt besonders auf, wenn man die Millionen Jugendliche ohne Bildung und Ausbildung betrachtet, die in den Slums, Dörfern und Städten herumlungern. Die vom Staat sowie von den privaten Unternehmen und auch von bestimmten Kasten gestifteten Schulen und Berufsbildungseinrichtungen und -maßnahmen haben bislang kein konkretes Programm für die gewerbliche Berufsbildung für den informellen Sektor, in dem der größte Teil der Bevölkerung tätig ist. Obwohl in einigen Gliedstaaten Indiens mit bescheidenen Mitteln von einigen nichtstaatlichen Organisationen - den sogenannten NGOs - der Versuch gemacht wird, diese Lücke zu füllen, bedeutet dies nur einen Tropfen auf den heißen Stein. Die staatlichen Programme wie Rural Self-Employment (RUSEM) und das Rural Youth Training Programme for Self-Employment (TRYSEM), die Anfang der achtziger Jahre eingeführt worden sind, sollen der arbeitslosen und unterbeschäftigten Bevölkerungsgruppe in den ländlichen Gebieten zu einer selbständigen Existenz in den Dörfern ihrer heimischen Umgebung verhelfen. Hier werden in drei- bis sechsmonatigen Kursen einige berufliche Kenntnisse vermittelt, wie z.B. das Reparieren von Radios, elektrischen Geräten, Automotoren, Nähmaschinen und ähnlichem. Ebenso werden Kurse angeboten, die Hilfestellung im Marketingbereich, in der Buchführung, bei der Beantragung von Bankkrediten u.ä. leisten.

Fest steht, wer hier lernt und arbeitet, ist kein Lehrling oder ein Ungebildeter aus einem Dorf oder Slum, sondern jemand, der schon handwerkliche Fähigkeiten besitzt, Interesse mitbringt, das dort Gelernte in die Praxis umzusetzen vermag und den dafür aufgenommenen Bankkredit zurückzahlt.

Die zentrale Regierung hat wiederum Planziele auch für diese Programme angesetzt; so sollen z.b. 40 Jugendliche vom Lande pro Entwicklungsblock im Jahr im Rahmen dieser Programme ausgebildet werden. Die so ausgebildeten Jugendlichen können nach der Ausbildung eigene Betriebe, Reparaturwerkstätten oder ähnliches einrichten und bekommen einen Bankkredit. Wie in allen anderen Bereichen sind diese auf dem Papier vielversprechenden Maßnahmen mit hohen bürokratischen Hürden verbunden, so daß sie sich kaum als effektiv erweisen. Im Gegensatz zu dem breit angelegten Berufsausbildungskonzept für den Großteil der Bevölkerung werden in den vorgesehenen neuen Programmen die hochtechnologischen Bereiche, z.B. elektronische Datenverarbeitung und Computer Literacy Study Programme, eindeutig bevorzugt.

Insgesamt läßt sich feststellen, daß bis jetzt in den nationalen und regionalen Bildungskonzepten der Regierungen eine adäquate Berücksichtigung konkreter Reformen für die berufliche Bildung versäumt worden ist. Es gibt kein institutionalisiertes Berufsbildungssystem und die Lehrlingsausbildung findet weitgehend in der Schule oder in Polytechniken statt. Möglicherweise hat die gewerbliche und die technische Berufsbildung als Schwerpunkt der Bildungspolitik in Indien nie eine Rolle gespielt. Damit wurde auch übersehen, daß der Mangel an handwerklichem und entsprechendem Fachwissen, Fleiß und Ausdauer negative Begleiterscheinungen in puncto Sicherheit der Industrieanlagen (Bhopal war eine Warnung) und Erhaltung der Infrastruktur (Bahn und Brücken) mit sich bringt und ohne Zweifel ein weiteres schweres Handikap für die wirtschaftliche Entwicklung darstellt. Es wäre schon ein großer Erfolg, wenn nur einige der in der Bildungspolitik angestrebten Maßnahmen, wie z.B. die Schaffung von 5.000 neuen Berufsschulen und die Alphabetisierung der Bevölkerung, auch nur teilweise greifen würden. Die bisherigen Erfahrungen zeigen jedoch, daß sich die Umsetzung als wesentlich schwieriger erweist, als die Politiker in Indien es wahrhaben wollen. Vor allem fehlen in einigen Gliedstaaten die finanziellen Mittel; schließlich müßten die Beschlüsse der Zentralregierung auch von den Regierungen der Gliedstaaten und ebenso auf Gemeindeebene umgesetzt werden. Letztere erweisen sich obendrein als sehr korruptionsanfällig, und es kommt nicht selten vor, daß aus den finanziellen Mitteln lediglich fiktive Schulen errichtet werden. Auf jeden Fall wird es wohl noch Jahre dauern, bis die vorgeschlagenen Reformen überhaupt erkennbare Ergebnisse zeitigen.

Was das Entstehen von eigenständig entwickelten, an die lokalen sozio-ökonomischen Bedürfnisse angepaßten Technologien aus Forschungs- und Entwicklungsaktivitäten (F & E) in Indien betrifft, kann das Land seit frühester Geschichte eine außerordentlich hohe intellektuelle Tradition und ein hervorragendes Innovationspotential vorweisen.

Vor Jahrhunderten bereits wurde in Indien bekanntlich die Ziffer "Null" in die Mathematik eingeführt, und die Geschichte Indiens hat zahlreiche große Gelehrte und Wissenschaftler hervorgebracht, die für ihre Beiträge auf den Gebieten Mathematik, Sternkunde, Medizin, Wirtschafts- und Politikwissenschaften weltweit bis heute bekannt sind. Auch in jüngster Zeit nehmen Namen wie Ramanuja (Mathematiker), Jagdish Chandra Bose (Botaniker), C.V. Raman, Homi Bhabha und Vikram Sarabhai (Physiker) ehrenwerte Plätze in der Weltrangliste der Wissenschaft ein. Man liest immer wieder in der internationalen Presse von Meldungen über hohe Auszeichnungen für indische Wissenschaftler, die sich mit einer Erfindung oder technischen Entwicklung einen Namen verschafften. Als Beispiel hierfür sind die Gewinnung von Speiseöl aus Reiskleie, die Entwicklung von Verhütungsmitteln sowie Ölteppichbeseitigungsmaßnahmen aus pflanzlichen Mitteln aufzuführen. Hinzu kommt die mittlerweile ausgezeichnete, vielschichtig entwickelte Infrastruktur für die Grundlagenforschung und -entwicklung von Technologien in international berühmten Institutionen wie das Tata Institute für Grundlagenforschung in Bombay, die Indian National Science Academy (Delhi) und das Central Food and Technology Research Institute Mysore, um nur einige zu nennen. Die staatliche Einrichtung "The Council of Scientific and Industrial Research", die schon vor der Unabhängigkeit (1943) gegründet wurde, ist zuständig für die Förderung und Koordinierung der landesweit betriebenen Forschungs- und Entwicklungsaktivitäten in allen Bereichen der Wirtschaft und Gesellschaft, von der Antarktisund Meeresforschung bis zu Biogas und Windenergie, und arbeitet in einem Team von interdisziplinär begabten Experten.

Es gibt unzählig viele Spezialeinrichtungen auf dem Subkontinent, die es ermöglicht haben, über Lizenzen und Direktinvestitionen importierte ausländische Techniken selbständig den lokalen Bedingungen anzupassen und zu modifizieren (downgrading), so daß die im Lande vorhandenen traditionellen Techniken auf den neuesten Stand angehoben (upgrading) werden können. Durch den erreichten Industrialisierungsgrad und die sich entfaltende diversifizierte Industriestruktur dürfte Indien heute in der Lage sein, den Prozeß der Diffusion und Absorption mit Hilfe der angepaßten Technologie in die wirtschaftliche Entwicklung zu integrieren und damit die gesamtwirtschaftliche Produktivität erkennbar zu erhöhen. Trotz einer bemerkenswerten Investitionsrate von ca. 1 Prozent des

Bruttosozialprodukts für Forschung und Entwicklung, die keineswegs geringer ist als in manchen Industrieländern, scheint die "Rückkoppelung" der Wissenschaft sowie der Forschungs- und Entwicklungsergebnisse auf die Anwendungsbereiche der Wirtschaft sehr geringfügig zu sein. Kennzeichnend dafür ist die sogenannte "technologische Lücke", die zwischen der Grundlagenforschung und -entwicklung, die in den Laboren und Universitäten stattfindet, und ihrer mangelnden Umsetzung in "Innovationen" und "effiziente Technologien" besteht. Sie macht sich vor allem in den Bereichen Landwirtschaft, Energie, Infrastruktur, Gesundheitsversorgung und industrielle Produktionstechniken bemerkbar. Surendra Patel meint zu Recht "daß in Indien keine grundsätzliche wechselseitige Beziehung zwischen der sogenannten "Entwicklungsplanung" und "Technologischen Planung"[68] besteht.

Aufgrund empirischer Untersuchungen[69] in verschiedenen Industriezweigen sowohl von seiten der Industrieunternehmer als auch von renommierten offiziellen Forschungsstellen wie National Council of Applied Economic Research on Technology Development, The Council of Scientific and Industrial Research, Central Mechanical Engineering Research Institute u.v.a., läßt sich feststellen, daß es Indien bis jetzt noch nicht gelungen ist, eine effiziente Interaktion, Koordination und einen technologischen "Link" zwischen den für F & E zuständigen offiziellen Stellen herzustellen. Die entscheidende Blockade für die Dynamisierung des indischen Industrialisierungsprozesses liegt den obengenannten Untersuchungen zufolge in der Vernachlässigung des technologischen Diffusionsbeitrages seitens der Großindustrie, die auf folgende Gründe zurückzuführen ist:

- Die staatlichen F & E-Ausgaben, die fast die Hälfte der gesamten für F & E vorgesehenen finanziellen Mittel (ca. 50 bis 55%) umfassen, konzentrieren sich ausschließlich auf Militär-, Weltraum-, Luftfahrt- sowie Nukleartechnik. Dafür engagieren sich auch die besten wissenschaftlichen Talente. Seit kurzem wird der Bereich der Elektronik und deren Anwendung in der Luft- und Raumfahrt sowie in der Computerindustrie bevorzugt (vgl. Tabelle 15 in Abschnitt 2.2.6.2). Für die anderen Zweige der industriellen Entwicklung, wie z.B. für Textilien, Zement, Basismaterial, Maschinenbau- und Elektroprodukte usw., wurden keine gezielten kontinuierlichen F & E-Anstrengungen vorgenommen. Dementsprechend konnte Indien keine spezielle Technologieentwicklung verbuchen und auch nicht mit den neuen Entwicklungen im Technologiewissen - Know-how und Know-what - Schritt halten. Dies verursacht zum Teil auch die vielen sogenannten "sick industries" (vgl. Tabelle 13 in Abschnitt 2.2.5.2), zu denen die Textil-, Jute- und die kleinere pharmazeutische Industrie zählen. Die F&E-Ausgaben seitens der Industrie (staatliche und private Industrie) lagen bei 20,9%, gemessen an den Gesamtausgaben für

F & E im Jahr 1988/89. Dieser Anteil hat sich während der letzten zwei Jahre (1989/90 und 1990/91) nicht verändert. Auf dem privaten Industriesektor betrugen die Ausgaben 1988/89 für F & E nur 10% der Gesamtausgaben und beliefen sich auf nur 0,21% des Bruttosozialprodukts. In den Industrieländern dagegen werden mehr als 2% des Bruttosozialprodukts und ca. 4% des Umsatzes für F & E seitens der Industrie ausgegeben. Gemessen am Umsatz, gibt der Industriesektor Indiens nur 0,72% für F & E aus. Ferner ist zu gemerken, daß viele Industriezweige - auch im öffentlichen Sektor - mit Hilfe ausländischer Direktinvestitionen entstanden sind und somit die Möglichkeiten für die eigene F & E einheimischer Industrien und deren Personal sehr gering geblieben sind. In vielen Industriebranchen, wie im Maschinenbau, in der Zementherstellung, in der Eisen- und Stahlproduktion usw., wurden bemerkenswert höhere Produktionskapazitäten geschaffen, die allerdings mit geringen F & E-Aktivitäten verbunden sind.

- In den konventionellen Industriezweigen, wie Hochöfen, Hüttenwerke, Fahrzeugbau, Chemie, Maschinenbau und Elektroindustrie, um die wichtigsten Basisindustrien zu nennen, beschränkt sich Indien auf die Nutzung von Techniken, die in den fünfziger und sechziger Jahren aus Westdeutschland, Großbritannien, Amerika und anderen westeuropäischen Ländern über Lizenzen und Joint Ventures erworben wurden. Die Untersuchungen zeigen, daß sich z.B. im Fahrzeugbau bis vor kurzem im Design, bei der Karosserie usw. so gut wie nichts verändert hat. Beispielsweise erweist sich die Qualität der Produkte der staatlichen Bharat Heavy Electricals Lmt. für Turbinen- und Anlagenindustrien in Wärmekraftwerken, die sich einst auch in den Golfstaaten etablierte, selbst für die inländischen Kraftwerke, die gegenwärtig von den State Electricity Boards in verschiedenen Gliedstaaten mit Hilfe von Krediten der Weltbank, der Asiatischen Entwicklungsbank oder der KFW (Deutschland) gebaut werden, als nicht ausreichend.

- Die Großindustrieunternehmen halten es wegen ihrer Monopolstellung nicht für nötig, viel finanzielle Mittel in die F & E - für sogenannte "In-House Research and Development" - zu stecken, weil die inländische und ausländische Konkurrenz weitgehend verdrängt wurde und sie ihre Produkte - ohne Qualitäts- oder Effizienzverbesserungen - ohnehin auf dem inländischen Markt verkaufen können. Außerdem spekulieren die indischen Unternehmen traditionsgemäß eher auf kurzfristige Gewinne als auf langfristige technische Verbesserungen. Nüchtern betrachtet, handeln die indischen Großunternehmen eher "kaufmännisch" als innovationsstrebend im Sinne des "Schumpeterschen Unternehmers". Sie sind bequem und neigen dazu, die im Ausland vorhandenen Technologien über Joint Ventures oder Lizenzen zu kaufen, anstatt sie selbst für ihre eigenen Bedürfnisse weiterzuentwickeln.[70] Indische Industrieunternehmen investieren im Durchschnitt nur 0,1% des Umsatzes für F & E im Gegensatz zu deutschen Unternehmen wie Bayer, BASF, Hoechst oder Siemens, die ca. 5 bis 6% ihres Umsatzes für sogenannte "In-House"-F & E ausgeben.

- Die ausländischen multinationalen Konzerne wie Hoechst, Siemens, General Electrics usw., die in Indien ihre Niederlassungen haben, betreiben seit jeher eigene Forschungslaboratorien und Werkstätten, die in erster Linie für eigene Zwecke in Anspruch genommen werden und somit nicht dazu dienen, angepaßte Technologien für indische Industrieunternehmen zu erforschen.

- Viele Experimente werden auf regionaler Ebene durch lobenswerte originelle Technologiekonzepte von einzelnen Privatpersonen, vor allem aber auch durch nichtstaatliche Organisationen durchgeführt, die versuchen, für die arbeitsintensive Kleinindustrie angepaßte Technologien zu entwickeln. Diese sind jedoch regional sehr verstreut und werden individuell ohne Vernetzung oder Teamwork betrieben. Durch diese Arbeitsweise (ein bißchen hier und ein bißchen dort) konnte kein Gesamtkonzept, z.B. für erneuerbare Energiequellen, entwickelt werden.

- Auf der anderen Seite sind die kleinen und mittelständischen Unternehmen, die einer harten Konkurrenz ausgesetzt sind, nicht in der Lage, F & E-Ausgaben selbst zu finanzieren. Diese suchen ständig neue Technologien und Verbesserungsverfahren, die im Inland aus den obenerwähnten Gründen allerdings schwer zu finden und aus dem Ausland nur teuer zu erwerben sind. Dies wurde auch durch die Umfrage "Techno-Germa"-India, 1987 bestätigt.[71]

Die oben dargestellten Mängel am Gesamtkonzept der F & E in Indien schließen jedoch nicht aus, daß in Teilbereichen auf sektoraler Ebene von privaten, auch von klein- und mittelständischen Unternehmen, eigenständige industrielle Verbesserungen in bestimmten Regionen des Subkontinents durchgeführt werden, was sich auf die technologische Kompetenz vorteilhaft auswirkt. Viele Konsumgüterindustrien, darunter die Produktion von Luxuskonsumgütern wie Nähmaschinen, Fahrräder, Bekleidung, Radios, Fernseher u.ä., haben beispielsweise in Punjab, Maharastra und Gujarat bemerkenswerte Erfolge aufzuweisen.

Abschließend ist in diesem Zusammenhang festzustellen, daß es Indien bis jetzt nicht gelungen ist, ein konsistentes Konzept für eine eigene Technologieentwicklung aus importiertem oder aus eigenem traditionell vorhandenen Wissen und eigenen Technologien mit entsprechenden F & E-Anstrengungen zu entwickeln.

Im Gegensatz zu Japan, das einige seiner Industriezweige in südasiatische Nachbarstaaten verlagern konnte, zeigt sich Indien im Innovationsprozeß wenig erfolgreich. Den Japanern ist es dagegen gelungen, von Firmen aus aller Welt Lizenzen für verschiedene industrielle Techniken zu kaufen, um dann aus diesen jeweils die besten Detaillösungen für die eigenen angepaßten Technologien auszuwählen und optimal zu kombinieren. Dafür hatten sie ganz gezielte F & E-Anstrengungen in eigenen Industriewerken mitgenommen, um bei diesem Optimierungsprozeß die auftretenden technischen Lücken durch zusätzliche eigene Entwicklungsarbeit zu überbrücken. So gelang es ihnen, durch eine relativ geringe technologische Basisarbeit ein hervorragendes Gesamtkonzept auszuarbeiten. Die Japaner bilden auch ein Paradebeispiel für einen kontinuierlichen Anpassungsprozeß in der industriellen und technologischen Entwicklung, der den Anschluß an das neueste technische Wissen und Know-how gewährleistet. So gesehen, befinden sich die indische Technologie und viele Industrieprodukte mit nur einigen wenigen Ausnahmen im Vergleich zum internationalen Standard in einem bedenklichen Rückstand. Um einen Selbstversorgungsgrad (self-reliance) in der industriellen Entwicklung sowie in der Landwirtschaft sicherzustellen, müßten zusätzliche Technologien, vor allem zur Modernisierung der bestehenden Betriebe, importiert werden. Die dafür benötigten Devisen muß sich Indien durch seine industriellen Exporte beschaffen, die aufgrund der "Blockade" durch mangelnde berufliche Bildung und vernachlässigte F & E-Anstrengungen schwierig zu tätigen sind.

3.2.6 Unzureichende Exportorientierung

Die seit geraumer Zeit zu verzeichnende überdurchschnittlich hohe Steigerung der indischen Auslandsschulden, des Schuldendienstes sowie die wachsenden Außenhandelsdefizite und die damit verbundenen zunehmenden Zahlungsbilanzdefizite werden in Indien selbst und auch in internationalen Finanzkreisen als besorgniserregend angesehen. Die Auslandsschulden Indiens von derzeit ca. 1000 Mrd. i.R. (ca. 55,5 Mrd.US$ im Wechselkurs von ca. 18 i.R. = 1 US$ gegenüber 16 i.R. = 1 US-$ im Jahre 1989) und der Schuldendienst (Zins- und Tilgungsrückzahlungsverpflichtungen) von mehr als 30 Prozent des Exportwertes sind für Indien[72] außergewöhnlich. Angesichts der Tatsache, daß Indien im Gegensatz zu anderen Entwicklungsländern, wie z.B. den sieben hochverschuldeten lateinamerikanischen und südostasiatischen Ländern, in den siebziger Jahren eine vergleichsweise vorsichtige Verschuldungspolitik betrieben hat und sich sogar auf die Überweisungen indischer Gastarbeiter im Ausland, überwiegend in den Golfstaaten, stützte, befand sich das Land in einer günstigen Position. Der Schuldendienst für die im Ausland aufgenommenen Kredite lag z.B. im Haushaltsjahr 1983/84 nur bei rund 13,6 % der Waren- und Dienstleistungsexporte. Im Haushaltsjahr 1984/85 lag er ebenfalls noch bei 13,6%; seit 1985 verzeichnet er einen steilen Anstieg, der sich 1985/86 auf ca. 17,5%, 1986/87 auf ca. 21,8 % und 1987/88 auf ca. 24 % belief. Aufgrund der höheren Importpreise von Rohöl und der erhöhten Einfuhr von Rüstungsgütern, Offshore-Ölausrüstungen und Ausrüstungen für Kraftwerkbau wird für das Jahr 1991 der Schuldendienst ca. 30% der Exporterlöse überschreiten.

Mit 550 Mrd.i.R. Auslandsschulden im März 1988 und 960 Mrd. i.R. im März 1989 betrug der Schuldendienst Indiens immer noch weniger als 25 Prozent des Exporterlöswertes. Doch liegen die Werte höher als der von indischen Regierungskreisen als akzeptabel betrachtete Satz von 20 Prozent des Exporterlöses, dem sogenannten "Prudent Limit of Debt Service". Demzufolge scheint das Ausmaß der derzeitigen Auslandsschulden (ca. 1.200 Mrd.i.R., ca. 70 Mrd.US$) und des Schuldendienstes (ca. 30% der Exporterlöse) mittlerweile die Gefahrenzone der Verschuldung erreicht zu haben. Auch der bedenkliche Stand der Währungsreserven, die nahezu aufgebraucht sind (zur Zeit für knapp einen Importmonat) und die anstehenden Rückzahlungsverpflichtungen sowie die vom IWF aufgenommenen kurzfristigen Bankkredite zur Finanzierung von Importen (ca. 3 Mrd.US$), scheinen allein aus den Exporterträgen nicht finanzierbar zu sein. Vor diesem Hintergrund erscheint die Notwendigkeit Indiens, einen weiteren Kredit beim IWF von ca. 3,5 Mrd.US$ aufzunehmen, unabdingbar. Nach jüngsten Analysen des Institute of International Finance (IIF) in Washington soll die Schuldendienstrate Indiens bis 1991 bei 38 Prozent der Exporterlöse angelangt sein. Nach einer Berechnung von indischen Ökonomen wird das Wachstum der Auslandsverschuldung für den 8.Fünfjahresplan (bis 1995) bei ca. 30 bis 35 Mrd.US$ liegen, was die Gesamtverschuldung Indiens bis 1995 auf ca. 100 Mrd.US$ erhöhen dürfte.[73]

Verwiesen wird dabei auf die ansteigenden Handelsbilanzdefizite, die sich z.B. von ca. 60 Mrd.i.R. 1981/82 auf ca. 104 Mrd.i.R. 1990/91 erhöht haben. Dies ist insbesondere auf die steigenden Importe (+25 %) und auf die stagnierenden Exporte (-0,7 %) sowie auf die sinkenden Transfers (die seit den letzten drei Jahren bei ca. 17 Mrd.i.R. stagnieren) von im Ausland arbeitenden Indern (den sogenannten Non-Resident Indians in Europa, Amerika und nun in der Golfregion) zurückzuführen.

Aus diesen differenzierten Analysen der Außenwirtschaftssituation Indiens ist zu erkennen, daß die gesamtwirtschaftliche Zahlungsbilanzposition eine kritische Größe erreicht hat. Im Zusammenhang mit dem 8.Fünfjahresplan (1990-1995) erhebt sich die konkrete Frage, inwieweit Indien sich noch weiter verschulden soll und muß, um die vorgesehenen Planziele, unter anderem ein gesamtwirtschaftliches Wachstum von 6 Prozent p.a. und eine Steigerung des Exportvolumens um 10 Prozent p.a., zu erreichen. Das geplante Investitionsvolumen des bisher unveröffentlichten 8.Fünfjahresplanes soll sich auf 6.490 Mrd.i.R. (ca. 650 Mrd.DM bei gegenwärtigen Wechselkursen) bei konstanten Preisen von 1989-90 belaufen. Zu den Schwerpunktbereichen der staatlichen Investitionen zählen der Energiesektor (Ausbau von Kraftwerkleistungen, Förderung der Kohle-, Erdöl- und Erdgasvorkommen), das Transportwesen sowie die Landwirtschaft, Agroindustrie und die Kleinunternehmen. Nach Schätzungen der Asiatischen Entwicklungsbank in Manila, bei der Indien mittlerweile mit durchschnittlich 500 Mio.US$ p.a. (die sich in den nächsten drei Jahren wahrscheinlich auf 800 Mio. US$ erhöhen werden) zu einem großen Kreditnehmer geworden ist, wird das Land für seinen 8.Fünfjahresplan einen Kapitalimport von etwa 54 Mrd.US$ benötigen.[74]

Der bisher zurückhaltende und vorsichtige Kurs bei ausländischen Kreditpolitik der Regierung beruht primär auf der Tradition, 90 Prozent der Investitionsausgaben aus Eigenmitteln zu finanzieren und den Rest von 10 Prozent aus den Zuschüssen und zinsgünstigen Darlehen von der Weltbank, der Weltbanktochter International Development Agency (IDA), vom Internationalen Währungsfonds (IWF), der Asiatischen Entwicklungsbank und anderen Institutionen zu finanzieren. Wie die Erfahrung zeigt, erwies sich diese Praxis bisher als vorteilhaft. Zwar hat die Weltbank Indien für seine bisherigen wirtschaftspolitischen Erfolge mehrfach gelobt, und deshalb war Indien auch bisher einer der größten Empfänger von IDA-Mitteln und wird auch in Zukunft mit Kreditvergaben rechnen können. Gleichwohl ist in Anbetracht des veränderten internationalen Klimas, vor allem wegen der Aufbruchstimmung in den osteuropäischen Ländern, davon auszugehen, daß das Volumen der weichen Kredite in der 8.Planperiode stagnieren wird. Die indische Regierung ist sich dieser Situation bewußt und tendiert nun im Zuge einer Liberalisierungspolitik mehr auf private Direktinvestitionen in Form von Joint Ventures und hundertprozentigen Exportindustrien. Dies zeigt sich in dem gegenwärtigen Engagement von ausländischen, speziell deutschen, japanischen und amerikanischen Investoren in den Bereichen Stahl, Werkzeugmaschinen, Automobilindustrie, Chemie und Petrochemie, Agroindustrie, Pharmaindustrie, Elektronikindustrie sowie Erdöl- und Erdgasförderung, Kraftwerkbau, Lederwaren, Textilien und ähnlichem.[75]

Vor diesem Hintergrund scheint Indien verstärkt auf kommerzielle private Kredite und Technologien aus dem Ausland zurückzugreifen, was einen Anstieg der Auslandsverschuldung und Schuldendienstquote bedeutet. Allerdings könnte diese Belastung durch die positive Entwicklung auf dem Exportsektor entscheidend vermindert werden, wenn es Indien gelingt, seine Exportzuwachsrate von gegenwärtig 10 Prozent p.a. auf 15 Prozent p.a. zu steigern und die Importe für Konsumgüter wie Zucker, Speiseöl usw. kräftig zu senken. Allerdings dürfte eine Einschränkung der Importe z.B. von Mineralöl, Rohstoffen für die Industrie, Zwischenprodukten, Ersatzteilen und Maschinen, die für die Exportindustrie benötigt werden, die Produktion in vielen Betrieben drosseln oder ganz einstellen und dazu beitragen, daß die vorhandenen Produktionskapazitäten nur teilweise ausgelastet sind. Die meisten der in den achtziger Jahren aufgebauten Industrien, zumal in den Export Processing Zones und in den hundertprozentigen Export Units (vgl. Abschnitt 2.2.5.2) sind importabhängige Industrien, deren Importbedarf laut einer empirischen Untersuchung von Nayyar von 13,7 Prozent im Jahre 1977/78 auf 23,5 Prozent im Jahre 1984/85 angestiegen ist, während sich deren Exportleistung nicht dementsprechend verbessern konnte.[76]

Eine weitere Liberalisierung des Imports der erforderlichen Zwischenprodukte und Technologien ist demnach von zentraler Bedeutung und dürfte, für sich gesehen, dazu beitragen, die Wettbewerbsfähigkeit und somit auch die Exporte der indischen Großunternehmen zu erhöhen. Die meisten indischen Großunternehmen nehmen im Gegensatz zu klein- und mittelständischen Unternehmen in der Exportwirtschaft eine sehr schwache Position ein, da sie in erster Linie Importsubstitution betreiben und sich teilweise in Monopolstellung auf die Produktion für den Binnenmarkt konzentrieren (vgl. Tabelle 18). Dies stößt aber bei einer wenig dynamischen binnenwirtschaftlichen Integration auf die Grenzen der geringen Nachfrage. Obwohl einige Industriezweige, wie z. B. die Pharmaindustrie oder der Fahrzeugbau mit seinen sogenannten "commercial vehicles" (Bussen, Traktoren, Lastwagen und Jeeps) sowie auch die Werkzeugmaschinenbranche, ihre Exporte in den achtziger Jahren erhöht haben, beschränken sich diese jedoch hauptsächlich auf einige Ostblockländer und afrikanische Staaten wie z.B. UdSSR, Bulgarien, Algerien, Uganda, Sambia und in Asien Iran, Kuwait usw., die keine substantiellen Devisen bringen und überwiegend über Kompensationsgeschäfte laufen. Nach Untersuchungen in der Fahrzeugindustrie war Indien z.B. 1984 mit nur 0,09 Prozent (17,6 Mio.US$) auf dem Weltmarkt vertreten. Im Werkzeugmaschinenbau mit seinen 160 Herstellern im organisierten und mit weiteren 300 im kleinindustriellen Sektor sowie dem größten staatlichen Unternehmen Hindustan Machine Tools Ltd. mit seinen fünf Werken in verschiedenen Bundesstaaten lag Indien 1988 mit 0,9 Prozent des Weltoutputs und nur 0,2 Prozent des Weltexports an 28. Stelle des Weltmarktes.[77] Abschließend bleibt festzustellen, daß Indien sich in einer Sackgasse der importintensiven Exportförderungsbestrebungen befindet.

Tabelle 18:
Großindustrieunternehmen - Export vs Import (in Mrd.i.R.)

Export (1983-87)	Name des Unternehmens	Import (1983-87)
11.66	TATA	6.37
3.68	BIRLA	6.00
1.05	THAPAR	2.72
1.12	JK SINGHANIA	4.23
1.89	MAFATLAL	2.32
0.84	MODI	1.52
0.08	ESCORTS	1.04
0.27	RAUNAQ SINGH	0.39
1.05	GARWARE	2.41
3.26	BAJAJ	4.12

Quelle: *India Today*, Delhi, 15.März 1989, S.93.

Doch selbst nach einem Abbau der Handelsschranken - sowohl der tarifären als auch der nichttarifären - seitens der Industrieländer wäre die Konkurrenzfähigkeit indischer Produkte auf dem Weltmarkt wegen ihrer relativ geringen Qualität, Lieferverzögerungen, Mängeln an Verpackung und Transport etc. erheblich beeinträchtigt, und gerade hierin zeigt sich der Schwachpunkt der indischen Exportwirtschaft. Es steht demnach fest, daß, wenn Indien seine Wirtschaftsleistung nicht entscheidend verbessert, spätestens Ende der neunziger Jahre erhebliche Verschuldungsprobleme auf das Land zukommen werden. Im Hinblick auf die Entwicklungsmöglichkeiten eines noch zu erschließenden riesigen Binnenmarktes und besonders auf eine langfristig konzipierte wachstumsorientierte Wirtschaftspolitik in Indien scheint es, daß der binnenwirtschaftliche Nachfrageschub sich nur mit den notwendigen Exportoutlets ermöglichen läßt. Es ist daher nur verständlich, daß eine umfassende, systematisch und gezielt konzipierte Strategie der Exportsteigerung für Indien als notwendige Ergänzung zur Binnenmarkterschließung angesehen wird (vgl. Abschnitt 3.1). Darauf hatten der Regierungsausschuß unter dem Vorsitz von Abid Hussain (damaliges Mitglied der Planungskommission) sowie das National Council of Applied Economic Research schon längst ausdrücklich hingewiesen.[78]

3.2.7 Starke zentrale Intervention mit administrativen Starrheiten, überwuchernde Bürokratie und Korruption

Offensichtlich bestehen in keinem Land der Weltwirtschaft ideal ausgewogene Verhältnisse zwischen Staat, Politik, staatlich-bürokratischem Verwaltungsapparat und gesellschaftlicher Gerechtigkeit. Angesichts der verwirrenden und enormen Aufgaben der staatlichen Verwaltung und dem sozio-ökonomischen Management sowohl in industriell entwickelten als auch in den sich noch zu industrialisierenden Gesellschaften, zu denen auch Indien zählt, scheint eine überdimensionale Ausdehnung des Staatsapparates unvermeidlich zu sein. In Indien sind diesbezüglich unzählige Instanzen, Institutionen, Behörden, Gremien und andere Organe im Bereich der Exekutive geschaffen worden, die nahezu flächendeckend auf allen Ebenen von Wirtschaft und Gesellschaft eine politische und kommerzielle Infrastruktur verkörpern (vgl. Abschnitt 2.2.6.4). Im Zuge des Verwaltungs- und Durchführungsprozesses in einer parlamentarischen Demokratie mit einer föderativen Administrationsstruktur und einer sozio-kulturellen Vielfalt der Gesellschaft, wie sie in Indien vorherrschen, sind mittlerweile zwangsläufig auch sogenannte "unerwünschte Nebenwirkungen" wie parteipolitische Skandale, Beamtentum mit Bürokratie, Bestechungen, Begünstigungen, Korruption, Wirtschaftskriminalität, Steuerhinterziehung, Schwarzmarkt (50 Prozent der offiziellen Wirtschaft) usw. eingetreten, die auch in anderen Volkswirtschaften - unabhängig von deren Wirtschaftsordnung - mehr oder weniger vorhanden sind.

Dies sind die "offenen Geheimnisse", die mehr oder weniger zum politischen und wirtschaftlichen Alltag des modernen Staatsmanagements gehören. Ein entscheidender Unterschied in diesem Zusammenhang zwischen Indien und anderen Ländern zeigt sich jedoch in dem Ausmaß der Betroffenheit der breiten Massen der Bevölkerung, die sich selbst nicht an dem Prozeß der Bürokratisierung und Korruption beteiligen, jedoch in ihren wirtschaftlichen Aktivitäten beeinträchtigt werden. Denn dieses Übel beschränkt sich nicht nur auf "politische Skandale" und die Grenzen des Verwaltungsapparates, sondern verbreitet sich auf allen Ebenen der Wirtschaftsstruktur. Vielleicht ist Indien ein Land, wo das sogenannte Parkinsonsche Prinzip der unaufhaltsamen Wucherung der Bürokratie (entwickelt von dem britischen Historiker Northcote Parkinson in den fünfziger Jahren), besonders stark zur Geltung kommt.

Bei der Suche nach den treibenden Kräften dieses Übels werden oft so banale Faktoren wie Elitenwohlstand nach westlichem Lebensstil, unterbezahlte Beamte der mittleren und niederen Bürokratie, moralischer Verfall der verantwortlichen

Politiker und Beamten (Indian Administrative Service) etc. als Gründe genannt. Möglicherweise ist es aber auch ein Ergebnis des höchst fragwürdigen Ausmaßes der allzu zentralistisch dirigierten wirtschaftlichen und politischen Rahmenbedingungen, die ihrerseits systembedingte Mängel, Ungleichheiten und Verzerrungen hervorrufen. Das Nebeneinander von Plan- und Marktwirtschaft auf der einen und die zentralistisch gestaltete föderative Staatsform, der immer noch der Charakter der britisch-indischen Kolonialverwaltung anhaftet, auf der anderen Seite, scheint sich schwer koordinieren zu lassen. Vor allem aufgrund der anhaltenden starken Penetration des Staates bzw. der Zentralregierung in jedem einzelnen Wirtschaftszweig, sei es direkt oder indirekt, wie z.B. bei Lizenzvergabe für die Industrie, Import-Export-Genehmigungen, Preisfestsetzungen für Agrar- und Industriegüter, Bank- und Finanzwesen usw., scheint kaum Spielraum für einen deutlichen Abbau der Bürokratie und Korruption vorhanden zu sein. Dieser Sachverhalt läßt sich im wesentlichen anhand folgender Punkte konkretisieren:

- Obwohl, wie bereits erwähnt (vgl. Abschnitt 2.2.6.4), die politische und kommerzielle Infrastruktur in Indien reichlich dezentralisiert ist, mangelt es keineswegs an staatlichen Interventionen. Trotz der Einführung behutsamer Liberalisierungsmaßnahmen in der Industriepolitik wird zu Vieles nicht dem freien Spiel der marktwirtschaftlichen Kräfte überlassen. Gerade um die Liberalisierungspolitik durchführen zu können, wurden zum Schutze der kleinen und mittelständischen Unternehmen sowie zur Unterstützung der Dorfindustrie und zur Durchführung dörflicher und landwirtschaftlicher Entwicklungsprojekte noch zusätzliche staatliche Stellen geschaffen. Kein Wunder, daß sich in den letzten drei Dekaden die Zahl der Regierungsangestellten und Beamten von 3 Mio. (1951) auf ca. 19 Mio. (1986) erhöhte. Nicht nur die einheimische Bevölkerung, sondern auch ausländische Investoren und Unternehmen müssen sich mit einem Dschungel von Prozeduren und Vorschriften auseinandersetzen, um nur eine einzige Genehmigung für gewöhnliche Geschäfte einzuholen. Ein indischer Wirtschaftswissenschaftler beschreibt diesen Zustand, indem er aufzählt, an wie viele Büros und Schalterfenster ein Bürger eines ländlichen Gebietes anklopfen muß und wieviel Bestechungsgeld er zahlen muß, ehe er seinen Namen in die Liste des Rural Employment Programme oder der Integrated Rural Development eintragen lassen kann, mit der Konsequenz "that too many petty regulators and controllers have emerged, obstructing the processes and demanding their cuts, from a rupee to a million rupees - depending on what the business is - before the matter is cleared."[79]

In dieser Hinsicht sind sogar die am höchsten dezentralisierten Zweige der Dorfindustrie durch die Zentralregierung am meisten reglementiert. Eine jüngst durchgeführte Untersuchung über "Situation and Working of Khadi and Village Industries Commission" (KVIC) erläutert dazu:

> Excessively centralised management of the most decentralised economic activity... under the present procedure the KVIC and its staff have to devote nearly 70 per cent of their time scrutinising budgets, sanctioning funds and disbursing them, leaving very little time for other more important functions such as planning, policy making, monitoring and other development activities, which means waste of time and energy.[80]

Die bürokratischen Hürden und der Mangel an Koordination zwischen verschiedenen staatlichen Abteilungen und zuständigen Ministerien verzögern wichtige Energie-, Düngemittel-, Stahl-, Bergbau- und andere Projekte um vier bis fünf Jahre, was sich folglich in überhöhten Herstellungs- und Abwicklungskosten widerspiegelt und zudem zur Verschwendung von knappen Ressourcen, vor allem aber von Devisen führt. Laut Erfahrungen und Berichten zuständiger Unternehmen, u.a. auch staatlicher Gesellschaften wie z.B. der National Power Thermal Corporation oder Steel Authority of India, wurden im Zeitraum 1983-88 ca. 115 Groß- und Kleinprojekte, auch Genehmigungs- und Umweltverträglichkeits-Prüfungsverfahren um ca. fünf Jahre verzögert, was erhebliche Kostenerhöhungen zur Folge hatte. Das wichtige Thermalkraftwerkprojekt, das unter deutscher Beteiligung im Bundesstaat Rajasthan errichtet wird, wird wegen bürokratischer Verzögerungen ca. 1,8 Mrd.i.R., in Devisen, mehr kosten, als ursprünglich vorgesehen.

Für die sogenannte "Forest Clearance" muß ein Antrag für ein geplantes Industrie-, Kraftwerk-, Staudamm- oder ähnliches Projekt von acht verschiedenen Abteilungen genehmigt werden, was in der Regel dann zwischen acht Monaten und zwei Jahren dauert. Außerdem kommt es vor, daß Kriterien und Normen für die Genehmigung ohne vorherige Mitteilung ad hoc von den zuständigen Ministerien geändert werden.[81] Es gibt zur Zeit beispielsweise acht Energieprojekte, die seit 1983/84 im bürokratischen Genehmigungsprozeß stecken, obwohl Engpässe in der Energieversorgung herrschen.

- Gerade die restriktive Lizenzierungs- und langwierige Genehmigungspolitik seitens der staatlichen Bürokratie veranlaßt jedes Industrieunternehmen - sowohl große als auch mittelständische -, eigene sogenannte "Liaison Officers" in Neu-Delhi zu unterhalten, deren Funktion es ist, mit Hilfe von Bestechungsgeldern für Beamte der untersten Ebene Kontakte mit den zuständigen Behörden, Ministerien, Staatssekretären und Beamten herzustellen, damit ihre Lizenzanträge zur rechten Zeit von den zuständigen Stellen genehmigt werden. Sogar für die schlecht geführten Betriebe, die sogenannten "sick industries", hat die Regierung zwei weitere Behörden geschaffen, die dafür zuständig sind, zum einen die betroffenen Betriebe für "krank" zu erklären und zum anderen sie mit Geldern und Krediten von anderen Stellen (Bank- oder Kreditinstituten) zu unterstützen, um deren Schließung zu verhindern. So werden die Bürokratie und Korruption noch weiter verstärkt, und die knappen Ressourcen werden über den Schwarzmarkt in unproduktive Kanäle wie Hochzeitsfeiern, Mitgift, Immobilien, Weltreisen und ähnliches umgelenkt. Die kleinen und mittleren Unternehmen, die keine "Laison Officers" unterhalten oder Schmiergelder bezahlen können, werden entsprechend benachteiligt, und ihre Eigenständigkeit und Initiative werden erheblich beeinträchtigt.[82]

- Neben dem dezentralisierten Verwaltungsapparat - vom zentralen Parlament bis zum Dorfpanchayat - ist der ganze Subkontinent in ca. 5.300 Entwicklungsblöcke eingeteilt. In diesen Blöcken werden die ländlichen Entwicklungsprogramme sowie spezielle Programme für benachteiligte Bevölkerungsgruppen, einschließlich Alphabetisierungs- und Familienplanungsprogrammen, durchgeführt, die mit staatlicher Bürokratie arbeiten. Alle Entscheidungen werden auf der obersten zentralen Gliedstaatregierungsebene, getroffen, wobei bei der Implementierung die vorgesehenen Zielgruppen in Form von "people's participation" beteiligt werden sollen. Zahlreiche Untersuchungen renommierter Wissenschaftler, z.B. von Dantwala, bestätigen, daß sehr gut konzipierte Programme an der Implementierung und Koordinierung scheitern und an der Zielgruppe vorbeilaufen, also ohne die gewünschten "linkage effects" durchgeführt werden, so daß der Sinn der dezentralen Planung in Frage gestellt wird. Statt "people's participation" sind diese Programme durch die Partizipation von Bürokraten, Technokraten und ländlichen Eliten gekennzeichnet. Es fehlt demnach an demokratischen Prozessen an der sogenannten "grass roots"-Ebene".[83]

- Zum größten Übel der eher zentralistisch (nach dem Vorbild des britischen Westminster-Modells) als kooperativ geprägten föderativen Struktur Indiens gehören auch die gespannten ökonomischen und politischen Beziehungen, die sich überwiegend aus der Aufgaben- und Machtverteilung zwischen der Zentralregierung in Delhi und den 25 Gliedstaaten des Subkontinents ergeben. Wie bereits erwähnt (vgl. Abschnitt 2.2.6.4), verfügt die Zentralregierung nach der Verfassung über immense ökonomische und politische Befugnisse und ist aufgrund des nationalen Einheitsauftrags dazu legitimiert, eine gleichmäßige ökonomische Entwicklung in den Gliedstaaten mit unterschiedlichem Entwicklungsniveau anzustreben. Dennoch gibt es immer wieder mancherlei Anlaß zu Konflikten zwischen den Gliedstaaten und der Zentrale. Bei fehlendem direkten Finanzausgleichsmechanismus zwischen den verschiedenen Gliedstaaten hängen die Investitionstätigkeiten der Zentralregierung in bestimmten Gliedstaaten mehr von parteipolitischen Machtverhältnissen als von den vorherrschenden sozio-ökonomischen Bedürfnissen und Problemen ab. Die bis zum Regierungswechsel von 1990 in Opposition zur Zentralregierung stehenden Staaten West-Bengalen, Kerala, Assam und andere wurden stark benachteiligt. Obgleich sich die Aufgaben in diesen Gliedstaaten in den letzten Jahren stetig erweiterten, haben sie wenig finanzielle Mittel von der Zentralregierung zu erwarten. Die rigiden Finanzzuweisungen und -verteilungsschlüssel (Gadgil Formula[84]), gemessen an den direkten Steuermengen, sowie das überwiegend durch Defizite gekennzeichnete Haushaltsbudget der Zentralregierung bieten zudem wenig Spielraum, die Knappheitsverhältnisse der Gliedstaaten realistisch zu berücksichtigen. Demzufolge fließen die Investitionen zu Lasten der ärmeren Teilregionen verstärkt in die ohnehin schon reichen Gliedstaaten wie Punjab, Gujarat, Tamil Nadu. Das Hauptproblem des regionalen Ungleichgewichts wird dadurch eher verschärft als gemildert.

Die Reformvorschläge, die im Rahmen der Verwaltungsreform-Kommission und der Finanzkommission ausgearbeitet wurden, um den Gliedstaaten mehr Autonomie zu gewähren und das Finanzausgleichssystem anpassungsfähiger und flexibler zu gestalten, orientieren sich überraschenderweise immer noch entscheidend an den Bedürfnissen der Zentralregierung. Die Diskussion, den indischen Föderalismus nach schweizer oder deutschen Vorbild zu reorganisieren, bleibt somit allem Anschein nach nur auf intellektuelle Kreise und theoretische Ansätze begrenzt.[85]

Zusammenfassend läßt sich feststellen, daß die indische Führung das britische System des zentralistischen Föderalismus auf der einen und die sozialistisch gestaltete gemischte Planwirtschaft (Sozialismus sowjetischen Stils) auf der anderen Seite seit 1950 kontinuierlich beibehalten hat, obwohl Reformen dringend notwendig wären. Zur Durchsetzung einer effizienten Allokation der Ressourcen für die Erreichung der Planziele sowie für eine ausgewogene sozio-ökonomische Entwicklung mangelt es jedoch an der erforderlichen sogenannten "checks and balances"-Disziplin in der Verwaltung sowie an sogenannter "accountability", d.h. sozialer Verantwortung. Vor diesem Hintergrund ist die gegenwärtige Diskussion über die Privatisierung einiger öffentlicher Unternehmen im Bereich der Stromversorgung, des Telefondienstes, des Baus von Parkplätzen in Metropolen, von Straßen, Brücken und Hafenanlagen ebenso wie von Industrien, die bisher in öffentlicher Hand waren, wie der Petrochemie, Düngemittelherstellung oder

Stahlerzeugung, zu sehen. Die Regierung von Maharastra hat schon ein ehrgeiziges Programm zur Anregung privater Investitionen in diesen Bereichen vorgelegt. Auch Inder, die sich im Ausland befinden (NRI), sollen daran beteiligt werden. Dieses Programm, "The Maharastra Experiment", wurde auch in internationalen Fachkreisen sehr begrüßt.[86] Es wird sich allerdings erst zeigen müssen, ob damit die erstrebte Effizienzsteigerung erreicht werden kann oder ob nicht wiederum nur die reichen Unternehmer als Nutznießer von derartigen Aktionen profitieren.

3.2.8 Konflikte zwischen Ökonomie und Ökologie, sozio-kulturelle Spannungen und politischer Regionalismus

Bis zum Beginn der siebziger Jahre - genau bis zum 4.Fünfjahresplan (1969-74) - war die Notwendigkeit, ökologische Auswirkungen des wirtschaftlichen Wachstumsprozesses zu berücksichtigen, kein Thema in Indien. Industrielle Großprojekte für Bergbau, Eisen und Stahl, Düngemittel und Chemie, Staudämme und Kraftwerke für die dringend benötigte Bewässerung und Energieversorgung wurden als "Temples of Modern India" gefeiert und damit auch große Hoffnungen in einen sich selbst tragenden wirtschaftlichen Entwicklungsprozeß gesetzt. Dabei wurde total übersehen, daß derartige Großprojekte ihrerseits große Ansprüche an Wald, Land, Wasser und Luft stellen, d.h. die Umwelt belasten und einseitig nur der industriellen Entwicklung zugute kamen, während Impulse für die Verbesserung der Lebensbedingungen der armen Bevölkerungsgruppen ausblieben. Die Tatsache, daß durch diese Projekte diejenigen, die unmittelbar in den Wäldern und Flußtälern leben, durch Erosionsschäden, Überschwemmungen und Dürren, Absinken des Grundwasserspiegels, Luftverschmutzung und andere Störungen hart getroffen wurden, ist lange Zeit verschwiegen oder nicht ernstgenommen worden.

In der Konferenz der UN im Juni 1972 in Stockholm zum Thema "Menschliche Umwelt" wurde erstmals die Aufmerksamkeit auf solche Schäden gelenkt. In Indien wurde ein Komitee "Environment and Coordination" eingerichtet, das die Umweltproblematik überprüfen und Verbesserungsvorschläge machen sollte. 1980, also acht Jahre später, wurde noch ein weiteres ähnliches Komitee gegründet und schließlich eine Abteilung für Umweltschutzangelegenheiten geschaffen. Seit 1985 gibt es ein Ministerium für Umwelt, Forstwirtschaft und Wild-Life sowie ein allgemeines Gesetz für Umweltschutz, das am 19.November 1986 in Kraft trat. Inzwischen befindet sich Indien in einer tiefen ökologischen Krise. Durch Abholzung der Wälder und den Bau von Staudämmen wird das Land immer stärker verwüstet. Nach offiziellen Schätzungen sind bereits 60%

der Agrarfläche ernsthaft erosionsgeschädigt, und über 1 Million Hektar Wald wird jährlich abgeholzt, während nur rund 2 Millionen Hektar in den vergangenen 30 Jahren aufgeforstet wurden. Die neue Umweltministerin Maneka Gandhi bestätigte einem Staatssekretär aus dem Bundesministerium für wirtschaftliche Zusammenarbeit, daß die Aufforstungsprogramme in Indien bisher wenig erfolgreich waren. Seit der Unabhängigkeit Indiens ist mehr als die Hälfte des Waldbestandes - trotz offiziellen Verbots - abgeholzt worden.

Diese kurzen Hinweise zeigen, daß die Umweltauswirkungen der ehrgeizigen Projekte bei deren Planung, Implementierung und Evaluierung nicht einmal teilweise berücksichtigt worden sind. Eine ökonomische Entwicklung durch verantwortungsvolle Nutzung der natürlichen Ressourcen hatte bisher keinen Stellenwert in den Plandokumenten. Umweltschutz wurde als Luxus, den sich die hochentwickelten Industrieländer leisten können, betrachtet. Die sich daraus ergebenden Probleme massiver Umweltzerstörung, besonders in den ökologisch hoch sensiblen Regionen wie Gebirgen und Flußtälern, sind jetzt offenkundig. In den nordöstlichen Bundesstaaten wie Assam, Bihar, Orissa, West-Bengalen sowie in Andhra Pradesh, Rajasthan und Gujarat, wo der überwiegende Teil der Ureinwohner Indiens, die sogenannten Adivasis, lebt, sind deren Lebensräume durch große Industrieprojekte, Staudämme usw. weitgehend zerstört. Gegenwärtig bilden sich verschiedene soziale Aktionsgruppen, die sich für die Interessen dieser benachteiligten armen Bevölkerungsgruppen einsetzen. Viele Stammesvölker, die mit den Aktionsgruppen kooperieren, verweisen auf ihre Rechte und fordern z.B. in Bihar einen autonomen Staat "Jharkhand". Immer wieder berichten die Medien von blutigen Konflikten zwischen Polizei, Regierungsbeamten und sozialen Aktionsgruppen sowie militanten Stammesvölkern. Diese Bewegungen arbeiten als radikale Oppositionsgruppen im Untergrund und tendieren zum Separatismus. Im Gegensatz dazu formierte sich in den Vorgebirgstälern des Himalaya eine Bürgerbewegung, die gewaltfreien Widerstand gegen ein illegales Baumfällen (durchaus mit Erfolg) leistet und unter der Bezeichnung *Chipko* (Umarmung der Bäume) weltweit bekannt geworden ist; eine ähnliche Initiative *Appiko* setzt sich für die Erhaltung der Regenwälder in Karnataka in Südindien ein. Viele Protestgruppen in Gujarat und Rajasthan kämpfen für die Stammesvölker im Staudammgebiet Narmada und am Rajasthan-Kanal. Sie verlangen schnelle Entscheidungen und Entschädigungen. Nicht selten stehen diese Bewegungen in Verbindung mit linksorientierten und marxistisch-leninistischen Parteien. In Gujarat gibt es Kastenkonflikte wegen der Quoten bei der Zulassung zu Ausbildungsgängen und der Vergabe von Beamtenstellen. Ein Sprachenstreit an der Grenze zwischen Karnataka und Maharastra, Terroranschläge in Punjab, religionsbedingte Unruhen in Kashmir und Jammu und in anderen Teilen des Landes sind deutliche Beweise dafür, daß Indien nicht nur Probleme mit der **Umwelt, sondern auch mit dem Zusammenhalt des "säkularen" Staates hat.**

Zusammenfassend ist festzustellen, daß die zunehmende Zahl von sozialen Aktionsgruppen auf der einen und die Agitation von Studenten und radikalen Gruppen auf der anderen Seite Ausdruck und Folge des Versagens der Zentralregierung wie auch der Regionalregierungen sind, eine ausgewogene wirtschaftliche Entwicklung zu sichern. Ökologie ist in Indien keine Zukunftsmusik, sondern betrifft die unmittelbaren Lebensgrundlagen von Millionen von Indern. Es geht weniger um einzelne Projekte und Maßnahmen, wie z.B. den Einsatz von Pestiziden und Herbiziden oder den Bau von Kernkraftwerken, sondern es geht vielmehr darum, daß ein ganzheitliches Konzept für den Umweltschutz und den Schutz des Menschen entwickelt werden muß. Umweltziele und Entwicklungsbedürfnisse müssen verantwortungsvoll miteinander verbunden werden, wobei auch Kultur und Traditionen des Vielvölkerstaates Indien zu berücksichtigen sind. Das alles ist bisher versäumt worden. Es sind eine Vielzahl von Dualismen entstanden, die sowohl ökonomischer, sozialer, technologischer, als auch gesellschaftlicher Natur sind. Eine "Kulturrevolution" wie in China, die eine Homogenisierung von Wirtschaft und Gesellschaft bewirken sollte, ist in Indien kaum vorstellbar.

In all diesen wichtigen Bereichen religiöser und ethnischer Konflikte war den bisherigen Regierungen der Erfolg versagt. Das schlimmste Übel besteht darin, daß auch für Entschädigungen bestimmte Gelder, die armen und vertriebenen Bevölkerungsgruppen zugute kommen sollten, in der Bürokratie und Korruption hängenbleiben. Die Gelder für die Bhopal-Opfer, die die Betroffenen nie erreichten, sind Indiz genug hierfür.

Der Ex-Premierminister V.P. Singh, der nach Rajiv Gandhi 1989 die Wahl gewonnen hatte, versuchte zu zeigen, daß auch zersplitterte Oppositionsgruppen zusammengeführt werden können. Aber auch ihm konnte es nicht gelingen, eine Integration der vielen noch bestehenden dualistischen Strömungen herbeizuführen. Die Erfahrungen mit gewaltfreien und konstruktiv arbeitenden sozialen Aktionsgruppen in Indien bestätigen, daß solche Bewegungen auf Mikroebene wesentliche Beiträge für Kompromisse zwischen der Regierung und der Bevölkerung leisten können. Wichtig ist, daß sie über motivierte Mitarbeiter mit fundierten Kenntnissen und der Fähigkeit zu konstruktiver Arbeit verfügen, was besonders für den Umweltschutz gilt. Auch wenn in letzter Zeit zahlreiche solcher Bewegungen entstanden sind, können praktische Konfliktlösungen nur dann erreicht werden, wenn es landesweit zu offiziellen Programmen und deren Koordinierung kommt. Die neue Regierung von Narasimha Rao steht also unter starkem Druck, und man erwartet von ihr zügiges Handeln.

Resümee zu Kapitel 3:

Aus der ausführlichen Analyse der hier identifizierten Entwicklungsblockaden in Indien läßt sich resümieren, daß bestimmte Blockaden seit einem längeren Zeitraum eine rasche Produktivitäts- sowie Kaufkraftsteigerung der breiten Bevölkerung auf dem Subkontinent - trotz erreichter sektoraler und regionaler Erfolge - und somit den wirtschaftlichen Durchbruch verhindert haben.

Bedingt durch die unterschiedlichen sozio-kulturellen (Bevölkerung, Bildung, Tradition), wirtschaftstechnischen (Industrie- und Agrarpolitik sowie Außenhandelsbestimmungen) und politischen Rahmenbedingungen in den verschiedenen Bundesstaaten, muß darauf verwiesen werden, daß alle Blockaden nicht gleichzeitig und in gleichem Ausmaß die Entwicklungsdynamik in allen Teilregionen beeinträchtigen, sondern in unterschiedlichem Tempo auf die verschiedenen Ebenen in Wirtschaft und Gesellschaft einwirken. Die Blockade des Bevölkerungswachstums und des Bildungsstandes hat z.B. in Kerala ein geringeres Gewicht als in Bihar, Orissa, U.P. oder Rajasthan. Die unternehmerische Pionierleistung, die in Gujarat, Maharastra, Karnataka und Tamil Nadu zu erkennen ist und in diesen Regionen eine lokale Binnenmarkterschließung ermöglichte, fehlt weitgehend in den östlichen Bundesländern. Punjab konnte über Agrarüberschüsse und durch seine handwerkliche Tradition sowie durch den Aufbau von Mittel- und Kleinindustrien eine intersektorale Verflechtung einleiten, was Kerala jedoch bisher noch nicht gelang. Es handelt sich bei diesen Beispielen um regional-spezifische Entwicklungshemmnisse, die ihrerseits für die langsame Binnenmarkterschließung verantwortlich sind. Unter derartigen Bedingungen sind die Entwicklungsblockaden im gesamtwirtschaftlichen Kontext nicht primär ökonomisch-technischer Natur, sondern vielmehr ein Ergebnis unterschiedlicher sozio-kultureller und politischer Rahmenbedingungen in den verschiedenen Gliedstaaten. Außerdem sind diese Blockaden eng miteinander verbunden, und folglich gilt es für Indien, gleichzeitig mit diesen Hemmnissen fertig zu werden, um die Vergrößerung des ökonomischen und gesellschaftlichen Abstandes zwischen den verschiedenen Regionen und auch innerhalb einzelner Bundesländer verringern zu helfen. Der fundamentale Ansatz scheint darin zu bestehen, daß die Zuwachsrate der Kaufkraft der breiten Masse der Bevölkerung erhöht werden muß und möglichst viele lokale Wirtschaftskreisläufe miteinander verbunden werden müssen. Bildung, Berufsbildung und eine effektive Nutzung alternativer Energien gewinnen dabei an Bedeutung und können einen nachhaltigen Einsatz der breiten Bevölkerung - entsprechend ihren natürlichen Fähigkeiten - im Prozeß der gesamtwirtschaftlichen Entwicklung ermöglichen.

4 Resümee - Perspektiven für die Zukunft

4.1 Die Entwicklung auf dem Subkontinent - Spürbare Dynamik und günstigere Chancen

In der vorliegenden Studie (Kapitel 1, 2 und 3) ist versucht worden, die Entwicklungschancen und Hemmnisse für den weiteren ökonomischen Entwicklungsprozeß in Indien unter verschiedenen sozio-ökonomischen und politischen Aspekten aufzuzeigen. Dabei konnte festgestellt werden, daß die Entfaltung der indischen Volkswirtschaft hinsichtlich einer einheitlichen Binnenmarktintegration nicht nur durch eine noch zu dualistisch ausgerichtete und damit zu schwache gesamtwirtschaftliche Produktivitätssteigerung behindert wird, sondern in starkem Maße auch durch die relativ einseitigen Investitionstätigkeiten in Bereichen wie Rüstung und Verteidigung im öffentlichen Sektor sowie auch durch weitreichende Eingriffe der staatlichen Reglementierung in der Wirtschaft eingeschränkt wird. Im Verlauf der Untersuchung wurde auch festgestellt, daß Indien neben quantitativ großen Ressourcen - vor allem auf dem Energie- und Mineralrohstoffsektor - auch über Potentiale an produktiven menschlichen Kräften verfügt, die als Determinanten des sozio-ökonomischen Entwicklungsprozesses wirksam mobilisiert werden können. Aus diesem Grund wurde im Planungsprozeß in Indien, speziell in den letzten zwei Dekaden, eine weit dezentralisierte, flächendeckende Infrastruktur, vor allem im Banken- und Finanznetz sowie im Transport- und Kommunikationswesen, geschaffen, um eine solide Grundlage für die dynamische Entfaltung der Wirtschaftsaktivitäten in allen Bereichen der Wirtschaft und Gesellschaft zu ermöglichen.

In den letzten Jahren wurde immer offensichtlicher, daß trotz des protektionistischen und binnenwirtschaftlich orientierten wirtschaftspolitischen Kurses die Produktionsaktivitäten in verschiedenen Bereichen der Industrie und des Dienstleistungssektors eingeschränkt wurden. Durch die eingeleitete Liberalisierungspolitik in der letzten Dekade während des 6. und 7.Fünfjahresplanes (1980-85 und 1985-90) konnte allerdings erstmals wieder eine zumindest sektoral und regional erkennbare Dynamik registriert werden. Bei einer Fortsetzung dieser Politik der Öffnung des Marktes durch den Abbau von Zöllen und Handelsschranken sowie durch die Freigabe etlicher Lizenzierungsvorschriften würden sich sicherlich für Indien günstigere Chancen bieten, um seine Ressourcen effektiver zu aktivieren und dadurch endlich einen Durchbruch zu erreichen. Indien könnte um so schneller Standort eines bedeutenden Wirtschaftskomplexes nicht nur im südasiatischen Wirtschaftsraum, sondern auch in der Weltwirtschaft werden, je rascher die hier herausgestellten Engpässe und Entwicklungsblockaden weiter abgebaut und beseitigt werden.

Die bisher spürbare Dynamik wird durch folgende Entwicklungstendenzen gestützt:

- Das Land hat die rezessiven Phasen der Wirtschaft, die durch Ölschocks, Kriege und Dürren sowie durch regionale politische Konflikte immer wieder eingeleitet wurden, überraschend gut überstanden und weist seit den letzten fünf Jahren einen deutlichen Aufwärtstrend auf. Die Widerstandskraft der Wirtschaft gegenüber witterungsbedingten Negativeinflüssen hat sich stabilisiert und läßt auf eine kontinuierliche strukturelle Verbesserung schließen.

- Seit den letzten zwei Planperioden hat sich in Indien ein Aufschwung abgezeichnet, der ein Ende jener Phase ankündigt, in der die sogenannte "Hindu Rate of Growth" bei einem Wirtschaftswachstum von ca. 3% stagnierte. Seit den achtziger Jahren beträgt das reale jährliche Wachstum des Bruttoinlandprodukts (BIP) mindestens 4 Prozent und im 7.Fünfjahresplan, der 1990 ausgelaufen ist, dürfte ein durchschnittliches Wachstum von 5 Prozent im Jahr erzielt worden sein. Die Planvorgabe für den 8.Fünfjahresplan (1991-95), der noch nicht veröffentlicht worden ist, geht von einem realen Wirtschaftswachstum von 5-6 Prozent jährlich aus, was auf eine gute Entwicklung der Wirtschaft schließen läßt.

- Mit einer internen Bruttosparquote von ca. 22 Prozent (gemessen als Prozentsatz des BIP) und mit einer Investitionsquote von ca. 24 Prozent, die von einer (noch) günstigen Inflationsrate im Vergleich zu anderen Entwicklungsländern von ca. 10 Prozent im Durchschnitt begleitet wird, bietet die Volkswirtschaft Indiens positive Ansatzpunkte für weitere Erfolge. Es sind noch viele Reserven an Produktionskapazitäten vorhanden, und an Finanzen fehlt es ebenfalls nicht, da Indien auch für ausländische Investoren (Deutschland steht nach wie vor auf Platz 2 nach den USA) aus den USA, Europa und vor allem aus Japan trotz seiner gegenwärtigen politischen Instabilität und trotz seiner momentan ins Schwanken geratenen wirtschaftlichen Kreditwürdigkeit ein relativ vertrauenswürdiges und attraktives Land ist.

Über Jahre hinweg hat sich in Indien eine breite, aufstrebende, innovationsfähige mittelständische Unternehmerschicht herausgebildet. Wie rasch und flexibel diese Schicht auf die Modernisierungs- und Liberalisierungspolitik reagiert, zeigt die große Nachfrage nach Investitionsgütern, Energie- und Kommunikationssystemen, die durch diese Unternehmerschicht kräftig angekurbelt wird. Tatsächlich scheint Indien von einer Umbruchstimmung erfaßt worden zu sein, die Anfang der achtziger Jahre noch undenkbar schien. Langfristig bedeutet dies, **daß, sobald den mittelständischen Unternehmen die notwendigen Freiräume und** der Zugang zu Krediten, technischem Know-how und Managementkenntnissen ohne bürokratische Hürden gewährt werden, die Entwicklung in Indien an Schubkraft und Dynamik gewinnen wird. Von dem Sog dieser Entwicklung, der von der immer größer werdenden kaufkräftigen Mittelschicht ausgeht, wird dann auch die breite Unterschicht der Bevölkerung profitieren.[1] Obwohl der Anteil der Landwirtschaft am Sozialprodukt in Indien laufend zurückgeht, hat diese immer noch die meisten Beschäftigten. Das Pro-Kopf-Einkommen in Indien beträgt 380 US$ im Jahr, womit sich Indien, trotz seiner beachtlichen Erfolge im Industriesektor, sich im Club der Armen wiederfindet. Eine Untersuchung weist darauf hin, daß es bei einem jährlichen Zuwachs der Bevölkerung von 1,8% und einem Zuwachs des Bruttosozialprodukts von 4% noch 29 Jahre dauern wird, bis die Pro-Kopf-Einkommen in Indien von derzeit 380 US$ pro Jahr auf 1.000 US$ ansteigen werden.[2] Dies kann in jedem Fall nur mit einer starken Kaufkraftsteigerung der breiten Masse realisiert werden.

Abschließend läßt sich resümieren, daß Indien möglicherweise kurz davor steht, ein Schwellenland zu werden. Doch obwohl sich das Land jedes Jahr ein wenig dem Status eines Schwellenlandes nähert, wurde bisher immer noch kein endgültiger Durchbruch (Take-off) erreicht. Dafür scheinen die subkontinentale Größe des Landes und die bestehenden sozio-kulturellen und religiösen Unterschiede zu groß zu sein, als daß nach dem Vorbild Japans alle regionalen Teile der Wirtschaft und Gesellschaft im richtigen Umfang in den sich beschleunigenden Integrationsprozeß mit eingebracht werden könnten, was unter den gegebenen Umständen schier unmöglich erscheint.

4.2 Indien im südasiatischen Wirtschaftsraum

Die ökonomische Realität im südasiatischen Wirtschaftsraum ist durch politische Konflikte - untereinander sowie auch innerhalb der einzelnen Staaten -, durch krasse ökonomische Gegensätze und vor allem durch ein handelspolitisches "Vakuum" gekennzeichnet. Während die kleinen Nachbarstaaten Indiens wie Bangladesh, Nepal, Bhutan, die Malediven und Sri Lanka aufgrund des Mangels an eigenen finanziellen, mineralischen und Energieressourcen sowie an dem erforderlichen technischen Wissen auf die multilaterale und bilaterale Entwicklungshilfe von westlichen Industrieländern angewiesen sind, vergeudet Indien einen beträchtlichen Anteil seines finanziellen Budgets (jährlich ca. 20% des Staatshaushalts und ca. 3,7% des Bruttosozialprodukts) sowie seiner hochkarätigen technisch-wissenschaftlichen Ressourcen im Rüstungs- und Verteidigungsbereich. Das Schwergewicht seiner Beziehungen zu anderen Staaten in der südasiatischen Region, die formell auch zu einer Gemeinschaft, der SAARC, zusammengeschlossen sind, liegt seit Jahren fast ausschließlich auf dem Gebiet der äußeren Sicherheit dieser Region sowie auf der eindeutigen Hervorhebung militärischer Präsenz, während alle anderen Vorteile der regionalen ökonomischen Beziehungen im allgemeinen und der Handelsverflechtungen im besonderen vernachlässigt werden.

Neben dem Rüstungswettlauf mit Pakistan versucht Indien offensichtlich seine politische und ökonomische Führungsrolle in Südasien - auch als regionaler Ordnungsfaktor im sicherheitspolitischen Bereich - durch sein militärisches Übergewicht von den Supermächten und der Weltöffentlichkeit bestätigen zu lassen. Es mag sein, daß Indien mit seiner militärischen Intervention über seine Grenzen hinaus (Bangladesh, Sri Lanka, Malediven) für diese Region gewisse defensive Ziele verfolgt, die für die Nachbarstaaten jedoch offensiv wirken und von diesen daher auch in Frage gestellt werden. Anstatt seine natürlichen Vorteile und Chancen (vgl. Abschnitt 2.1), insbesondere aufgrund seiner demokratischen Staatsordnung, seiner traditionellen Handelsbeziehungen und seiner soziokulturellen Affinität mit den Staaten der SAARC eine dynamische ökonomische Entfaltung und Verstärkung der Handelsverflechtungen in diesem Wirtschaftsraum effektiv zu nutzen, scheint Indien indessen - nach allem, was nüchtern erkannt und beurteilt werden kann - nicht so zu verfahren, sondern es versucht vielmehr unentwegt, nach Sicherheit zu streben. Dabei gerät diese Region, nicht zuletzt infolge des handelspolitischen Vakuums, zusehends in die Einflußzonen der südostasiatischen (ASEAN) und ostasiatischen (vier kleinen Tiger) Wirtschaftsblöcke, die mit Japan als Kern auf dem Weltmarkt agieren. Es wird nicht lange dauern, bis Schwellenländer wie Südkorea, Singapur oder Taiwan ihre Produktionsstätten in Billiglohngebiete wie z.B. Bangladesh oder Sri Lanka verlagern, bevor es Indien gelingen wird, aus seiner binnenwirtschaftlichen Integration heraus ähnliche Impulse zu setzen. Nach vorliegenden Informationen haben südkoreanische Unternehmen schon damit angefangen, einige ihrer Produkte in Bangladesh herzustellen.

Der sich ausweitende Einfluß der japanischen finanz- und handelspolitischen Strategie, die ihrerseits auch die innerasiatische Arbeitsteilung zusehends stark mitbestimmt, reicht heute schon über die ASEAN- und südostasiatischen Staaten hinaus bis zum südasiatischen Wirtschaftsraum, den sogenannten SAARC-Staaten. Auch angesichts der gegenwärtigen Entwicklungen in der UdSSR, der EG und vor allem in der osteuropäischen Wirtschaftsregion sehen die Kernländer der Weltwirtschaft, Japan und die USA, in ihrem wirtschaftlichen Engagement in der noch "leeren" Wirtschaftsregion Südasien die besten Möglichkeiten. Dies kann man anhand von Statistiken über Entwicklungshilfe (japanische Entwicklungshilfe an Indien ist z.B. von 72 Mio.US$ im Jahre 1986 innerhalb von zwei

Perspektiven für die Zukunft 191

Jahren bis 1988 auf 690 Mio.US$ angewachsen), Bankkrediten und Joint Ventures sowie den Exporten von Unterhaltungselektronik und Computer-Hardware nicht nur in Indien selbst, sondern auch in anderen SAARC-Staaten feststellen.

Gleichzeitig werden die traditionellen Handelsbeziehungen Indiens mit den osteuropäischen Staaten - viele in Form von Kompensationsgeschäften - vor dem Hintergrund der gegenwärtigen Umwälzungen in diesen Ländern und dem daraus folgenden verstärkten Engagement des Westens, inklusive der Weltbank und des Internationalen Währungsfonds, negativ beeinflußt. Diese Konstellationen sollten für Indien ein Anlaß sein, seine ökonomische Strategie neu zu überdenken und ein wirkungsvolleres Konzept zu entwickeln, anstatt durch seine einseitige Betonung der militärischen Kompetenz seine Vormachtstellung in der südasiatischen Region noch weiter auszubauen. Es mag für die indische Wirtschaft schwierig sein, im südasiatischen Raum Anschluß zu halten, aber vielleicht ist es noch nicht zu spät, um jetzt das rasch nachzuholen, was früher versäumt wurde. Wichtig wäre es für Indien, in seinen Beziehungen zu den Nachbarstaaten eine Umschichtung der finanziellen und technisch-wissenschaftlichen Ressourcenallokation zugunsten der Entwicklungs- und Handelshilfe vorzunehmen, um mit stärkeren wirtschaftlichen Impulsen anstelle politischer Bedrohung die Beziehungen zu den kleinen Anrainerstaaten (Peripherieregionen) Südasiens zu intensivieren. Nur auf diese Art und Weise kann Indien die Rolle als Gravitationszentrum ausbauen, die es in dieser Region bereits ansatzweise innehat, und nur dann kann Südasien als Wirtschaftsraum in der Weltwirtschaft eine angemessene Rolle spielen.

4.3 Indien und Südasien in der Weltwirtschaft

Welches wirtschaftliche Gewicht der südasiatische Wirtschaftsraum in den nächsten Jahren gewinnen wird, ist zur Zeit noch ungewiß. Nach der großen China-Ernüchterung im Juni 1989 gewinnt Indien als eine bedeutende ökonomische Regionalmacht in Asien im allgemeinen und in Südasien im besonderen zwar wieder die Aufmerksamkeit der Weltöffentlichkeit, und es bieten sich gute Perspektiven, eines Tages zu einem vollständigen Industriekomplex in diesem Wirtschaftsraum aufzusteigen. Allerdings fielen die bisherigen Ansätze, mit Hilfe einer binnenwirtschaftlichen Integration engere Handelsverflechtungen herzustellen, sehr bescheiden aus. Nach Auffassung renommierter indischer Ökonomen nimmt die Bedeutung der indischen Wirtschaft trotz ihrer Erfolge in den achtziger Jahren in der Weltwirtschaft ab. Indien, das einmal die zehntgrößte Industrienation der Welt war, ist auf Platz 16 - nach Auffassung einiger Ökonomen sogar auf Platz 22 - zurückgefallen. Sein Anteil am Weltbruttosozialprodukt ist in den achtziger Jahren um ein Drittel, an der Weltindustrieproduktion um die Hälfte und am Welthandel um vier Fünftel zurückgegangen.[3] Indien bleibt immer noch eine "developed developing economy", als die der verstorbene ehemalige Gouverneur der indischen Zentralbank und Berater der Regierung Gandhi, L.K. Jha, Indien 1986 bezeichnete.

Die Zukunft Südasiens hängt daher auch davon ab, in welchem Maße es Indien bis zur Jahrhundertwende gelingt, den binnenwirtschaftlichen Entwicklungsprozeß zu vollziehen, um sich so zu einem in diesen Wirtschaftsraum hineinwachsenden "Kraftraum" zu entfalten. Obwohl der Zwang zur regionalen Integration auch in den SAARC-Staaten früher oder später um so stärker werden wird, je intensiver sich die handelspolitischen Verflechtungen in anderen Wirtschaftsräumen wie Europa (EG 1992, osteuropäische Integration in Großeuropa), ASEAN oder im asiatisch-pazifischen Raum entwickeln, zeigt die Realität sowohl in Indien als auch in den SAARC-Staaten noch keinerlei Ansätze für deren Verwirklichung. Es wird, so wie die Dinge heute aussehen, noch eine ganze Weile dauern, bis Indien den Status eines "Gravitationszentrums" in Südasien einnehmen wird und in der Weltwirtschaft aktiv mitwirken kann.

Anmerkungen

Anmerkungen zu Kapitel 1

1) OPEC: Organisation of Petroleum Exporting Countries; wurde im Jahre 1960 gegründet. Sie ist der Zusammenschluß der Ölausfuhrländer, dem 13 ölproduzierende Länder (Algerien, Ecuador, Gabun, Indonesien, Irak, Iran, Katar, Kuwait, Libyen, Nigeria, Saudi-Arabien, Venezuela und die Vereinigten Arabischen Emirate) angehören, der mit ca. 387 Mio. Menschen gut 10% der Bevölkerung der Dritten Welt ausmacht und mit seiner Ölpolitik - Preise und Quantität - auf dem Weltmarkt seine Position behauptet.

2) ASEAN: Association of South East Asian Nations; gegründet am 8.August 1967 in Bangkok, die mit einem verhältnismäßig fortgeschrittenen Entwicklungsstand auch als südostasiatische Schwellenländer/Entwicklungsländer gelten und auch als Schwellenländer der zweiten Generation, im englischsprachigen Raum als NIC 2, Newly Industrializing Countries, bezeichnet werden. Es gibt drei Listen von Schwellenländern, die jeweils von dem Bundesministerium für Wirtschaftliche Zusammenarbeit, von der Weltbank und von der OECD (Organisation for Economic Cooperation and Development) der westlichen Industrieländer für wirtschaftliche Zusammenarbeit und Entwicklung mit Sitz in Paris erstellt worden sind; vgl. hierzu: Nuscheler, F. (1987): *Lern- und Arbeitsbuch Entwicklungspolitik*, Bonn: Verlag neue Gesellschaft, S.49-56.

3) Innerhalb der Gruppe aller Entwicklungsländer hat sich in den letzten 20 Jahren eine kleine Gruppe von Ländern herausgebildet, die auf Grund von zwei Indikatoren, nämlich an der Weltindustrieproduktion und am Weltfertigwarenexport, eine Schubkraft zum industriellen "Take off" erreicht haben. Zu dieser Gruppe gehören Südkorea, Taiwan, Hongkong und Singapur, die auch als die 'vier kleinen Tiger' bezeichnet werden und als Schwellenländer der ersten Generation gelten. *The Economist*, renommierte englische Zeitschrift, unterscheidet zwischen den zu den ASEAN gehörenden Schwellenländern als NICs der zweiten Generation und den new NICs; vgl. *The Economist*, London, November 5, 1989, S.75. Vgl. auch: Nuscheler, F., a.a.O., S.51-52. Es gibt eine dritte Gruppe von 19 Entwicklungsländern, die vom Deutschen Institut für Entwicklungspolitik (DIE), Berlin, hauptsächlich für die deutsche Außen- und Entwicklungspolitik ausgewählt wurden. Diese werden als "Schwerpunktländer" bezeichnet. Zu dieser Gruppe gehören u.a. die Länder Brasilien und Mexiko, Nigeria und Saudi-Arabien, Indien und China, die nicht nur die wichtigsten Rohstoffländer und Exportmärkte sind, sondern auch aufgrund ihrer politisch-militärischen Vormachtstellung in den einzelnen Weltregionen als subimperialistische Zentren ihre Einflußzonen prägen; vgl. Nuscheler, F., a.a.O., S.55. Vgl. Eßer, K. und Wiemann, J. (1987): *Schwerpunktländer in der Dritten Welt*, Berlin: Deutsches Institut für Entwicklungspolitik (DIE).

4) Die neuesten Zahlen zeigen, daß die Exportoffensive der 'vier kleinen Tiger' anhält; vgl. *Die Zeit*/Globus: "Die größten Exporteure", Nr.18, vom 28.April 1989. Vgl. Globus 7294, "Die Sprünge der vier kleinen Tiger - Realwachstum von 1980 bis 1987 in Prozent", in: *Mannheimer Morgen*, Nr.225 vom 28.September 1988. *Nachrichten für Außenhandel*, "Erfolge der Schwellenländer", Bonn, vom 24. August 1988. Beyfuß, J.: "Dynamische Entwicklungsräume - Neue Konkurrenz oder Zukunftsmächte?", in: *Beiträge zur Wirtschafts- und Sozialpolitik*, Institut der Deutschen Wirtschaft, Köln, Nr.136, vom 5.Juni 1985, S.10; vgl. auch Nr.94, 1981.

5) Kissinger, H.: "A Memo to the next President - A new Era", in: *International Herald Tribune*, Washington, July 2/3, 1988, S.4. Thurow, Lester, World Economic Forum, Davos, 30.1.89. Vgl. hierzu Fricke, Rolf, Bericht über World Economic Forum, in: *Handelsblatt* vom 30.1.89, Nr.21. OECD-Symposium Paris, 6-8 Feb, 1989, "Von einer bipolaren zu einer multipolaren Welt", in: *Neue Zürcher Zeitung*, 10.Februar 1989. Vgl. auch Stich, Herbert, "Multipolare Weltwirtschaft statt Nord-Süd Modell", in: *Siemens Zeitschrift* Nr.3 vom Mai-Juni 1982. Vgl. Sottdorf, H. im Gespräch mit Hans-Dietrich Genscher - "Neue Phase der Außenpolitik. Das Geflecht weltweiter Kooperation überlagert die alten Machtkonstellationen", in: *Handelsblatt*, Nr.130, vom 11.Juli 1988. In diesem Zusammenhang vgl. auch: Schmidt, H. (1987): *Menschen und Mächte*, Siedler Verlag, Berlin. Strauß, F.J.: Das letzte Manuskript über Helmut Schmidt: "Menschen und Mächte", in: *Die Zeit*, Nr.41, vom 7.Oktober 1988, Hamburg, S.16.

6) Rostow, W. W. (1953): *The Process of Economic Growth*, Oxford, S.103 ff. Vgl. auch ders. (1960): *The Take-off into self-sustained Growth. A Non-Communist Manifesto*, Cambridge, S.36 ff. Vgl. hierzu den sehr fundierten Artikel von Knall, B.: "Wirtschaftserschließung und Entwicklungsstufen - Rostows Wirtschaftstheorie und die Typologie von Entwicklungsländern", in: *Weltwirtschaftliches Archiv*, Hamburg, 88, S.195-197.

7) Lemper, A. (1987): Ansatzpunkte und Chancen für die Entwicklung eines Wirtschaftsraumes Südasiens und seine weltwirtschaftlichen Perspektiven, unveröffentlichtes Manuskript, vorgelegt als Antrag für Forschungsvorhaben an die Deutsche Forschungsgesellschaft (DFG), Dezember 1987, S.8.

8) Predöhl, A.: "Weltwirtschaft", in: HdSW, Bd.11, Göttingen 1961, S.604. Vgl. auch ders. (1962): *Das Ende der Weltwirtschaftskrise, Eine Einführung in die Probleme der Weltwirtschaft*, rowohlts deutsche enzyklopädie, Hamburg, S.146.

9) Ders. (1971): *Außenwirtschaft*, Göttingen, Vandenhoeck und Ruprecht, S.52.

10) Ders. (1962): *Das Ende der Weltwirtschaftskrise*, a.a.O., S.146.

11) Ders.: "Industrialisierung der Entwicklungsländer", in: Sieber, E. H. (Hrsg.) (1962): *Entwicklungsländer und Entwicklungspolitik, Nürnberger Abhandlungen zu den Wirtschafts- und Sozialwissenschaften*, Berlin, Duncker und Humblot, Heft 21, S.51-65.
12) Lemper, A. (1974): *Handel in einer dynamischen Weltwirtschaft, Ansatzpunkte für eine Neuorientierung der Außenhandelstheorie*, München, Weltforum Verlag, S.147.
13) Ebd., S.147-148.
14) Ebd., S.142-143.
15) Vgl. hierzu Hawke, B., Australischer Premierminister, "ASIEN-Weltwirtschaft", in: *Handelsblatt* vom 8.Februar 1989, S.9. Vgl. auch "Asien-Pazifik, Konferenz der Außenhandelskammern", in: *Handelsblatt*, Nr.46, vom 6.3.1990, S.10.
16) Lemper, A. (1974): *Handel in einer dynamischen Weltwirtschaft*, a.a.O., S.137.
17) Ebd., S.154-155.
18) Der Leser findet interessante und wertvolle Hinweise zu diesem angedeuteten Ansatz in zahlreichen Schriften von A. Predöhl selbst sowie auch von seinen Schülern. Vgl. insbesondere die folgenden: Predöhl, A. (1962): *Das Ende der Weltwirtschaftskrise*, a.a.O., S.97 und S.73. Ders. (1971): *Außenwirtschaft*, a.a.O. Ders.: "Von der Alten zur Neuen Weltwirtschaft", in: von Beckerth, E./Meyer, F./Müller, A. (1957): *Wirtschaftsfragen der Freien Welt*, Frankfurt, Fritz Knapp Verlag, S.507-520. Ders.: "Industrialisierung der Entwicklungsländer", in: Sieber, E.H. (Hrsg.) (1962): *Entwicklungsländer und Entwicklungspolitik*, a.a.O., S.51-65. Harborth, H.J.: "Zur Rolle der Entwicklungsländer in einer multizentrischen Weltwirtschaft", in: *Jahrbuch für Sozialwissenschaften*, Bd.22, Heft 2, 1971, S.244-256. Ders. (1967): *Neue Industriezentren an der weltwirtschaftlichen Peripherie*, Deutsches Übersee Institut, Hamburg. Ders. (1965): *Indien - Ein neues weltwirtschaftliches Kraftfeld?*, Weltwirtschaftliche Studien, Göttingen. Lemper, A. (1974): *Handel in einer dynamischen Weltwirtschaft*, a.a.O., S.43.
19) Lauschmann, E. (1976): *Grundlagen einer Theorie der Regionalpolitik*, 3.Aufl., Taschenbücher zur Raumplanung, Bd.2, Hannover, S.13 und S. 89. Vgl. hierzu auch: Menzel, U. und Senghaas, D. (1986): *Europas Entwicklung und die Dritte Welt. Eine Bestandsaufnahme*, Frankfurt/Main, edition Suhrkamp, S.67-72.
20) Weber, A. (1922): *Über den Standort der Industrien*, Erster Teil, *Reine Theorie des Standortes*, 2.Aufl., Tübingen.
21) Isard, W. (1956): *Location and Space Economy*, Cambridge (Mass.). Isard, W./Schooler, E.W.: "Industrial Complex Analysis, Agglomeration Economies and Regional Development", in: *Journal of Regional Development*, Vol.I, 1959, No.2. Vgl. Lauschmann, E. (1976), a.a.O., S.208-213 (dort weitere Hinweise zu diesem Thema).

22) Chenery, H.B./Watanabe, S.T.: "International Comparisons of the Structure of Production", in: *Econometrica*, Vol.XXVI, 1958, S.493.
23) Christaller, W.: "Das Grundgerüst der räumlichen Ordnung in Europa. Die Systeme der europäischen zentralen Orte", in: *Frankfurter Geographische Hefte*, 24, Jahrgang (1950), Heft 1, S.5. Vgl. auch: Lauschmann, E. (1976), a.a.O., S.11-12.
24) Thünen, J. H. (1966): *Der isolierte Staat in Beziehung auf Landwirtschaft und Nationalökonomie*, Stuttgart, Neudruck. Vgl. auch: Lauschmann, E. (1976), a.a.O., S.9-10.
25) Perroux, Fr.: "Note sur la notion de 'pole de croissance'", in: *Economie Appliquée*, Tome VIII, No.3/4, 1955, S.317. Vgl. hierzu: Lauschmann, E. (1976), a.a.O., S.101-105 (hier findet der Leser ein ausführliches Literaturverzeichnis für dieses Konzept).
26) William, P.: "Petty's Law", in: Clark, C. (1957): *The Conditions of Economic Progress*, 3rd Edition, London, Macmillan & Co. Sir Petty William stützte sein Gesetz des wirtschaftlichen Wandels auf seine Beobachtungen in Holland und England, die Verdrängung der landwirtschaftlichen (primären) und später der gewerblich-industriellen (sekundären) Beschäftigung zugunsten der Tätigkeit in der nicht-materiellen (tertiären) Produktion (1961). Colin Clark brachte diese von ihm "Petty's Law" genannte Erkenntnis auf den noch heute gültigen Stand. Vgl. hierzu: *Das Parlament*, Nr.38, vom 16.September 1988, Bonn.
27) Clark, C. (1957): *Conditions of Economic Progress*, a.a.O.
28) Fourastié, J. (1954): *Die große Hoffnung des 20.Jahrhunderts*, Köln.
29) Kuznets, Simon: "Quantitative Aspects of the Economic Growth of Nations: Industrial Distribution of National Products and Labour Force", in: *Economic Development and Cultural Change*, Vol.V, No.1, October 1956 and supplement to Vol.V, No.4, July 1957. Ders. (1966): *Modern Economic Growth - Rate, Structure and Spread*, Yale University Press, New Haven.
30) Smith, A. (1776): *The Wealth of Nations*, London, Cannan Edition.
31) Agglomerationsvorteile sind die Vorteile, die aus sogenannten "Internen Ersparnissen" entstehen, wenn bei Ausweitung des Produktionsvolumens und entsprechend wachsenden Betriebsgrößen die Durchschnittskosten pro Produktionseinheit sinken. "Externe Ersparnisse" sind die positiven Effekte, die sich bei der räumlichen Konzentration verschiedener Produktionszweige an einem Standort für die einzelnen Betriebe an diesem Ort ergeben. Vgl. hierzu eine ausführliche Analyse in Lauschmann, E. (1976), a.a.O., S.44/45; vgl. auch Lemper, A. (1974), a.a.O., S.113-121.
32) Vgl. Lemper, A. (1974) a.a.O., S.115.
33) Ebd., S.128-129; vgl. auch Chenery und Watanabes, a.a.O., S.493; Hirschmann, A. O. (1967): *Die Strategie der Wirtschaftlichen Entwicklung*, Stuttgart.

Anmerkungen zu Kapitel 1

34) Lemper, A. (1974), a.a.O., S.144 und 147.
35) Lemper, A.: "Weltwirtschaftliche Kooperation - Ein Problem der Arbeitsteilung", in: *Jahrbuch für Sozialwissenschaften*, Bd.22, Heft 2, 1971, S.169.
36) Ders. (1974) a.a.O., S.142.
37) Die auf komparativen Kostenvorteilen beruhende Spezialisierung der Produktionsprozesse, die in Industrieländern durch Kapital und innovationsintensive Technologien auf der einen Seite und in Schwellenländern durch qualifizierte Arbeitskräfte auf der anderen Seite entsteht, wird als "neue internationale Arbeitsteilung" nach dem Produktzyklus-Rhythmus bezeichnet. In den letzten Jahren sind viele Studien und Forschungsarbeiten zu diesem Thema erschienen. Einige wichtige sind: Vernon, R.: "International Investment and International Trade in the Product Cycle", in: *Quarterly Journal of Economics*, Bd.80, 1966, S. 190-207. Vgl. auch Donges, J.B.: "Die Arbeitsteilung zwischen Industrie und Entwicklungsländern im Wandel", in: *Außenwirtschaft*, 36.Jahrgang, 1981, S.247 ff. Vgl. hierzu Cumings, B.: "Der neue Industriestaat Nordostasiens", in: *Vierteljahresbericht*, Friedrich-Ebert-Stiftung, Nr.105, vom September 1986, S.287-291; Yanagihara Töry: "Pacific-Basin Economic Relations: Japan's new Role", in: *The Developing Economies*, Vol.XXV, 4.Dezember 1987, Tokyo, S.403-420; Bhatia, V.G.: "Asian and Pacific Developing Economics - Performance and Issues", in: *Asian Development Review, Studies of Asian and Pacific Economic Issues*, Vol.VI, No.1, 1988, Manila, S.1-21; Awanohara Susuma: "Japan und Ostasien: Auf dem Weg zu einer pazifischen Arbeitsteilung", in: *Europa Archiv*, Folge 22, 1988, S.639-648. Vgl. Rostow, W.W.: "The World Economy since 1945 - A Stylised Historical Analysis", in: *Economic History Review*, Bd.38, No.2, 1985, S.252-275.
38) Menzel, U./Senghaas, D. (1986) a.a.O., S.66-67.
    Zu neuen Leitsektoren vgl. Perez, C., "Microelectronics, Long Waves and World Structural Change, New Perspectives of Developing Countries", in: *World Development*, Bd.13, Nr.3, S.441-463; vgl. auch Bhagwati Jagdish (1986): Trade in services and the multilateral negotiations, Paper prepared for the conference on the role and interest of the developing countries in multilateral Trade organisations, sponsored by the World Bank and the Thailand Development Research Institute, Bangkok, October 30, November 1, Processed.
39) Myint, H.: "Economic Theory and the underdeveloped countries", in: *Journal of Political Economy*, Vol.73, 1965, S.488 ff.
40) Vgl. Harborth, H.J.: "Zur Rolle der Entwicklungsländer in einer multizentrischen Weltwirtschaft", a.a.O. Vgl. auch Lemper, A. (1974) a.a.O., S.138-139, 148.
41) Predöhl, A. (1962): *Ende der Weltwirtschaftskrise*, a.a.O., S.73 ff.

42) Ebd., S.94.
43) Weltbank, *Weltentwicklungsbericht 1987*, Washington, S.44.
44) Ebd., S.6.
45) Cumings, B., a.a.O., S.287.
46) Chenery, H. and Watanabe, T.: "International Comparison of the Structure of Production", a.a.O.
47) Voigt, H.G. (1969): *Probleme der weltwirtschaftlichen Kooperation*, Hamburg.
48) Vgl. hierzu Sohl, H.G.: "Stahl ist alles andere als ein sterbendes Produkt", in: *Welt am Sonntag*, vom 20.1.1989, S.35.
49) Isard, W. and Schooler, E.: "Industrial Complex Analysis, Agglomeration Economies and Regional Development", a.a.O., S.21. Ausführlichere Literaturhinweise hierzu bei Lauschmann, E. (1976), a.a.O., S.210-213.
50) Vgl. Streit, M. (1967): *Über die Bedeutung des räumlichen Verbundes im Bereich der Industrie - Ein empirischer Beitrag zur Regionalpolitik*, Schriftenreihe Annales Universitatis Savaviensis, Rechts- und Wirtschaftswissenschaftliche Abteilung, Heft 27, Köln/Berlin/München/ Bonn, S.39 ff. Ders.: "Spatial Associations and Economic Linkages between Industries", in: *Journal of Regional Science*, Vol.IX 1969, No.2. Vgl. hierzu die ausführlichere Analyse bei Lauschmann, E. (1976), a.a.O., S.214 ff. und S.218.
51) Iyer Harihara und Krüger, Ch. (1983): *Indien: Wirtschaftsmacht der Zukunft*, Lugano, Athenaeum Verlag, S.13-14. Vgl. auch Lemper, A. (1974) a.a.O., S.126-132.
52) Centre of Studies in Social Sciences, Pune, *Employment Multiplier for Pune Metropolitan Region*, A Study conducted for Industrial Development Bank of India, Bombay, October 1988, S.9 ff.
53) Predöhl, A. (1962): *Das Ende der Weltwirtschaftskrise*, a.a.O., S.88.
54) Rothermund, D. (1985): *Indiens wirtschaftliche Entwicklung*, UTB, Paderborn, Schöningh, S.198.
55) Vgl. hierzu Mills, E. and Becker, Ch. (1980): *Studies in Indian Urban Development*, Oxford University Press, London, 1986, S.145.
56) Vgl. Schumpeter, J. A. (1964): *Theorie der wirtschaftlichen Entwicklung. Eine Untersuchung über Unternehmergewinn, Kapital, Kredit, Zins und Konjunkturzyklus*, 1.Aufl., 1911, 6.Aufl., Berlin 1964. Vgl. auch ders. (1961): *Konjunkturzyklus. Eine theoretische, historische und statistische Analyse des kapitalistischen Prozesses, Grundriß der Sozialwissenschaft*, Göttingen 1961 (1.Aufl. 1931), S.180. Schumpeter gliedert die Zeit von 1787 bis 1939 in drei Kondratieff-Zyklen (nach dem russischen Wissenschaftler Kondratieff benannt), die er nach den entwicklungsbestimmenden Innovationen und den sektoralen Innovationsschwerpunkten abgrenzt und charakterisiert; vgl. auch hierzu: Voigt, H.G. (1969), a.a.O., S.44.
57) Rostow, W.W. (1985): "The World Economy since 1945", a.a.O., S.262.

58) Voigt, H.G. (1969), a.a.O., S.27.
59) Predöhl, A. (1962): *Das Ende der Weltwirtschaftskrise*, a.a.O., S.92.
60) Ebd., a.a.O., S.73.
61) Ders.: "Industrialisierung der Entwicklungsländer", a.a.O., S.52. Vgl. auch ders. (1962): *Das Ende der Weltwirtschaftskrise*, a.a.O., S.71.
62) Vgl. hierzu Jochimsen, R. (1966): *Theorie der Infrastruktur - Grundlagen der marktwirtschaftlichen Entwicklung*, Tübingen.
63) Vgl. Bronger, D. (1976): *Formen räumlicher Verflechtung von Regionen in Andhra Pradesh - Indien als Grundlage einer Entwicklungsplanung*, Bochumer Geographische Arbeiten, Sonderreihe, Bd.5, Paderborn, S.22.
64) Der Begriff des wirtschaftlichen Dualismus stammt von J.H. Boeke, der ihn für Indonesien und später auch für die asiatischen Länder prägte. Vgl. Boeke, J.H. (1953): *Economics and Economic Policy of Dual Societies as exemplified by Indonesia*, Haarlem. In der entwicklungstheoretischen und entwicklungspolitischen Literatur wurden sehr verschiedene Thesen zur Erklärung und Überwindung dieses Phänomens diskutiert; vgl. hierzu Jochimsen, R. (1965): "Dualismus als Problem der weltwirtschaftlichen Entwicklung", in: *Weltwirtschaftliches Archiv*, Bd.95, 1965 II, Hamburg, S.69-88. Dieser Aufsatz enthält eine Reihe von anderen Literaturquellen über dieses Thema. Vgl. auch Priebe, H. (1972): "Überwindung von Dualismen und Einbeziehung der ländlichen Bevölkerung in den Entwicklungsprozeß", in: Priebe, H. (Hrsg.): *Das Eigenpotential im Entwicklungsprozeß*, Berlin, Dunker & Humblot. Knall, B. (1979): "Entwicklungstheorien", in: HdWW, 19/20, Gustav Fischer, Stuttgart, VII, 1979, S.428-430.
65) Vgl. hierzu Stang, F. (1984): "Industrialisierung und regionale Disparitäten in Indien", in: *Geographische Rundschau*, 36 (1984), Heft 2, S.56-61; Bronger, D. (1987): "Das regionale Entwicklungsgefälle in Indien in seiner Relevanz für eine regional orientierte Entwicklungsplanung und -politik, Ausmaß - Dynamik - Ursachen", in: *Internationales Asienforum*, Vol.18 (1987), No.1/2, S.15-67; Rothermund, D.: "Planung und Regionale Disparitäten in Indien", in: *Indo Asia*, I.Q./1989, S.81-88.
66) Vgl. hierzu Mellor, J. (1967): *The Economics of Agricultural Development*, Cornell University, USA; Lewis, W. A.: "Economic Development With Unlimited Supplies of Labour", in: *The Manchester School*, Vol.22 (May 1954), S.139-191; Myint, H. (1964): *The Economics of Underdeveloped Countries*, New York/Washington; Nurkse, R. (1962): *Problems of Capital Formation in Underdeveloped Countries*, Oxford (1953) 1962.
67) Schiller, K. (1968): "Zur Wachstumsproblematik der Entwicklungsländer", in: Fritsch, B. (Hrsg.): *Entwicklungsländer*, Köln.
68) Menzel, U. und Senghaas, D. (1986), a.a.O., S.43.
69) Weltbank, *Weltentwicklungsbericht 1987*, Washington, S.6.

70) Menzel, U. und Senghaas, D. (1986), a.a.O., S.43.
71) Predöhl, A. (1971), *Außenwirtschaft*, a.a.O., S.140.
72) Vgl. Elsenhans, H. (1984): *Nord-Süd-Beziehungen*, Stuttgart, S.124 ff; ders. (1981): *Abhängiger Kapitalismus oder bürokratische Entwicklungsgesellschaft*, Frankfurt.
73) Menzel, U. und Senghaas, D. (1986), a.a.O., S.45.
74) Vgl. hierzu Ha.: "In Indien regt sich ein starker unternehmerischer Geist", in: FAZ, vom 2.Mai 1989, S.14; vgl. auch Cartellieri, U., Vorstandsmitglied der Deutschen Bank in Neu-Delhi, anläßlich der Eröffnung einer neuen Filiale in der indischen Hauptstadt, in: *Handelsblatt*, Nr.78, vom 21./22. April 1989, S.11, "In Asien gewinnt Indien als Brückenkopf für Joint Ventures weiter an Bedeutung".
75) SAARC, South Asian Association of Regional Cooperation; seit 1983 sind die sieben südasiatischen Staaten Indien, Pakistan, Bangladesh, Nepal, Bhutan, Sri Lanka und Malediven Mitglieder dieses vor allem auf wirtschaftliche und infrastrukturelle Kooperation gerichteten Verbundes. Anfang Dezember 1985 fand das erste Gipfeltreffen statt, das seither jährlich wiederholt wird. Das letzte Gipfeltreffen war in Pakistan im Februar 1989. Außerdem ist ein offizielles ständiges Sekretariat in Khatmandu, Nepal eingerichtet worden. Die Hauptbereiche der Zusammenarbeit sind Landwirtschaft, ländliche Entwicklung, Meteorologie, Bevölkerungsplanung, Transport, Telekommunikation, Erziehung, Gesundheit und Kultur; Presseabteilung der indischen Botschaft (Hrsg.): "Südasiatische Länder gründen Gemeinschaft für regionale Zusammenarbeit", in: *Brennpunkt Indien*, Nr.1/86, Bonn. Vgl. Muni, S.D.: "South Asian Association for Regional Cooperation, Evolution and Prospects", in: *Internationales Asienforum*, Vol.18 (1987), Nr.314, S.237-251.
76) Vgl. hierzu Wolfgramm, R.: "Indien 2000", in: *Deutsches Allgemeines Sonntagsblatt* (Artikelserie), Nr.6 bis 8, vom 31.Januar 1988 bis 21.Februar 1988; speziell zu diesem Sachverhalt vgl. *Deutsches Allgemeines Sonntagsblatt*, vom 21. Februar 1988; vgl. auch Stein, E.: "SAARC/Südasien, Gipfeltreffen in Islamabad, Eine notwendige Plattform", in: *Handelsblatt*, Nr.1, vom 2.Januar 1989, S.6.
77) Vgl. Seitz, K. in: "In Indien regt sich ein starker unternehmerischer Geist", in: FAZ, a.a.O.
78) Cartellieri, U.: "In Asien gewinnt Indien als Brückenkopf für Joint Ventures weiter an Bedeutung", in: *Handelsblatt*, a.a.O.; vgl. Ha.: "In Indien regt sich ein starker unternehmerischer Geist", in: FAZ, a.a.O.
79) Emajuddin Ahmed (1985): *SAARC Seeds of Harmony*, The University Press Ltd., Dhaka (Bangladesh).

80) Agarwal, G. (1987): *Economic Dimensions of South Asia Regional Cooperation in South-South Economic Cooperation - Problems and Prospects*, Radiant Publishers, New Delhi, S.157, 167; siehe auch Tabelle 2; vgl. Waquif, A.A. (Ed.) (1987): "Regional Cooperation for Industrial Development in South Asia", in: *South Asian Cooperation in Industry, Energy and Technology*, Sage Publications, New Delhi, S.52.

81) Eigene Berechnung aus dem *Weltbankbericht 1989*; vgl. auch Padel, U.: "Südasiatische Vereinigung für regionale Zusammenarbeit - Entstehung, Ziele, Resultate und Perspektiven", in: *Jahrbuch Asien, Afrika und Lateinamerika*, 1985, Ost-Berlin, S.60-71; vgl. auch Wagner, N. (1987): "Prospects of Regional Cooperation in South Asia - ASEAN: A Model for SAARC", in: Effenberg, C. (Ed.): *Developments in Asia*, Steiner, Wiesbaden; *Handbook of International Trade and Development Statistics 1988*, United Nations Conference on Trade and Development, United Nations Publication, New York 1989, pp.36/37; vgl. dazu "ASEAN - Marktchancen in Südostasien", in: *Handelsblatt*, vom 26./27./28./29.April 1988 und 3.Mai 1988; vgl. auch Pilz, Ch.: "ASEAN" - *Handelsblatt*-Beilage, Nr.24, vom 15.Dezember 1988, S.19 (Bangkok).

Anmerkungen zu Kapitel 2:

1) Vgl. Shakespeare, W.: "Twelfth Night; or What you Will", II, 5, *Shakespeare's Works*, Volume IV, S.37, hrsg. von L.L. Schücking, Deutsche Buchgemeinschaft, Berlin 1961.

2) Vgl. hierzu Braun, Dieter (1979): *Indien und die Dritte Welt*, Fallstudie zur Entwicklung von Süd-Süd-Beziehungen, Stiftung Wissenschaft und Politik (Hrsg.), Ebenhausen, S.23-27. Vgl. ders.: "Außen- und Sicherheitspolitik Indiens", in: Draguhn, Werner (Hrsg.), (1989): *Indien in den 90er Jahren*, Mitteilungen des Instituts für Asienkunde, Hamburg, Nr. 175, S.25-27. Vgl. auch Jansen, Jürgen (1989): "Indien und seine Nachbarn im Jahr 2000", unveröffentlichtes Manuskript, Aachen, S.6.

3) Vgl. hierzu Wulf, H. (1987): "Indiens Außen- und Sicherheitspolitik zwischen Gewaltlosigkeit und Atombombe", in: *Aus Politik und Zeitgeschichte* (im weiteren APZ), Beilage zur Wochenzeitung *Das Parlament*, B.23/87, 6.Juni 1987, S.5.

4) Vgl. Nehru, J. (1981): *The Discovery of India*, Oxford University Press, S.60, 107. Vgl. auch Bonn, Gisela (1985): *Die indische Herausforderung*, Burg Verlag, Stuttgart, S.150.

5) Basham, A. L. (1988): *The Wonder that was India*, 8.Impression (First Published in 1954), Rupa & Co., Bombay, S.6. Es gibt noch viele Inderfamilien,

die vor 100 Jahren nach Trinidad ausgewandert sind, aber immer noch indische Kultur, Tradition, Gebräuche und Riten pflegen; V.S. Naipaul, ein Inder, der in Trinidad aufgewachsen ist, schildert diese Tatsachen in zahlreichen seiner Bücher.

6) Kennedy, Paul (1988): *The Rise and Fall of the Great Powers - Economic Change and Military Conflict from 1500 to 2000*, Unwin Hyman, London, S.5 und 225. Vgl. auch die Buchbesprechung von Gupta Partha Sarathi: "Does history repeat itself?", in: *Financial Express*, Bombay, 26.Februar 1987.
7) Vgl. Plathottathil, Joy: "Asiens Kranker Riese - Atommacht und Entwicklungsland", in: Dörr u.a. (Hrsg.) (1980): *Mit welchem Recht?*, Dortmund, S.116 ff.
8) Vgl. hierzu Institut der deutschen Wirtschaft, Köln, (Hrsg.), *Informationsdienst der deutschen Wirtschaft* (IWD) No.1, 7.Januar 1988.
9) Rothermund, D. (1985): *Indiens wirtschaftliche Entwicklung*, a.a.O., S.17.
10) Ders., a.a.O., S.24.
11) Vgl. D.N.: "India in South Asia", in: *Economic and Political Weekly* (im weiteren EPW), Bombay, 18. Juni 1989, S.1262.
12) Ders., a.a.O., S.1263.
13) Ders., a.a.O., S.1263.
14) Kebschull, D.: "Frischer Glanz auf bilateralen Beziehungen", in: Brennpunkt Indien, Nr.2/89, Mai 1989, Presse-Abteilung, Indische Botschaft (Hrsg.), Bonn, S.4.
15) Vgl. Denecke, Hermann: "Auch ich bin ein König", in: *Deutsches Allgemeines Sonntagsblatt*, 12.Mai 1989, S.48-55. Vgl. auch "Ein Bericht" in: *India Today*, 15.Mai 1989, New Delhi, S.48-55.
16) Haubold, Erhard: "Indien und Sri Lanka auf Konfrontationskurs", in: FAZ, 19. Juni 1989.
17) Ders., a.a.O.
18) "Indo-Nepal Relations: Imperial Attitudes", in: EPW, 20. Mai 1989, a.a.O., S.1073-1074.
19) Braun, Dieter (1989): "Außen- und Sicherheitspolitik Indiens", a.a.O., S.17.
20) Jansen, Jürgen (1989): "Indien und seine Nachbarn im Jahr 2000", a.a.O., S.12.
21) Vgl. Braun, Dieter (1979): *Indien und die Dritte Welt*, a.a.O., S.16, 17, 25.
22) Vgl. ders., a.a.O., S.25. Vgl. auch Wulf, H.: "Indiens Außen- und Sicherheitspolitik zwischen Gewaltlosigkeit und Atombombe", in: APZ, a.a.O., S.8.
23) Vgl. Braun, Dieter (1979): *Indien und die Dritte Welt*, a.a.O., S.25.
24) Schoettli, Urs: "Indien als Regionalmacht", in: *Indo Asia*, Bonn, 1/Q, 1989, S.78-80. Vgl. auch Haubold, Erhard: "Indien vergrößert seine Einflußzone", in: FAZ, 13.Januar 1988.
25) Vgl. Nordland, R.: "The Nuclear Club", in: *Newsweek*, Washington, 11.Juli 1988, S.14-17.

Anmerkungen zu Kapitel 2   203

26) Vgl. Bericht in: *India Today*, 15.Juni 1989, S.10-13.
27) Kebschull, D.: "Frischer Glanz auf bilateralen Beziehungen", in: *Brennpunkt Indien*, a.a.O., S.4.
28) Lellouche, Pierre: "India's High-Tech Revolution", in: *Newsweek*, Washington, 2.Dezember 1985, S.4. Vgl. auch hierzu Ross H. Munro: "Superpower Rising", in: *Time* (International), 3.April 1989, S.11. Vgl. auch Wulf, H.: "Indiens Außen- und Sicherheitspolitik zwischen Gewaltlosigkeit und Atombombe", in: APZ, a.a.O.
29) Vgl. hierzu Rothermund, D.: "Regionale Disparitäten in Indien", in: Draguhn, Werner (Hrsg.) (1989): *Indien in den 90er Jahren*, a.a.O. Vgl. auch hierzu Goldar, Bishwanath/Seth, Vijay: "Spatial Variations in the Rate of Industrial Growth in India", in: EPW, 3.Juni 1989, S.1237-1240.
30) Economic Indicators, January 1989 vom Centre For Monitoring Indian Economy (CMIE), Bombay.
31) Vgl. S.K. Sachdeva (Hrsg.), *India 1989, Annual Review, Competion Success Review*, Pvt. Ltd:, New Delhi, Jan.1989 (fortan *India 1989*), S.13.
32) Meyer-Dohm, P./Saruparia, S. (1985): *Rajasthan - Dimension einer regionalen Entwicklung*, Edition Erdmann in K. Thienemanns Verlag, S.17.
33) Vgl. hierzu Hörig, Rainer (1987): *Indien ist anders*, rororo aktuell, S.109-112. Vgl. auch AM: "Calcutta Diary", in: EPW, 5. und 12.September 1987, S.1525-1526.
34) Vgl. Economic Indicators, January 1989 von CMIE, Bombay.
35) Vgl. Cartellieri, Ulrich: "Japanische Vorherrschaft und Deutsche Chancen in den Märkten Asiens", in: *Indo Asia*, IV.Q. 1986, Heft 4, S.34-41.
36) Vgl. Malhotra, J. K.: "Die gesellschaftliche und wirtschaftliche Entwicklung Indiens in den vergangenen zehn Jahren", in: APZ, B 23/87, a.a.O., S.28. Vgl. auch Schoettli, Urs: "Indien - Großmacht im Werden", in: *Indo Asia*, I.Q. 1986, Heft 4, S.34-41. Vgl. ders.: "Indiens Mittelstand im Aufbruch, Konservative Werte und Moderne Aspirationen", in: *Neue Zürcher Zeitung*, 19.Januar 1987.
37) Vgl. Dandekar, V. M./Rath, N. (1971): *Poverty in India*, Poona. Vgl. auch Dantwala, M.L. (1973): *Poverty in India, Then and Now 1870-1970*, New Delhi. Government of India (1985): "Seventh Five Year Plan 1985-90", Vol.I, New Delhi, S.4 und S.33. Vgl. auch die Strukturdaten Indiens im Anhang I-1,2; Singh, V.S./Lal, B. (1988): "Critical Review of Concept and Measurement of Poverty Strategy for its Alleviation", in: Bhuleshkar, A.V. (1988): *Indian Economy in the World Setting*, a.a.O., S.391-411.
38) Vgl. hierzu Burman, B.K. Roy: "Problems and Prospects of Tribal Development in North-East India", in: EPW, 1.April 1989, S.693-697.
39) Sanyal, S.K.: "The People of India", in: EPW, 6.Juli 1985, S.1130.
40) Vgl. Datt, Ruddar: "Population up to 2001", in: *The Economic Times*, 4.März 1989, Bombay.

Anmerkungen

41) Rothermund, D.: "Regionale Disparitäten in Indien", in: Draguhn, Werner (Hrsg.) (1989): *Indien in den 90er Jahren*, a.a.O., S.31-43.
42) Ders., a.a.O., S.39.
43) Vgl. hierzu Sanyal, S.K.: "The People of India", in: EPW, a.a.O., S.1130.
44) Vgl. Rao, V.K.R.V.: "India since Independence - Prospects and Retrospects", in: *Main Stream*, 28.Januar 1989, New Delhi, S.13.
45) Rothermund, D.: "Regionale Disparitäten in Indien", in: Draguhn, Werner (Hrsg.) (1989): *Indien in den 90er Jahren*, a.a.O., S.36. Vgl. Bronger, Dirk: "Das regionale Entwicklungsgefälle in Indien in seiner Relevanz für eine regional orientierte Entwicklung", in: *Internationales Asienforum*, Nr.1/2, 18.Januar 1987, Welt Forum Verlag, München, S.15-67.
46) Draguhn, Werner (1970): *Entwicklungsbewußtsein und wirtschaftliche Entwicklung in Indien*, Schriftenreihe des Instituts für Asienkunde, Hamburg, Band 28, S.157, 160.
47) Vgl. hierzu Panini, M. N.: "Corporate Culture in India", in: EPW, 27.August 1988, M-86 - M-94.
48) In den amtlichen Statistiken in Indien wird zum primary sector neben der landwirtschaftlichen Produktion, Forst- und Holzwirtschaft, Vieh- und Fischwirtschaft auch der Bergbau (mining and quarrying) hinzugerechnet, und dem Industriesektor - secondary sector - wird neben "manufacturing" und "construction" auch "electricity, gas and water supply" hinzugerechnet.
49) Vgl. Reserve Bank of India, *Annual Report, 1986-87*, Bombay, September 1987, S.2108-2111. Vgl. auch Sau, R.: "The Green Revolution and Industrial Growth in India - A Tale of two Paradoxes and a Half", in: EPW, 16.April 1988, S.789.
50) Vgl. hierzu Rao Hanumantha, C.H.: "Current Agrarian Scene: Policy Alternatives", in: EPW, 26.März 1988, S.A-2.
51) Vgl. *A Social and Economic Atlas of India* (im weiteren: *Atlas*), Oxford University Press, Delhi, 1987, S.78.
52) Vgl. Singh, Sarkar: "Environment Policy and Alternatives", Paper presented at a National Convention on the Current Economic Policy of the Government and Alternatives, New Delhi, 31.August - 1.September 1985, in: EPW, 7.September 1985, S.1503-1505.
53) Vgl. *Economic Survey 1988-89*, Government of India, Ministry of Finance (im weiteren *Economic Survey 1988-89*), New Delhi, S.21.
54) Vgl. Höring, Uwe: "Wasser für 4 Mio. Hektar Land", in: *Entwicklung und Zusammenarbeit* (E+Z), Nr.5/86, Bonn, S.14- 16. Vgl. auch Jayanta, B./ Vandana, S.: "Political Economy of Ecology Movements", in: EPW, 11.Juni 1988, S.1223-1232.
55) *Atlas*, S.74.
56) Tabelle 3.2, in: CMIE, Vol.1, August 1988. Vgl. auch *India 1989*, S.116.

Anmerkungen zu Kapitel 2

57) Vgl. hierzu Government of India, Ministry of Information and Broadcasting, Publications Division, *India 1987*, A Reference Annual, Dezember 1988, New Delhi, S.164-165; Vgl. auch *Economic Survey 1988-89*, S.35, und *Economic Survey 1989-90*, S.23.
58) Der Kunstdünger wird in kombinierter Einheit von Nitrogen (Stickstoff, N), Phosphat (P) und Kali (K) als Sammelbegriff NPK ermittelt. Indien importiert zur Zeit 1 Mio.t Kunstdünger. Vgl. *Economic Survey 1988-89*, S.23. Obwohl die Produktion von Kunstdünger in Indien von knapp 70.000 t im Jahre 1950 auf ca. 10 Mio.t im Jahre 1986-87 angestiegen ist, ist der Einsatz relativ gering und in den einzelnen Bundesstaaten sehr unterschiedlich.
59) *Atlas*, Fertilizer-Use I, S.170.
60) Shanti, George: "Operation Flood and Rural India - Vested and Divested Interests", in: EPW, 7.Dezember 1985, S.2163-2170. (Dieser Artikel enthält Hinweise zu anderer empirischer Literatur zu diesem Thema). Vgl. auch Höring, Uwe (1984): "Indien ohne Gandhi", a.a.O., S.78-91.
61) Shanti, George: "Operation Flood and Rural India - Vested and Divested Interests", a.a.O. Vgl. auch Doornbos, Martin/Nair, K. N.: "Operation Flood Re-Examined", in: EPW, 14.Februar 1987, S.266-268.
62) *Atlas*, S.148 und 150.
63) Vgl. Report of the State Fishery Commissioner (GFIC) A'bad, in: *Times of India*, 30. Dezember 1987, A'bad, Midweek Dialogue.
64) Vgl. hierzu Sunderum, R. M. (1987): *Growth with Income Distribution in India - Policy and Performance since Independence*, Sage Publication, S.30.
65) Vgl. hierzu, ders., S.116, 117; vgl. auch "Länder im Vergleich", in: *Die Zeit*, 14.April 1989.
66) Vgl. hierzu "Ein Bericht", in: EPW, 24. Juni 1989, S.1366; vgl. auch Ninan, K. N.: "Edible Oilseeds Growth and Area Responses", in: EPW, 26. September 1987, S.A 97 - A 110.
67) Vgl. *India Today*, 31.August 1989, S.85; Vgl. auch "Inadequate Availability of Sugar Cane", in: EPW, 24.Juni 1989, S.1367.
68) "Pulses - Staple No More", in: *India Today*, 15.August 1989, S.77.
69) Vgl. hierzu Hanumantha, Rao: "Current Agrarian Scene - Policy Alternatives", in: EPW, 26. März 1988, S.A-2 - A-5; Sau, R.: "The Green Revolution and Industrial Growth in India - A Tale of Two Paradoxes and A Half", in: EPW, a.a.O., S.789-796; Upadhya, Carol Boyack: "The Farmer Capitalists of Coastal Andhra Pradesh", in: EPW, 2.Juli 1988, S.1376-1381 und 9.Juli 1988, S.1433-1442; vgl. auch "Sugar Lobby", in: EPW, 15.April 1989 und *India Today*, 15.Januar 1982, S.43.
70) EPW, 15.Juli 1989, S.1556; vgl. auch "Foodgrains not Pure Economics", in: *India Today 1989*, 31.August 1989, S.8.

71) Vgl. Ghosch, A.: "Changing Economic Scenario in 2001 AD.: India and the World", in: *The Indian Economic Journal*, April-June 1988, Vol.35, Nr.4, S.12.
72) Vgl. hierzu Surinder, Sud: "State of Agriculture, India Poised for Takeoff", in: *Times of India*, 19.Januar 1989; vgl. auch Bericht von Science Advisory Council to the Prime Minister, 1989, zitiert aus: *India Abroad*, London, 7.April 1989, S.16.
73) Vgl. Singh, Gill Sucha: "The Price of Prosperity Problems of Punjab's Agriculture", in: *Times of India*, 27.Januar 1989; vgl. auch Dandekar, V.M.: "Indian Economy Since Independence", in: EPW, 2.-9.Januar 1988, S.41-50; Gosch, A.: "Changing Economic Scenario in 2001 AD. - India and the World", a.a.O., S.12.
74) Vgl. hierzu Pradhan, Prasad, H.: "Poverty and Agricultural Development", in: EPW, 4.Dezember 1985, S.2221.; Vgl. auch Rao, Hanumantha: "Current Agrarian Scene: Policy Alternatives", in: EPW, 2.März 1988, S.A-2 - A-5.
75) Vgl. hierzu Bandopadhyay, D.: "Direct Intervention Programmes for Poverty Alleviation, An Appraisal", in: EPW, 25. Juni 1988, S.A-77 - A-88; vgl. auch Dantwala, M. (1973): *Poverty in India, Then and Now 1870-1970*, Macmillan India, S.36-37; Dandekar, V.M./Rath, N. (1971): *Poverty in India*, S.86; Minhas, B.S.: "Rural Poverty, Land Redistribution and Development Strategy", in: *Indian Economic Review*, Vol.V (New Series) No.1, April 1970.
76) Vgl. Government of India: *A Reference Annual 1987*, New Delhi 1989, S.489-490; gibt ausführliche Informationen über "Exploration of Minerals". The Geological Survey of India, Calcutta und Indian Bureau of Mines sind für Publikationen wie *Indian Mineral Year-Book* (annual), *Bulletin of Mineral Information* (quarterly), *Mineral Statistics of India* usw. zuständig.
77) Vgl. *Atlas*, S.93.
78) Vgl. hierzu Meyer-Dohm, Peter/Saruparia, S.(1985): *Rajasthan - Dimensionen einer regionalen Entwicklung*, a.a.O., S.32-34.
79) Vgl. hierzu Tabelle 4.10 - Highlights, in: CMIE, Vol.1, August 1988.
80) Vgl. hierzu *Atlas*, S.96.
81) Vgl. hierzu *Atlas*, S.97.
82) *The Economic Times*, 26.Februar 1989, Bombay.
83) Vgl. hierzu *India 1989*, S.347.
84) Vgl. hierzu "Gas-Based, Power Capacity to go up in Eighth Plan", in: *The Economic Times*, 14.Februar 1989.
85) Vgl. Tabelle 4.3 - Highlights, in: CMIE, Vol.1, August 1988.
86) Ebd.
87) Vgl. hierzu Government of India, "Seventh Five Year Plan 1985-90", Vol.2, New Delhi, S.139-144.

Anmerkungen zu Kapitel 2

88) Vgl. "25 Staaten der Welt, die die Atomkraft zu friedlichen Zwecken verwenden", in: *Mannheimer Morgen*, 26.Juli 1989, S.5.
89) Vgl. Lellouche, Pierre: "India's High-Tech Revolution, Opinion", in: *Newsweek*, 2.Dezember 1985.
90) Vgl. hierzu "Soviet-Aided Power Plant Projects in India", in: *India Perspectives*, Dezember 1988, S.35; und Kaiga: "N-Plant Echo in Goa too", in: *Times of India*, 23.Februar 1989.
91) Vgl. *Atlas*, S.96.
92) Vgl. hierzu Micha, Franz-Josef: "Bonn - Neu Delhi, Zwischenbilanz Kooperation", in: *Handelsblatt*, 12. Februar 1988.
93) Vgl. *Economic Survey 1988-89*, S.3 und 4; vgl. auch *India Today*, 31.Juli 1989, S.63.
94) Vgl. hierzu Ahluwalia, Isher Judge (1985): *Industrial Growth in India - Stagnation since the Mid-Sixties*, Oxford University Press, Delhi.
95) Vgl. hierzu die Tabelle 6, Struktur des verarbeitenden Gewerbes, in: Weltbank (Hrsg.), Washington, *Weltentwicklungsbericht 1990*, S.220.
96) Ebd., S.204-205.
97) Vgl. hierzu Mithani, D. M.: "An Overview - Industrial Development", in: Bhuleshkar, A. V. (Hrsg.) (1988): *Indian Economy in The World Setting*, Jawaharlal Nehru Memorial Volume V, Himalaya Publishing House, Bombay, S.77.
98) Rajiv Gandhis Ansprache, Bonn 7.5.1988, Vgl. in: *Meine Welt*, Zeitschrift zur Förderung des deutsch-indischen Dialogs, hrsg. vom Diözesan-Caritas-Verband, Köln, Oktober 1988, S.6.
99) Vgl. Bhagavan, M.R.: "Capital goods sector in India Past and Present Trends and Future Prospects", in: EPW, März 1985, S.404 und 408.
100) Vgl. hierzu Industrie und Handelskammer, Düsseldorf, IHK (Hrsg.), Titelgeschichte *Unsere Wirtschaft*, Heft 4, April 1987, S.223.
101) Vgl. hierzu *Indian Express*, New Delhi, 23.Oktober 1988.
102) Vgl. *Financial Times*, London, 19. Juli 1988 und Bericht in EPW, 14.Mai 1988, S.998.
103) Vgl. Vasuki, S.N.: "Pharmaceuticals Export Surge - New Markets for bulk drugs", in: *India Today*, 30.April 1989, S.64.
104) Vgl. hierzu Bhargava, S.: "Diamonds - A Cut Above the Rest", in: *India Today*, 15.Mai 1989, S.63; Vgl. auch *India and Foreign Review*, New Delhi, 15.März 1987.
105) Joseph, K.J.: "Bridling Growth of Electronics", in: EPW, 22.April 1989, S.855.
106) Vgl. hierzu "Indische Chips in japanischen Uhren" - Namen - Nachrichten - Informationen, in: *Meine Welt*, a.a.O., April 1989, S.45.
107) Vgl. CEBIT 1989: *Trade Fair Authority of India, Business with India*, Hannover-Messe CEBIT 1989, S.19.

108) Vgl. Friese, Jan: "Computer - Sinnbild der Modernisierung Indiens - Perspektiven - Rajiv Gandhi schafft den Durchbruch", in: *Handelsblatt*, Beilage "Indien - Partnerland auf der Hannover-Messe CEBIT 1989", 23.Februar 1989, S.23.
109) Vgl. Kumar, K.G.: "Electronics Industry, World Bank's Prescriptions", in: EPW, 30.Juli 1988, S.1563-1564.
110) Vgl. Agarwal, Suraj Mal: "Electronics in India - Past Strategies and Future Possibilities", in: *World Development*, London, Vol.13, Nr.3, 1985, S.273-292.
111) Vgl. hierzu *Nachrichten für Außenhandel* (NfA): "Indien als Standort für Exportindustrien", vom 11.1.1990.
112) Ein reiches Sortiment auserlesener indischer Nahrungsmittel: Gemüsekonserven, Fruchtsäfte in Dosen, Gewürze, Fischereierzeugnisse, Tiefkühlkost, Fleicherzeugnisse, Pickles, Pappadams, Pastas usw. wurde auf der ANUGA-Köln 1989 von verschiedenen staatlichen und privaten Firmen ausgestellt. Vgl. Faltblatt Indien - Pavillon auf der ANUGA, 14.-19. Oktober 1989 in Köln.
113) Vgl. hierzu Dhar, P. N. (1987): *Indian Economy - Past and Performance and Currenct Issues*, Institute of Economic Growth, University Enclave, Delhi, S.8.
114) Vgl. Desai, S.S.M. (1988): *Industrial Economy of India*, Himalaya Publication, S.136-162.
115) Vgl. hierzu *Economic Survey 1988-89*, S.46-57; vgl. auch Rieger, H.C.: "Aktuelle Trends in der indischen Wirtschaftspolitik und Wirtschaftsentwicklung", in: Draguhn, W. (Hrsg.) (1989): *Indien in den 90er Jahren*, a.a.O., S.83-104; vgl. Wiemann, Jürgen (1988): *Indien - Selbstfesselung des Entwicklungspotentials*, Deutsches Institut für Entwicklungspolitik (DIE), Berlin, S.44 ff.
116) Liste dieser Produkte, siehe *Indien Investmentführer*, hrsg. v. Indian Investment Centre, Frankfurt, 1985.
117) *Economic Survey 1988-89*, S.52, 53.
118) Vgl. hierzu *The Financial Times*, London, 25.November 1987.
119) Vgl. *Handelsblatt*, 4.März 1988.
120) Vgl. *The Hindu Madras*, 1.April 1989; vgl. auch "139 Foreign Tie-ups approved", in: *The Economic Times*, Bombay, 8.März 1989, und "Indien nicht mehr attraktiv", NfA, 1.2.1991.
121) Vgl. hierzu *Economic Survey 1988-89*, S.49.
122) Vgl. "A Cracking Pace", in: *The Economist*, 15.Juli 1989, London, S.58.
123) Vgl. Tulpule, Bagaram: "Sickness in Indian Textile Industry Causes and Remedies", in: EPW, 18. Februar 1989, S.377-380; vgl. auch Kashyap, S./Shah, A.: "Ailing Industrial System of India - A Diagnosis", in: EPW, 27. Mai 1987, S.M-77 - M-80.

124) *Economic Survey 1988-89*, S.40.
125) Vgl. Sunderum, R.M. (1987): *Growth and Income Distribution in India*, a.a.O., S.100-102.
126) Rothermund, D. (1989): "Regionale Disparitäten in Indien", in: Draguhn, W. (Hrsg.) (1989): *Indien in den 90er Jahren*, a.a.O.; vgl. auch Bishwanath, Golder und Seth, Vijay: "Spatial Variations in the Rate of Industrial Growth in India", in: EPW, 3.Juni 1989, S.1237-1240; vgl. auch Dasgupta, Biplab: "Urbanisation and Rural Changes in West Bengal", in: EPW, 14.Februar 1987, S.276-287 und 21. Februar 1987, S.337-340.
127) Vgl. Tabelle 14.4 und 14.5, Highlights, in: CMIE, Vol.1, August 1988.
128) UNIDO, Wien (1985): *Industrial Development Review*, Series, India, S.34.
129) Vgl. *Economic Survey 1988-89*, S.52-53.
130) Vgl. hierzu Lakdawala, D. T. (1988): "The Economies of Gujarat and Maharastra", CMIE, Bombay; Khan, H.K.: "Investment opportunities in Gujarat", in: EPW, 18.Mai 1985, S.AS-9; Paranjape, J.: "Inducing Industrial Location in Backward Regions - A Study of Maharastra and Gujarat", in: EPW, 13.Februar 1988, S.321-330.
131) Vgl. Sabade (1987): *Industrial Development of Maharastra*, Maharastra Chamber of Commerce and Industries, Pune; vgl. auch Sakhalkar, S.B.: "Growth and Structures of Industries in Maharastra", in: EPW, 24. August 1985, S.AS-30 - AS-32; Lakdawala, D. T. (1988) a.a.O.; Paranjape, J. "Inducing Industrial Location in Backward Regions", in: EPW, a.a.O.
132) Vgl. Laxminarayana: "The Impact of Agricultural Development on Employment - Case Study of Punjab", in: *The Developing Economies*, Vol.20, März 1982, Tokio, S.40-51; Vgl. auch Das Gupta, Surajeet: "The Spirit of Success, Ludhiana, Business feature", in: *India Today*, 31.Oktober 1989, S.62-65.
133) Vgl. hierzu "Industrial Explosion - Delhi Industrial Belt", in: *India Today*, 31.Dezember 1988, S.114-166.
134) Burra, Neera: "Explosion of Childworkers in Lock Industry of Aligarh", in: EPW, 11.Juli 1987, S.1117-1121.
135) Sinha, Sanjay: "Development Impact of Silk Production. A Wealth of Opportunities", in: EPW, 21. Januar 1989, S.157-168; vgl. auch "The Potential of Export of Silk", in: *India Today*, 31.August 1989, S.49-68.
136) Upadhyay, Carol Boyak: "Farmer Capitalists of Coastal Andhra Pradesh. Part 1 and 2", in: EPW, 2.Juli und 9.Juli 1988, S.1376-1381 und 1483 ff; vgl. auch Patel, Sujata: "Baliapal - Agitation Socio-Economic Background", in: EPW, 25.März 1989, S.604-606.
137) Vgl. hierzu Streetkerk, H. (1985): *Industrial Transition in Rural India - Artisans, Traders and Tribals in South Gujarat*, Popular Prakashan, Bombay; vgl. auch Patel Sujata: "Small-Scale Industrialisation in South Gujarat", in: EPW, 22.Oktober 1988, S.2220. Auch in Seidenindustrie und Lederwaren sind Village Industries Boards erfolgreich; vgl. auch hier Anmerkung 69).

138) Laxminarayana (1982): "The Impact of Agricultural Development", a.a.O., S.41.
139) Das Gupta, Surajeet: "Ludhiana - The Spirit of Success", in: *India Today*, 31.Oktober 1989, S.63.
140) Krishnashwami: "Dynamics of Capitalist Labour Process, Knitting Industries in Tamil Nadu", in: EPW, 17. Juni, 1989, S.1357.
141) Vgl. Majumdar, S.R.: "Projects on Small-Scale and Medium-Scale Industries", in: *Handbook of German Returnees*, Indo-German Chamber of Commerce, Calcutta, 1987, S.13.
142) Vgl. Sunderum, R.M. (1987): *Growth and Income Distribution in India*, a.a.O., S.11.
143) Vgl. *Economic Survey 1988-89*, S.27-42.
144) Ghosh, A. "A Changing Economic Scenario in 2001 AD.: India and the World", in: *The Indian Economic Journal*, a.a.O., S.15.
145) Vgl. hierzu "Großes Weltbank-Darlehen für Indien", in: Blick durch die Wirtschaft, FAZ, 11.Mai 1988, Frankfurt.
146) Ebd.; vgl. auch *The Hindu*, 22.April 1989.
147) Vgl. hierzu Singh, N.K.: "Railway System", in: *India Today*, 15.Mai 1989, S.45-47.
148) Patankar, P.G., Director, Central Institute for Road Transport (CIRT), Pune, "Speedy Road Development Urged", in: *Times of India*, 13.Februar 1989.
149) Rahman, M.: "Roads - Patholed Path to Progress", in: *India Today*, 15. März 1989, S.146.
150) Vgl. *India 1989*, S.354.
151) *Economic Survey 1988-89*, S.30, 31.
152) Vgl. hierzu Sunderum, R.M. (1987): *Growth and Income Distribution in India*, a.a.O., S.102, 103.
153) Vgl. hierzu NfA (Köln), 11.12.1989, "Indien setzt auf eigene Telekom-Entwicklung".
154) Vgl. hierzu *The Economist*, London, 28.November 1987; vgl. Cane, Alan: "Telecommunications, Few homes have phones", in: *The Financial Times*, London, 25.November 1987.
155) Vgl. *India 1989*, S.380.
156) *The Hindu*, International Edition, 4. Juli 1987, S.9.
157) Vgl. "Imbalances in Technical Education Identified", in: *Indian Express*, New Delhi, 17.April 1989, S.4.
158) Vgl. Patel Surendra J.: "Main Elements in Shaping Future Technology Policies for India", in: EPW, 4.März 1989, S.463.
159) Ebd.
160) Vgl. *Times of India*, New Delhi, 27. Oktober 1988.

161) Vgl. Bhatt, V.V.: "Entwicklung von Unternehmertum", in: *Finanzierung und Entwicklung*, Weltbank, März 1986, S.48.
162) Ebd., S.49.
163) Vgl. hierzu Mohan Dinesh: "New Education Policy, Promises", in: EPW, 21.September 1985, S.1615.
164) Vgl. Weltbank (Hrsg.), *Weltentwicklungsbericht 1989*, Washington, S.57.
165) Vgl. hierzu Rothermund, D. (1985): *Indiens wirtschaftliche Entwicklung*, a.a.O., S.123; vgl. auch *India 1989*, S.399.
166) Vgl. hierzu Gupte, D.G.: "Commercial Banks and Rural Development", in: *The Economic Times*, Bombay, 2.Januar 1988; Bhattacharyay, B./Ghose, B. K.: "Marketing of Banking Services in the 90s - Problems and Perspectives", in: EPW, 25.Februar 1989, S.M-27 - M-32; Mujumdar, N.A.: "Social Banking Towards a Discriminatory Approach", in: *The Economic Times*, Bombay, 13.Februar 1989; vgl. auch Iyenger, S.S.: "Financial Intermediation and Resource Mobilisation - An Indian Experience", in: Bhuleshkar, A.V. (1988): *Indian Economy in the World Setting*, a.a.O., S.133-141.
167) Bhattacharyay, B./Ghose, B.K.: "Marketing of Banking Services in the 90s", in: EPW, a.a.O., S.M-27.
168) Vgl. Reserve Bank of India, *Report on Currency and Finances*, Bombay, 1985-86, Vol.I und II; vgl. auch Iyenger, S.S.: "Financial Intermediation and Resource Mobilisation - An Indian Experience", in: Buleshkar, A.V. (1988): *Indian Economy in the World Setting*, a.a.O., S.136, 137.
169) Vgl. Iyenger, S.S., a.a.O., S.137.
170) In diesem Zusammenhang ist z.B. eine Studie von CMIE zu erwähnen, wonach die finanzielle Lage der 740 Industrieunternehmen (1987-88) untersucht wurde und zu dem Ergebnis kommt, daß "Rise and Profits does not seem to be just a flash in the pan but part of a general trend of progress. Vgl. *India Today*, 31.Dezember 1988. Zum Börsenfundament vgl. auch "Ein Bericht" in EPW, 15.April 1989, S.758. Nach einer Meldung einer offiziellen Stelle in Neu-Delhi soll ein neuer Börsensitz, mit moderner Computertechnik und EDV ausgestattet, in Goa errichtet werden.
171) Vgl. hierzu "Boom with a Sound Foundation", in: EPW, 26.November 1988, S.2504-2505.
172) Vgl. Bhatt, V.V.: "On Participating in the International Capital Market", in: EPW, 1.Juli 1989, S.1463.
173) Vgl. hierzu Hussain Abid: "Indian Industry in the 1990s - Challenges Ahead", in: *Mainstream Delhi*, 28.Januar 1989, S.40-41.
174) Vgl. Misra, S.K./Puri, V.K. (1988): *Indian Economy*, Himalaya Publication, S.972-986 (Centre State Financial Relations), vgl. zur Gadgil Formula und modified Formula (S.981-982). Die Gadgil Formula wurde von Prof. D.R. Gadgil, einem berühmten Ökonom und damaligen (1968) Vice-Chairman

der Planning Commission, nach 5 Kriterien entwickelt: (1) Population, (2) State Income Tax Efforts, (3) Special Projects for Power and Irrigation, (4) Special Problems of metropolitical Areas, Draughts and Flood-affected Areas, (5) Tribal Areas. Diese Formel wurde 1980 vom National Development Council noch einmal revidiert. Vgl. hierzu auch Bagchi, Amaresh/ Tulsidhar, V.: "Issues before Ninth Finance Commission", in: EPW, 7.Mai 1988, S.960; Gulati, I.C./George, K.K.: "Centre-State Resources Transfers (1951-1984)", in: EPW, 16.Februar 1985, S.287-295.

175) Mishra, S.K./Puri, V.K. (1988): *Indian Economy*, a.a.O., S.972; vgl. auch Sen, S.R.: "Centre-State Relations in India", in: EPW, 6.August 1988, S.1637-1641.

176) Vgl. Bardhan, Pranab (1985): *The Political Economy of Development in India*, Oxford University Press, Delhi; vgl. hierzu auch Rudra, Ashok: "Political Economy of Indian Non-Development", in: EPW, 25.Mai 1985, S.914-917; Rubin, Barnett R.: "Economic Liberalisation and the Indian State", in: *Third World Quarterly*, London, Oktober 1985, S.942-957; Kothari, Rajni: "A Fragmented Nation", in: *Seminar*, Nr.281, Januar 1983; ders. "Crisis of Moderate State and the Decline of Democracy", unveröffentlichtes Manuskript, Universität New Delhi, 1982. Dhar, P.N. (1987): *The Political Economy of Development in India - A Review*, Institute of Economic Growth, New Delhi; Panandiker, Pai/Kshirsagar, S.S.(1978): *Bureaucracy and Development Administration*, Centre for Policy Research, New Delhi.

177) Vgl. hierzu Elsenhans, H. (1981): *Abhängiger Kapitalismus oder bürokratische Entwicklungsgesellschaft*, Frankfurt; vgl. auch ders.: "Agrarreform in der Dritten Welt", in: APZ, 19.April 1986, B16/86, S.12-22.

178) Vgl. hierzu Hirway, Indira: "Panchayati Raj at Crossroads", in: EPW, 22.Juli 1989; vgl. auch Ghosh, Arun: "The Panchayati Raj Bill", in: EPW, 1.Juli 1989, S.1429-1431, 1433-1435; Chandrashekar, B.K.: "Panchayati Raj Bill - The Real Flaw", in: EPW, 1.Juli 1989, S.1433-1435.; Gill, S.S.: "Radical Blue Print of Panchayati Raj", in: *Times of India*, Bombay, 6.März 1989; siehe auch Special Issue on Panchayati Raj, in: *Yojana*, 26.Januar 1989, Government of India, Publication Division, New Delhi.

179) Bernstorff, Dagmar: "Es weht ein frischer Wind in Indien", Interview in: *Meine Welt*, a.a.O, September 1985, S.14.

180) Chaturvedi, J.P.: "Two Decades of the Regional Press in India", in: *India Perspectives*, New Delhi, Oktober 1989, S.39-41.

181) Vgl. Sarkaria, Panel, *Report in India 1989*, S.464-465; vgl. auch Viswanathan, Renuka: "Federalism: The European Model", in: EPW, 29.Oktober 1988, S.2242; Sen, S.R.: "Centre-State Relations in India", in: EPW, a.a.O.

Anmerkungen zu Kapitel 3:

1) Vgl. hierzu Boeck, Andreas (1985): "Dependencia und Kapitalistisches Weltsystem oder die Grenzen globaler Entwicklungstheorien", in: Nuscheler, Franz (Hrsg., 1985): *Dritte Welt - Forschung, Entwicklungstheorie und Entwicklungspolitik* (PVS, Sonderheft 16, Oplanden). Vgl. auch Senghaas, D. (1977): *Weltwirtschaftsordnung und Entwicklungspolitik - Plädoyer für die Dissoziation*, Edition Suhrkamp, Frankfurt; ders. (Hrsg.) (1977): *Peripherer Kapitalismus - Analysen über Abhängigkeit und Unterentwicklung*, Edition Suhrkamp, Frankfurt.
2) Vgl. hierzu Bhagwati, J.N. und Srinivasan, T.N. (1975): "Foreign Trade Regimes and Economic Development", in: *India, A special conference series*, Vol.VI, National Bureau of Economic Research, Columbia University Press; Agarwal, J.P. (1970): *Das Zahlungsbilanzproblem im Rahmen der indischen Wirtschaftsentwicklung*, Tübingen; Patel, I.G. (1986): "On Taking India into the Twenty-First Century - New Economic Policy in India", in: *Modern Asian Studies*, Vol.21, No.2; vgl. auch hierzu Bhagwati, J.N. (1988): "Poverty and Public Policy", in: *World Development*, Vol.16, No.5, London, S.539-555; Hussain, Abid (1989): "Indian Industry in the 1990s: Challenges Ahead", in: *Mainstream*, 28.Januar 1989, New Delhi, S.40-41; Tischner, H. (1980): *Die wirtschaftliche Entwicklung Indiens in den Jahren 1951-1978 unter besonderer Berücksichtigung der Auslandshilfe*, Berlin, S.389 ff.
3) Vgl. hierzu Sethi, J.D.: "The Danger Signal, India belongs to Fourth World", in: *Hindustan Times*, New Delhi, 5.Dezember 1988.
4) Vgl. hierzu Srinivasan, K., Kulkarni, S. und Parasurman: "Impact of Population on Selected Social and Economic Sectors", in: EPW, 10.September 1988, S.1913-1917 und EPW, 17.September 1988, S.1965-1973.
5) Vgl. hierzu Chengappa, R.: "Family Planning - The Great Hoax", in: *India Today*, 31.Oktober 1988, S.83.
6) Vgl. Das Gupta, Amlendu: "A Billion by 2000 Failure in Family Planning", in: *The Statesman Weekly*, 4.Juni 1988.
7) Vgl. hierzu Chengappa, R.: "Family Planning", a.a.O., S.83.
8) Vgl. Ray, Shantanu: "Family Planning Programme Criticized", in: *India Abroad, International Weekly*, London, Vol.II, No.26, 7.April 1989, S.24.
9) Netto Reproduction Rate (NRR) gleich 1 ist ein Begriff, der zum Stammvokabular der Bevölkerungstheoretiker gehört und bedeutet, daß 1.000 Frauen genau 1.000 Töchter zur Welt bringen, damit die Bevölkerung weder zu- noch abnimmt. Wenn Indien sein ehrgeiziges Ziel der Bevölkerungswachstumsrate von 1,34 (2000) erreichen will, dann darf es die NRR = 1 von 1996 an für mindestens 30 Jahre nicht überschreiten, sondern muß sogar darunter bleiben.

10) Vgl. hierzu Dandekar, V.M.: "Population Front of India's Economic Development", Special Article, in: EPW, 23.April 1988, S.837-842.
11) Vgl. hierzu Lebra, Joyce/Paulson, Joy/Everett, Jana (ed.) (1984): *Women and Work in India - Continuity and Change*, Promilla & Co., New Delhi; vgl. auch Mies, Maria (1986): *Indische Frauen - Zwischen Unterdrückung und Befreiung*, Europäische Verlagsanstalt; Desai, Neera und Krishnarai, Maithreyi (1987): *Women and Society in India*, Ajanta Publication, Bombay; Desai, Neera und Patel, Vibhuti (1985): "Indian Women - Change and Challenges", in: *International Decade 1975-85*, Popular Prakashan, Bombay, S.30; Raju, S.(1988): "Female Literacy in India - The Urban Dimension", in: EPW, 29.Oktober 1988, WS - 87 ff.
12) Vgl. hierzu *Weltbevölkerungsbericht 1989*, Deutsche Gesellschaft für die Vereinten Nationen, Bonn 1.
13) Vgl. hierzu Datt, Ruddar: "Population Projections up to 2001", in: *The Economic Times*, a.a.O.
14) Vgl. hierzu Chengappa, R.: "Family Planning - The Great Hoax", in: *India Today*, a.a.O., S.84.
15) Sharma, O.P.: "Child Labour Still Rampant", in: *The Economic Times*, 23.Februar 1989, S.9.
16) Vgl. hierzu Datt, R.P. (1953): *The Economic History of India*, Bd.1 und 2, London; Tomlinson, B.R. (1979): *The Political Economy of the Raj, 1914-1947 - The Economies of Decolonization in India*, London; Rothermund, D.: "Die Interferenz von Agrarpreissturz und Freiheitskampf in Indien", in: Rothermund, D. (Hrsg.) (1982): *Die Peripherie in der Weltwirtschaftskrise - Afrika, Asien und Lateinamerika, 1929-1939*, Schöningh, S.129, 137, 143 (125 bis 143); Rothermund, D. (1985), *Indiens wirtschaftliche Entwicklung*, a.a.O., S.26-34, 62-64 und 66-67; Datta, Asit (1982): *Ursachen der Unterentwicklung - Erklärungsmodelle und Entwicklungspläne*, C.H. Beck, S.71-95; Schönbäck (1972): *Ursachen sozio-ökonomischer Stagnation unterentwickelter Länder - Am Beispiel Indiens*, Wien; Thapar, R. (1977): *A History of India*, Vol.1, Harmondsworth; Sigrits, Ch. u.a. (1976): *Indien, Bauernkämpfe - Die Geschichte einer verhinderten Entwicklung. Von 1957 bis heute*, Frankfurt; Embree, A.T./Wilhelm, F. (1979): *Indiens Geschichte von der Induskultur bis zum Beginn der englischen Herrschaft*, Fischer Weltgeschichte, Bd.17, 4.Aufl., Frankfurt; Spear, Percival (1978): *A History of India*, 9.Aufl., Harmondsworth.
17) Vgl. hierzu Misra, S.K. und Puri, V.K. (1988): *Indian Economy - Its Development Experience*, Himalaya Publishing House, Bombay, S.494.
18) Vgl. *India 1989*, a.a.O., S.308.
19) Vgl. hierzu Benninger, Anita: *People, Land, Law and Injustice*, Gokhale Institute of Special Studies, The Hague, 17.April - 8.Juni 1985.

Anmerkungen zu Kapitel 3   215

20) Vgl. hierzu Prasad, Pradhan: "Poverty and Agricultural Development", in: EPW, 14.Dezember 1985, S.2221-2224; ders.: "Towards a Theory of Transformation of Semi-Feudal Agriculture", in EPW: 1.August 1987, S.1287-1289; vgl. auch Sau, Ranjit: "The Green Revolution and Industrial Growth in India - A Tale of Two Paradoxes and a Half", Special Article in: EPW, 16.April 1988, S.789-796; Dhawan, B.D.: "Irrigation Impact of Farm Economy", in: EPW, September 1985, S.A-124 - A-128; Hanumantha, Rao: "Current Agrarian Scene - Policy Alternatives", in: EPW, 26.März 1988, S.A-2 - A-4.
21) Vgl. Hanumantha, Rao: "Current Agrarian Scene", a.a.O., S.A-3; vgl. hier auch Anmerkung 69 in Kapitel 2, Abschnitt 2.2.3; siehe auch ders.: "Socio-Political Factors and Agricultural Policies", in: Kapila, Uma (Hrsg.) (1988): *Indian Economy Since Independence*, Vol.II, Synapse Press, Delhi, S.131-154.
22) Dandekar, V.M. und Rath, N. (1971): *Poverty in India*, Bombay, S.87; vgl. auch Minhas, B.S.: "Rural Poverty, Land, Distribution and Development", in: *Indian Economics Review*, New Delhi, April 1970.
23) Die Förderprogramme sind im wesentlichen:
    - TRYSEM - Training of Rural Youth for Self-Employment,
    - NREP - National Rural Employment Programme,
    - RLEGP - Rural Landless Employment Guarantee Programme,
    - DWCRA - Development of Women and Children in Rural Areas,
    - Special Programme for Drought Prone Areas, Dessert Development Areas
    etc.
24) Vgl. hierzu einen Bericht von Singh, N.K.: "IRDP Loans - A Methodical Fraud", in: *India Today*, 15.März 1989, S.140-143. Wobei ein Skandal in Madhya Pradesh aufgedeckt wurde und festgestellt wurde, daß viele Gelder, die für IRDP bestimmt waren, zur Korruption verwendet wurden und die Zielpersonen wiederum auf die dörflichen Geldverleiher angewiesen waren und dafür 30% Zinsen zahlen mußten.
25) Vgl. Bandyopadhyay, D.: "Direct Intervention Programmes for Poverty Alleviation - An Appraisal," in: EPW, 25.Juni 1988, S.A-80; vgl. auch Kurien, N.J.: "IRDP - How Relevant Is It?", in: EPW, 26.Dezember 1987, S.A-161 ff.; Hirway, Indira: "Reshaping IRDP", in: EPW, 25.Juni 1988, S.A-89 ff.
26) Vgl. hierzu Bagchee, Sandeep: "Poverty Alleviation Programmes in Seventh Plan", in: EPW, 24.Januar 1987, S.139-148; vgl. auch Hirway, Indira: "Reshaping IRDP", a.a.O.
27) Vgl. hierzu einen Bericht in: EPW, 24.Juni 1989, S.1364-1366; bezüglich Ölfrüchten: "Business, Oilseeds, Gross Mismanagement", in: EPW, 30.Juni 1988, S.1554; Zuckerrohr und Zucker, in: EPW, 24.Juni 1989, S.1367.

28) Vgl. hierzu Subbarao, K. (1984): *State Policies and Regional Disparity in Indian Agriculture*, Institue of Economic Growth, Delhi; Chopra, Kanchan (1987): *Irrigation, Fertiliser Use and Land Degradation*, Institute of Economic Growth; Rangaswamy, P. (1984): *Agricultural Growth and Regional Disparities - A Case Study of Bihar*; Planning Commission, New Delhi (1985), *Report of Study Group on Agricultural Strategies for the Eastern Region in India*; Reserve Bank of India, Bombay (1984), *Report of the Committee on Agricultural Productivity in Eastern India*; vgl. auch Vaidyanathan, A. (1986): *India's Agricultural Development in a Regional Perspective*, Centre for Studies in Social Sciences, Calcutta; Bhalla, G.S.und Tyagi, D.S.: "Spatial Pattern of Agricultural Development in India", In: EPW, 24. Juni 1989, S.A-46 ff.; Hanumantha, Rao/Ray, Susanta/Subbarao, K. (1988): "Unstable Agriculture and Draughts", Institute of Economic Growth, Delhi; Bhatia, B.M. (1988): *Indian Agriculture - A Policy Perspective*, Sage Publication, New Delhi.
29) Es gibt z.B. eine Initiative für ein Bewässerungsprojekt in Karnataka, das sogenannte Krishna River Project, das durch private Aktionen, gesammeltes Geld und in eigener Arbeit gebaut wurde und das dann später durch die lokale Regierung und auch durch die Zentralregierung unterstützt wurde. Rajghatta schreibt dazu: "The dam will benefit 6,400 farmers. And for 4,500 of them - the small and marginal farmers, owing five acres of land or less - it will mean the difference between starvation and survival". Vgl. hierzu Rajghatta, C., "Irrigation, Grassroots Initiative", in: *India Today*, 15.März 1989, S. 161-162. Auch in Maharastra, Gujarat und Punjab gibt es solche Initiativen, wobei die Brunnen und Pumpen sowie die landwirtschaftliche Beratung den unwissenden kleinen Farmern wertvolle Hilfe leisten.
30) Vgl. hierzu "Indien will pragmatische Wirtschaftspolitik", in: *Nachrichten für Außenhandel* (NfA) Nr.247, 21.Dezember 1989 und NfA, Nr.24, 5.Feb 1991.
31) Ahluwalia, Montek, S.: "Rural Poverty Agricultural Production and Prices - A Reexamination", in: Mellor, J.W. und Desai, G.M. (Hrsg.) (1985): *Agriculture Change and Rural Poverty*, Baltimore, Johns Hopkins Press, S.59-75; vgl. auch Ghosh, A./Chakravart, D./Sinha, A., "Impact of Rural Incomes on the Market for Urban Manufactures", in: EPW, 29.Oktober 1988, S.2290-2293.
32) Vgl. hierzu "Indien will pragmatische Wirtschaftspolitik", in: NfA, a.a.O. und "Industriewachstum kein vorrangiges Ziel mehr", in: NfA, 15.Januar 1990.
33) Vgl. hierzu Nayar, Baldev Raj (1989): *India's Mixed Economy - The Role of Ideology and Interests in its Development*, Popular Prakashan, Bombay, S.9.
34) Ebd., S.134 und 194.

35) Vgl. hierzu Kothari, Rajni (1970): *Politics in India*, Little Brown and Company, Boston, S.461 ff.
36) Vgl. hierzu Sinha, R.K. (Hrsg.) (1986): *Economic Planning in India*, Deep and Deep Publication, S.12-16; vgl. auch Chattopadhyay, Raghabendra: "An Early British Government Initiative in the Genesis of Indian Planning", in: EPW, 31.Januar 1987, S.SPE-19-29.
37) Rieger, Hans Christoph, "Aktuelle Trends in der indischen Wirtschaftspolitik und Wirtschaftsentwicklung", in: Draguhn, Werner (Hrsg.) (1989): *Indien in den 90er Jahren*, a.a.O., S.94; vgl. auch Wiemann, Jürgen (1985): "Indien im Aufbruch", a.a.O.; ders. (1988): *Indien - Selbstfesselung des Entwicklungspotentials*, a.a.O.
38) Vgl. hierzu Elsenhans, H. (1984): *Nord-Süd-Beziehungen*, a.a.O.; ders. (1981): *Abhängiger Kapitalismus oder bürokratische Entwicklungsgesellschaft*, a.a.O.
39) *India 1989*, S.425.
40) Vgl. verschiedene Berichte über Engpässe von Düngemitteln, Zement sowie in der Stromversorgung in: EPW, 17.Juni 1989, S.1315; vgl. auch "Input Deficits in Pig Iron", in: EPW, 18.März 1989, S.539.
41) Vgl. Sunderum, R.M. (1987): *Growth with Income Distribution in India*, a.a.O., S.100 und 103.
42) Vgl. einen Bericht über "Public Sector, Time and Cost Overruns", in: EPW, 17.-24.Oktober 1987, S.1774; siehe auch Roy, Subrata: "Spot Light, Bericht über Coal and Steel Industries in Public Sector Undertakings", in: *Business World*, Bombay, 1.-14.März 1989, S.43-51 und 69.
43) Vgl. Tulpule, Begaram: "Accountability and Autonomy of Public Undertakings", in: EPW, 3.Oktober 1987, S.1683-84.
44) Vgl. hierzu Venkateshwaran, P. und Mithani, D. (1989): *Economic Perspectives Towards 21st Century*, a.a.O., S.55-57.
45) Khusro, A.M.: "Quality of Indian Growth", in: EPW, 3.September 1988, S.1857-1858.
46) Vgl. hierzu Roa, Ramana A.V.: "Administered Price-Policy - Practical Dimensions", in: *Financial Express*, 23.Februar 1989, Bombay, S.7.
47) Vgl. hierzu Nambiar, R.G. und Mehta, Rajesh: "Price Competitiveness of Indian Manufacturing Industry", in: EPW, 18.Juni 1988, S.1278-1284; vgl. auch Chandrasekhar, C.P.: "Investment Behaviour, Economies of Scale and Efficiency in an Import Substituting Regime - A Study of Two Industries", in: EPW, Mai 1987, S.AN 61 - AN 69; Bhagavan, M.R.: "Capital Goods Sector in India - Past and Present Trends and Future Prospects", in: EPW, 9.März 1985, S.404-421.
48) Vgl. List, Friedrich (1959): *Das Nationale System der Politischen Ökonomie*, Tübingen. Eine ausführliche Analyse und auch weiterführende Literatur

über "Import-Substitution" enthält Senghaas, Dieter (1977): *Weltwirtschaftsordnung und Entwicklungspolitik - Plädoyer für die Dissoziation*, Frankfurt, Kapitel II, S.73-152; vgl. auch Balassa, B. (1980): *The Process of Industrial Development and Alternative Development Strategies*, Washington D.C.; ders. (1981): *The Newly Industrializing Developing Countries in the World Economy*, New York.

49) Vgl. Government of India, Ministry of Finance, New Delhi, Report on Possible Shift from Physical to Financial Control, M. Narasimham Committee Report, Januar 1985, S.2.

50) Wegen der Geschäftsgeheimnisse können die Namen der Firmen hier nicht angegeben werden, aber die folgenden Beispiele belegen die Sachlage: Indien besitzt z.B. in der Golfregion - Middle East Countries - sehr gute Chancen wegen der günstigeren Bedingungen der Transportkosten für den Export; aber diese Länder wollen keine indischen Anlagen und Kapitalgüter importieren, weil die indischen Produkte Fabrikationsmängel aufweisen. In einem anderen Beispiel, in dem der Rohstahl wegen des Reinheitsgrades aus Westdeutschland kommen und nur die Verarbeitung in indischen Betrieben vorgenommen werden muß und dann nach Bangladesh weiter exportiert werden sollte (mit KFW-Krediten), wollte auch Bangladesh lieber auf die indische Bearbeitung verzichten. Auch eine sehr große Elektrofirma in Indien wies bei der Montage und Fabrikation sehr große Mängel auf. Die Hydrokraftwerke in Indien z.B. benutzen ein Technologie-Design, das sich 10 bis 15 Jahre im Rückstand befindet usw. Hinzu kommen noch die Verzögerungen bei Entscheidungen.

51) Vgl. hierzu UNCTAD/TT/55, UNCTAD Secretariat, Geneva 1983; vgl. auch Krishnamurthy, V., Chairman, Technology Information Forecasting and Assessment Council, Gov. of India: "Protection: Too Much Too Long?", in: EPW, 14.Mai 1988, S.998; World Bank, *India: Industrial Regulatory Policy Study*, Vol.I, Industrial Strategy and Policy Division, 9.Dezember 1986 und Chandrasekhar, C.P.: Regulatory Policy and Industrial Growth, The World Bank View, Mimeo. 1987, Washington; Raj, K.N. (1986): "Growth and Stagnation in Indian Industrial Development", in: Industrial Credit and Investment Corporation of India, Bombay, S.1-26.

52) Vgl. hierzu "Export Oriented Units - Poor Performance", in: EPW, 2.Juli 1988, S.1347-1348.

53) Vgl. hierzu einen Bericht von Guha, Paranjoy und Thakurta: "Economic Policy Leaning to the Left", in: *India Today*, 31.Dezember 1989, S.58-61; siehe auch Das Gupta, Surajeet: "Getting into Stride", in: *India Today*, 15.Januar 1989, S.34-37; in diesem Bericht kommen die namhaften Ökonomen, die Ex-Mitglieder der Planning Commission, wie z.B. M. Ahluwalia, L.C. Jain, Minhas, Rao Hanumantha, Abid Hussain, zu Wort; "In-

dien will pragmatische Wirtschaftspolitik", in: NfA, a.a.O. Dies ist auch die Meinung von Dr. Pendse von Tata Industries Services, Bombay und auch von Dr. Kebschull, Koordinator des Deutsch-Indischen Exportpromotion-Projektes in Neu-Delhi.

54) Vgl. hierzu Hussain, Abid: "Indian Industry in the 1990s: Challenges Ahead", in: *Mainstream*, New Delhi, 28.Januar 1989, S.41.
55) Vgl. hierzu *India 1987*, Dezember 1988, Publication Division, Gov. of India, New Delhi, S.425.
56) Vgl. hierzu Guha, Prasad/Kalpakkam: "Powerless Performance", in: *India Today*, 30.Juni 1989, S.86-88.
57) Vgl. hierzu "Solar Electricity", in: *India Today*, 30.Juni 1989, S.90; auch eigene Erfahrungen und Beobachtungen in Gujarat und Maharastra bestätigen diesen Sachverhalt.
58) Vgl. hierzu *India 1987* (1988), a.a.O., S.335.
59) Vgl. hierzu Bronger, Dirk: "Das regionale Entwicklungsgefälle in Indien in seiner Relevanz für eine regional orientierte Entwicklungsplanung", in: *Internationales Asienforum*, a.a.O., S.27; Rothermund, D. (1989), "Regionale Disparitäten in Indien", in: Draguhn, Werner (Hrsg.) (1989) *Indien in den 90er Jahren*, a.a.O., S.31-43; vgl. auch Rao, V.K.R.V.: "Infrastructure and Economic Development", in: *Commerce Annual Number*, Bombay, 1980, S.9; Sinha, R.K.: "Regional Imbalances and Need for Fiscal Equalization", in: Sinha, R.K. (Hrsg.) (1986): *Economic Planning*, Deep and Deep Publications, New Delhi, S.300-304.
60) Vgl. hierzu Government of India, Ministry of Education, New Delhi (1985): *Challenge of Education - A Policy Perspective*, S.11.
61) Vgl. hierzu Kumar, Krishna: "Reproduction or Change? Education and Elites in India", in: EPW, 27. Juli 1985, S.1280-1284; vgl. auch hierzu Fuhs, Friedrich W.: "Traditionelle Formen der Erziehung in Indien", in: *Meine Welt*, April 1989, Heft 1, S.9-11.
62) Vgl. hierzu Rao, V.K.R.V.: "India since Independence - Prospects and Retrospects", in: *Mainstream*, a.a.O., S.13.
63) Vgl. hierzu "Imbalances in Technical Education Identified", in: *Indian Express*, New Delhi, 17.April 1989.
64) Vgl. hierzu Government of India, Ministry of Education: *Challenge of Education - A Policy Perspective*, a.a.O., S.16; vgl. auch Indian Investment Centre, Frankfurt (1983): *Indien ihr Gesprächspartner*, S.4.
65) Vgl. hierzu Röh, K. (1967): *Rourkela als Testfall*, Hamburg, S.4-5.
66) Vgl. hierzu Hussain, Abid: "Indian Industries in the 1990s - Challenges Ahead", in: *Mainstream*, a.a.O., S.37.
67) Vgl. Maslankowski, Willi: "Facharbeiterausbildung in Indien", in: *Meine Welt*, April 1989, S.15.

68) Patel, Surendra: "Main Elements in Shaping Future Technology Policies in India", in: EPW, 4. März 1989.
69) Vgl. hierzu für das Forschungs- und Entwicklungskonzept Indiens: Patel, Surendra: "Main Elements in Shaping Future Technology Policies in India", a.a.O.; Hussain, Abid: "Indian Industries in the 1990s - Challenges Ahead", in: *Mainstream*, a.a.O.; Parikh, Kirits: "A Development Strategy for the 1990s", in: EPW, 19.März 1988, S.597-601; Siddharthan, N.S.: "Technology, Modernisation and Growth - A Study of Indian Corporate Sector 1975-83", in: EPW, 30.Juli 1988, S.1587 ff.; ders.: "In-House R&D Imported Technology and Firm Size, Lessons from Indian Experience", in: *The Developing Economies*, Manila, September 1988, S.212-220; Kumar, Nagesh: "Technology Imports and Local Research and Development in Indian Manufacturing", in: *The Developing Economies*, Manila, September 1987, S.22-233; Desai, Ashok, V.: "Technology Change in Indian Industry", in: EPW, Special Number, November 1985, S.2081-2094. Branchenspezifische Untersuchungen: Bhattacharya, U.K.: "Engineering Research Institutes, Technology Development and Economic Growth - A Case Study", in: EPW, 4.Juni 1988, S.1179 ff.; Matthews, Ron: "Development of India's Machine Tool Industry", in: EPW: 1.Oktober 1988, S.2061-2068; Krishnamurthy, S., Chairman, Technology Information Forecasting and Assessment Council, TIFAL, in: EPW, 14.Mai 1988, S.998; Kathuria, Sanjay: "Commercial Vehicles Industry in India - A Case History 1928-1987", in: EPW, 17.-24.Oktober 1987, S.1809 ff.; Bericht der Expertengruppe vom Ministry of Industry and Industrial Development Bank of India über Steel Casting-Obsolete Technology, in: EPW, 4.Juli 1987, S.1053-1054; Bhagwan, M.R.: "Capital Goods Sector in India, Past and Present Trends and Future Prospects", in: EPW, a.a.o, S.419-421; Edquist, C. und Jacobsson, S.(1985): The Production of Hydraulic Exavators and Machine Controls in India and South Korea, Paper presented to the Indian Council of Science & Research Symposium, New Delhi (zitiert in: Bhagwan, M.R.: "Capital goods Sector in India, Past and Present Trends and Future Prospects", in: EPW, a.a.O.). Klein- und mittelständische Unternehmen: *Report for 1986/87*, Ministry of Industry, New Delhi, S.45; Patil, S.M., Working Group on Upgradation of Technology in the Small-Scale Sector, Patil Committee Report, April 1985, S.42; Vepa, Ram K.: "Small Industry Development Restructuring the Institutional Frame", in: EPW, 29.August 1987, S.M-78 - M-82.
70) Patel, Surendra: "Main Elements in Shaping Future Technology Policies in India", in: EPW, a.a.O.; vgl. auch Government of India, Ministry of Education: *Challenge of Education - A Policy Perspective"*, a.a.O., S.109. World Bank Document, Report No.5095: *India - Non-Electrical Industrial Machinery Manufacturing - A Subsectors Study*, 2.August 1984, Washington.

Anmerkungen zu Kapitel 3

71) Vgl. hierzu Gosalia, Sushila: "Ein High-Tech-Fest ohne Vergleich - Technogerma-Indien, 1988, Rückblick und Ausblick", in: *Meine Welt*, Heft 1988, S.41-42.
72) Vgl. hierzu "Indien in der Gefahrenzone der Verschuldung", in: NfA, 27.Juli 1989; CMIE, Vol.1, August 1988, a.a.O., Tabelle 21.6; siehe auch ein unveröffentlichtes Paper von Bhatia, H.L.: Is Eighth Plan Financially Feasible, vorgelegt auf einem All India-Seminar (8.April 1989, Neu-Delhi) on Approach to Eighth Plan - Prospects and Challenges.
73) Vgl. ders.: "Is Eighth Plan Financially Feasible", a.a.O.
74) Vgl. hierzu einen Bericht in: *The Hindu*, International, Madras, 12.November 1989.
75) Vgl. hierzu "Investitionspläne der indischen Wirtschaft, Neue Projekte und Kooperationsvorschläge, für die Lizenzen beantrag wurden", in: NfA, 18.12.1989.
76) Vgl. hierzu Nayyar, Deepak: "India's Export Performance 1970-85", in: EPW, Annual Number, 1987, S.79 ff.
77) Vgl. hierzu Kathuria, Sanjay: "Commercial Vehicles Industries in India", a.a.O.; Matthews, Ron: "Development of India's Machine Tool Industry", in: EPW, a.a.O., S.2064-2065.
78) Vgl. hierzu Government of India, Ministry of Commerce, Report of the Committee on Trade Policies, Abid Hussain Committee, Report, Dezember 1984; vgl. auch National Council of Applied Economic Research, *Export Strategy for India*, New Delhi, 1969, S.7.
79) Khusro, A.M.: "Quality of Indian Growth", in: EPW, 3.September 1988, S.1858; vgl. auch Venkateswaran, R.J. und Mithani, D.M. (1989): *Economic Perspective Towards 21st Century*, a.a.O., S.108.
80) Vgl. hierzu Government of India, Report of the Khadi and Village Industries, Review Committee (KAVIC) by Rama Krishna and others, 1987; vgl. auch Jain, L. C.: "Village Industries in Search of Plan Parentage", in: EPW, 2.-9.Januar 1988.
81) Vgl. hierzu Das Gupta, Surajeet: "Environmental Clearances, Development Dilemma", in: *India Today*, 30.November 1988, S.107-108; vgl. auch Venkateshwaran, R.J. und Mithani, D.M. (1989): *Economic Perspective Towards 21st Century*, a.a.O., High-Costs of Delays, S.39-40.
82) Vgl. hierzu Jain, R.B.: Inter-Relationship between Socio-Political and Public Administration in India, a paper presented at a Workshop Spezial Forschungsbereich 221, Department of Political Science, Universität Konstanz, 19.-21.Oktober 1988, S.31-33.
83) Vgl. hierzu Dantwala, M. L.: "Rationale and Limitation of Decentralised Planning", in: Dantwala, M. L. (Hrsg.) (1986): *Asian Seminar on Rural Development - The Indian Experience*, Oxford Publishing Company, New Delhi, S.189-221.

84) Vgl. hierzu Anm.174 in Kapitel 2.
85) Vgl. hierzu Sen, S.R.: "Centre-State Relations in India, On Sarkaria Commissions Report", in: EPW, 6.August 1988, S.1637-1641; vgl. auch einen Bericht in EPW, 11. Februar 1989 über "Centre-State Relations", S.271-272; George, K.K. und Gulati, I.S.: "Centre Inroads into State Subjects - An Analysis of Economic Services", in: EPW, 6.April 1985, S.592-603 (dieser Artikel enthält eine ausführliche Bibliographie über diese Problematik); Rothermund, D.: "Indien 1985 - Eine innenpolitische Bilanz", in: APZ, B 10/1985, 9.März 1985, S.3-12; Guhan, S.: "The Norm and the Tilt - First Report of the Ninth Finance Commission", in: EPW, 14.Januar 1989, S.84-94; Bagchi, Amaresh: "First Award of the Ninth Finance Commission - An Appraisal", in: EPW, 3.Dezember 1988, S.2593-2601.
86) Vgl. hierzu "The Maharastra Experiment, in: *The Economist*, London, 13.-19.Mai 1989, S.72; vgl. auch Rajwade, A.V.: "Privatisation in India - A View Point", in: Bhuleshkar, A.V. (1988): *Indian Economy in the World Setting*, a.a.O., S.97-102.

Anmerkungen zu Kapitel 4:

1) Vgl. hierzu Lemper, A., Interview in: *Meine Welt*, November 1989, S.44.
2) Vgl. hierzu Bhatia, V.G.: "Asian and Pacific Developing Economies - Performance and Issues", in: *Asian Development Review, Studies of Asian and Pacific Economic Issues*, Vol.6, No.1, 1988, S.17.
3) Vgl. Patel, Surendra: "India's Regression in the World Economy", in: EPW, 28.September 1985, S. 1651-1658; ders.: "Main Elements in Shaping Future Technology Policies in India", in: EPW, a.a.O; Gopal, Ajit S.: "Why Indian Image is Poor", in: *Economic Times*, Bombay, 17.März 1988.

Summary

India in the South-Asian Economic Region - Chances to develop into a regional Economic Gravity Centre

1 Structural Changes in the World Economy and the Emergence of New Regional Economic Power Centres

The world economic scenario has been witnessing rapid structural changes since the beginning of the 80s and specially towards the 90s. With the commencement of the decade of 1990 it is becoming increasingly apparent that the global structure of the world economy will differ in a number of important respects from that which has prevailed in the 70s and in the 80s. Most importantly, the regional pattern of economic activity reflects the dramatic changes that are taking place in the overall international economic cooperation. Whereas the global economic performance and the trade relationships were formerly governed by the four dominating economic giants, namely the USA, Continental Europe, the Soviet Union and Japan, the recent development, however, shows that there are certain intra-regional and subregional economic trends that could lead to a number of distinct and dynamic new regional trading blocs which may be grouped as follows:

i) Enlarged European Bloc with United Germany comprising about 400 million inhabitants;

ii) North-America, Canada and Mexico with free-trade agreements making a market of more than 350 million inhabitants;

iii) Japan with East-Asia - the so-called 4 Newly Industrialising Countries (NICs) or 4 Young Tigers, namely Hongkong, South-Korea, Taiwan, Singapore;

iv) Enlarged South-East Asian and West-Pacific Region with Japan as a core country, the ASEAN Group of Malaysia, Thailand, Singapore, Indonesia, the Philippines and Brunei as well as the West-Pacific Countries of Australia and New Zealand;

v) The Asia-Pacific Basin - economic region comprising the group of advanced countries like the United States, Japan, Canada, Australia and New Zealand plus the Asian NICs, the ASEAN and the People's Republic of China; ca. 2 billion inhabitants;

vi) People's Republic of China - the world's largest, single economic potential power of the 21st century;

vii) India and SAARC (South Asian Association of Regional Cooperation) could be the world's third or fourth largest economic power on par with China and the Asia-Pacific Basin economic giant;
viii) Potential regional bloc of South-America with the agreement of economic integration between Argentina, Brazil and Uruguay with their growing complementary trade relations and strong concentrated base of internal industrial development.

Empirically speaking the importance of these economic magnets has come to be fully appreciated, as the weight of these regions in the global economy has rapidly expanded or will in the long run expand if nothing unusual happens. In almost all political and economic dialogues this fact has been recognised and the profound repercussions and impacts of these power blocs on the international division of labour is visualised in context of the formation of economic and political policy priorities in the developed regions like Europe and America.

The Concept of Economic Gravity Centre and Regional Integration

The forces behind this enormous structural economic change in the world economy have been set in motion obviously by the committed path of concentrated industrial development within these large economic regions. A closer look at this development shows that the conventional approach of North-South trade and aid relationship as well as the so-called chronological "stages of growth" concept à la Rostow can no longer explain the regional economic dynamism. The concentrated industrial development in a large and densely populated country or group of countries link the fortunes of the rest of the region which falls in their geo-economic sphere and this leads to a multipolar system of functional economic interaction rather than a world economy divided into the industrially developed North and the predominantly agricultural and underdeveloped South.

2 **India's Position in the South Asian Economic Region as a Potential Regional Gravity Centre**

It is before this background that the concept of "economic gravity centre" or "core country" as propounded by late Professor Andreas Predöhl (Hamburg) is to be visualised in the context of India, which will eventually become a regional gravitation centre in South Asia. The current regional and subregional economic integration processes in different parts of the world economy confirm the proposition that the internal economic development and the pattern of external economic

Summary

trade cooperation are functionally related to each other. The concept of economic gravity centre thus combines the dynamics of socio-economic development within the economy and the structure of international trade at the same time and has its empirical evidence also in the current economic processes. According to this concept the world economy is an open system constituting a network of all the economies in the world characterised by a geo-economic division of labour according to the stage of achieved industrial development in different countries of the region. These countries then cooperate with each other in a functional as well as in a vertically hierarchical economic relationship.

As industrial development gathers momentum in a large, densely populated country (a potential gravity centre or core economy) of a particular region, there emerges a dynamic pattern of complementary economic cooperation among the economies of the region. In this sense, every country of the region stimulated by the economic integration in the centre-core country moves on to the higher product cycle of the production structure so that eventually the whole region radiates in the world economy as a trading bloc. Even the industrially developed economies of Australia, New Zealand or Canada are developed peripheries and cannot become the centre, as they lack the necessary size of the population. In this sense every economic region of a certain minimum size of population has its own core, marginal core and the periphery economies. The dynamics of economic integration within the region depends on the process of group-dynamics of integration rather than on the predomination of one strong political and economic entity of the region. In a strict sense of "economic gravity centre" the demographically and economically strong centre has to function as a growth-pole and industrial complex centre for the surrounding neighbours, presenting itself as a market for their products and not as a hegemonial economic power.

A large country like India, with its rich resources of iron and coal, natural gas and agricultural products like cotton, jute etc., has the potential of developing more than one industry complex. Actually, there should exist many industrial poles in different states of the Federation of India. Of course, the concept of gravitation centre is location-bound, say on the basis of iron and steel combined with coal reserves; in recent times, however, the petrochemical and automobile industries have also played a crucial role in intra-regional development. As socio-economic integration gathers momentum, the intersectoral (agriculture - industry) and intra-regional dualistic tendencies are by and large brushed aside resulting in an overall increase in the purchasing power of the large masses of people, and the domestic market becomes a centre for the neighbouring countries. This should actually have been the normal course of economic integration in the South-Asian region. Unfortunately, this is not yet the case with India, although India possesses all the required pre-conditions (criteria) for the core region which are grouped as follows:

(1) A large and densely populated country with at least 100 million inhabitants, which is the historically determined quantitative criterion following the examples of England and Japan. Thus Australia or Canada, although developed countries, cannot become gravity centres or core countries; they remain developed peripheries subordinated to the core centre of America or Japan.
(2) Efficient agricultural base assuring self-sufficiency in food for the total population and employment for the population in this sector.
(3) Concentration of industrial complexes with enlarged ancillarising impulses derived from the logic of the economies of scale, linkage effects and agglomeration advantages, functioning as industrial poles. Industries like steel, textiles and garments, automobiles, petrochemical etc., generating the largest linkages, play a pivotal role in this context.
(4) Dynamic-Schumpeterian type of entrepreneurs and a large sub-suppliers base of medium-scale industries.
(5) Efficient physical and social infrastructural facilities, especially transport and communications, as well as banking and finance systems.
(6) Stable political atmosphere with economic and fiscal institutional framework.

It is with this theoretical background that this research study embarks on taking stock of the huge potentials of natural and human resources of the Indian economy and the level of industrialisation as well as the impact on the regional socioeconomic integration achieved so far.

In the light of the large population of 844 million, the concentrated but diversified base of industrial development along with promising potentials of skilled and educated manpower, ranking third in the world, traditionally experienced and endowed merchant entrepreneurs, a broad and diversified base of medium- and small-scale industries, a well developed institutional set-up of banking and capital markets, a well organised and decentralised administrative network with a federal democratic government, and physical and social infrastructural facilities, India possesses all the preconditions - criteria - of becoming an economic gravity centre for the South-Asian region, which eventually has all the potentials of developing into the world's largest integrated market. Furthermore the policy of non-alignment offered the Indian economy the advantages of dealing with both, East and West, without affecting the close relations with both political power blocs and having the advantages of technology transfer and trade with both. It is an undeniable fact that India took the shrewd advantages of this position and this diplomatic policy in developing her space programmes, nuclear power projects and also the very base of industrialisation.

Summary

Not only the spectacular successes in space technology and the launch of intermediate missiles called Agni Prithvi, Trischul etc. which confirm the position of India as a regional military power and her position in the world's nuclear club, to which only five big nations of the world belong, but also the display of the variety of capital, intermediate and consumer goods at world-famous trade fairs like Hannover Messe in 1984, Cebit in 1989 and also the Techno-Germa-India in 1988 all give testimony of the fact that the Indian economy has established a diversified and strong base of sustained industrialisation.

Anyone looking at the size and complexity of India's mixed economy and socioculturally mixed society in a democratic setting and also the fact that within her forty-five years of independence this country had not only to face three wars and the regional conflicts but severe droughts which brought food shortages in the 50s and 60s and also in the 80s, should count on the bright future prospects of her economic development. The problem, however, is that inspite of this, India should be performing better and should have generated growth impulses to the surrounding economies of South-Asia. But as it appears today this region, although endowed with promising potentials of population, natural and mineral resources as well as well-educated and trained manpower, is still floundering in an economic vacuum and political tensions rather than showing a tendency of an emerging dynamic trade bloc like the South-East-Asian and East-Asian economic groups.

South-Asia as a region has but a minuscule portion of the total world trade. In 1950 South-Asian exports (namely exports of Bangladesh, India, Sri Lanka, Maldives, Nepal and Pakistan) accounted for some 3.4% of the total world trade. The relative share of South-Asian exports has declined continuously and in the 1980s amounted to less than 1% of the total world trade. India accounts for only 0.04%. The available statistics show that the growth rates of the regional exports and imports for the period 1950-1980 are much lower than the world average for this period. It is observed further that the growth rate of imports was higher than the growth rate of exports for nearly all countries of the region. It is also to be noted that even this marginal share has a declining trend. The trade volume among the countries of this region has been stagnating at the level of 2% of their total international trade as against the trade volume among the EEC countries reaching 60% and that among the ASEAN countries reaching about 17%.

In the third part of the study, it is thus attempted to identify the constraints inhibiting the socio-economic integration within the Indian economy, which practically are the underlying constraints inhibiting India to become an economic gravity centre in the South-Asian Region. The main constraints are of economic, social and political nature and may be grouped as follows:

(1) Population problems with a high degree of illiteracy and the traditional status of women;
(2) Subsistence agriculture between "Farmer's Capitalism" and "rural Keynesianism";
(3) Controlled industrial development between planned and mixed economy with sporadic liberalisation, and prolonged import-substitution strategy with export problems;
(4) Inadequate energy supply, transport and communication infrastructure and environmental problems;
(5) Inappropriate education system with a lack of consideration of practice-oriented vocational and professional training; lack of adequate research and development system;
(6) Lack of intersectoral coordination, administrative rigidities, growing bureaucracy and the central government's intervention at regional levels;
(7) Conflicts between economy and ecology, socio-cultural tensions and political regionalism.

As a result of this analysis it is to be observed that these constraints cannot easily be resolved in the near future. The Indian economy is passing through a critical stage, and it will have to engage with its own internal socio-economic and political problems through the decade of the 90s. In spite of admirable progress and internal economic strength, the deficits still are too enormous to call India a regional gravity centre in South Asia.

Literaturverzeichnis

Agarwal, G. (1987): *Economic Dimensions of South Asia Regional Cooperation in South-South Economic Cooperation Problems and Prospects*, New Delhi, Radiant Publishers

Agarwal, J.P. (1970): *Das Zahlungsbilanzproblem im Rahmen der indischen Wirtschaftsentwicklung*, Tübingen

Agarwal, Suraj Mal: "Electronics in India - Past Strategies and Future Possibilities", in: *World Development*, London, Vol.13, Nr.3, 1985

Ahluwalia, Isher Judge (1985): *Industrial Growth in India - Stagnation since the Mid-Sixties*, Delhi, Oxford University Press

Ahluwalia, Montek, S.: (1985): "Rural Poverty Agricultural Production and Prices - A Reexamination", in: Mellor, J.W. u. Desai, G.M. (Hrsg.) (1985): *Agriculture Change and Rural Poverty*, Baltimore, Johns Hopkins Press

Awanohara Susuma: "Japan und Ostasien: Auf dem Weg zu einer pazifischen Arbeitsteilung", in: *Europa Archiv*, Folge 22, 1988

Bagchee, Sandeep: "Poverty Alleviation Programmes in Seventh Plan", in: EPW, 24.Januar 1987

Bagchi, Amaresh/Tulsidhar, V.: "Issues before Ninth Finance Commission", in: EPW, 7.Mai 1988;
- ders.: "First Award of the Ninth Finance Commission - An Appraisal", in: EPW, 3.Dezember 1988

Balassa, B. (1980): *The Process of Industrial Development and Alternative Development Strategies*, Washington D.C.
- ders. (1981): *The Newly Industrializing Developing Countries in the World Economy*, New York

Bandopadhyay, D.: "Direct Intervention Programmes for Poverty Alleviation, An Appraisal", in: EPW, 25.Juni 1988

Bardhan, Pranab (1985): *The Political Economy of Development in India*, Delhi, Oxford University Press

Basham, A.L. (1988): *The Wonder that was India*, 8.Impression (First Published in 1954), Bombay, Rupa & Co.

Benninger, A.: *People, Land, Law and Injustice*, Gokhale Institute of Special Studies, The Hague, 17.April-8.Juni 1985

Bernstoff, D.: "Es weht ein frischer Wind in Indien", Interview in: *Meine Welt*, September 1985

Beyfuß, J.: "Dynamische Entwicklungsräume - Neue Konkurrenz oder Zukunftsmächte?", in: *Beiträge zur Wirtschafts- und Sozialpolitik*, Institut der Deutschen Wirtschaft, Köln, Nr.136, vom 5.Juni 1985, vgl. auch Nr.94, 1981

Bhagavan, M.R. (1985): "Capital Goods Sector in India - Past and Present Trends and Future Prospects", in: EPW, März 1985

Bhagwati Jagdish (1986): Trade in services and the multilateral negotiations, Paper prepared for the Conference on the Role and Interest of the Developing Countries in Multi-lateral Trade Organisations, Sponsered by the World Bank and the Thailand Development Research Institute, Bangkok, October 30, November 1, processed
- ders. (1988): "Poverty and Public Policy", in: *World Development*, Vol.16, No.5, London

Bhagwati, J.N. u. Srinivasan, T.N. (1975): *Foreign Trade Regimes and Economic Development, India*, A special conference series; Vol.VI, National Bureau of Economic Research, New York, Columbia University Press

Bhalla, G.S. u. Tyagi, D.S.: (1989): "Spatial Pattern of Agricultural Development in India", in: EPW, 24.Juni 1989

Bhargava, S.: "Diamonds - A Cut Above the Rest", in: *India Today*, 15.Mai 1989

Bhatia, B.M. (1988): *Indian Agriculture - A Policy Perspective*, New Delhi, Sage Publication

Bhatia, H.L.: Is Fight Plan Financially Feasible, Paper vorgelegt auf einem All India-Seminar on Approach to Eighth Plan - Prospects and Challenges (8. April 1989, New Delhi)

Bhatia, V.G.: "Asian and Pacific Developing Economies - Performance and Issues", in: *Asian Development Review, Studies of Asian and Pacific Economic Issues*, (Manila), Vol.6, No.1, 1988

Bhatt, V.V.: "Entwicklung von Unternehmertum", in: *Finanzierung und Entwicklung*, Weltbank, März 1986
- ders.: "On Participating in the International Capital Market", in: EPW, 1.Juli 1989

Bhattacharyay, B./Ghose, B.K.: "Marketing of Banking Services in the 90s - Problems and Perspectives", in: EPW, 25. Februar 1989

Bhattacharya, U.K.: "Engineering Research Institutes, Technology Development and Economic Growth - A Case Study", in: EPW, 4.Juni 1988

Bishwanath, Golder u. Seth, Vijay: "Spatial Variations in the Rate of Industrial Growth in India", in: EPW, 3.Juni 1989

Boeck, A. (1985): "Dependencia und Kapitalistisches Weltsystem oder: Die Grenzen globaler Entwicklungstheorien", in: Nuscheler, Franz (Hrsg.) (1985): *Dritte Welt - Forschung, Entwicklungstheorie und Entwicklungspolitik* (PVS), Sonderheft 16, Opladen

Boeke, J.H. (1953): *Economics and Economic Policy of Dual Societies as exemplified by Indonesia*, Haarlem

Bonn, G. (1985): *Die indische Herausforderung*, Stuttgart, Burg Verlag

Braun, Dieter (1979): *Indien und die Dritte Welt*, Fallstudie zur Entwicklung von Süd-Süd-Beziehungen, Stiftung Wissenschaft und Politik, Ebenhausen
- ders.: "Außen- und Sicherheitspolitik Indiens", in: Draguhn, Werner (1989): *Indien in den 90er Jahren*, Hamburg, Mitteilungen des Instituts für Asienkunde, Nr.175, S.25-27

Bronger, D. (1976): *Formen räumlicher Verflechtung von Regionen in Andhra Pradesh - Indien als Grundlage einer Entwicklungsplanung*, Bochumer Geographische Arbeiten, Sonderreihe, Bd.5, Paderborn
- ders. (1987): "Das regionale Entwicklungsgefälle in Indien in seiner Relevanz für eine regional orientierte Entwicklungsplanung und -politik, Ausmaß - Dynamik - Ursachen", in: *Internationales Asienforum*, Vol.18 (1987), No.1/2, München, Welt Forum Verlag

Burman, B.K. Roy: "Problems and Prospects of Tribal Development in North-East India", in: EPW, 1.April 1989

Burra, N.: "Lock Industry of Aligarh", in: EPW, 11.Juli 1987

Cartellieri, U.: "In Asien gewinnt Indien als Brückenkopf für Joint Ventures weiter an Bedeutung", in: *Handelsblatt*, Nr.78, vom 21./22.April 1989
- ders.: "Japanische Vorherrschaft und Deutsche Chancen in den Märkten Asiens", in: *Indo Asia*, IV.Q. 1986, Heft 4

Chandrasekhar, B.K.: "Panchayati Raj Bill - The Real Flaw", in: EPW, 1.Juli 1989

Chandrasekhar, C.P.: "Investment Behaviour, Economies of Scale and Efficiency in an Import Substitution Regime - A Study of Two Industries", in: EPW, Mai 1987
- ders.: Regulatory Policy and Industrial Growth, The World Bank View, Washington, Mimeo, 1987

Chattopadhyay, Raghabendra: "An Early British Government Initiative in the Genesis of Indian Planning", in: EPW, 31.Januar 1987

Chaturvedi, J.P.: "Two Decades of the Regional Press in India", in: *India Perspectives*, New Delhi, Oktober 1989

Chenery, H.B./Watanabe, S.T. (1958): "International Comparisons of the Structure of Production", in: *Econometrica*, Vol.XXVI

Chengappa, R.: "Family Planning - The Great Hoax", in: *India Today*, 31.Oktober 1988

Chopra, Kanchan (1987): *Irrigation, Fertiliser Use and Land Degradation*, New Delhi, Institute of Economic Growth

Christaller, W.: "Das Grundgerüst der räumlichen Ordnung in Europa. Die Systeme der europäischen zentralen Orte", in: *Frankfurter Geographische Hefte*, 24, Jahrgang (1950), Heft 1

Cumings, B.: "Der neue Industriestaat Nordostasiens", in: *Vierteljahresbericht*, Friedrich-Ebert-Stiftung, Nr.105, vom September 1986

Dandekar, V.M.: "Indian Economy Since Independence", in: EPW, 2.-9.Januar 1989
- ders.: "Population Front of India's Economic Development", Special Article, in: EPW, 23.April 1988

Dandekar, V.M./Rath, N. (1971): *Poverty in India*, Poona

Dantwala, M.L. (1973): *Poverty in India Then and Now 1870-1970*, New Delhi
- ders.: "Rationale and Limitation of Decentralised Planning", in: Dantawala, M.L. (Hrsg.) (1986): *Asian Seminar on Rural Development - The Indian Experience*, New Delhi, Oxford Publishing Company

Dasgupta, Biplab: "Urbanisation and Rural Changes, Calcutta University's Centre for Urban Economic Studies in 1986", in: EPW, 14.Februar 1987 und 21.Februar 1987

Datt, R.: "Population up to 2001", in: *The Economic Times*, 4.März 1989, Bombay
- ders. (1953): *The Economic History of India*, Bd.1 und 2, London

Datta, Asit (1982): *Ursachen der Unterentwicklung - Erklärungsmodelle und Entwicklungspläne*, München, C.H. Beck Verlag

Denecke, H.: "Auch ich bin ein König", in: *Deutsches Allgemeines Sonntagsblatt*, 12. Mai 1989

Desai, Ashok, V.: "Technology Change in Indian Industry", in: EPW, Special Number, November 1985

Desai, N. u. Krishnaray, M. (1987): *Women and Society in India*, Bombay: Asanta Publication

Desai, N. u. Patel, V. (1985): "Indian Women - Change and Challenges", in: *International Decade 1975-85*, Bombay, Popular Prakashan

Desai, S.S.M. (1988): *Industrial Economy of India*, Bombay, Himalaya Publication

Dhar, P.N. (1987): *Indian Economy - Past and Performance and Current Issues*, New Delhi, Institute of Economic Growth
- ders. (1987): *The Political Economy of Development in India - A Review*, New Delhi, Institute of Economic Growth

Dhawan, B.D.: "Irrigation Impact of Farm Economy", in: EPW, September 1985

D. N.: "India in South Asia", in: *Economic and Political Weekly*, Bombay, 18.Juni 1989

Donges, J.B.: "Die Arbeitsteilung zwischen Industrie und Entwicklungsländern im Wandel", in: *Außenwirtschaft*, 36.Jahrgang, 1981

Doornbos, Martin/Nair, K.N.: "Operation Flood Re-Examined", in: EPW, 14.Februar 1987

Draguhn, W. (1970): *Entwicklungsbewußtsein und wirtschaftliche Entwicklung in Indien*, Hamburg, Schriftenreihe des Instituts für Asienkunde, Band 28

Edquist, C. u. Jacobsson, S. (1985): The Production of Hydraulic Exavators and Machine Controls in India and South Korea, Paper presented to the Indian Council of Science & Research Symposium, New Delhi

Elsenhans, H. (1984): *Nord-Süd-Beziehungen*, Stuttgart
- ders. (1981): *Abhängiger Kapitalismus oder bürokratische Entwicklungsgesellschaft*, Frankfurt
- ders.: "Agrareform in der Dritten Welt", in: APZ, 19.April 1986, B 16/86

Emajuddin, Ahmed (1985): *SAARC Seeds of Harmony*, Dhaka (Bangladesh), The University Press, Ltd.

Eßer, K. und Wiemann, J. (1987): *Schwerpunktländer in der Dritten Welt*, Berlin, Deutsches Institut für Entwicklungspolitik (DIE)

Fourastie, J. (1954): *Die große Hoffnung des 20.Jahrhunderts*, Köln

Friese, J.: "Computer - Sinnbild der Modernisierung Indiens - Perspektiven - Rajiv Gandhi schafft den Durchbruch", *Handelsblatt*, Beilage *Indien - Partnerland auf der Hannover Messe CEBIT 1989*, 23.Februar 1989

Frike, Rolf: "Bericht World Economic Forum", in: *Handelsblatt* vom 30.1.1989, Nr.21.

Fuhs, Friedrich W.: "Traditionelle Formen der Erziehung in Indien", in: *Meine Welt*, April 1989

George, K.K. u. Gulati, I.S.: "Centre Inroads into State Subjects - An Analysis of Economic Services", in: EPW, 6.April 1985

Ghosh, A.: "Changing Economic Scenario in 2001 AD.: India and the World", in: *The Indian Economic Journal*, April-June 1988, Vol.35, Nr.4

- ders.: "The Panchayati Raj Bill", in: EPW, 1.Juli 1989

Ghosh, A./Chakravart, D./Sinha, A.: "Impact of Rural Incomes on the Market for Urban Manufactures", in: EPW, 29.Oktober 1988

Gill, S.S.: "Radical Blue Print of Panchayati Raj", in: *Times of India*, Bombay, 6.März 1989

Goldar, Bishwanath/Seth, Vijay: "Spatial Variations in the Rate of Industrial Growth in India", in: EPW, 3.Juni 1989

Gopal, Ajit S.: "Why Indian Image is Poor", in: *Economic Times*, Bombay, 1988

Gosalia, Sushila: "Ein High-Tech-Fest ohne Vergleich - Technogerma-Indien, 1988. Rückblick und Ausblick", in: *Meine Welt*, Heft 1988

Guha, Paranjoy und Thakuyta: "Economic Policy Leaning to the Left", in: *India Today*, 31.Dezember 1989

Guhan, S.: "The Norm and the Tilt - First Report of the Ninth Finance Commission", in: EPW, 14.Januar 1989

Gulati, I.C./George, K.K.: "Centre-State Resources Transfers (1951-1984)", in: EPW, 16.Februar 1985

Gupta, Surajeet: "Ludhiana - The Spirit of Success", in: *India Today*, 31.Oktober 1989

- ders.: "Environmental Clearances, Development Dilemma", in: *India Today*, 30.November 1988

Gupte, D.G.: "Commercial Banks and Rural Development", in: *The Economic Times*, Bombay, 2.Januar 1988

Hanumantha, Rao/Ray, Susanta/Subbarao, K. (1988): *Unstable Agriculture and Droughts*, New Delhi, Institute of Economic Growth

Harborth, H.J.: "Zur Rolle der Entwicklungsländer in einer multizentrischen Weltwirtschaft", in: *Jahrbuch für Sozialwissenschaften*, Bd.22, Heft 2, 1971
- ders. (1967): *Neue Industriezentren an der weltwirtschaftlichen Peripherie*, Hamburg, Deutsches Übersee Institut
- ders. (1965): *Indien - Ein neues weltwirtschaftliches Kraftfeld?*, Göttingen, Weltwirtschaftliche Studien

Haubold, Erhard: "Indien und Sri Lanka auf Konfrontationskurs", in: FAZ, 19.Juni 1989
- ders.: "Indien vergrößert seine Einflußzone", in: FAZ, 13.Januar 1988

Hawke, B., Australischer Premierminister, Gespräch in Südkorea und Thailand, "ASIEN-Weltwirtschaft", in: *Handelsblatt* vom 9.Februar 1989

Hirschmann, A.O. (1967): *Die Strategie der Wirtschaftlichen Entwicklung*, Stuttgart

Hirway, Indira: "Panchayati Raj at Crossroads", in: EPW, 22.Juli 1989
- ders.: "Reshaping IRDP", in: EPW, 25.Juni 1988

Hörig, Rainer (1987): *Indien ist anders*, Reinbek: rororo aktuell

Höring, U.: "Wasser für 4 Mio. Hektar Land", in: *Entwicklung und Zusammenarbeit* (E+Z), Nr.5/86, Bonn
- ders. (1984): *Indien ohne Gandhi*, Wuppertal: Peter Hammer Verlag

Hussain, Abid: "Indian Industry in the 1990s - Challenges Ahead", in: *Mainstream Delhi*, 28.Januar 1989

Isard, W. (1956): *Location and Space Economy*, Cambridge (Mass.)

Isard, W./Schooler, E.W. (1959): "Industrial Complex Analysis, Agglomeration Economies and Regional Development", in: *Journal of Regional Development*, Vol.I., No.2

Iyenger, S.S.: "Financial Intermediation and Resource Mobilisation - An Indian Experience", in: Bhuleshkar, A.V. (1988): *Indian Economy in the World Setting*, Bombay, Himalaya Publication

Iyer, Harihara und Krüger, Ch. (1983): *Indien: Wirtschaftsmacht der Zukunft*, Lugano, Athenaeum Verlag

Jain, R.B.: Inter-Relationship between Socio-Political and Public Administration in India, a paper presented at a Workshop Spezial, Forschungsbereich 221, Department of Political Science, Universität Konstanz, 19.-21.Oktober 1988

Jansen, J. (1989): Indien und seine Nachbarn im Jahr 2000, unveröffentlichtes Manuskript, Aachen

Jayanta, B./Vandana, S.: "Political Economy of Ecology Movements", in: EPW, 11.Juni 1988

Joachimsen, R. (1966): *Theorie der Infrastruktur - Grundlagen der marktwirtschaftlichen Entwicklung*, Tübingen

Jochimsen, R. (1965): "Dualismus als Problem der weltwirtschaftlichen Entwicklung", in: *Weltwirtschaftliches Archiv*, Bd.95, 1965 II, Hamburg

Joseph, K. J.: "Bridling Growth of Electronics", in: EPW, 22.April 1989

Kapila, U. (Hrsg.) (1988): *Indian Economy Since Independence*, Vol.II, New Delhi, Synapse Press

Kashyap, S.P./Sha, A.: "Ailing Industrial System of India - A Diagnosis", in: EPW, 27.Mai 1987

Kathuria, Sanjay: "Commercial Vehicles Industry in India - A Case History 1928-1987", in: EPW, 17.-24.Oktober 1987

Kebschull, D.: "Frischer Glanz auf bilateralen Beziehungen", in: *Brennpunkt Indien*, Nr.2/89, Mai 1989, Bonn, Presse-Abteilung, Indische Botschaft

Kennedy, Paul (1988): *The Rise and Fall of the Great Powers - Economic Change and Military Conflict from 1500 to 2000*, London, Unwin Hyman

Khan, H.K.: "Investment Opportunities in Gujarat", in: EPW, 18.Mai 1985

Khusro, A.M.: "Quality of Indian Growth", in: EPW, 3.September 1988

Kissinger, H.: "A Memo to the next President - A new Era", in: *International Herald Tribune*, Washington, July 2/3, 1988

Knall, B.: "Wirtschaftserschließung und Entwicklungsstufen - Rostows Wirtschaftstheorie und die Typologie von Entwicklungsländern", in: *Weltwirtschaftliches Archiv*, Hamburg, 1988

- ders. (1979): "Entwicklungstheorien", in: *HdWW* 19/20, Stuttgart: Gustav Fischer, VII, 1979

Kothari, Rajni: "A Fragmented Nation", in: *Seminar*, Nr.281, Januar 1983

- ders. (1970): *Politics in India*, Boston, Little Brown and Company

Krishnamurthy, V., Chairman, Technology Information Forecasting and Assessment Council, Gov. of India: "Protection: Too Much Too Long?", in: EPW, 14.Mai 1988

Krishnashwami: "Dynamics of Capitalist Labour Process, Knitting Industries in Tamil Nadu", in: EPW, June 17, 1989

Kumar, K.G.: "Electronics Industry, World Bank's Prescriptions", in: EPW, 30. Juli 1988

- ders.: "Reproduction or Change? Education and Elites in India", in: EPW, 27.Juli 1985

Kumar, Nagesh: "Technology Imports and Local Research and Development in Indian Manufacturing", in: *The Developing Economies*, Manila, September 1987

Kurien, N.J.: "IRDP - How Relevant Is It?", in: EPW, 26.Dezember 1987

Kuznets, Simon: "Quantitative Aspects of the Economic Growth of Industrial Nations: Distribution of National Products and Labour Force", in: *Economic Development and Cultural Change*, Vol.V., No.1, October 1956 and Supplement to Vol.V, No.4, July 1957

- ders. (1966): *Modern Economic Growth - Rate, Structure and Spread*, University Press, New Haven, Yale

Lakdawala, D.T. (1988): *The Economies of Gujarat and Maharastra*, Bombay, Center for Monitoring Indian Economy

Lauschmann, E. (1976): *Grundlagen einer Theorie der Regionalpolitik*, 3.Aufl., Hannover, Taschenbücher zur Raumplanung, Bd.2

Laxminarayana: "The Impact of Agricultural Development on Employment - Case Study of Punjab", in: *The Developing Economies*, Vol.20, Tokyo, März 1982

Lebra, Joyce/Paulson, Joy/Everett, Jana (ed) (1984): *Women and Work in India - Continuity and Change*, New Delhi, Promilla & Co.

Lellouche, Pierre: "India's High-Tech Revolution", in: *Newsweek*, Washington, 2.Dezember 1985

Lemper, A. (1987): Ansatzpunkte und Chancen für die Entwicklung eines Wirtschaftsraumes Südasien und seine weltwirtschaftlichen Perspektiven, unveröffentlichtes Manuskript, vorgelegt als Antrag für Forschungsvorhaben an die Deutsche Forschungsgesellschaft (DFG), Dezember 1987

- ders. (1974): *Handel in einer dynamischen Weltwirtschaft, Ansatzpunkte für eine Neuorientierung der Außenhandelstheorie*, München, Weltforum Verlag
- ders.: "Weltwirtschaftliche Kooperation - Ein Problem der Arbeitsteilung", in: *Jahrbuch für Sozialwissenschaften*, Bd.22, Heft 2, 1971
- ders.: Interview in: *Meine Welt*, November 1989

Lewis, W.A.: "Economic Development With Unlimited Supplies of Labour", in: *The Manchester School*, Vol.22 (May 1954)

List, Friedrich (1959): *Das Nationale System der Politischen Ökonomie*, Tübingen

Majumdar, S.R.: "Projects on Small-Scale and Medium-Scale Industries", in: *Handbook of German Returnees*, Calcutta, Indo-German Chamber of Commerce, 1987

Malhotra, J.K.: "Die gesellschaftliche und wirtschaftliche Entwicklung Indiens in den vergangenen zehn Jahren", in: APZ, B 23/87

Maslankowski, Willi: "Facharbeiterausbildung in Indien", in: *Meine Welt*, April 1989

Mathia, S. u.a. (Hrsg.) (1987): *Atlas*, Oxford University Press, New Delhi

Matthews, Ron: "Development of India's Machine Tool Industry", in: EPW, 1.Oktober 1988

Mellor, J. (1967): *The Economics of Agricultural Development*, Cornell University, USA

Menzel, U. und Senghaas, D. (1986): *Europas Entwicklung und die Dritte Welt. Eine Bestandsaufnahme*, Frankfurt/Main, edition Suhrkamp

Meyer-Dohm, P./Saruparia, S. (1985): *Rajasthan - Dimension einer regionalen Entwicklung*, Stuttgart, Edition Erdmann in K. Thienemanns Verlag

Micha, F.-J. (1988): "Bonn - Neu Delhi, Zwischenbilanz Kooperation", in: *Handelsblatt*, 12.Februar 1988

Mies, Maria (1986): *Indische Frauen - Zwischen Unterdrückung und Befreiung*, Königstein, Europäische Verlagsanstalt

Mills, E. und Becker, Ch. (1980): *Studies in Indian Urban Development*, London, Oxford University Press, 1986

Minhas, B.S.: Rural Poverty, "Land Redistribution and Development Strategy", in: *Indian Economic Review*, Vol.V. (New Series) No.1, April 1970

Mishra, S.K./Puri, V.K. (1988): *Indian Economy - Its Development Experience*, Bombay, Himalaya Publishing House

Mohan, Dinesh: "New Education Policy, Promises", in: EPW, 21.September 1985

Mujumdar, N.A.: "Social Banking Towards a Discriminatory Approach", in: *The Economic Times*, Bombay, 13.Februar 1989

Muni, S.D.: "South Asian Association for Regional Cooperation, Evolution and Prospects", in: *Internationales Asienforum*, Vol.18 (1987), Nr.314

Myint, H.: "Economic Theory and the underdeveloped countries", in: *Journal of Political Economy*, Vol.73, 1965

- ders. (1964): *The Economics of Underdeveloped Countries*, New York/Washington

Nambiar, R.G. u. Mehta, Rajesh: "Price Competitiveness of Indian Manufacturing Industry", in: EPW, 18.Juni 1988

Nayar, Baldev Raj (1989): *India's Mixed Economy - The Role of Ideologiy and Interests in its Development*, Bombay, Popular Prakashan

Nayyar, Deepak: "India's Export Performance 1970-85", in: EPW, Annual Number, 1987

Nehru, J. (1981): *The Discovery of India*, Oxford University Press, S.60, 107

Ninan, K.N.: "Edible Oilseeds Growth and Area Responses", in: EPW, 26.September 1987

Nordland, R.: "The Nuclear Club", in: *Newsweek*, Washington, 11.Juli 1988

Nurkse, R. (1962): *Problems of Capital Formation in Underdeveloped Countries*, Oxford (1953) 1962

Nuscheler, F. (1987): *Lern- und Arbeitsbuch Entwicklungspolitik*, Bonn: Verlag neue Gesellschaft

Padel, U. (1985): "Südasiatische Vereinigung für regionale Zusammenarbeit - Entstehung, Ziele, Resultate und Perspektiven", in: *Jahrbuch Asien, Afrika und Lateinamerika, 1985*, Ost-Berlin, S.60-71

Panandiker, Pai/Kshirsagar, S.S. (1978): *Bureaucracy and Development Administration*, New Delhi, Centre for Policy Research

Panini, M.N.: "Corporate Culture in India", in: EPW, 27.August 1988, M-86 - M-94

Paranjape, J.: "Inducing Industrial Location in Backward Regions - A Study of Maharastra and Gujarat", in: EPW, 13.Februar 1988

Parikh, Kirits: "A Development Strategy for the 1990s", in: EPW, 19.März 1988

Patankar, P. G., Director Central Institute for Road Transport (CIRT), Pune: "Speedy Road Development Urged", in: *Times of India*, 13.Februar 1989

Patel, I.G. (1986): "On Taking India into the Twenty-First Century - New Economic Policy in India", in: *Modern Asian Studies*, Vol.21, Nr.2

Patel Sujata, Baliapal: "Agitation Socio-Economic Background", in: EPW, 25. März 1989
- ders.: "Small-Scale Industrialisation in South Gujarat", in: EPW, 22.Oktober 1988

Patel, Surendra: "India's Regression in the World Economy", in: EPW, 28.September 1985
- ders.: "Main Elements in Shaping Future Technology Policies for India", in: EPW, 4.März 1989

Patil, S.M.: *Working Group on Upgradation of Technology in the Small-Scale Sector*, Patil Committee Report, April 1985

Perez, C.: "Microelectronics Long Waves and World Structural Change, New Perspectives of Developing Countries", in: *World Development*, Bd.13, Nr.3

Perroux, Fr. (1955): "Note sur la notion de 'pôle de croissance'", in: *Economie Appliquée*, Tome VIII, No.3/4

Pilz, Ch.: "ASEAN", *Handelsblatt*-Beilage, Nr.24, vom 15.Dezember 1988, S.19 (Bangkok)

Plathottathil, Joy: "Asiens Kranker Riese - Atommacht und Entwicklungsland", in: Dörr u.a. (Hrsg.) (1980): *Mit welchem Recht?*, Dortmund

Pradhan, Prasad H.: "Poverty and Agricultural Development", in: EPW, 14.Dezember 1985
- ders.: "Towards a Theory of Transformation of Semi-Feudal Agriculture", in: EPW, 1.August 1987

Predöhl, A.: "Weltwirtschaft", in: HdSW, Bd. 11, Göttingen 1961
- ders. (1962): *Das Ende der Weltwirtschaftskrise. Eine Einführung in die Probleme der Weltwirtschaft*, Hamburg, rowohlts deutsche enzyklopädie
- ders. (1971): *Außenwirtschaft*, Göttingen, Hoeck und Ruprecht
- ders.: "Industrialisierung der Entwicklungsländer", in: Sieber, E.H. (Hrsg.) (1962): *Entwicklungsländer und Entwicklungspolitik*, Nürnberger Abhandlungen zu den Wirtschafts- und Sozialwissenschaften, Berlin, Duncker und Humblot, Heft 21
- ders.: "Von der Alten zur Neuen Weltwirtschaft", in: von Beckerth, E./Meyer, F./Müller, A. (1957): *Wirtschaftsfragen der Freien Welt*, Frankfurt, Fritz Knapp Verlag

Priebe, H. (1972): "Überwindung von Dualismen und Einbeziehung der ländlichen Bevölkerung in den Entwicklungsprozeß", in: Priebe, H. (Hrsg.): *Das Eigenpotential im Entwicklungsprozeß*, Berlin, Dunker & Humblot

Rahman, M.: "Roads - Potholed Path to Progress", in: *India Today*, 15.März 1989, S.146-149

Raj, K.N. (1976): "Growth and Stagnation in Indian Industrial Development", in: EPW, Bombay, 26.11.1976
- ders.: "Some Observations on Economic Growth in India over the Period 1952-53 to 1982-83", in EPW, Bombay, 13.10.1984, S.1801-1804

Raju, S. (1988): "Female Literacy in India - The Urban Dimension", in: EPW, 29.Oktober 1988

Rangaswamy, P. (1984): *Agricultural Growth and Regional Disparities - A Case Study of Bihar*, Delhi, Institute of Economic Growth, No.E/102/84

Rao Hanumantha, C. H.: "Current Agrarian Scene: Policy Alternatives", in: EPW, 26.März 1988

Rao, V.K.R.V.: "India since Independence - Prospects and Restropects", in: *Main Stream*, 28.Januar 1989, New Delhi

- ders.: "Infrastructure and Economic Development", in: *Commerce Annual Number*, Bombay, 1980

Ray, Shantanu: "Family Planning Programm Criticized", in: *India Abroad, International Weekly*, London, Vol.II, No.26, 7.April 1989

Rieger, H.C.: "Aktuelle Trends in der indischen Wirtschaftspolitik und Wirtschaftsentwicklung", in: Draguhn, W. (Hrsg.) (1989): *Indien in den 90er Jahren*, Hamburg, Institut für Asienkunde

Roa, Ramana A.V.: "Administered Price-Policy - Practical Dimension", in: *Financial Express*, 23.Februar 1989

Röh, K. (1967): *Rourkela als Testfall*, Hamburg

Ross, H. Munro: "Superpower Rising", in: *The Time* (International), Washington, 3.April 1989, S.11

Rostow, W.W. (1953): *The Process of Economic Growth*, Oxford

- ders. (1960): *The take-off into self-sustained Growth. A Non-Communist Manifesto*, Cambridge
- ders.: "The World Economy since 1945 - A Stylised Historical Analysis", in: *Economic History Review*, Bd.38, No.2, 1985

Rothermund, D. (1985): *Indiens wirtschaftliche Entwicklung*, Paderborn, UTB, Schöningh

- ders.: "Planung und Regionale Disparitäten in Indien", in: *Indo Asia*, I.Q. 1989
- ders. (1989): "Regionale Disparitäten in Indien", in: Draguhn, W. (Hrsg.) (1989): *Indien in den 90er Jahren*, Hamburg
- ders.: "Die Interferenz von Agrarpreissturz und Freiheitskampf in Indien", in: Rothermund, D. (Hrsg.) (1982): *Die Peripherie in der Weltwirtschaftskrise - Afrika, Asien und Lateinamerika, 1929-1939*, Schöningh
- ders.: "Indien 1985 - Eine innenpolitische Bilanz", in: APZ, B 10/1985, 9.März 1985

Roy, Subrata: "Spot Light", Bericht über "Coal and Steel Industries in Public Sector Undertakings", in: *Business World*, Bombay, 1.-14.März 1989

Rubin, Barnett R.: "Economic Liberalisation and the Indian State", in: *Third World Quarterly*, London, Oktober 1985

Rudra, Ashok: "Political Economy of Indian Non-Development", in: EPW, 25. Mai 1985

Sabade (1987): *Industrial Development of Maharastra*, Pune, Maharastra Chamber of Commerce and Industries

Sakhalkar, S.B.: "Growth and Structures of Industries in Maharastra", in: EPW, 24.August 1985

Sanyal, S.K.: "The People of India", in: EPW, 6.Juli 1985

Sarkaria, Panel: *Report in India 1989*

Sau, R.: "The Green Revolution and Industrial Growth in India - A Tale of two Paradoxes and a Half", in: EPW, 16.April 1988

Schiller, K. (1968): "Zur Wachstumsproblematik der Entwicklungsländer", in: Fritsch, B. (Hrsg.): *Entwicklungsländer*, Köln

Schmidt, H. (1987): *Menschen und Mächte*, Berlin, Siedler Verlag

Schönbäck (1972): *Ursachen sozio-ökonomischer Stagnation unterentwickelter Länder - Am Beispiel Indiens*, Wien

Schoettli, Urs.: "Indien als Regionalmacht", in: *Indo Asia*, Bonn, 1/Q., 1989
- ders.: "Indien Großmacht im Werden", in: *Indo Asia*, I.Q. 1986, Heft 4
- ders.: "Indiens Mittelstand im Aufbruch, Konservative Werte und Moderne Aspirationen", in: *Neue Zürcher Zeitung*, 19.Januar 1987

Schumpeter, J.A. (1964): *Theorie der wirtschaftlichen Entwicklung. Eine Untersuchung über Unternehmergewinn, Kapital, Kredit, Zins und Konjunkturzyklus*, 1.Aufl., 1911, 6.Aufl., Berlin 1964
- ders. (1961): *Konjunkturzyklus. Eine theoretische, historische und statistische Analyse des kapitalistischen Prozesses, Grundriß der Sozialwissenschaft*, Göttingen 1961 (1.Aufl. 1931)

Seitz, K., in: Ha.: "In Indien regt sich ein starker unternehmerischer Geist", FAZ, 2.Mai 1989

Sen, S.R.: "Centre-State Relations in India", in: EPW, 6.August 1988

Senghaas, D. (1977): *Weltwirtschaftsordnung und Entwicklungspolitik - Plädoyer für die Dissoziation*, Frankfurt, Edition Suhrkamp
- ders. (Hrsg.) (1977): *Peripherer Kapitalismus - Analysen über Abhängigkeit und Unterentwicklung*, Frankfurt, Edition Suhrkamp

Sethi, J.D.: "The Danger Signal, India belongs to Fourth World", in: *Hindustan Times*, New Dehli, 5.Dezember 1988

Shakespeare, W.: "Twelfth Night; or What you Will", II, 5, *Shakespeare's Works*, Vol.IV, S.37, hrsg. von Prof. Dr. L.L. Schücking, Berlin, Deutsche Buch-Gemeinschaft, 1961

Shanti, G.: (1985): "Operation Flood and Rural India - Vested and Divested Interests", in: EPW, 7.Dezember 1985

Sharma, O.P. (1989): "Child Labour Still Rampant", in: *The Economic Times*, 23.Februar 1989

Siddharthan, N.S.: "Technology, Modernisation and Growth - A Study of Indian Corporate Sector 1975-83", in: EPW, 30.Juli 1988
- ders.: "In-House R&D Imported Technology and Firm Size, Lessons from Indian Experience", in: *The Developing Economies*, Manila, September 1988

Sigrits, Ch. u.a. (1976): *Indien, Bauernkämpfe. Die Geschichte einer verhinderten Entwicklung von 1957 bis heute*, Frankfurt

Singh, Gill Sucha: "The Price of Prosperity Problems of Punjab's Agriculture", in: *Times of India*, 27.Januar 1989

Singh, N.K.: "Railway System", in: *India Today*, 15.Mai 1989

Singh, S.: "Environment Policy and Alternatives", Paper presented at a National Convention on the Current Economic Policy of the Government and Alternatives, New Delhi, 31.August - 1.September 1985, in: EPW, 7.September 1985

Singh, V.S./Lal, B. (1988): "Critical Review of Concept and Measurement of Poverty Strategy for its Alleviation", in: Bhuleshkar, A.V. (1988): *Indian Economy in the World Setting*

Sinha, R.K. (Hrsg.) (1986): *Economic Planning in India*, New Delhi, Deep and Deep Publication

Sinha, Sanjay: "Development Impact of Silk Production. A wealth of Opportunities", in: EPW, 21.Januar 1989

Smith, A. (1776): *The Wealth of Nations*, London, Cannan Edition

Sohl, H.G.: "Stahl ist alles andere als ein sterbendes Produkt", in: *Welt am Sonntag*, vom 20.1.1989

Sottdorf, H., im Gespräch mit Hans-Dietrich Genscher, "Neue Phase der Außenpolitik. Das Geflecht weltweiter Kooperation überlagert die alten Machtkonstellationen", in: *Handelsblatt*, Nr.130, vom 11.Juli 1988

Spear, Percival (1978): *A History of India*, 9.Aufl., Harmondsworth

Srinivasan, K./Kulkarni, S. u. Parasurman: "Impact of Population on Selected Social and Economic Sectors", in: EPW, 10.September 1988 und EPW, 17. September 1988

Stang, F. (1984): "Industrialisierung und regionale Disparitäten in Indien", in: *Geographische Rundschau*, 36 (1984), Heft 2

Stein, E.: "SAARC/Südasien, Gipfeltreffen in Islamabad, Eine notwendige Plattform", in: *Handelsblatt*, Nr.1, vom 2.Januar 1989

Stich, Herbert: "Multipolare Weltwirtschaft statt Nord-Süd Modell", in: *Siemens Zeitschrift*, Nr.3 vom Mai-Juni 1982

Strauß, F.J.: Das letzte Manuskript, über Helmut Schmidt: "Menschen und Mächte", in: *Die Zeit*, Wochenzeitung, Nr.41, vom 7.Oktober 1988, Hamburg

Streetkerk, H. (1985): *Industrial Transition in Rural India Artisans, Traders and Tribals in South Gujarat*, Bombay, Popular Prakashan

Streit, M. (1967): *Über die Bedeutung des räumlichen Verbundes im Bereich der Industrie. Ein empirischer Beitrag zur Regionalpolitik*, Schriftenreihe Annales Universitatis Savaviensis, Rechts- und Wirtschaftswissenschaftliche Abteilung, Heft 27, Köln/Berlin/München/Bonn

- ders.: "Spatial Associations and Economic Linkages between Industries", in: *Journal of Regional Science*, Vol.IX, 1969, No.2

Subbarao, K. (1984): *State Policies and Regional Disparity in Indian Agriculture*, New Delhi, Institute of Economic Growth

Sunderum, R.M. (1987): *Growth and Income Distribution in India - Policy and Performance since Independence*, New Delhi, Sage Publication

Surinder, Sud: "State of Agriculture, India Poised for Takeoff", in: *Times of India*, 19.Januar 1989

Thapar, R. (1977): *A History of India*, Vol.1, Harmondsworth

Thünen, J.H. (1966): *Der isolierte Staat in Beziehung auf Landwirtschaft und Nationalökonomie*, Stuttgart, Neudruck

Thurow, Lester: *World Economic Forum*, Davos, 30.1.1989

Tischner, H. (1980): *Die wirtschaftliche Entwicklung Indiens in den Jahren 1951-1978 unter besonderer Berücksichtigung der Auslandshilfe*, Berlin

Tomlinson, B.R. (1979): *The Political Economy of the Raj, 1914-1947 - The Economies of Decolonization in India*, London

Tulpule, Bagaram: "Sickness in Indian Textile Industry Causes and Remedies", in: EPW, 18.Februar 1989

- ders.: "Accountability and Autonomy of Public Undertakings", in: EPW, 3.Oktober 1987

Upadhyay, Carol Boyak: "Farmer Capitalists of Coastal Andhra Pradesh", Part 1 and 2, in: EPW, 2.Juli und 9.Juli 1988

Vaidyanathan, A. (1986): *India's Agricultural Development in a Regional Perspective*, Calcutta, Centre for Studies in Social Sciences

Vasuki, S.N.: "Pharmaceuticals Export Surge - New Markets for Bulk Drugs", in: *India Today*, 30.April 1989

Venkateshwaran, R.J. u. Mithani, D.M. (1989): *Economic Perspective Towards 21st Century*, Bombay, Himalaya Publishing House

Vepa, Ram K.: "Small Industry Development Restructuring the Institutional Frame", in: EPW, 29.August 1987

Vernon, R.: "International Investment and International Trade in the Product Cycle", in: *Quarterly Journal of Economics*, Bd.80, 1966

Viswanathan, Renuka: "Federalism: The European Model", in: EPW, 29.Oktober 1988

Voigt, H.G. (1969): *Probleme der weltwirtschaftlichen Kooperation*, Hamburg

Wagner, N. (1987): "Prospects of Regional Cooperation in South Asia - ASEAN: A Model for SAARC", in: Effenberg, C. (Ed.): *Developments in Asia*, Wiesbaden, Steiner

Waquif, A.A. (Ed.) (1987): "Regional Cooperation for Industrial Development in South Asia", in: *South Asian Cooperation in Industry, Energy and Technology*, New Delhi, Sage Publications

Weber, A. (1922): *Über den Standort der Industrien*, Erster Teil, *Reine Theorie des Standortes*, 2.Aufl., Tübingen

Wiemann, J. (1988): *Indien - Selbstfesselung des Entwicklungspotentials*, Berlin, Deutsches Institut für Entwicklungspolitik (DIE)

William, P.: "Petty's Law", in: Clark, C. (1957): *The Conditions of Economic Progress*, 3rd Edition, London, Macmillan & Co.
Wolfgramm, R.: "Indien 2000", in: *Deutsches Allgemeines Sonntagsblatt* (Artikelserie), Nr.6 bis 8, vom 31.Januar 1988 bis 21.Februar 1988
Wulf, H. (1987): "Indiens Außen- und Sicherheitspolitik zwischen Gewaltlosigkeit und Atombombe", in: APZ, Beilage zur Wochenzeitung *Das Parlament*, B. 23/87, 6.Juni 1987, S.5
Yanagihara, Töry: "Pacific-Basin Economic Relations: Japan's new Role", in: *The Developing Economies*, Vol.XXV, 4.Dezember 1987, Tokyo

Berichte und Zeitschriften

Government of India, Ministry of Commerce, Report of the Committee on Trade Policies, Abid Hussain Committee, Report, Dezember 1984
Government of India, Ministry of Finance, New Delhi, Report on Possible Shift from Physical to Financial Control, M. Narasimham Committee Report, Januar 1985
Government of India, Ministry of Education, New Delhi (1985): *Challenge of Education - A Policy Perspective*
Government of India, *Report of the Khadi and Village Industry*, Review Committee by Rama Krishnaya and others, 1987
Government of India, Ministry of Information and Broadcasting, Publications Division, *India 1987*, A Reference Annual, Dezember 1988, New Delhi
World Bank Document, Report No.5095: India - Non-Electrical Industrial Machinery Manufacturing - A Subsectors Study, 2.August 1984, Washington
World Bank, *India: Industrial Regulatory Policy Study*, Vol.I, Industrial Strategy and Policy Division, 9.Dezember 1986
UNCTAD/TT/55, UNCTAD Secretariat, Geneva 1983
Centre of Studies in Social Sciences, Pune, *Employment Multiplier for Pune Metropolitan Region*, A Study conducted for Industrial Development Bank of India, Bombay, October 1988
Centre For Monitoring Indian Economy (CMIE), *Basic Statistics Relating To The Indian Economy*, Vol.1, *All India*, August 1988, Bombay
National Council of Applied Economic Research, *Export strategy for India*, New Delhi, 1969
India 1989, *Competition Success Review*, Pvt. Ltd., New Delhi
Reserve Bank of India, *Annual Report*, 1986-87, Bombay, September 1987
Reserve Bank of India, *Annual Report*, 1986-87, Bombay, September 1987
Indian Express, *Imbalances in Technical Education Identified*, New Delhi, 1989
The Geological Survey of India, Calcutta, und Indian Bureau of Mines sind für Publikationen wie *Indian Mineral Yearbook* (annual), *Bulletin of Mineral Information* (quarterly), *Mineral Statistics of India* usw. zuständig

Handbook of International Trade and Development Statistics 1988, United Nations Conference on Trade and Development, United Nations Publication, New York 1989, S.36/37.
Economic Survey 1988-89, Government of India, Ministry of Finance, New Delhi
India and Foreign Review, New Delhi, 1987
Indian Abroad, London, 7.April 1989
India Perspective, Dezember 1988
Indian Investment Centre, Frankfurt (1983): *Indien ihr Gesprächspartner*
Indien-Investmentführer, Indian Investment Centre (Hrsg.), Frankfurt 1985
IHK (Industrie- und Handelskammer) Düsseldorf, Titelgeschichte *Unsere Wirtschaft*, Heft 4, April 1987
Institut der deutschen Wirtschaft, Köln: *Informationsdienst der deutschen Wirtschaft* (IWD), Nr.1, 7.Januar 1988
UNIDO, Wien (1985): *Industrial Development Review*, Series, India
Weltentwicklungsbericht 1989 und 1990, Washington
Weltbevölkerungsbericht 1989, Deutsche Gesellschaft für die Vereinten Nationen, Bonn 1
Nachrichten für Außenhandel (NfA), "Erfolge der Schwellenländer", Bonn, vom 24.August 1988
Nachrichten für Außenhandel (NfA), Köln, "Gefahrenzone der Verschuldung", 1989
Nachrichten für Außenhandel (NfA), "Investitionspläne der indischen Wirtschaft, Neue Projekte und Kooperationsvorschläge, für die Lizenzen beantragt wurden", 1989
Nachrichten für Außenhandel (NfA), "Indien setzt auf eigene Telekom-Entwicklung", vom 11.12.1989.
Nachrichten für Außenhandel (NfA): "Indien als Standort für Exportindustrien", 1990
Handelsblatt, Beilage *Indien Partnerland auf der Hannover Messe CEBIT 1989*, 1989
Handelsblatt, Düsseldorf, v. 30.1.89, 6.3.1990, 26./27./28./29.4.1988 und 3.Mai 1988
Neue Zürcher Zeitung, 10.Februar 1989
Blick durch die Wirtschaft, FAZ, 1988, Frankfurt
Das Parlament, Wochenzeitung, Nr.38, Bonn, 16.September 1988
Siemens Zeitschrift Nr.3 v. Mai/Juni 1982
Die Zeit, Wochenzeitung, Nr.41, 7.Oktober 1988
Frankfurter Allgemeine Zeitung (FAZ), 1989
The Hindu, Madras, 1989
The Economic Times, Bombay, 1989
The Economist, London, 1987, 1989
International Herald Tribune, Washington, 2./3.Juli 1988
Times of India, Bombay, 30.Dezember 1987
India Today, 1988, 1989
Indian Express, New Delhi, 1988
Financial Times, London, 1987, 1988

Anhang Ia - VIIc

Anhang I - 1

Sozio-ökonomische Strukturdaten zu Indien

Fläche: 329 Mio. qkm

Ackerland:	55,2%	(1984/85)
davon		
gegenwärtige landwirtschafliche		
Nutzfläche	42,8%	
Brachland	7,6%	
unbrauchbares Ackerland	4,8%	

Wald	22,7%
Weideland	3,6%

Bewässerung:
Anteil der Netto-Bewässerungsfläche
an der gesamten Anbaufläche   29,4%

Bevölkerung:	820 Mio. (1990)
Bevölkerungsdichte:	253 pro qkm (1990)
Bevölkerungswachstum:	2,3% im Jahr
Geschlechterverhältnisse:	Frauen pro Männer
(sex ratio)	1941 945
	1951 946
	1961 941
	1971 930
	1981 933
Lebenserwartung:	56 Jahre (1987/88)
	Männer 56 Jahre
	Frauen 56 Jahre
Säuglingssterblichkeitsrate:	95 pro 1.000 Geburten (1985)

Anhang I - 2

Sprachen:	1981 in Prozent der Gesamtbevölkerung	
	Hindi	39,9
	Bengali	7,8
	Telugu	8,2
	Marathi	7,5
	Tamil	6,8
	Urdu	5,3
	Gujarati	5,0
	Malayalam	3,9
	Kannada	4,1
	Oriya	3,5
	Punjabi	2,8
	Assamese	-
	Kashmiri	0,5
	Sindhi	0,3
	Andere	4,4

Religionszugehörigkeit:	1981 in Prozent der Gesamtbevölkerung	
	Hindus	82,64
	Muslime	11,35
	Christen	2,43
	Sikhs	1,96
	Buddhisten	0,71
	Jains	0,48
	Andere Religionen	0,43
	davon:	
	Zoroastrianer (Parsen)	71.630 (= 0,01%)
	Juden	5.618

Bildungsstand:	Alphabetisierung der Bevölkerung	
	Durchschnitt:	36,2% (1980/81)
	Männer	46,9%
	Frauen	24,8%

Anhang I - Karte 1

Die Indische Union mit ihren nach den jeweiligen Sprachen benannten Bundesstaaten

Anhang II - 1

Bevölkerungsgröße, -fläche, -dichte und Bildung in den Gliedstaaten

(As per 1981 Census)

State/Union Territory	Population (Lakhs) (1 Lakh = 100.000)	Area (Thousand sq km)	Density of Population per sq km	Literacy-Rate per cent Male	Female	Total Average
States						
Andhra Pradesh	535.5	275.1	195	39.26	20.39	29.9
Arunachal Pradesh	6.3	83.7	8			
Assam	199.0	78.4	254			
Bihar	699.1	173.9	402	38.11	13.6	26.2
Goa	10.1	3.7	277			
Gujarat	340.8	196.0	174	54.44	32.3	43.7
Haryana	129.2	44.2	292	48.18	22.3	36.1
Himachal Pradesh	42.8	55.7	77		31.5	42.5
Jammu and Kashmir	59.9	222.2	59		15.9	26.7
Karnataka	371.4	191.8	194	48.81	27.7	38.5
Kerala	254.5	38.9	655	75.26	65.73	70.4
Madhya Pradesh	521.8	443.5	118	39.49	15.5	27.9
Maharashtra	627.8	307.7	204	58.79	34.8	47.2
Manipur	14.2	22.3	64		29.1	41.4
Meghalaya	13.4	22.4	60		30.1	34.1
Mizoram	4.9	21.1	23			
Nagaland	7.7	16.6	47		33.9	42.6
Orissa	263.7	155.7	169	47.10	21.12	34.2
Punjab	167.9	50.4	333	47.16	33.7	40.9
Rajasthan	342.6	342.2	100	38.30	11.4	24.4
Sikkim	3.2	7.1	45		22.2	34.1
Tamil Nadu	484.1	130.1	372	58.26	35.0	46.8
Tripura	20.5	10.5	196		32.0	42.1
Uttar Pradesh	1.108.6	294.4	377	38.76	14.0	27.2
West Bengal	545.8	88.8	615	50.67	30.3	40.9
Union Territories						
Andaman and Nicobar Islands	1.9	8.3	23			51.56
Chandigarh	4.5	0.1	3,961			64.79
Dadra and Nagar Haveli	1.0	0.5	211			26.67
Daman and Diu	0.8	0.1	705			56.66
Delhi	62.2	1.5	4,194			61.54
Lakshadweep	0.4	0.03	1,258			55.07
Pondicherry	6.0	0.5	1,229			
All India	685.2 Mio.	3,287.3	216	46.89	24.82	36.23

Quelle: *India 1989, Competition Review*, New Delhi, S.23; *A Social and Economic Atlas of India*, Delhi 1987, Oxford University Press, S.46.

Anhang II - 2

Anteil der Bevölkerung unter der Armutsgrenze (in Prozent)
- Indien und Gliedstaaten -

State	Percentage of Population Below the Poverty Line 1977-78			Percentage of Population Below the Poverty Line 1983-84			Reduction of Population below the poverty line during 1977-78 to 1983-84		
	Rural	Urban	Combined	Rural	Urban	Combined	Rural	Urban	Combined
Andhra Pradesh	45.4	37.2	43.6	38.7	29.5	36.4	6.7	7.7	7.2
Assam	48.5	36.5	47.3	23.8	21.6	23.5	24.7	14.9	23.8
Bihar	57.8	44.8	56.3	51.4	37.0	49.5	8.4	7.8	6.8
Gujarat	43.1	29.8	38.9	27.6	17.3	24.3	15.5	12.5	14.6
Haryana	23.2	12.5	25.2	15.2	16.9	15.6	7.6	15.6	9.6
Himachal Pradesh	27.8	17.2	27.0	14.0	8.0	13.5	13.8	9.2	13.5
Jammu & Kashmir	31.7	40.3	33.4	16.4	15.8	16.3	15.3	24.7	17.1
Karnataka	53.2	44.6	50.8	37.5	29.2	35.0	15.7	15.4	15.8
Kerala	47.4	53.2	48.4	26.1	30.1	26.8	21.3	23.1	21.6
Madhya Pradesh	61.6	45.9	58.9	50.3	31.1	46.2	11.3	15.8	12.7
Maharashtra	60.4	31.4	50.6	41.5	23.3	34.9	18.9	8.1	15.7
Manipur	29.2	25.8	28.7	11.7	13.8	12.3	17.5	13.0	16.4
Meghalaya	51.2	28.6	47.4	33.7	4.0	28.0	17.5	24.6	19.4
Orissa	67.9	41.8	65.1	44.8	29.3	42.8	23.1	12.5	22.3
Punjab	13.1	25.6	16.4	10.9	21.0	13.8	2.2	4.6	2.6
Rajasthan	33.5	33.6	33.6	36.6	26.1	34.5	(-) 3.1	7.8	(-) 0.9
Tamil Nadu	56.3	45.3	52.8	44.1	30.9	39.6	12.2	14.4	13.2
Tripura	64.5	27.5	60.5	23.5	19.6	23.0	41.0	7.9	37.5
Uttar Pradesh	49.8	49.2	49.7	46.5	40.3	45.3	3.3	8.9	4.4
West Bengal	58.3	54.5	52.2	43.8	26.5	39.2	14.5	8.0	13.0
Nagaland, Sikkim &	41.5	10.1	21.1	47.4	17.7	27.1	(-) 5.9	(-) 7.6	(-) 6.0
All India	51.2	38.2	48.3	40.4	28.1	37.4	10.8	10.1	10.9

Quelle: Singh, V.S. and Lal, B.: "Critical Review of Concept and Measurement of Poverty Strategy for its Alleviation", in: Bhuleshkar, A.V. (1988): *Indian Economy in the World Setting.* Jawaharlal Nehru Memorial Vol.V, Himalaya Publishing House, Appendix - I, S.410.

Anhang III - a und b

Halbfeudale Bodenbesitzstruktur Indiens
- Ungleiche Verteilung -

a.

	Number (in million)	Percentage of the total holdings	Area in million hectares	Percentage of the total area
Marginal holdings (below 1 hectare)	50.52	56.5	19.80	12.2
Small holdings (between 1 and 2 hectares)	16.08	18.0	22.96	14.1
Semi-medium holdings (between 2 to 4 hectares)	12.51	14.0	34.56	21.2
Medium holdings (between 4 to 10 hectares)	8.09	9.1	48.34	29.7
Large holdings (above 10 hectares)	2.15	2.4	37.13	22.8

Anbaufläche, Agrarproduktion und Erträge (pro Hektar)

b.

Crops		1950-51	1960-61	1970-71	1980-81	1985-86	1986-87
Rice	A	31.0	34.0	38.0	40.0	41.14	40.77
	P	21.0	35.0	42.0	54.0	63.82	60.42
	Y	668.0	1013.0	1123.0	1336.0	1552.00	1482.00
Wheat	A	8.0	13.0	18.0	22.0	23.00	22.81
	P	7.0	11.0	24.0	36.0	47.05	45.57
	Y	663.0	851.0	1307.0	1630.0	2046.0	1998.00
Jowar	A	15.0	16.0	17.0	16.0	16.10	15.64
	P	5.0	10.0	8.0	10.0	10.20	8.87
	Y	353.0	533.0	446.0	660.0	633.00	567.00
Maize	A	3.0	4.0	6.0	6.0	5.80	5.87
	P	1.70	4.0	7.0	7.0	6.64	7.46
	Y	547.0	926.0	1279.0	1159.0	1146.00	1270.00
Bajra	A	9.2	11.5	12.09	11.7	10.65	11.22
	P	2.6	3.3	8.0	5.4	3.66	4.49
	Y	258.0	286.0	622.0	458.0	344.00	401.00
Pulses	A	19.1	23.6	22.5	22.5	24.42	23.09
	P	8.4	12.7	11.8	10.6	13.36	11.74
	Y	441.0	539.0	524.0	473.0	547.00	508.00
Oilseed	A	10.7	13.7	16.6	17.6	19.02	18.69
	P	5.2	7.0	9.6	9.4	10.83	11.45
	Y	481.0	507.0	579.0	532.0	570.00	613.00
Cotton	A	5.9	7.6	7.6	7.8	7.53	7.07
	P*	3.0	5.6	4.8	7.0	8.73	7.01
	Y	88.0	125.0	105.0	152.0	197.00	169.00

A = Area in million hectares,   P = Production in million tonnes,   Y = Yield per hectare in kilograms, * = Production million bales of 170 kg each

Quelle: *India 1989, Competition Review*, New Delhi, S.306 und 312.

Anhang IV - 1

Potentiale an fossilen Energieträgern, Metallen und Mineralien

Value of output (at pithead point) (Rs.crores)		Unit	Reserves	Production	No. of years for which reserves would last at the current rate of annual production
	Fuels				
4,714.05	Crude oil	Mln.tns.	556	31.157	16
3,742.81	Coal	Mln.tns.	148,779	162.647	915
142.22	Lignite	Mln.tns	3,481	7.991	436
23.33	Natural gas	Bln.cu.m.	479	6.628	72
	Metallic Minerals				
313.95	Iron ore	Mln.tns.	17,208	51.610	333
93.52	Copper ore	Mln.tns.	577	4.462	129
73.85	Zinc and lead concentrates	Mln.tns.	357	0.134	2,664
59.69	Chromite	Mln.tns.	135	0.630	214
56.36	Gold ore	Mln.tns.	15	0.002	7,500
37.87	Magnese ore	Mln.tns.	135	1.284	105
27.03	Bauxite	Mln.tns.	2,562	2.662	962
	Non-Metallic Minerals				
218.94	Limestone	Mln.tns.	68,685	53.557	1,282
17.72	Magnesite	Mln.tns.	289	0.460	628
14.54	Dolomite	Mln.tns.	3,948	2.208	1,788
9.15	Kaolin (Chinaclay)	Mln.tns.	1,034	0.747	1,384
8.34	Gypsum	Mln.tns.	1,249	1.640	762
6.64	Barytes	Mln.tns.	73	0.337	217
4.14	Fluorite	Mln.tns.	2	0.012	167
3.32	Fireclay	Mln.tns.	493	0.705	699
2.52	Diamond	'000 carats	1,001	16.116	62
1.93	Asbestos	Mln.tns.	1	0.027	37
1.70	Kynite (raw)	Mln.tns.	3	0.032	94

Reserves, Production and Value of Output of Some Selected Metallic Minerals in Terms of Metal Content: 1986

Value of output (Rs. crores)	Metal	Unit (1 Lakh = 100.000)	Reserves	Production	No. of years for which reserves would last at the current rate of annual production
524.14	Aluminium	Lakh tns.	3,843*	2.6	1,478
NA	Copper (Blister)	Lakh tns.	63.6	0.3	212
197.13	Zinc	Lakh tns.	162.1	0.7	232
56.36	Gold	'000 kg.	81.1	1.9	43
24.54	Lead (Primary)	Lakh tns.	49.2	0.2	246

* Estimated by CMIE on the assumption of 15% aluminium content in bauxite as observed in 1982.

Quelle: *Basic Statistics Relating To The Indian Economy*, Vol.1: *All India*, August 1988, Table 3.5, Centre For Monitoring Indian Economy (CMIE).

Anhang IV - 2

Festgestellte Mengen an Erdöl und Erdgas (Erdöl: Million tonnes)

As on 31 Dec.	On-shore Gujarat	On-shore Assam	(Total)	Off-shore Bombay High	Total (3+4)	Production	No. of years for which reserves would last at annual rate of production
	(1)	(2)	(3)	(4)	(5)	(6)	(7)
1971	51.06	62.70	113.78	-	113.78	7.19	15.8
1972	52.28	72.90	125.18	-	125.18	7.37	17.0
1973	49.45	77.87	127.32	-	127.32	7.20	17.7
1974	48.45	76.05	124.50	-	124.50	7.49	16.6
1975	45.72	84.41	130.13	13.77	143.90	8.28	17.4
1976	45.79	81.99	127.78	147.68	275.46	8.66	31.8
1977	45.62	82.28	127.90	175.28	303.18	10.19	29.8
1978	47.49	78.50	125.99	221.04	347.03	11.27	30.8
1979	45.34	82.81(a)	128.15	226.29	354.44	12.84	27.6
1980	52.73	82.65	135.38	230.95	366.33	9.40	39.0
1981	51.48	89.00	140.48	328.29	468.71	14.90	31.5
1982	53.18	91.52	144.70	325.18	469.88	19.73	23.8
1983	90.58	97.03	187.61	338.70	526.31	25.15	20.9
1984	88.00	99.01	187.01	323.81	510.82	27.93	18.3
1985	86.61	101.80	188.41	311.10	499.51	29.86	16.7
1986	98.64	113.83	212.47	345.54	558.01	31.15	17.9
1987	NA	NA	NA	NA	581.00	30.36	19.2

Note: (a) From 1979 onwards data are inclusive of crude oil reserves in Nagaland.

Proven Reserves of Natural Gas in India: 1966 to 1986 (Billion cubic metres)

Year	On-shore Gujarat	On-shore Assam	Rajasthan	Others (b)	Total (1+2+3+4)	Off-shore Bombay High	Total	Gross production	No. of years for which reserves would last at the annual rate of production
	(1)	(2)	(3)	(4)	(5)	(6)	(7)	(8)	(9)
1969	22.90	42.70	-	-	65.60	-	65.60	1.38	48
1970	19.66	42.82	-	-	62.48	-	62.48	1.42	44
1971	18.84	43.45	-	-	62.29	-	62.29	1.51	41
1972	16.88	45.25	0.38	-	62.51	-	62.51	1.56	40
1973	16.35	49.71	0.38	-	66.44	-	66.44	1.67	40
1974	16.18	51.30	0.38	-	67.86	-	67.86	1.92	35
1975	15.72	65.24	0.43	-	81.39	6.28	87.67	2.31	38
1976	16.41	61.42	0.43	-	78.26	106.62	184.88	2.44	76
1977	16.20	63.76	0.43	-	80.39	148.08	228.47	2.73	84
1978	15.66	63.62	0.43	-	79.71	186.15	265.86	2.77	96
1979	15.80	63.35(a)	0.43	-	79.58	264.64	344.22	3.08	112
1980	16.39	63.53(a)	0.43	-	80.95	270.96	351.91	2.08	169
1981	15.99	65.19(a)	0.43	-	81.61	329.04	410.65	3.49	118
1982	18.18	70.66(a)	0.43	-	89.27	330.62	419.89	4.66	90
1983	18.95	78.67(a)	0.43	-	98.05	377.21	475.26	5.77	82
1984	18.60	81.31(a)	0.54	-	100.45	377.80	478.25	6.82	70
1985	21.87	87.67(a)	0.54	-	110.08	368.55	478.63	7.91	61
1986	26.99	91.83(a)	0.54	-	119.36	377.69	497.05	9.06	55
1987	41.25	97.82	0.74	1.68	141.49	401.00	542.49	-	-

(a) Data are inclusive of Nagaland and Tripura.
(b) Inclusive of Krishna-Godavary and Kaveri basin.

Quelle: CMIE, Vol.1, August 1988, Bombay, Table 4.10, Table 4.8.

Anhang V

Trends in der Industrieproduktion Indiens
- Branchenspezifische Angaben -

		1950-51	1960-61	1970-71	1980-81	1984-85	1985-86	1986-87
Finished Steel	(m tons)	1.04	2.39	4.48	6.82	7.78	9.49	9.70
Pig Iron	(m tons)	0.36	1.10	6.99	9.55	9.24	10.05	10.45
Steel ingots	(m tons)	1.47	3.40	6.14	9.89	10.81	12.15	12.40
Iron Ore	(m tons)	3.00	11.00	22.50	42.20	42.60	47.70	49.90
Machine Tools	(value in lakh of Rs.)	30	700	3,980	19,620	30,280	29,140	35,710
Coal & lignite	(m tons)	32.20	55.50	74.3	119.0	155.2	162.3	175.4
Cement	(m tons)	2.71	7.97	14.4	18.6	29.5	32.0	34.8
Nitrogenous fertilizers	(000 tons)	9	99	830	2,164	3,917	4,328	5,410
Petroleum products	(m tons)	0.2	5.8	17.1	24.1	33.2	39.9	42.8
Sugar	(000 tons)	1,134	3,029	3,740	5,148	6,143	7,003	8,504
Cotton textiles	(m metr.)	4,215	6,738	7,602	8,368	9,040	9,178	9,522
Mill sector	(m metr.)	3,401	4,619	4,955	3,434	2,169	2,587	2,470
Decentralized sector	(m metr.)	814	2,089	3,547	4,934	6,421	6,591	7,052

Quelle: *India 1989, Competition Success Review*, S.327.

Elektronikindustrien

ANNUAL (COMPOUND) GROWTH RATES OF DIFFERENT PRODUCT GROUPS IN ELECTRONICS INDUSTRY

Product Groups	Period			
	1975-81		1981-86	
Consumer Electronics	20.0	(26.5)	39.6	(38.7)
Radio receivers	18.2	(46.0)	7.8	(14.1)
Television receivers	28.0	(33.0)	56.2	(67.0)
Others	17.6	(21.0)	35.8	(19.9)
Professional Electronics	17.1	(53.4)	30.9	(45.6)
Communication	7.6	(44.1)	28.9	(34.1)
Defence	6.8	(19.7)	27.7	(14.8)
CI and IE	30.7	(36.2)*	28.5	(33.8)
Computers	—	—	53.5	(17.3)
Components	14.9	(20.1)	26.2	(15.7)
Electron tubes	13.7	(11.4)	42.1	(15.0)
Semiconductor devices	12.9	(17.8)	19.3	(13.2)
Passive components	21.0	(39.2)	21.1	(39.7)
Electromechanical components	16.5	(30.0)	29.6	(32.1)
Total Electronics Production	17.3	(100.0)	32.9	(100.0)

Notes: Figures in parentheses show share in total. * Includes computers also.
Quelle: Joseph K.J.: "Bridling Growth of Electronics", in: EPW, 22.April 1989, S.855.

Anhang VI - 1

Straßen- und Verkehrsverhältnisse

ROAD AND ROAD TRANSPORT

End of:	1984-85 (Prov.)	1981-82	1970-71	1960-61
Surfaced roads ....('000 km.)	833	732	398	263
Unsurfaced roads ....('000 km.)	940	814	520	261
Total road length......... ('000 km.)	1.772	1.546	918	524
Of which:				
National highways ...('000 km.)	31.7*	n.a.	23.9	23.8
Trucks on roads.............…..('000s)	783†	587	343	168
Buses on roads..................('000s)	213†	164	94	57

* End 1986-87: 32.1 thousand km.
† For end 1985-86 see Table 87.

VILLAGES CONNECTED WITH ALL-WEATHER ROADS
(As at the end of March 1987)

	Villages connected with roads ('000s)		Villages connected with roads ('000s)
Andhra Pradesh	11.8 (43.1)	Madhya Pradesh	16.9 (23.6)
Assam	13.7 (62.1)	Maharashtra	22.3 (56.5)
Bihar	23.0 (34.1)	Orissa	0.1 (0.1)
Gujarat	12.9 (71.1)	Punjab	12.2 (98.8)
Haryana	6.7 (98.9)	Rajasthan	8.6 (24.5)
Himachal Pradesh..	7.1 (42.3)	Tamil Nadu	6.9 (43.3)
Jammu & Kashmir..	3.9 (60.6)	Uttar Pradesh ..	46.4 (41.2)
Karnataka	8.9 (33.0)	West Bengal	15.0 (39.4)
Kerala	1.2 (100.0)	All-India (incl others)	235.0 (39.7)

Note: Figures in brackets show percentages of villages connected with all-weather roads to the total number of villages in each State according to the 1981 census; hence some discrepancy possible.

Quelle: *Statistical Outline of India 1988/89*, Tata Services Ltd., Department of Economics & Statistics, Bombay, S.89.

Anhang VI - 2

Ans Stromnetz angeschlossene Dörfer

RURAL ELECTRIFICATION

End of:	Villages electrified (No.)			Pumps energised ('000s)	
	1987-88*		1965-66	1987-88*	1965-66
Andhra Pradesh	25.085	(91.6)	4.099	891	57
Assam	16.620	(75.6)	66	3	—
Bihar	39.466	(58.4)	3.744	223	11
Gujarat	18.029	(99.5)	1.671	363	17
Haryana	6.745	(100.0)	1.179	323	15
Himachal Pradesh	16.718	(99.5)	1.438	3	—
Jammu & Kashmir ..	5.976	(92.3)	383	2	—
Karnataka	26.363	(97.6)	4.627	675	42
Kerala	1.268	(100.0)	1.083	170	7
Madhya Pradesh	49.991	(70.1)	1.133	597	7
Maharashtra	37.444	(95.1)	4.273	1.209	45
Orissa	27.161	(58.3)	534	36	—
Punjab	12.342	(100.0)	3.697	608	25
Rajasthan	22.595	(64.6)	1.115	305	7
Tamil Nadu	15.731	(99.4)	7.830	1.160	257
Uttar Pradesh	73.492	(65.3)	5.855	588	17
West Bengal	22.722	(59.8)	1.594	57	—
Total (incl. others)	426.323	(73.6)	45.144	7.046	513

* As on 31-1-1988; figures in brackets show the percentage of electrified villages to the total number of villages in each State.

Quelle: CMIE, Vol.1, August 1988, Bombay, Table 4.26.

Anhang VII - a

Indikatoren zur Entwicklung des Bildungswesens in Indien

School and College Education	1984-85 (Est.)	1980-81	1970-71	1960-61
No. of Institutions:				
Primary ('000s)	550.0	485.5	408.4	330.4
Middle ('000s)	140.0	116.4	90.6	49.7
High/higher secondary ('000s)	60.0	51.6	36.7	17.3
Arts. Sc. & Com. colleges (No.)	3.500	3.393	2.587	1.161
Professional colleges (No.)	1.500	1.382	1.017	381
Universities (No.)	135	123	93	44
Enrolment:				
Primary (Mn.)*	85.4	72.7	57.0	35.0
	(91.8)	(83.1)	(76.4)	(62.4)
Middle (Mn.)*	26.7	19.8	13.3	6.7
	(53.1)	(40.0)	(34.2)	(22.5)
High/higher secondary (Mn.)	16.8	11.3	7.2	3.5
University & above				
(1st degree in '000s)	3.442	2.752	1.956	557

* Figures in brackets show percentages of enrolment in Classes I-V and VI-VIII to the population in the age-groups 6-11 and 11-14 respectively.

Engineering and Medical Education	1984-85	1980-81	1970-71	1960-61
Engg. & technology colleges:				
No.	198	156	105	81
Students on roll ('000s)	145	113	213	48
Engg. & technology schools:				
No.	n.a.	4.326	1.424	283
Students on roll ('000)	415	406	205	86
Medical colleges:				
No.	n.a.	106	106	60
Admissions in first year ('000)	n.a.	10.8*	11.1*	5.9

*Data incomplete

Quelle: *Statistical Outline of India 1988/89*, Tata Services Ltd., Department of Economics & Statistics, Bombay, S.171, 172.

Anhang VII - b

Angaben zur höheren Bildung und zu F & E

Estimated Stock of Educated Manpower
At the beginning of 1985 ('000)

	Stock of manpower	Of which: Econom.active
Graduates & post-graduates:	8,933	7,029
Engg. degree holders (B.E.)*	373	324
Medical graduates (M.B.B.S.)*	259	225
Dental surgeons (B.D.S.)*	9.5	8.3
Nurses (B.Sc.)	3.7	3.7
Agricultural graduates (B.Sc.Agri.)*	133	104
Vetenary graduates (B.V.Sc.)*	28	25
Arts graduates (B.A.)	2.553	1.991
Arts post-graduates (M.A.)	1.441	1.124
Science graduates (M.Sc.)	1.138	888
Science post-graduates (M.Sc.)	350	273
Commerce graduates (B.Com.)	1.226	956
Commerce post-graduates (M.Com.)	207	162
Education graduates (B.Ed.)*	1.123	876
Other graduates	88	70
Under-graduates:	38,790	23,809
Matric/higher secondary passed	38.226	23.318
Engg. diploma holders	564	419
Total educated	47,724	30,838

* including post-graduates

Expenditure on Research & Development

	Central sector	State sector	Private sector	Total	R & D expenditure as % of GNP
		Rs. crores			
1970-71	146.2	12.6	14.6	173.4	0.48
1980-81	617.2	75.7	120.7	813.6	0.66
1982-83	936.6	121.4	197.0	1,255.0	0.79
1983-84	1,082.3	150.9	207.8	1,441.0	0.78
1984-85	1,475.0	178.9	236.8	1,890.6	0.92
1985-86 (Est.)	1,696.2	200.3	284.1	2,180.6	0.94

* including expenditure on related science & technology activities
Quelle: *Statistical Outline of India 1988/89*, Tata Services Limited, Department of Economics & Statistics, Bombay, S.172, 173.

Anlage VII - c

Brain Drain Indiens

Indians residing abroad
(As on Jan.1, 1984)

	Persons of Indian origin		Of which: Persons accepting foreign citizenship ('000s)	% to total number of Indians abroad
	Total ('000s)	% of host country's population		
Africa:				
Kenya	70	0.36	54	0.60
Mauritius	697	71.12	969	5.99
Mozambique	21	0.15	20	0.18
Tanzania	50	0.24	45	0.43
Zambia	25	0.39	9	0.21
America:				
Canada	200	0.80	95	1.72
Guyana	500	53.19	500	4.29
Jamaica	39	1.70	38	0.33
Surinam	134	38.29	125	1.15
Trinidad & Tobago	421	37.93	420	3.62
U.S.A.	440	0.19	320	3.78
Asia:				
Afghanistan	45	0.25	n.a.	0.39
Bhutan	45	3.24	-	0.39
Burma	(350)	(0.93)	50	3.01
Malaysia	1170	7.70	1030	10.05
Nepal (1980)	3800	27.12	2388	32.63
Singapore	160	6.35	122	1.37
Sri Lanka	1028	6.59	426	8.83
Europe:				
France	40	0.07	37	0.34
Germany (W)	26	0.04	-	0.22
Netherlands	102	0.71	100	0.88
U.K.	719	1.27	359	6.17
Middle East:				
Bahrain	40	10.00	0.2	0.34
Iran	21	0.05	1	0.18
Iraq	20	0.13	10	0.17
Kuwait	81	4.53	1	0.70
Libya	40	1.10	0.1	0.34
Oman	160	13.56	-	1.37
Qatar	40	13.79	0.4	0.34
Saudi Arabia	197	1.82	2	1.69
U.A.E.	250	19.84	n.a.	2.15
Yemen (PDR)	100	4.85	97	0.86
Oceania & Indonesia:				
Australia	42	0.27	37	0.36
Fiji	326	47.25	326	2.80
Indonesia	20	0.01	5	0.17
Total (incl.others)	11.644	0.24	7.394	100.0

Note: Data should be treated as broad approximations.
* Excluding Middle East, separately shown.
Quelle: *Statistical Outline of India 1988/89*, Tata Services Ltd., Department of Economics & Statistics, Bombay, S.14, 15.

Institut für Asienkunde Hamburg
Neuerscheinungen 1990/91

Periodische Publikationen

CHINA aktuell - Monatszeitschrift, Jahresabonnement DM 116,00 (zuzüglich Versandkosten)
SÜDOSTASIEN aktuell - Zweimonatszeitschrift, Jahresabonnement DM 96,00 (zuzüglich Versandkosten)
NORTH KOREA QUARTERLY - Vierteljahreszeitschrift, Jahresabonnement DM 50,00 (zuzüglich Versandkosten)
JAPAN-Jahrbuch 1990/91 - Politik und Wirtschaft, Hamburg 1991, 373 S., DM 28,00 (auch frühere Jahrgänge lieferbar)
ASIEN/PAZIFIK. Wirtschaftshandbuch 1991, Hamburg 1991, 424 S., DM 65,00 (auch frühere Jahrgänge lieferbar)
Wolfgang Bartke (comp.): The Relations Between the People's Republic of China and
  I. Federal Republic of Germany
  II. German Democratic Republic
in 1990 as seen by Xinhua News Agency. A Documentation, Hamburg 1991, 639 S., DM 28,00 (auch frühere Jahrgänge lieferbar)
Yu-Hsi Nieh (comp.): Bibliography of Chinese Studies 1990 (Selected Articles on China in Chinese, English and German), Hamburg 1991, 125 S., DM 18,00 (auch frühere Jahrgänge lieferbar)

Monographien

Wolfgang Bartke: Who's Who in the People's Republic of China, München etc. 1991, 909 S., DM 498,00
Ruth Cremerius, Doris Fischer, Peter Schier: Studentenprotest und Repression in China April - Juni 1989. Analyse, Chronologie, Dokumente, 2. überarb. u. erw. Auflage, Hamburg 1991, 582 S., DM 36,00
Bernhard Dahm (Ed.): Economy and Politics in the Philippines under Corazon Aquino, Hamburg 1991, 358 S., DM 36,00
Werner Draguhn (Hrsg.): Asiens Schwellenländer: Dritte Weltwirtschaftsregion? Wirtschaftsentwicklung und Politik der "Vier kleinen Tiger" sowie Thailands, Malaysias und Indonesiens, Hamburg 1991, 171 S., DM 28,00
Hans-Peter Foth: Der Kongreß der Philippinen. Ein Beitrag zum Parlamentarismus in der Dritten Welt, Hamburg 1991, 290 S., DM 28,00
Ulrike E. Frings: Rolle und Funktion nichtstaatlicher Organisationen in Indonesien, Hamburg 1991, 181 S., DM 28,00
Andreas Gruschke: Neulanderschließung in Trockengebieten der Volksrepublik China und ihre Bedeutung für die Nahrungsversorgung der chinesischen Bevölkerung, Hamburg 1991, 283 S., DM 28,00
Uwe Herith: Migration und Mobilität in Ostchina, Hamburg 1991, 137 S., DM 24,00
Manfred Pohl: Japan, München 1991, 291 S., DM 22,00

Monika Schädler: Provinzporträts der VR China. Politik, Wirtschaft, Gesellschaft, Hamburg 1991, 384 S., DM 36,00
Gudrun Wacker: Werbung in der VR China (1979-1989). Entwicklung, Theorie, Probleme, Hamburg 1991, 356 S., DM 34,00
Oskar Weggel: Die Geschichte Taiwans vom 17. Jahrhundert bis heute, Köln 1991, 352 S., DM 48,00
Günter Whittome: Taiwan 1947. Der Aufstand gegen die Kuomintang, Hamburg 1991, 253 S., DM 28,00

Wolfgang Bartke: Biographical Dictionary and Analysis of China's Party Leadership 1922-1988, München etc. 1990, 482 S., DM 348,00
Heribert Dieter: Außenwirtschaftsbeziehungen, Verschuldung und strukturelle Anpassung in Australien, Hamburg 1990, 157 S., DM 24,00
Institut für Asienkunde (Hrsg.): Osaka. Porträt einer Wirtschafts- und Kulturmetropole, 2. überarb. u. erw. Auflage, Hamburg 1990, 141 S., DM 21,00
Werner Kraus (Hrsg.): Islamische mystische Bruderschaften im heutigen Indonesien, Hamburg 1990, 205 S., DM 24,00
Andreas Lauffs: Das Arbeitsrecht der Volksrepublik China. Entwicklung und Schwerpunkte, Hamburg 1990, 269 S., DM 32,00
Liu Jen-Kai (Comp.): Ausgewählte Regierungspublikationen der U.S.A. zu Politik, Wirtschaft und Gesellschaft Asiens von 1972-1984, Hamburg 1990, 150 S., DM 18,00
Jürgen Maurer: Das Informations- und Kommunikationswesen in der Volksrepublik China. Institutioneller Rahmen und Ausgestaltung, Hamburg 1990, 150 S., DM 24,00
Eva Nebenführ: Aktuelle Tendenzen der Bevölkerungspolitik auf den Philippinen, Hamburg 1990, 166 S., DM 24,00
Franz Nuscheler: Japans Entwicklungspolitik: Quantitative Superlative und qualitative Defizite, Hamburg 1990, 123 S., DM 21,00
Detlef Rehn: Shanghais Wirtschaft im Wandel: Mit Spitzentechnologien ins 21. Jahrhundert, Hamburg 1990, 201 S., DM 28,00
Jürgen Schröder: Unternehmensbesteuerung in der Volksrepublik China. Ziele, Maßnahmen und Probleme unter besonderer Berücksichtigung ausländischer Unternehmen, Hamburg 1990, 123 S., DM 24,00
Werner Vennewald: Chinesen in Malaysia: Politische Kultur und strategisches Handeln. Eine politischhistorische Analyse der Malaysian Chinese Association, Hamburg 1990, 215 S., DM 28,00
Oskar Weggel: Indochina (Vietnam, Kambodscha, Laos), 2. überarb. Auflage, München 1990, 224 S., DM 19,80
Lutz-Christian Wolff: Der Arbeitsvertrag in der Volksrepublik China nach dem Arbeitsvertragssystem von 1986, Hamburg 1990, 344 S., DM 36,00

Zu beziehen durch:
Institut für Asienkunde
Rothenbaumchaussee 32
W-2000 Hamburg 13
Tel.: (040) 44 30 01
Fax: (040) 410 79 45

Werner Draguhn (Hrsg.)

Indien in den 90er Jahren
Politisch-soziale und wirtschaftliche Rahmenbedingungen

Mitteilungen des Instituts für Asienkunde Hamburg, Nr. 175
Hamburg 1989, 191 S., DM 26,--

Indien ist in den vergangenen zwei Dekaden im Vergleich zu anderen asiatischen Ländern, insbesondere der VR China, in Wirtschaft, Wissenschaft und Medien relativ wenig beachtet worden. Die Technogerma vom Frühjahr 1988 in Neu-Delhi, die größte deutsche Wirtschaftsausstellung, die je im Ausland stattfand, hat die Aufmerksamkeit stärker auf dieses wichtige Land gelenkt.

Mit angemessenem zeitlichen Abstand zu diesem Ereignis hat die Deutsche Gesellschaft für Asienkunde das Thema "Indien in den 90er Jahren" in den Mittelpunkt einer Tagung in Bonn gestellt. Die im Lichte der dortigen Diskussion überarbeiteten Tagungsbeiträge sind in diesem Sammelband zusammengefaßt.

Nach einer allgemeinen Einführung von Herrn Hans Klein, Bundesminister für wirtschaftliche Zusammenarbeit, über den gemeinsamen europäischen Binnenmarkt, Dritte Welt und Indien beschäftigt sich ein erster Teil der Publikation mit den politisch-sozialen Rahmenbedingungen, d.h. konkret der Außen- und Sicherheitspolitik Indiens, den regionalen Disparitäten auf dem Subkontinent, den neuen Entwicklungen im indischen Parteiensystem und den religiösen und sozialen Bewegungen. Ein zweiter Teil konzentriert sich auf die wirtschaftlichen Rahmenbedingungen und hier besonders auf aktuelle Trends in der indischen Wirtschaftspolitik und Wirtschaftsentwicklung, auf Stand und Perspektiven der technologischen Entwicklung in Indien sowie auf die indischen Außenwirtschaftsbeziehungen. Der abschließende dritte Teil hat den europäischen Binnenmarkt und Indien zum Thema. Hier werden der europäische Binnenmarkt und seine Außenbeziehungen mit besonderer Blickrichtung auf Indien behandelt sowie Indien als Markt.

Zu beziehen durch:

Institut für Asienkunde
Rothenbaumchaussee 32
D-2000 Hamburg 13

Tel.: (040) 44 30 01-03